交通运输职业教育高职汽车运用与维修技术专业教材

Qiche Dipan Gouzao yu Jianxiu
汽车底盘构造与检修

全国交通运输职业教育教学指导委员会　**组织编写**
马才伏　主　编
陈　清　主　审

内 容 提 要

本书为交通运输职业教育高职汽车运用与维修技术专业教材。本书分为十二个单元,内容主要包括：汽车底盘基本知识、离合器构造与检修、手动变速器构造与检修、自动变速器构造与检修、万向传动装置构造与检修、驱动桥构造与检修、四轮驱动系统构造与检修、巡航系统构造与检修、行驶系统构造与检修、转向系统构造与检修、制动系统构造与检修、底盘故障诊断与排除。

本书可作为高等职业院校汽车运用与维修技术专业、汽车检测与维修技术专业的教学用书,也可作为汽车检测与维修技术人员的培训教材。

图书在版编目(CIP)数据

汽车底盘构造与检修/全国交通运输职业教育教学指导委员会组织编写；马才伏主编. —北京：人民交通出版社股份有限公司,2020.6
ISBN 978-7-114-15688-5

Ⅰ.①汽… Ⅱ.①全… ②马… Ⅲ.①汽车—底盘—构造—高等职业教育—教材 ②汽车—底盘—车辆修理—高等职业教育—教材 Ⅳ.①U472.41

中国版本图书馆 CIP 数据核字(2019)第 140144 号

书　　名：	汽车底盘构造与检修
著 作 者：	马才伏
责任编辑：	张一梅
责任校对：	孙国靖　扈　婕
责任印制：	刘高彤
出版发行：	人民交通出版社股份有限公司
地　　址：	(100011)北京市朝阳区安定门外外馆斜街 3 号
网　　址：	http://www.ccpcl.com.cn
销售电话：	(010)59757973
总 经 销：	人民交通出版社股份有限公司发行部
经　　销：	各地新华书店
印　　刷：	北京建宏印刷有限公司
开　　本：	787×1092　1/16
印　　张：	26.25
字　　数：	619 千
版　　次：	2020 年 6 月　第 1 版
印　　次：	2024 年 5 月　第 2 次印刷
书　　号：	ISBN 978-7-114-15688-5
定　　价：	65.00 元

(有印刷、装订质量问题的图书,由本公司负责调换)

前 言

为贯彻落实《国务院关于印发〈国家教育事业发展"十三五"规划〉的通知》（国发〔2017〕4号）精神，深化教育教学改革，提高汽车技术人才培养质量，满足创新型、应用型人才培养目标的需要，全国交通运输职业教育教学指导委员会组织来自全国交通职业院校的专业教师，按照教育部发布的《高等职业学校汽车运用与维修技术专业教学标准》的要求，紧密结合高职高专人才培养需求，编写了交通运输职业教育高职汽车运用与维修技术专业教材。

在本系列教材编写启动之初，全国交通运输职业教育教学指导委员会组织召开了交通运输职业教育高职汽车运用与维修技术专业教材编写大纲审定会，邀请行业内知名专家对该专业的课程体系和教材编写大纲进行了审定。教材初稿完成后，每种教材由一名资深专业教师进行主审，编写团队根据主审意见修改后定稿，实现了对书稿编写全过程的严格把关。

本系列教材在编写过程中，认真总结了全国交通职业院校的专业建设经验，注意吸收发达国家先进的职业教育理念和方法，形成了以下特色：

1. 与专业教学标准紧密衔接，立足先进的职业教育理念，注重理论与实践相结合，突出实践应用能力的培养，体现"工学结合"的人才培养理念，注重学生技能的提升。

2. 打破了传统教材的章节体例，采用模块式或单元+任务式编写体例，内容全面、条理清晰、通俗易懂，充分体现理实一体化教学理念。为了突出实用性和针对性，培养学生的实践技能，每个模块后附有技能实训；为了学习方便，每个模块后附有模块小结、思考与练习（每个单元后附有思考与练习）。

3. 在确定教材编写大纲时，充分考虑了课时对教学内容的限制，对教学内容进行优化整合，避免教学冗余。

4. 所有教材配有电子课件，大部分教材的知识点，以二维码链接动画或视频资源，做到教学内容专业化，教材形式立体化，教学形式信息化。

《汽车底盘构造与检修》是本系列教材之一。全书由湖南交通职业技术学院马才伏担任主编,四川交通职业技术学院陈清担任主审。参加本教材编写工作的有:湖南交通职业技术学院马才伏(编写单元一至单元四、单元十至单元十二),湖北交通职业技术学院常同珍(编写单元五),湖南交通职业技术学院胡小坚(编写单元六),湖南龙骧交通发展集团责任有限公司左思源(编写单元七),长沙职业技术学院阳文辉(编写单元八),湖南交通职业技术学院郗宏勋(编写单元九)。此外,本教材在编写过程中还得到了湖南交通职业技术学院领导和老师的大力支持,在此一并表示感谢。

由于编者水平和经验有限,书中难免存在不足或疏漏之处,恳请广大读者提出宝贵意见,以便进一步修改和完善。

全国交通运输职业教育教学指导委员会
2019 年 2 月

目　录

单元一　汽车底盘基本知识 ··· 1
　学习任务1　认识汽车底盘 ··· 1
　学习任务2　汽车行驶的基本原理 ·· 8
　思考与练习 ··· 12
单元二　离合器构造与检修 ·· 13
　学习任务1　认识离合器 ·· 13
　学习任务2　摩擦式离合器构造与检修 ·· 16
　思考与练习 ··· 40
单元三　手动变速器构造与检修 ·· 42
　学习任务1　变速传动机构构造与检修 ·· 42
　学习任务2　变速操纵机构构造与检修 ·· 57
　思考与练习 ··· 73
单元四　自动变速器构造与检修 ·· 75
　学习任务1　液力变矩器的构造与检修 ·· 75
　学习任务2　辛普森自动变速器构造与检修 ····································· 92
　学习任务3　拉威娜自动变速器构造与检修 ····································· 109
　学习任务4　双离合器自动变速器构造与检修 ································· 124
　思考与练习 ··· 134
单元五　万向传动装置构造与检修 ·· 137
　学习任务　万向传动装置主要部件构造与检修 ································ 137
　思考与练习 ··· 153
单元六　驱动桥构造与检修 ··· 155
　学习任务　驱动桥构造与检修 ··· 155
　思考与练习 ··· 189
单元七　四轮驱动系统构造与检修 ·· 190
　学习任务　四轮驱动系统构造与检修 ··· 190
　思考与练习 ··· 205

单元八　巡航系统构造与检修 ································ 206
　　学习任务　巡航控制系统构造与检修 ························ 206
　　思考与练习 ······································· 215

单元九　行驶系统构造与检修 ································ 217
　　学习任务1　认识行驶系统 ···························· 217
　　学习任务2　车架构造与检修 ·························· 220
　　学习任务3　车桥构造与检修 ·························· 229
　　学习任务4　车轮和轮胎构造与维护 ······················ 240
　　学习任务5　普通悬架构造与检修 ······················· 256
　　学习任务6　电子控制悬架构造与检修 ···················· 277
　　思考与练习 ······································· 286

单元十　转向系统构造与检修 ································· 289
　　学习任务1　机械转向系统构造与检修 ···················· 289
　　学习任务2　动力转向系统构造与检修 ···················· 306
　　思考与练习 ······································· 322

单元十一　制动系统构造与检修 ······························· 324
　　学习任务1　人力制动系统构造与检修 ···················· 324
　　学习任务2　气压制动系统构造与检修 ···················· 342
　　学习任务3　伺服制动系统构造与检修 ···················· 350
　　学习任务4　驻车制动装置构造与检修 ···················· 357
　　学习任务5　ABS、ASR构造与检修 ······················· 362
　　思考与练习 ······································· 380

单元十二　底盘故障诊断与排除 ······························· 382
　　学习任务　底盘常见故障诊断 ·························· 382
　　思考与练习 ······································· 410

参考文献 ·· 412

单元一　汽车底盘基本知识

学习任务1　认识汽车底盘

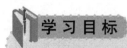

☞ **知识目标**
能正确描述汽车底盘的总体结构。
☞ **技能目标**
会识别汽车的驱动形式。

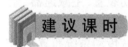

1课时。

一、理论知识准备

1. 汽车底盘总体结构

汽车底盘由传动系统、行驶系统、转向系统和制动系统四部分组成。其作用是支撑、安装汽车发动机和其他各部件、总成,形成汽车的整体造型,并接受发动机的动力,使汽车产生移动,并按驾驶员的操控正常行驶。

1)传动系统

汽车发动机与驱动轮之间的动力传递装置称为汽车的传动系统。它能保证汽车在各种行驶条件下具有所必需的牵引力、车速,以及保证它们之间的协调变化等,使汽车有良好的动力性和燃油经济性;还可以保证汽车能倒车,以及左、右驱动车轮能适应差速要求,并使动力传递能根据需要平稳地接合,或彻底、迅速地分离。传动系统包括:离合器、变速器、传动轴、主减速器、差速器及半轴等部分。

2)行驶系统

汽车行驶系统的功用是接受发动机经传动系统传来的转矩,并通过驱动轮与路面间的附着作用,产生路面对汽车的推动力(又称牵引力),以保证整车正常行驶。此外,它还可以缓和不平路面对车身造成的冲击和振动,保证汽车行驶的平顺性;并且能与汽车转向系统配合工作,实现对汽车行驶方向的正确控制,保证汽车操纵稳定性。行驶系统包括:车架、车桥、悬架和车轮等部分。

3)转向系统

汽车转向系统是用来保持或者改变汽车行驶方向的机构。汽车转向行驶时,驾驶员通过操纵转向系统,使汽车实现转弯或恢复直线行驶状态。转向系统包括:转向操纵机构、转向器、转向传动机构等部分。

4)制动系统

制动系统是汽车装设的全部制动和减速系统的总称,其功能是使行驶中的汽车减速、停止行驶,或使已停驶的汽车保持不动。制动系统包括:制动器、制动传动装置。

2. 汽车传动系统概述

1)传动系统的功用

汽车传动系统基本功用是将发动机经飞轮输出的动力传给驱动车轮,并改变转矩的大小,以适应行驶条件的需要,保证汽车正常行驶。此外,传动系统还具有减速增矩、变速变矩、改变车速、实现倒车、必要时中断传动系统的动力传递、实现差速等功用。

2)传动系统的类型

传动系统按能量传递方式的不同,可分为机械传动、液力传动、液压传动、电传动等。

(1)机械传动系统。机械传动系统一般由离合器、变速器、万向传动装置、主减速器、差速器和半轴等组成。

如图1-1所示为发动机纵向安装在汽车前部、后桥驱动的4×2机械传动系统布置示意图。发动机产生的动力经离合器、变速器、万向传动装置传到驱动桥。在驱动桥处,动力又经主减速器、差速器和半轴等到达驱动车轮。

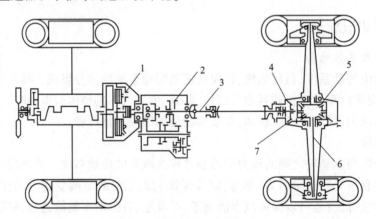

图1-1 机械传动系统(前置后驱)

1-离合器;2-变速器;3-传动轴;4-驱动桥;5-差速器;6-半轴;7-主减速器

(2)液力传动系统。液力传动也叫动液传动,它是靠液体介质在主动元件和从动元件之间循环流动过程中动能的变化来传递动力。动液传动装置有液力耦合器和液力变矩器两种。液力耦合器能传递转矩,但不能改变转矩大小。液力变矩器除了具有液力耦合器的全部功能以外,还能实现无级变速。一般液力变矩器还不能满足汽车各种行驶工况的要求,往往需要串联一个有级式机械变速器,以扩大变矩范围,这样的传动称为液力机械传动。液力机械传动系统如图1-2。

(3)液压传动系统。液压传动也叫静液传动,它是靠液体传动介质静压力能的变化来传递能量,主要由油泵、液压马达和控制装置等组成。发动机输出的机械能通过油泵转换成液压能,然后再由液压马达将液压能转换成机械能。液压传动有布置灵活等优点,但其缺点是传动效率较低、造价高、寿命与可靠性不理想,目前只用于少数特种车辆。液压传动系统如图1-3所示。

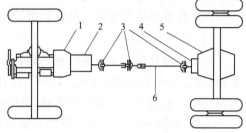

图1-2 液力机械传动系统
1-液力变矩器;2-自动变速器;3-万向传动;4-驱动桥;
5-主减速器;6-传动轴

(4)电传动系统。电传动系统是发动机驱动发电机发电,再由电动机驱动驱动桥或由电动机直接驱动带有减速器的驱动轮。电传动系统如图1-4所示。

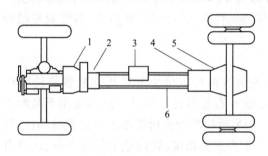

图1-3 液压传动系统
1-离合器;2-油泵;3-控制阀;4-液压马达;5-驱动桥;
6-油管

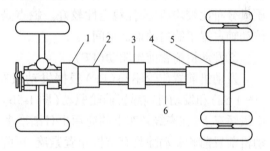

图1-4 电传动系统
1-离合器;2-发电机;3-控制器;4-电动机;5-驱动桥;
6-导线

3.传动系统的组成及各总成的功用

1)传动系统的组成

传动系统一般由离合器、变速器、传动轴、万向传动装置以及主减速器、差速器和半轴等组成。发动机发出的动力依次经过离合器、变速器和由万向节与传动轴组成的万向传动装置,以及安装在驱动桥中的主减速器、差速器和半轴,最后传到驱动车轮。

传动系统各总成的基本功用分别是:

(1)离合器:按照需要适时地切断或接合发动机与传动系之间的动力传递。

(2)变速器:通过改变传动比,改变输出轴的转速高低、转矩大小以及旋转方向,使发动机工作在最好状态,也可以切断发动机向驱动轮的动力传递。

(3)万向传动装置:将变速器输出的动力传给主减速器,并适应两者之间距离和轴线夹角的变化。

(4)主减速器:降低转速,增大转矩,改变动力的传递方向(90°)。

(5)差速器:将主减速器传来的动力分配给左右半轴,并允许左右半轴以不同角速度旋转,以满足左右驱动轮在行驶过程中差速的需要。

(6)半轴:将差速器传来的动力传给驱动轮,使驱动轮获得旋转的动力。

2)汽车传动系统的布置形式

汽车传动系统布置形式与发动机的位置及汽车的驱动形式有关。

(1)汽车驱动形式。

汽车的驱动形式通常用汽车的全部车轮总数×驱动车轮数来表示,普通汽车多为4个车轮,常见的驱动形式有4×2、4×4。如:BJ2023 汽车驱动形式为:4×4,表示4个车轮全部为驱动轮。重型货车多为6个车轮,其驱动形式有6×6、6×4和6×2。

另外,还可用汽车全部车桥数×驱动桥数表示,如:BJ2020 汽车驱动形式为:2×2,表示两个车桥全部为驱动桥。

(2)汽车传动系统布置形式。

①发动机前置后轮驱动(FR)。

发动机前置后轮驱动(FR)的传动系统如图 1-1 所示,主要应用于轻、中型载货汽车上,在部分轿车和客车上也有采用。其优点是附着力大,汽车易获得足够的驱动力,整车的前后质量分布比较均衡,操控稳定性较好。缺点是传动部件多、传动系统质量大,贯穿乘座舱的传动轴占据了舱内的地面空间。

②发动机前置前轮驱动(FF)。

发动机前置前轮驱动(FF)根据发动机布置的方向可以分为发动机前横置前轮驱动(图 1-5a)和发动机前纵置前轮驱动(图 1-5b)。这种布置形式目前已广泛地应用于微型和中级轿车上,在高级轿车上的应用也日渐增多。与发动机后置后桥驱动的传动系统相比,发动机前置前轮驱动除具有结构布置紧凑、可降低车身底板高度、转向稳定等特点外,还具有发动机散热条件好、操纵机构布置简单等优点。但是,上坡时汽车重心后移使前面驱动轮附着力减小,易产生驱动轮打滑;下坡制动时,则由于车辆重心前移,前桥负载加重,高速行驶时易发生翻车事故。

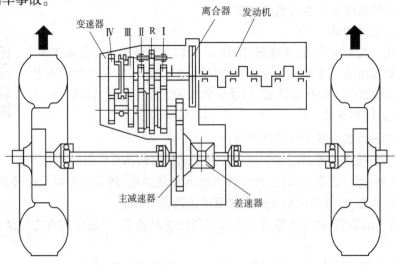

a)

图 1-5

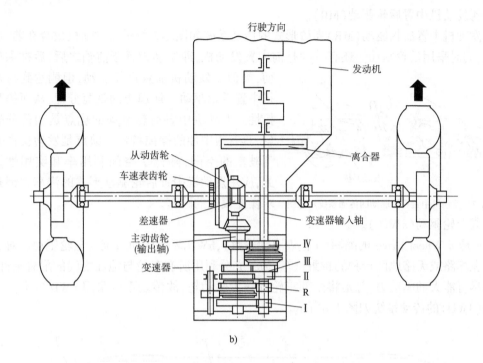

图1-5 发动机前置前轮驱动的传动系示意图
a)发动机前横置前轮驱动；b)发动机前纵置前轮驱动

③发动机后置后轮驱动(RR)。

发动机后置后轮驱动(RR)的传动系统如图1-6所示。采用这种布置形式更容易使汽车总质量在前后车轴之间合理分配,而且具有车厢内噪声低、空间利用率高等优点,因此大、中型客车大多采用此种方案。但是由于发动机在汽车后部,发动机冷却条件差,发动机、离合器和变速器的操纵机构都较复杂,且调整维修不便。少数轿车和微型汽车也有采用这种方案。

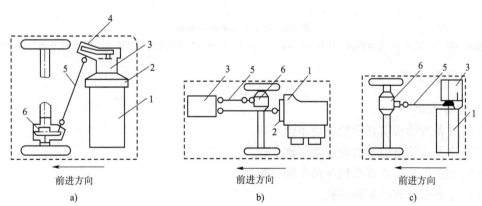

图1-6 发动机后置后轮驱动的传动系统示意图
a)大型客车；b)轿车；c)轿车
1-发动机；2-离合器；3-变速器；4-角传动装置；5-万向传动装置；6-后驱动桥

④发动机中置后轮驱动（MR）。

发动机中置后轮驱动（MR）布置形式的传动系统如图1-7所示。发动机放置在前、后轴之间，同时采用后轮驱动。还有一种是前中置发动机，即发动机置于前轴之后、后排乘员之前，类似于发动机前置后轮驱动，但能达到与发动机中置后轮驱动一样理想的轴荷分配，从而提高操控性。发动机中置后轮驱动的优点是轴荷分配均匀，具有很中性的操控特性。缺点是发动机占去了驾驶室的空间，降低了空间利用率和实用性。因此，应用发动机中置后轮驱动形式的汽车大都是追求操控表现的跑车。

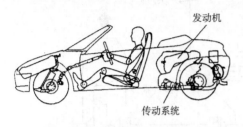

图1-7 发动机中置后轮驱动的传动系统示意图

⑤全轮驱动（nWD）。

n 是 n Wheel Drive 的缩写（n 代表驱动轮数），nWD 表示传动系统为全轮驱动。对于要求能在坏路或无路地区行驶的越野汽车，为了充分利用所有车轮与地面之间的附着条件，以获得尽可能大的驱动力，总是将全部车轮都作为驱动轮，故传动系统采用 nWD 方案。四轮驱动（4WD）的传动系统如图1-8所示。

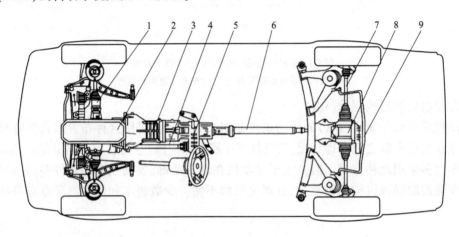

图1-8 4WD传动系统示意图

1-前驱动桥；2-发动机；3-变速器；4-前传动轴；5-分动器；6-后传动轴；7-后驱动桥的半轴；8-后驱动桥；9-横向稳定器

二、任务实施

1. 准备工作

（1）准备发动机前置后轮驱动车辆一辆。

（2）准备发动机前置前轮驱动车辆一辆。

（3）准备发动机后置后轮驱动车辆一辆。

（4）准备全轮驱动车辆一辆。

2. 操作步骤

（1）将所有车辆举升至合适的高度。

（2）找到底盘的四大系统。

(3)观察各种车辆的传动系统布置形式。
(4)降下所有车辆。
(5)5S作业。

三、评价与反馈

1. 自我评价

(1)通过本学习任务的学习,你是否已经知道以下问题:

①汽车底盘总体结构包括哪些?

②传动系统的类型和组成分别是什么?

③汽车传动系统的布置形式有哪些?

(2)实训操作完成情况如何?

(3)通过本学习任务的学习,你认为自己的知识和技能还有哪些需要加强?

学生签名:＿＿＿＿＿＿　＿＿＿＿年＿＿月＿＿日

2. 小组评价(表1-1)

小组评价表　　　　　　　　　　　表1-1

序号	评价项目	是否达到要求	记录
1	着装是否符合要求		
2	是否能合理规范使用仪器和设备		
3	是否按照安全和规范流程操作		
4	是否遵守实训场地的规章制度		
5	是否能保持实训场地、工具设备整洁		
6	是否具有团队协作精神		

参与评价的学生签名:＿＿＿＿＿＿　＿＿＿＿年＿＿月＿＿日

3. 教师评价

＿＿＿

＿＿＿

教师签名:＿＿＿＿＿＿　＿＿＿＿年＿＿月＿＿日

四、技能考核标准(表1-2)

技能考核标准表　　　　　　　　　　　表1-2

序号	操作内容	配分	评分标准	得分
1	能区别传动系统的类型	40	达到操作标准	
2	能区别汽车传动系统的布置形式	40	达到操作标准	
3	工具仪器设备归还、清洁场地	20	符合5S要求	
	总分	100		

学习任务2　汽车行驶的基本原理

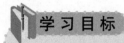

☞ **知识目标**

能分析汽车行驶的基本原理。

☞ **技能目标**

能利用汽车行驶的驱动条件分析汽车行驶状态。

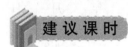

1课时。

一、理论知识准备

1.驱动力的产生

如图1-9所示,由发动机产生并经汽车的传动系统传到车轮的转矩 M_t 力图使车轮旋转。在车轮与地面接触处,车轮向地面施加了一个力 F_0,其数值为车轮的转矩 M_t 与车轮半径 r 之比,即：$F_0 = M_t/r$。与此同时,地面对车轮施加了一个与 F_0 数值相等、方向相反的反作用力 F_t,这个反作用力 F_t 就是汽车前进的驱动力。

2.汽车行驶受到的阻力

汽车必须具有足够的驱动力,以克服各种行驶阻力,这些阻力主要包括滚动阻力、空气阻力、坡度阻力、加速阻力和惯性阻力。

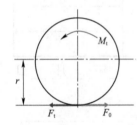

图1-9　驱动力产生示意图

1）滚动阻力

（1）滚动阻力的产生。

滚动阻力是当车轮在路面上滚动时,两者之间相互作用力以及相应的轮胎和支撑面变形所产生的能量损失的总称。具体包括：

①道路塑性变形损失。

②轮胎弹性迟滞损失。

③其他损失,如轴承、油封损失、悬架零件间摩擦和减振器内损失等。

汽车在松软路面上行驶时,滚动阻力主要是由路面变形引起的；汽车在硬路面上行驶时,滚动阻力主要是由轮胎变形引起的,如图1-10、图1-11所示。其中,W 为法向载荷,F_z 为法向载荷,F_{P1} 为车轮中心推力,T_f 为滚动阻力偶矩,F_{x1}、F_{x2} 为切向反作用力,T_t 为驱动力矩,

a 为法向合力与偏离轮胎中心的距离。

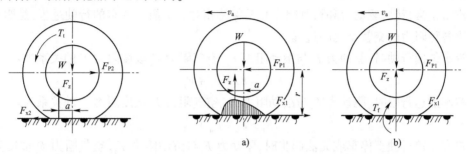

图 1-10 驱动轮在硬路面上滚动　　　　图 1-11 从动轮在硬路面上滚动

(2) 滚动阻力的计算。

汽车滚动阻力的构成非常复杂,难以精确计算,而且驱动轮与从动轮也不完全相同。汽车滚动阻力由下式计算:

$$F_f = G \times f$$

式中: F_f——滚动阻力;

　　　G——汽车总重;

　　　f——滚动阻力系数。

滚动阻力系数表示单位车重的滚动阻力,汽车在不同路面上的滚动阻力系数值不同。

2) 空气阻力

汽车在向前行驶时,前部承受气流的压力而后部被抽空,产生压力差。此外,空气与车身表面以及各层空气之间存在着摩擦,再加上引入车内的用于冷却发动机、室内通风的空气以及外伸零件引起的气流干扰,就形成了空气阻力。汽车行驶时,空气阻力的大小取决于行驶速度、汽车横断面面积和车身的形状(即流线型程度决定风阻系数的大小)。空气阻力的大小和行驶速度的平方成正比,而克服空气阻力所需功率则和行驶速度的立方成正比。因此,速度越高,空气阻力越大,车速每增加 1 倍则克服空气阻力所消耗的功率增加 8 倍。

一般来讲,大多数轿车的风阻系数在 0.28 ~ 0.4,流线型程度较好的汽车(如跑车等),其风阻系数可达到 0.25 左右,一些赛车可达到 0.15 左右。风阻系数与汽车油耗成正比,因此降低空气阻力系数,对于降低汽车的燃料消耗有重要的意义。

根据测试,当一辆轿车以 80km/h 前进时,有 60% 的耗油是用来克服风阻。所以超速行驶,不仅会让燃油出现无法完全燃烧的问题,也会因风阻而加大油耗。

3) 加速阻力

汽车行驶时,有一个保持等速运动的惯性力,如果要使汽车加速,就必须克服这一惯性力,即加速阻力。也就是说,汽车加速行驶时,需要克服汽车质量加速运动时的惯性力。加速阻力的大小,等于加速度与汽车质量的乘积。汽车的质量越大,加速阻力越大;加速度越大,加速阻力也越大。

4) 惯性阻力

汽车变速行驶时,需要克服其质量变速运动时产生的惯性力和惯性力矩,称为惯性阻力。

汽车的质量分为平移质量和旋转质量(如飞轮、离合器、齿轮、传动轴和车轮等)两部分。汽车变速行驶时,平移质量产生惯性力,旋转质量产生惯性力矩。

3. 汽车行驶的驱动条件

汽车正常行驶，驱动力和行驶阻力总是保持相对的平衡。汽车的行驶过程，是驱动力能否克服各种阻力的交替变化的过程。

汽车匀速行驶时，驱动力 F_t 与滚动阻力 F_f、空气阻力 F_a、坡度阻力 F_i 的关系为：

$$F_t = F_f + F_a + F_i$$

汽车加速行驶时，驱动力 F_t 与滚动阻力 F_f、空气阻力 F_a、坡度阻力 F_i 的关系为：

$$F_t > F_f + F_a + F_i$$

汽车减速行驶至停车或无法起步时，驱动力 F_t 与滚动阻力 F_f、空气阻力 F_a、坡度阻力 F_i 的关系为：

$$F_t < F_f + F_a + F_i$$

故汽车的驱动条件为：

$$F_t \geq F_f + F_a + F_i$$

要使汽车向前行驶，牵引力必须大于或等于各项行驶阻力之和，这是汽车行驶的必要条件。

4. 汽车行驶的附着条件

实际上，汽车驱动力 F_t 的大小不仅取决于发动机输出转矩和传动系的结构，还取决于路面的附着性能。在平整的干硬路面上，由于轮胎与路面存在着足够的摩擦力并产生充足的附着作用，车轮能够正常地向前滚动并承受路面的驱动力。但在松软湿滑的路面上，由于车轮与路面的附着作用较小，车轮与路面之间可能发生滑动。

所谓附着力，就是抵抗车轮在地面上产生滑动的能力。附着力越大，就越能保持车轮在路面上正常滚动而不发生滑动；反之，车轮就会空转打滑。

一般情况下，附着力 $F_{附}$ 的大小与驱动轮所承载的重力 G 成正比：

$$F_{附} = G \cdot \Phi$$

式中：Φ——附着系数，与路面的性质和轮胎的类型有关；

G——汽车总质量 G_a 分配到驱动轮上的部分重力，当汽车为全轮驱动时，G 就为总质量 G_a 所产生的重力。

为使车轮在路面上不打滑，汽车驱动力 F_t 必须小于或等于附着力 $F_{附}$。即：

$$F_t \leq F_{附}$$

该式即为汽车行驶的附着条件，汽车的驱动力必须小于或等于轮胎与路面之间的附着力，这是汽车行驶的充分条件。

将汽车的驱动条件与附着条件联写，即：

$$F_f + F_a + F_i \leq F_t \leq F_{附}$$

该式即为汽车的行驶条件，也叫汽车行驶的充要条件。

二、任务实施

1. 准备工作

画图工具。

2. 操作步骤

(1)绘制从动轮在硬路面上滚动力图。

(2)绘制驱动轮在硬路面上滚动力图。

三、评价与反馈

1. 自我评价

(1)通过本学习任务的学习,你是否已经知道以下问题:

①汽车驱动力是如何产生的?

②汽车行驶受到的阻力有哪些?

③汽车行驶的驱动条件有哪些?

(2)实训操作完成情况如何?

(3)通过本学习任务的学习,你认为自己的知识和技能还有哪些需要加强?

学生签名:_____ ____年____月____日

2. 小组评价(表1-3)

小组评价表　　　　　　　　　　　　　　　　　　　　表1-3

序号	评价项目	是否达到要求	记　录
1	着装是否符合要求		
2	是否能合理规范使用仪器和设备		
3	是否按照安全和规范流程操作		
4	是否遵守实训场地的规章制度		
5	是否能保持实训场地、工具设备整洁		
6	是否具有团队协作精神		

参与评价的学生签名:_____ ____年____月____日

3. 教师评价

_____

_____

教师签名:_____ ____年____月____日

四、技能考核标准(表1-4)

技能考核标准表　　　　　　　　　　　　　　　　　　表1-4

序号	操作内容	配分	评分标准	得分
1	绘制从动轮在硬路面上滚动力图	40	能正确绘制	
2	绘制驱动轮在硬路面上滚动力图	40	能正确绘制	
3	写出汽车的驱动条件与附着条件	20	能正确写出	
	总分	100		

(一) 填空题

1. 汽车底盘由_____、_____、_____、_____四部分组成。
2. 汽车传动系统的布置形式主要与_____及_____有关。
3. 汽车必须具有足够的驱动力，以克服各种行驶阻力，这些阻力主要包括_____、_____、_____和_____。
4. 我国的公路标准规定，高速公路平原微丘区最大坡度为_____，山岭重丘区为_____，一般四级路面山岭重丘区最大坡度为_____。

(二) 选择题

桑塔纳轿车的驱动形式为(　　)。
A. 4×4　　　　　　　B. 4×2

(三) 判断题

汽车的驱动形式通常用汽车车轮总数×驱动车轮数来表示。　　(　　)

(四) 简答题

1. 汽车传动系统的基本功用是什么？
2. 汽车传动系统有哪几种类型？各有什么特点？
3. 越野汽车传动系统4×4的意思是什么？它与普通汽车传动系统4×2相比，有哪些不同？

单元二　离合器构造与检修

学习任务1　认识离合器

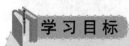

知识目标

能正确描述离合器的功用和性能要求。

技能目标

能区别离合器的类型。

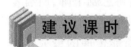

1课时。

一、理论知识准备

1. 离合器的功用

离合器是汽车传动系统中直接与发动机相联系的总成。离合器的安装位置和外形图如图2-1所示,其位于发动机和变速器之间,通常与发动机曲轴飞轮组的飞轮安装在一起,它由驾驶员通过离合器踏板来操纵。其作用如下：

1）保证发动机顺利起动和汽车平稳起步

发动机起动时,离合器切断发动机与传动系统之间的联系,以减少起动机的起动阻力,提高起动转速,增大起动功率,从而改善发动机的起动性能。

在汽车起步时,驾驶员缓慢抬起离合器踏板,使离合器的主、从动部分逐渐接合,与此同时,逐渐踩下加速踏板,以增加发动机的输出转矩,这样发动机的转矩便可由小到大传给传动系。当牵引力足以克服汽车起步的行驶阻力时,汽车便由静止开始缓慢加速,最终实现平稳起步。

2）保证传动系统换挡时工作平顺

在汽车行驶过程中,为了适应不断变化的行驶条件,传动系统经常要换用不同的挡位工作。对于普通齿轮变速器,换挡时不同的齿轮副要退出啮合或进入啮合,这就要求驾驶员换挡前踩下离合器踏板,中断发动机的动力传动,便于变速器退出原有齿轮副的啮合,进入新齿轮副的啮合。如果没有离合器或离合器分离不彻底,使动力传递不能完全中断,原有齿轮副之间会因压力大而难以脱开,而待啮合齿轮副之间因圆周速度不同而难以进入啮合,勉强啮合也会产生很大的冲击和噪声,甚至会打齿。

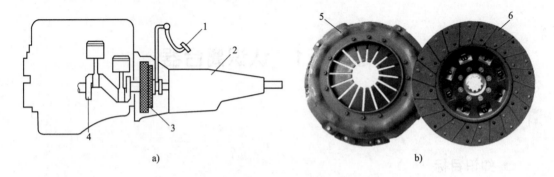

图2-1 离合器的安装位置和外形图
a)安装位置;b)外形图
1-离合器踏板;2-手动变速器;3-离合器;4-发动机;5-离合器盖和膜片;6-从动盘

3)防止传动系统过载

在汽车紧急制动时,如果发动机与传动系统刚性连接,发动机转速将急剧下降,所有零件将产生很大的惯性力矩,如果这一力矩作用于传动系统,会造成载荷超过传动系统的承载能力,而使机件损坏。有了离合器,当传动系统承受载荷超过离合器所能传递的最大转矩时,离合器会通过主、从动部分之间的打滑来消除这一危险,从而防止传动系统过载,起到一定的保护作用。

2. 离合器的性能要求

为了保证离合器具有上述功用,对离合器性能有以下要求:

(1)能可靠地传递发动机的最大转矩,而不打滑,且又能防止传动系过载。

(2)发动机与传动系统接合时应平顺柔和,以保证汽车平稳起步,减少冲击。

(3)发动机与传动系统分离时应迅速彻底,以保证发动机起动顺利和变速器换挡平顺。

(4)从动部分的转动惯量要尽可能小,以减少换挡时齿轮的冲击。

(5)具有良好的热稳定性,保证离合器工作可靠。

(6)具有良好的通风散热能力,以防止离合器温度过高。

(7)操纵轻便、结构简单、维修方便。

3. 离合器的分类

汽车上应用的离合器主要有以下三种形式:

(1)摩擦式离合器:指利用主、从动部分的摩擦作用来传递转矩的离合器。目前在汽车上广泛采用。

(2)液力式耦合器:指利用液体作为传动介质的离合器。原来多用于自动变速器,目前在汽车上几乎不采用。

(3)电磁式离合器:指利用磁力传动的离合器,如汽车空调压缩机中应用的就是这种离合器。

二、任务实施

1. 准备工作

(1)准备摩擦式离合器总成1个。
(2)准备液力变矩器总成1个。
(3)准备电磁式离合器总成1个。

2. 操作步骤

(1)区别各种不同的离合器。
(2)5S作业。

三、评价与反馈

1. 自我评价

(1)通过本学习任务的学习,你是否已经知道以下问题:
①离合器的功用是什么?
②离合器的有哪些性能要求?
③离合器如何分类?
(2)实训操作完成情况如何?
(3)通过本学习任务的学习,你认为自己的知识和技能还有哪些需要加强?

学生签名:_____ ____年___月___日

2. 小组评价(表2-1)

小组评价表 表2-1

序号	评价项目	是否达到要求	记录
1	着装是否符合要求		
2	是否能合理规范使用仪器和设备		
3	是否按照安全和规范流程操作		
4	是否遵守实训场地的规章制度		
5	是否能保持实训场地、工具设备整洁		
6	是否具有团队协作精神		

参与评价的学生签名:_____ ____年___月___日

3. 教师评价

_____
_____

教师签名:_____ ____年___月___日

四、技能考核标准（表2-2）

技能考核标准表　　　　　　　　　表2-2

序号	操作内容	配分	评分标准	得分
1	能区分离合器的类型	80	达到操作标准	
2	工具仪器设备归还、清洁场地	20	符合5S要求	
	总分	100		

学习任务2　摩擦式离合器构造与检修

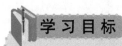

☞ **知识目标**

1. 能叙述摩擦式离合器的基本结构及各部件的作用；
2. 能叙述离合器操纵机构的类型及工作过程；
3. 能分析摩擦式离合器的基本工作原理。

☞ **技能目标**

能查阅维修资料，运用常用及专用工具，完成离合器各主要部件的检修。

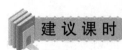

7课时。

一、理论知识准备

1. 摩擦式离合器概述

1）摩擦式离合器的类型

摩擦式离合器结构简单、性能可靠、维修方便，目前为绝大多数汽车所采用。但摩擦式离合器所能传递的最大转矩的数值受摩擦面间的压紧力、摩擦系数、摩擦面的数目和尺寸等因素的影响。因此，摩擦式离合器按摩擦面的数目（从动盘的数目）、压紧弹簧的形式以及操纵机构的不同可分为以下形式。

（1）按从动盘的数目的不同，分为单盘式、双盘式和多盘式。

（2）按压紧弹簧的形式及布置形式不同，分为周布螺旋弹簧式、膜片弹簧式、中央弹簧式和斜置弹簧式等。

①周布螺旋弹簧式离合器:即采用若干个螺旋弹簧作为压紧弹簧并沿离合器压盘圆周分布的离合器。

②中央弹簧式离合器:即采用一个或两个较强的弹簧并安置在中央的离合器。

③膜片弹簧式离合器:即采用膜片弹簧作为压紧弹簧的离合器。目前,汽车上主要采用膜片弹簧式离合器。

④斜置螺旋弹簧离合器:即压紧弹簧压力斜向作用在传力盘上,并通过压杆作用在压盘上。

(3)按操纵方式的不同,可分为机械操纵式、液压操纵式和气动操纵式等。

2)摩擦式离合器的组成

摩擦式离合器的组成如图2-2所示,主要由主动部分、从动部分、压紧装置、分离机构和操纵机构五大部分组成。主、从动部分和压紧机构是保证离合器处于接合状态并能传递动力的基本结构,而离合器的操纵机构主要是使离合器分离的装置。

离合器的主动部分主要包括飞轮、离合器盖和压盘。离合器盖用螺钉固定在飞轮的后端面上,压盘后端边缘上的凸台伸入离合器盖上相应的窗口中,并可沿窗口轴向移动。这样,当发动机转动时,动力便经飞轮、离合器盖传到压盘,并一起转动。

离合器的从动部分包括从动盘和从动轴。带有双面摩擦衬片的离合器从动盘通过中心花键毂与从动轴(变速器第一轴)上的花键相配合,其前端通过轴承支承在曲轴后端的中心孔中,后端支承在变速器壳体上。

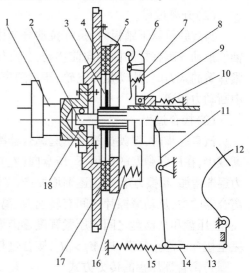

图2-2 摩擦离合器的基本组成和工作原理示意图
1-曲轴;2-从动轴(变速器一轴);3-从动盘;4-飞轮;5-压盘;6-离合器盖;7-分离杠杆;8、10、15-复位弹簧;9-分离轴承和分离套筒;11-分离拨叉;12-离合器踏板;13-分离拉杆;14-分离拉杆调节叉;16-压紧弹簧;17-从动盘摩擦片;18-轴承

离合器的压紧装置由若干根沿圆周均匀布置的压紧弹簧组成,它们装在压盘与离合器盖之间,用来将压盘和从动盘压向飞轮,使飞轮、从动盘和压盘三者压紧在一起,使离合器接合。

离合器的分离机构由分离杠杆组成。分离杠杆外端和中部分别铰接于压盘和离合器盖支架上,通过弹簧的作用消除因分离杠杆支撑处存在间隙而前后晃动产生的噪声。

离合器的操纵机构由离合器踏板、分离拉杆、调节叉、分离叉、分离套筒、分离轴承、复位弹簧等一系列离合器踏板到分离杠杆之间的零件组成。分离轴承和分离套筒压装成一体,松套在从动轴的轴套上,分离叉是中部有支点的杠杆,拉动分离叉下端便可通过分离轴承、分离杠杆向后拉动压盘,从而解除压盘对从动盘的压力,使离合器分离。

3)摩擦片式离合器的工作原理

(1)离合器接合状态。

发动机工作时,离合器处于接合状态,操纵机构各部件在复位弹簧的作用下处于图2-2

所示的各自位置,此时,分离杠杆内端与分离轴承之间保持有一定的间隙。在压紧弹簧的作用下,压盘和从动盘被紧压在飞轮上,而使从动盘摩擦面与飞轮、压盘产生摩擦力矩,并通过从动盘带动变速器第一轴一起旋转,发动机的动力便传给了变速器。

当从动盘与飞轮、压盘间的摩擦力矩 M_f 大于发动机的输出转矩 M_e(即 $M_f > M_e$)时,从动盘与飞轮等速转动,此时输出转矩为 M_e;当 $M_f < M_e$ 时,从动盘与飞轮间产生滑转,且两者不等速,输出转矩为 M_f。

摩擦式离合器所能传递的最大转矩的数值受摩擦面间的压紧力、摩擦系数、摩擦面的数目和尺寸等影响。

(2)分离过程。

当驾驶员踩下踏板时,拉杆拉动分离拨叉外端向右(后)移动,分离拨叉内端则通过分离轴承推动分离杠杆的内端向前移动,分离杠杆外端便拉动压盘向(右)后移动,当拉力大于压紧弹簧的张力时,从动盘与飞轮、压盘脱离接触,于是离合器的主、从动部分处于分离状态而中断动力传递。

(3)接合过程。

汽车起步时,驾驶员缓慢抬起离合器踏板,通过离合器操纵机构作用在压盘上的拉力逐渐减少,在压紧弹簧的作用下,压盘向(左)前移动并逐渐压紧从动盘,使摩擦片接触面间的压力逐渐增加,摩擦力矩 M_f 也逐渐增加;当飞轮、压盘和从动盘之间接合不紧密时,即 $M_f < M_e$ 时,离合器的主、从动摩擦片之间有转速差,离合器处于打滑状态;随着离合器踏板的逐渐抬起,飞轮、压盘和从动盘之间的压紧程度逐渐增大,主、从动部分的转速也渐趋相等,直到离合器完全接合而停止打滑,即 $M_f > M_e$,接合过程结束。

4)离合器压盘的传力方式

压盘是离合器主动部分的重要组成部件,它和飞轮一起带动从动盘转动。在传递发动机转矩时,既要接受离合器盖传来的动力,又要在离合器分离和接合过程中轴向移动。为了将离合器盖的动力顺利传递给压盘,并保证压盘只做沿轴线方向的平动而不发生歪斜,常用的离合器压盘的传力方式有凸台窗孔式、传动片式、传动块式和传动销式。目前,单盘离合压盘传力方式大多数采用传动片式。

凸台窗口式如图 2-3a)所示,利用压盘凸起的部分(凸台)与盖上的方孔(窗口)将转矩经离合器盖传送至压盘。

径向传动片式如图 2-3b)所示,采用弹簧钢片,将离合器盖沿径向与压盘连接,由于压盘和离合器盖之间没有相对运动,因此不会产生磨损和冲击噪声。

切向传动片式如图 2-3c)所示,传动片沿弦向(切向)安装,以传递转矩,是现在运用比较多的一种传动形式。

5)离合器的通风散热

摩擦式离合器在工作过程中,摩擦片与飞轮和压盘之间产生摩擦力矩,会产生大量热量。若热量不能及时散出,将导致离合器温度升高,摩擦性能降低,严重时会烧毁摩擦片、使从动盘本体拱曲变形,从而影响离合器的正常工作。因此,离合器的通风散热十分重要,一般采取以下方式:

(1)在离合器的从动盘本体上开有径向的窄切口,如图 2-4a)所示,借以预留热变形的余地。

（2）在压盘上将作为弹簧座的部分做成凸起的肋条，如图2-4b）所示，以减少从压盘传导到弹簧上的热量。

（3）离合器盖一般用钢板冲压成特殊形状，如图2-4c）所示，在其侧面与飞轮接触处设有缺口，装合后形成窗口，当离合器旋转时，空气将不断地循环流动，以利于离合器通风散热。

另外，在一些车型中，压紧弹簧和压盘之间装有石棉混合物制成的隔热垫。

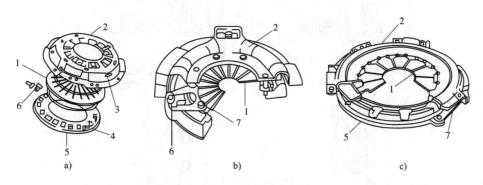

图2-3 离合器压盘的传力方式
a）凸台窗口式；b）径向传动片式；c）切向传动片式
1-膜片弹簧；2-离合器盖；3-凸台接触面（窗口）；4-凸台；5-压盘；6-复位弹簧；7-传动片

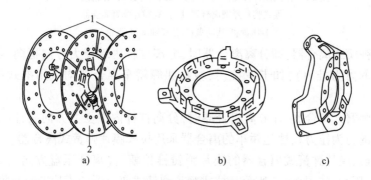

图2-4 离合器的通风散热
1-摩擦衬片；2-从动盘本体

6）离合器自由间隙和离合器踏板自由行程

离合器自由间隙即离合器在正常接合状态下，分离杠杆内端与分离轴承之间应预留的间隙。若无自由间隙，从动盘摩擦片磨损变薄后压盘将不能向前移动压紧从动盘，从而导致离合器打滑，使离合器所能传动转矩下降，车辆行驶无力，而且会加速从动盘的磨损。

离合器踏板自由行程即为了消除离合器的自由间隙和操纵机构零件的弹性变形所需要的离合器踏板行程。离合器踏板自由行程的调整方法见技能操作环节。

2. 典型摩擦式离合器结构分析

1）膜片弹簧式离合器

膜片弹簧式离合器根据分离时分离杠杆内端受力方向不同，可分为推式膜片弹簧式离合器和拉式膜片弹簧式离合器，如图2-5所示。

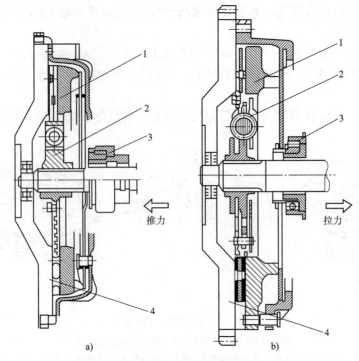

图2-5 推式膜片弹簧式离合器和拉式膜片弹簧式离合器的结构
a)推式膜片弹簧离合器；b)拉式膜片弹簧离合器
1-压盘；2-从动盘；3-分离轴承；4-飞轮

推式膜片弹簧式离合器：即分离离合器时，分离杠杆内端受力方向指向压盘（即分离杠杆的内端所受的力为推力），如卡罗拉、长城哈弗等轿车离合器均采用推式膜片弹簧式离合器。

拉式膜片弹簧式离合器：即分离离合器时，分离杠杆内端受力方向离开压盘（即分离杠杆的内端所受的力为拉力），捷达轿车的离合器采用拉式膜片弹簧式离合器。

装配时，推式膜片弹簧式离合器的膜片弹簧锥顶朝后（离开压盘方向），大端靠在压盘上，对压盘施加压力，如图2-5a)所示。拉式膜片弹簧式离合器的膜片安装与推式相反，膜片弹簧的锥顶朝前（指向压盘方向），其大端靠在离合器盖上，膜片弹簧的中部对压盘施加压力，如图2-5b)所示。

分析可知：在同样压盘尺寸下，拉式膜片弹簧离合器可采用直径较大的膜片弹簧，从而可提高压紧力和转矩容量；或者在传递相同转矩的情况下，尺寸较小的拉式膜片弹簧离合器可以代替尺寸较大的推式膜片弹簧离合器。因此，拉式膜片弹簧离合器的结构更紧凑、简单，质量更小，从动盘转动惯量也小，可以减轻换挡时齿轮轮齿间的冲击，更便于换挡。

（1）推式膜片弹簧式离合器。

推式膜片弹簧式离合器在轿车、轻型和中型车辆上应用较多，按安装膜片弹簧的支承环数目不同，又可分为双支承环、单支承环和无支承环3种结构形式，如图2-6所示。目前广泛采用的结构形式是双支承环。

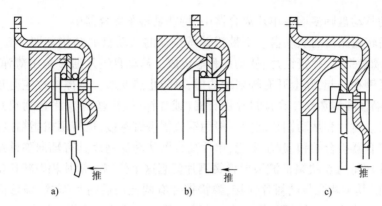

图 2-6 推式膜片弹簧式离合器结构形式
a) 双支承环式; b) 单支承环式; c) 无支承环式

桑塔纳 2000 型轿车推式膜片弹簧式离合器总成,如图 2-7 所示。

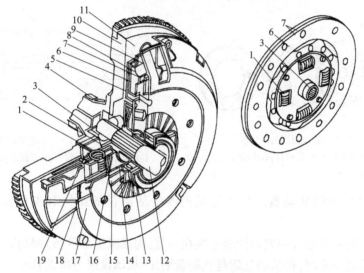

图 2-7 桑塔纳 2000 型轿车推式膜片弹簧式离合器总成
1-减振弹簧;2-阻尼片;3-花键轴套;4-曲轴;5-限位铆钉;6-波形片;7-摩擦片;8-压盘;9-传动片;10-飞轮;11-飞轮齿圈;
12-变速器输入轴;13-离合器分离轴承;14-盖板;15-膜片弹簧;16-碟形弹簧;17-离合器盖;18-支承环;19-分离钩

①主动部分。膜片弹簧式离合器的主动部分由飞轮、离合器盖和压盘等组成。离合器盖是用低碳钢冲压而成的,通过螺栓固定在飞轮上,为了保持正确的安装位置,离合器盖通常用三个定位销对离合器盖进行定位。压盘与离合器盖之间通过均布的三组或四组传动片来传递转矩。传动片用弹簧钢片制成,一端用铆钉铆在离合器盖上,另一端用螺钉连接在压盘上。在离合器分离接合过程中,依靠弹簧片的弯曲变形,使压盘前后移动。

②从动部分。从动部分的主要部件是从动盘。由于发动机传到汽车传动系统的转速和转矩是周期性地不断变化的,这会使传动系统产生扭转振动;另一方面由于汽车行驶在不平的道路上,汽车传动系统会出现角速度的突然变化,也会引起上述扭转振动。这些都会对传动系统的零件造成冲击性载荷,使其寿命缩短,甚至损坏零件。

因此,从动盘根据是否能够消除扭转振动和避免共振、防止传动系统过载,可分为不带扭转减振器和带扭转减振器两种。不带扭转减振器的从动盘多用在双片式离合器中,而带扭转减振器的从动盘则多用在单片离合器中,特别是轿车离合器中。

a. 不带扭转减振器的从动盘。不带扭转减振器的从动盘的结构如图 2-8 所示,由两片摩擦衬片、从动盘钢片、弹簧钢片、从动盘毂等组成。从动盘钢片通常是用薄弹簧钢板制成,并与从动盘毂铆在一起,其上开有辐射状的槽,可防止热变形。摩擦衬片应有较大的摩擦系数、良好的耐磨性和耐热性。摩擦衬片用石棉(或加铜丝、铝丝等)、黏合剂及其他辅助材料经热压合制成。衬片和从动钢片之间一般用铜或铝铆钉铆接,也有用树脂粘接的。

为了使离合器接合柔和、起步平稳,单片离合器从动盘钢片具有轴向弹性结构。从动盘钢片与后衬片之间的 6 块扇形波浪形弹簧钢片就起这个作用。钢片辐射状切槽之间的扇形面上有 6 个孔,其中两孔与前衬片铆接,弹簧钢片有两孔与后衬片铆接,扇形面中间的两孔将从动盘钢片和波浪形弹簧钢片铆接在一起,如图 2-9 所示。这样,从动盘在自由状态时,后衬片与钢片之间有一定间隙。在离合器接合时,弹性变形使压紧力逐渐增加,产生轴向弹性,接合柔和。

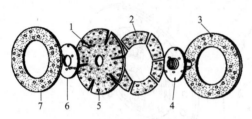

图 2-8 不带扭转减振器的从动盘
1-平衡片;2-波浪形弹簧钢片;3-后衬片;4-从动盘毂;5-从动盘钢片;6-压片;7-前衬片

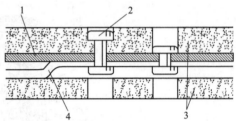

图 2-9 从动盘的铆接
1-从动盘钢片;2-铆钉;3-摩擦片;4-波浪形弹簧钢片

b. 带扭转减振器的从动盘。带扭转减振器的从动盘的结构和工作原理,如图 2-10 所示。

从动盘和从动盘毂通过弹簧弹性地连接在一起,构成减振器的缓冲机构,从动盘毂夹在从动钢片和减振器盘之间,在从动盘毂与从动盘钢片、从动盘毂与减振器盘之间还装有环状摩擦片,它是减振器的阻尼耗能元件。从动盘毂、从动盘钢片和减振器盘上都有 6 个圆周均布的窗孔,减振弹簧装在窗孔中。特种铆钉将从动盘钢片和减振器盘铆接成一体,但铆钉中部和从动盘毂上的缺口存在一定的间隙,从动盘毂可相对从动盘钢片和减振器盘做一定量的转动。

当从动盘不受转矩作用时,减振弹簧在从动盘毂与从动盘钢片和减振器盘之间不起传力作用,如图 2-10a)所示;而从动盘受转矩作用时,由摩擦衬片传来的转矩,首先传到从动盘钢片,再经弹簧传给从动盘毂,这时弹簧被进一步压缩,如图 2-10b)所示。因而,由发动机曲轴传来的扭转振动所产生的冲击即被弹簧所缓和以及摩擦片所吸收,而不会传到变速器以后的总成部件上;同样,汽车行驶于不平路面上所引起传动系角速度的变化也不会影响发动机。

有些汽车上采用刚度不等(圈数不同)的弹簧,并将安装弹簧的窗孔长度做成尺寸不同的形式,从而使弹簧起作用的时间不一样而获得变刚度的特性,可避免传动系统的共振和降低传动系统的噪声。另外,也可采用橡胶弹性元件。

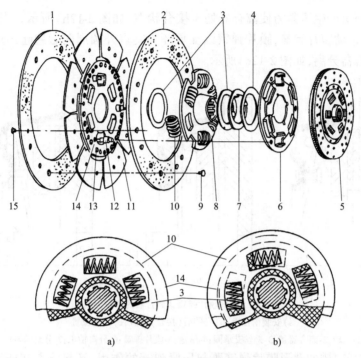

图2-10 带扭转减振器的从动盘的结构和工作原理
a) 减振弹簧不传力；b) 减振弹簧被压缩（传力）
1、2-摩擦衬片；3-摩擦片；4-碟形垫圈；5-装合后的从动盘总成；6-减振器盘；7-调整板；8-从动盘毂；9、13、15-铆钉；10-减振弹簧；11-波浪形弹簧钢片；12-止动销；14-从动盘钢片

离合器从动盘在安装时，应具有方向性，以避免连接长度不足（花键毂处）、摩擦片悬空、顶分离轴承等现象，其安装方向因车型而异。

③压紧装置与分离机构。压紧装置与分离机构的结构如图2-11所示，由压盘、离合器盖、膜片弹簧、支承环、支承固定铆钉、分离钩和传动片组成。

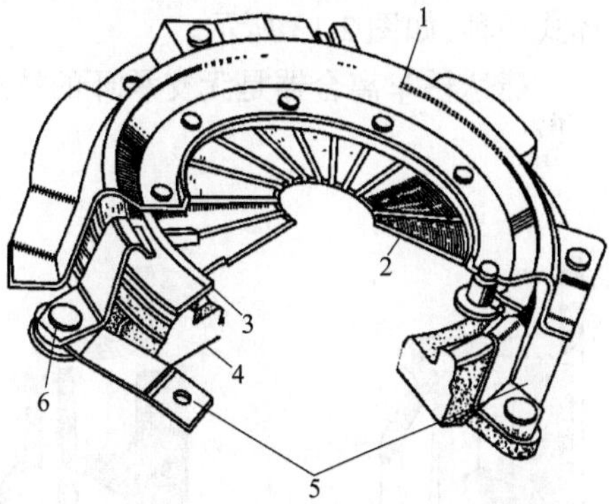

压紧机构是膜片弹簧，膜片弹簧由弹簧钢制成，形状为碟形，其上开有若干个径向切槽，切槽的内端开通，外端为圆边孔（防止应力集中而产生裂纹），每两切槽之间的钢板形成一个弹性杠杆，而其余未切槽的截锥部分起弹簧作用。

膜片弹簧的两侧安装有钢丝支承环，膜片弹簧的末端圆孔穿过固定铆钉而处在两个支承环之间，借助于固定铆钉将它们安装在离合器盖上。两个支承环成为膜片弹簧工作的支点。在压盘的周边，对称分布有多个分离钩，它们将膜片弹簧连接到压盘上，并将膜片弹簧的运动传递给压盘。

图2-11 离合器压紧装置与分离机构
1-离合器盖；2-膜片弹簧；3-支承环；4-压盘；5-传动片；6-分离钩

推式膜片弹簧式离合器的工作原理，如图2-12所示。当离合器盖未安装到飞轮上时，膜片弹簧不受力而处于自由状态，此时离合器盖与飞轮之间有一距离 S，如图2-12a)所示。当离合器盖通过螺栓固定在飞轮上时，膜片弹簧在支承环处受压产生弹性变形，此时膜片弹簧的外圆周对压盘产生压紧力使离合器处于接合状态,如图2-12b)所示。当踩下离合器踏板时,分离轴承推动膜片弹簧,膜片弹簧以支承环为支点外圆周向后翘起,通过分离钩拉动压盘后移使离合器分离,如图2-12c)所示。

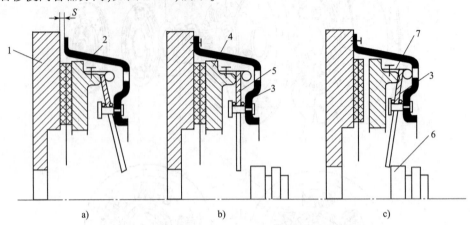

图2-12 推式膜片弹簧式离合器的工作原理
a)安装前位置;b)安装后(接合)位置;c)分离位置
1-飞轮;2-离合器盖;3-钢丝支承圈;4-压盘;5-膜片弹簧;6-分离轴承;7-分离弹簧钩

因此,开有径向槽的碟形膜片弹簧既起压紧弹簧的作用,又起分离杠杆的作用。另外,膜片弹簧的弹簧特性优于圆柱螺旋弹簧,所以膜片弹簧离合器的应用越来越广泛,在各种车型上都有应用。

(2)拉式膜片弹簧式离合器。

拉式膜片弹簧离合器按安装膜片弹簧的支承环数目不同,可分为无支承环式和单支承环式两种,如图2-13所示。

捷达轿车离合器是无支承环的拉式膜片弹簧式离合器,结构如图2-14所示。

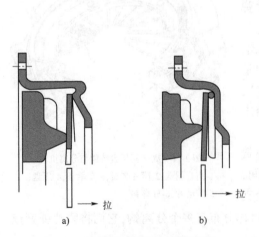

图2-13 拉式膜片弹簧离合器结构形式
a)无支承环式;b)单支承环式

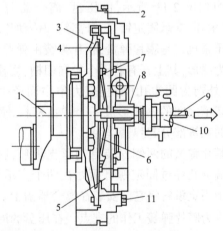

图2-14 捷达轿车拉式膜片弹簧式离合器
1-曲轴;2-飞轮;3-离合器盖;4-膜片弹簧;5-压盘;6-分离盘;7-卡环;8-从动盘;9-推杆;10-变速器输入轴;11-螺栓

离合器盖用螺栓固定在发动机曲轴的凸缘盘上,离合器压盘通过传动片与离合器盖接近。膜片弹簧装于离合器盖和压盘的中间,其大端与离合器盖相接触,膜片弹簧碟簧部分的小端压在离合器的压盘上。发动机飞轮通过螺栓固连到离合器盖上,离合器压盘和飞轮工作端面之间是离合器从动盘,离合器分离盘通过卡环固定在膜片弹簧分离杠杆上。离合器分离推杆安装在变速器输入轴(第一轴)的中心,一端作用在分离盘中部的凹坑内,另一端作用于变速器内的分离轴承端面上。

离合器盖未固定在飞轮上时,膜片弹簧不受力,处于自由状态;离合器盖固定在飞轮上后,在膜片弹簧压紧力的作用下,从动盘被牢固地夹在离合器压盘和飞轮之间,即离合器处在接合状态,离合器从动部分和主动部分一起旋转;当踩下离合器踏板时,在离合器操纵机构的作用下,通过分离盘压膜片弹簧的内端,将膜片弹簧分离杠杆推向发动机,膜片弹簧带动压盘离开从动盘,离合器处于分离状态。

拉式膜片弹簧离合器与推式膜片弹簧离合器在结构上的最大差异是:推式膜片弹簧离合器膜片弹簧的大端压在离合器压盘上,而拉式膜片弹簧离合器是膜片弹簧的小端压在离合器压盘上。

膜片弹簧式离合器的结构特点:

①开有径向槽的膜片弹簧既起压紧弹簧的作用又起分离杠杆的作用。

②膜片弹簧具有自动调节压紧力的特点,即膜片弹簧工作中的压紧力几乎不受转速影响,并具有高速时压紧力稳定的特点。

③膜片与压盘接触面积大、接触好,压力分布均匀,压盘不易变形且磨损均匀。

④结构简单紧凑,轴向尺寸小,零件少,质量轻,分离杠杆无需调整,维护修理方便等。

2)周布弹簧式离合器

东风 EQ1090E 型汽车离合器为圆周均布 16 个螺旋弹簧的单片周布弹簧式离合器,其结构如图 2-15 所示。

(1)主动部分。

离合器的主动部分由飞轮、离合器盖和压盘组成。离合器盖通过四组传动钢片将动力传递给压盘。传动片用弹簧钢片制成,相隔 90°沿圆周方向均匀分布,每组两片,一端用铆钉铆在离合器盖上,另一端则用螺钉与压盘连接。在离合器接合和分离过程中,依靠弹簧钢片产生的弯曲变形,压盘相对于离合器盖可做轴向平行移动。为保证离合器拆装后不失动平衡,用定位销确保飞轮与离合器盖之间的安装位置。

(2)从动部分。

从动部分由带扭转减振器的从动盘组件(以下简称从动盘)和从动轴组成,从动盘由从动盘毂、从动盘本体、摩擦衬片和减振器盘等组成。从动盘本体铆接在盘毂上,由薄钢片制成,故其惯性小。从动盘本体的两面各铆有一片由石棉合成物制成的摩擦衬片。从动盘毂的花键孔套在从动轴的花键轴上,并可沿花键轴向移动。

(3)压紧装置。

压紧装置由 16 个沿圆周分布于压盘和离合器盖之间的压紧弹簧组成。在压紧弹簧压力作用下,压盘压向飞轮,并夹紧从动盘,使离合器处于接合状态。发动机工作时,发动机的转矩一部分由飞轮经与之接触的摩擦衬片直接传给从动盘本体;另一部分则由飞轮通过固定螺钉传给离合器盖,并由此经四组传动片传给压盘,最后也通过摩擦衬片传给从动盘本体。从动盘本体再将转矩通过从动盘毂的花键传给从动轴,由此输入变速器。为了减少压盘向压紧弹簧传热、防止压紧弹簧受热后弹力下降,在压盘与压紧弹簧接触处铸有肋板,以减小接触面积,并在接触面间加装隔热垫。

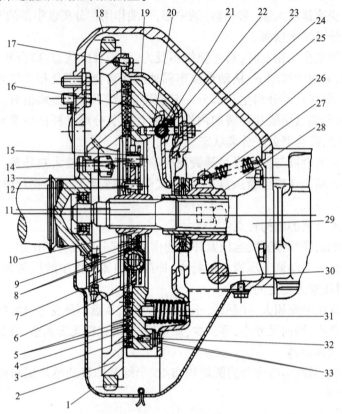

图 2-15 东风 EQ1090E 型汽车离合器

1-离合器壳底盖;2-发动机飞轮;3-摩擦片铆钉;4-从动盘本体;5-摩擦衬片;6-减振器盘;7-减振器弹簧;8-减振器阻尼片;9-阻尼片铆钉;10-从动盘毂;11-变速器第一轴(离合器从动轴);12-阻尼弹簧铆钉;13-减振器阻尼弹簧;14-从动盘铆钉;15-从动盘铆钉隔套;16-压盘;17-离合器盖定位销;18-离合器壳;19-离合器盖;20-分离杠杆支承柱;21-摆动支片;22-浮动销;23-分离杠杆调整螺母;24-分离杠杆弹簧;25-分离杠杆;26-分离轴承;27-分离套筒复位弹簧;28-分离套筒;29-变速器第一轴轴承盖;30-分离叉;31-压紧弹簧;32-传动片铆钉;33-传动片

(4)分离机构。

EQ1090E 型汽车离合器的分离机构由 4 个用薄钢板冲压而成的分离杠杆组成。它们沿周向均布并沿径向安装,其中部以支承柱中的浮动销为支点,外端通过摆动支承片抵靠在压盘的沟状凸起部。离合器在压紧弹簧的作用下经常处于接合状态,只有在必要时才暂时分离。当在分离杠杆内端作用一向前的水平推力时,分离杠杆绕支点摆动,其外端通过摆动支承片推动压盘压紧弹簧的力而后移,从而解除对从动盘的压紧力,使压盘与从动盘之间产生间隙,于是摩擦作用消失,离合器不再传递转矩,实现离合器的分离。

分离杠杆的运动情况分析:如果分离杠杆的支点是固定的铰链,则当分离杠杆转动时,其外端将做圆弧运动;如果分离杠杆外端也与压盘做简单的铰链连接,外端只能随压盘做直线运动,显然分离杠杆要产生运动干涉。为了消除这一运动干涉,可采用如图 2-16 所示的东风EQ1090E型汽车离合器分离杠杆结构。支点采用了浮动销，而与压盘之间采用摆动支承片。

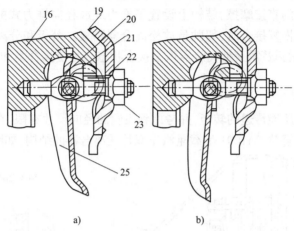

图2-16 分离杠杆工作情况
a) 接合位置；b) 分离位置
(图注同图2-15)

支承柱的前端插在压盘上相应的孔内，而后端则借助调整螺母固定在离合器盖上。浮动销22的中部支承在分离杠杆支承柱中部的方孔中，在螺旋弹簧的作用下，套装在支承柱上的分离杠杆中部紧靠在浮动销的两端，并使浮动销与方孔的支承平面接触，分离杠杆与浮动销一起以该接触点为支点摆动。摆动支承片呈凹字形，其平直的一面支承在分离杠杆外端的凹处，而其凹边则抵住压盘的钩状凸起部。在离合器接合状态，浮动销与方孔支承平面的外端接触，如图2-16a)所示。当分离离合器时，分离杠杆摆动，摆动支承片推动压盘右移。此时，浮动支承销沿支承平面向内滚动一小段距离(一般小于1mm)而摆动支承片将发生倾斜，如图2-16b)所示。显然，该结构不会发生运动干涉。

分离杠杆内端应位于平行于飞轮的同一平面内，否则，会出现分离不彻底。此位置可以通过调整螺母来调整。

东风EQ1090E型汽车离合器的调整除了分离杠杆内端面的调整外，还有离合器踏板自由行程的调整。在离合器处于正常接合状态下，分离轴承和分离杠杆内端之间应留有3~4mm的间隙，以保证摩擦衬片在正常磨损后能处于完全接合状态。东风EQ1090E型汽车离合器自由行程为30~40mm。离合器踏板自由行程是通过调整分离杠杆上的调整螺母改变分离杠杆的有效长度来实现的。拧入调整螺母，分离杠杆的内端与分离轴承之间的间隙越小，自由行程越小；反之，则自由行程加大。

(5) 操纵机构。

操纵机构中的分离轴承及分离套筒、分离叉安装在离合器壳的内部；而分离叉臂、分离拉杆、踏板轴、踏板臂和踏板等则安装在离合器壳的外部。

前端装有分离轴承的分离套筒，松套在变速器第一轴轴承盖的管状延伸部分的外圆面上，并在复位弹簧的作用下，以其两侧的凸台平面，抵靠在分离叉两端的圆弧表面上。分离叉又以其两端轴颈支承在离合器壳孔中的衬套内，其外侧轴颈的延伸端固定着分离叉臂。

分离叉绕其轴颈转动时，推动分离套筒向飞轮方向轴向移动，从而对分离杠杆内端施加推力。离合器工作时分离套筒不转动，分离杠杆则随离合器壳和压盘转动。为避免分离杠杆端部与分离套筒之间的直接摩擦，结构上设置了推力式或径向推力式的分离轴承。当需要使离合器由分离状态恢复接合时，驾驶员放松离合器踏板。踏板和分离叉分别在弹簧作用下退回原位，于是压紧弹簧重又使离合器恢复接合状态。为使接合柔和，驾驶员应该逐渐放松踏板。

3）双片式离合器

为了增大离合器所能传递的转矩，并考虑到飞轮的径向尺寸有限，在重型货车上广泛采用了双片式离合器。解放 CA1091 型载重汽车双片式离合器的结构，如图 2-17a）所示。

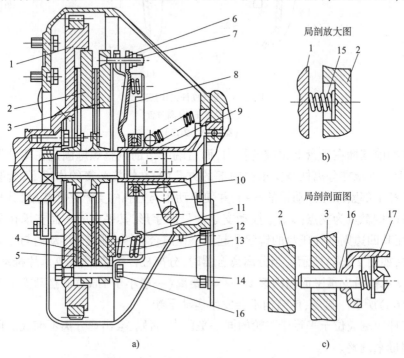

图 2-17　解放 CA1091 型载货汽车双片式离合器

1-飞轮；2-中间压盘；3-压盘；4、5-从动盘；6-分离杠杆螺钉；7-调整螺母；8-分离杠杆；9-分离轴承座；10-分离轴承；11-绝热垫；12-压紧弹簧；13-离合器盖；14-传动销；15-支承弹簧；16-调整螺钉；17-锁紧垫圈

双片式离合器的主动部分由飞轮、压盘、中间压盘及离合器盖组成。在飞轮上压入六个传动销，并用螺母固定。压盘、中间压盘以相应的导向孔松套在传动销上，可沿销做轴向移动。离合器盖用螺钉固定在六个传动销的后端面上。发动机的动力从飞轮通过传动销同时传给压盘和中间压盘。

从动部分由两个从动盘组成，依靠压紧装置的 12 个压紧弹簧通过压盘、中间压盘被压紧在飞轮后端面上。两个从动盘在安装时应使其毂较短的一侧相对，这样在离合器接合时，发动机的动力便可从飞轮经传动销、压盘、中间压盘传给从动盘，再由从动盘传给变速器第一轴。

离合器有 6 个分离杠杆，其外端用分离杠杆螺钉与压盘相连，用调整螺母来调整分离杠杆端部的位置。分离杠杆螺钉上套有小弹簧，支承在压盘上，把分离杠杆的外端压向调整螺母。螺钉的钉头与压盘上相应的座孔为球面配合，孔径比螺钉杆径大一些。分离杠杆卡在离合器窗口上作为支点,用锥形弹簧使分离杠杆靠紧在支点上,分离杠杆两侧上的缺口比离合器盖的厚度要大一些,因而也允许分离杠杆在离合器的径向移动。在离合器分离过程中,螺钉杆相对于压盘可略有倾斜,分离杠杆在径向略能移动,从而防止了分离杠杆运动的干涉现象。

由于双片式离合器的从动盘数目多,其接合比较柔和,但必须有专门的装置来保证主动盘与从动盘之间能彻底分离,图 2-17b)中支承弹簧能实现这个功能。从图 2-17c)可以看出,当离合器分离时,压盘被六个分离杠杆通过分离杠杆调整螺钉拉向后方,而中间压盘则被装在它和飞轮之间的三个分离弹簧推向后方,与前从动盘脱离接触。

同时,为了使后从动盘不被中间压盘和压盘夹住,在离合器盖上装有三个调整螺钉。这些螺钉拧在离合器盖上,穿过压盘的孔向前伸出,以限制中间压盘的后移行程。

双片式离合器的工作情况如图 2-18 所示。当离合器需要分离时,驾驶员踩下离合器踏板,操纵力经踏板、踏板拉杆传给分离叉,分离叉内端推动分离轴承向前移动,分离轴承又迫使分离杠杆以离合器盖上的长方孔下缘为支点摆动,使其内端前移,外端通过分离杠杆螺钉拉着压盘后移,压紧弹簧被压缩,分离弹簧伸张,使中间压盘也向后移与三个调整螺钉抵紧,此时,两个从动盘与主动部分暂时分离,如图 2-18b)所示。需要离合器接合时,应抬起离合器踏板,分离轴承在复位弹簧的作用下向后移动,分离杠杆内端的压力解除,压紧弹簧伸张,使压盘、后从动盘、中间压盘、前从动盘紧压在飞轮上,发动机的动力经从动盘又传给变速器第一轴,如图 2-18a)所示。

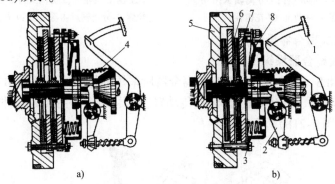

图 2-18　双片式离合器工作情况
1-离合器踏板;2-分离叉;3-压紧弹簧;4-分离轴承;5-飞轮;6-摩擦片;7-压盘;8-分离杠杆

3. 离合器操纵机构

离合器的操纵机构是驾驶员借以使离合器分离,又使之柔和接合的一套机构。它起始于离合器踏板,终止于离合器壳内的分离轴承。

按照离合器分离时所需的操纵能源的不同,离合器操纵机构分为人力式(包括机械式和液压式)、助力式(包括弹簧助力式和气压助力式)。前者是以驾驶员作用在踏板上的力作为唯一的操纵能源。后者则是以发动机驱动的空气压缩机或其他形式能量作为主要操纵能源,而驾驶员的脚踩力只作为辅助或后备操纵能源。

1)机械式离合器操纵机构

(1)机械式操纵机构的类型。

机械式操纵机构有杆系传动和绳索传动两种形式。

①杆系传动机构如图2-19所示，其结构简单，工作可靠，广泛应用于各型汽车上。例如，东风EQ1090E型汽车即为杆系传动机构。但杆系传动中杆件间铰接多，摩擦损失大，车架或车身变形以及发动机位移时会影响其正常工作。在平头车、后置发动机汽车等离合器需要远距离操纵时，合理布置杆系比较困难。

②绳索传动机构如图2-20所示，可消除杆系传动机构的一些缺点，并能采用便于驾驶员操纵的吊挂式踏板。但绳索寿命较短，拉伸刚度较小，故只适用于轻型、微型汽车和某些轿车。例如，桑塔纳、捷达轿车离合器的操纵机构中，采用了绳索传动机构。

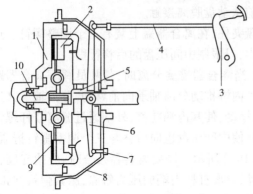
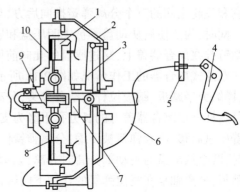

图2-19 离合器杆系传动式操纵机构
1-飞轮；2-压盘；3-踏板；4-传动杠杆；5-分离轴承；6-分离叉；7-球头螺栓；8-飞轮壳；9-从动盘；10-花键轴

图2-20 离合器机械钢索式操纵机构
1-压盘；2-飞轮壳；3-分离叉；4-踏板；5-支承板；6-离合器拉索；7-分离轴承；8-从动盘；9-花键轴；10-飞轮

(2) 典型机械式离合器操纵机构。

①普通机械式离合器操纵机构。

桑塔纳2000GLS、2000GLT型轿车的离合器所采用的机械式绳索传动机构如图2-21a)所示，主要由分离轴承、复位弹簧、分离轴、传动臂、拉索、踏板等主要零部件组成。离合器分离和接合过程，如图2-21b)所示。

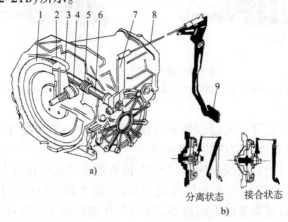

图2-21 桑塔纳2000GLS、2000GLT型轿车机械式离合器操纵机构
a)离合器操作结构图；b)离合器工作示意图
1-飞轮齿圈；2-飞轮；3-离合器总成；4-分离轴承；5-复位弹簧；6-分离轴；7-传动臂；8-拉索；9-踏板

机械式绳索传动装置中的连接点较多，摩擦损失较大，随着使用次数的增加，磨损加剧，

最大踏板力将会增加。

②带离合器踏板自由行程自动调节的机械式离合器操纵机构。

捷达轿车离合器操纵机构如图2-22所示,该结构是唯一采用能够自动调节离合器踏板自由行程的轿车离合器操纵机构。

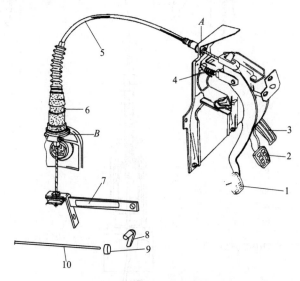

图2-22　捷达轿车离合器操纵机构

1-离合器踏板;2-制动踏板;3-加速踏板;4-助力弹簧;5-绳索总成;6-绳索自动调整装置;7-离合器操纵臂;8-离合器分离臂;9-离合器分离轴承;10-离合器分离推杆

离合器踏板自由行程自动调整拉索机构,如图2-23所示。拉索护套上端固定在驾驶室的地板上,拉索护套的下端固定在拉索下端固定架上。在拉索护套的下端安装有波顿拉索弹簧,拉索护套的末端固联有锁止锥块。锁止锥块的外面包着滚子保持架及滚子,在滚子保持架的下部是夹持块。拉索的上端固联在踏板臂上,拉索下端固定在离合器分离臂口上。分离杠杆轴安装在变速器壳体内。

离合器踏板自由行程自动调整拉索机构的工作原理是:

静止时,锁止锥块6在外壳体10上端波顿拉索弹簧5张力的作用下固定在滚子保持架8内,锁止锥块6和滚子7不接触。

当踏下离合器踏板时,拉索3被踏板臂拉出,拉索试图在上下固定点之间沿直线运动,而拉索护套4的弧度(拉索在任何情况下都不应是一条直线,它应是在上下固定点之间具有夹持的一条自由曲线,否则就无法补偿离合器踏板自由行程的变化)则阻碍了这种运动趋势。

此外,随着离合器踏板的踏下、拉索的拉出,拉索上下固定点之间的弧长势必要缩短,若忽略拉索护套的微量变形,拉索护套下端及固定在护套下端的锁止锥块一同下移,直到锁止锥块将滚子保持架上的滚子7楔紧在外壳体10的内壁上。此时,离合器踏板自由行程自调机构被锁死。此拉索机构的工作情况和普通拉索机构一样,即拉索机构将离合器分离臂12拉起一定的角位移,分离杠杆轴跟随转动一定角度,进而通过安装在离合器内的内部操纵机构使离合器分离。

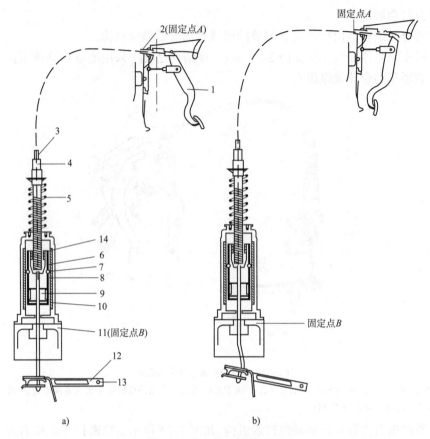

图 2-23 离合器拉索调整机构

1-离合器踏板；2-拉索上固定点；3-拉索；4-拉索护套；5-波顿拉索弹簧；6-锁止锥块；7-滚子；8-滚子保持架；9-夹持块；10-外壳体；11-拉索下端固定架；12-离合器分离臂；13-分离杠杆轴；14-拉索弹簧

当松开离合器踏板时，在内部操纵机构复位弹簧的作用下，离合器分离臂带动拉索下端下移，夹持块在拉索摩擦力的作用下被拉到滚子保持架的底部。同时，拉索护套 4 的下部在波顿拉索弹簧 5 张力的作用下，带动固联在护套末端的锁止锥块上移，并脱离与滚子的接触，锁止机构被松开，滚子保持架 8 在夹持块 9 和拉索弹簧 14 的共同作用下，保持在一个适当位置上。

离合器踏板自由行程的大小与滚子保持架 8 在外壳体 10 内的位置有关，而滚子保持架在壳体内的位置，是在锁止机构松开状态下由波顿拉索弹簧、拉索弹簧及夹持块与拉索之间的摩擦力决定的（前面已述及）。随着离合器摩擦片的不断磨损，离合器踏板处在自由状态时，离合器分离臂 12 活动端不断下移，在复位弹簧的作用下，拉索及拉索护套下部，克服波顿拉索弹簧张力随离合器分离臂 12 的活动端一起下移，同时，夹持块 9 在拉索摩擦力的作用下，带动滚子保持架 8 向下移动与拉索护套相同的距离，该距离便是摩擦片磨损所需要的修正量，从而起到了自动调整离合器踏板自由行程的作用。

2）液压式离合器操纵机构

液压式操纵机构如图 2-24 所示，一般由离合器踏板、离合器主缸（又称总泵）、工作缸（又称分泵）、分离叉、分离轴承和管路系统组成。

液压式操纵机构具有摩擦阻力小、传动效率高、质量小、接合柔和及布置方便等优点,并且不受车身车架变形的影响,因此其应用日益广泛。例如,桑塔纳 2000GSI 型轿车、一汽红旗 CA7220 型轿车及北京 BJ2020 型轻型越野车等汽车的离合器均采用液压式操纵机构。

(1)液压式离合器操纵机构主要零部件结构。

桑塔纳 2000GSI 型汽车离合器的液压操纵机构如图 2-25 所示,由离合器踏板、储液罐、进油软管、主缸、工作缸、油管总成、分离板、分离轴承等组成。

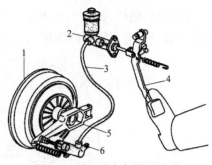

图 2-24 液压式离合器操纵机构
1-离合器壳体;2-主缸;3-挠性软管;4-离合器踏板;5-分离叉;6-工作缸

储液罐有两个出油孔,分别把制动液供给制动主缸和离合器液压操纵系统。主缸的结构如图 2-26 所示。主缸体借补偿孔 A、进油孔 B 通过进油软管与储液罐相通。主缸体内装有活塞,活塞中部较细,且为十字形断面,使活塞右方的主缸内腔形成油室。活塞两端装有皮碗。活塞左端中部装有单向阀,经小孔与活塞右方主缸内腔的油室相通。当离合器踏板处于初始位置时,活塞左端皮碗位于补偿孔 A 与进油孔 B 之间,两孔均开放。

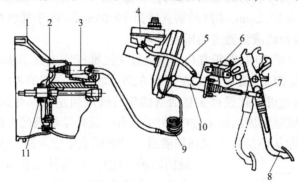

图 2-25 桑塔纳 2000GSI 离合器液压操纵系统图
1-变速器壳体;2-分离板;3-工作缸;4-储液罐;5-进油软管;6-复位弹簧;7-推杆接头;8-离合器踏板;9-油管总成;10-主缸;11-分离轴承

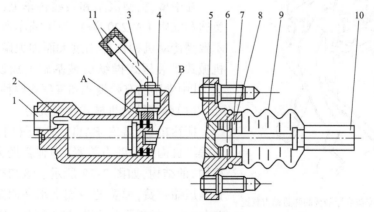

图 2-26 主缸结构
1-保护塞;2-壳体;3-管接头;4-皮碗;5-阀芯;6-固定螺栓;7-卡簧;8-挡圈;9-护套;10-推杆;11-保护套;A-补偿孔;B-进油孔

工作缸的结构,如图 2-27 所示。工作缸内装有活塞、皮碗、推杆等,缸体上还设有排气螺塞,当管路内有空气存在而影响离合器操纵时,可拧松放气螺塞排气。

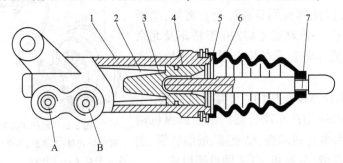

图 2-27 工作缸结构
1-壳体;2-活塞;3-管接头;4-皮碗;5-挡圈;6-护套;7-推杆;A-放气孔;B-进油孔

(2)液压式离合器操纵机构工作原理。

踩下离合器踏板时,通过主缸推杆使活塞向左移动,单向阀关闭。当皮碗将补偿孔 A 关闭后,管路中油液受压,压力升高。在油压作用下,工作缸活塞被推向右移,工作缸推杆顶头直接推动分离板,从而带动分离轴承,使离合器分离。

工作缸活塞直径为 22.2mm,主缸活塞直径为 19.05mm。由于前者略大于后者,故液压系统稍有增力作用,以补偿液流通道的压力损失。

当迅速放松离合器踏板时,踏板复位弹簧通过主缸推杆使主缸活塞较快右移,而由于油液在管路中流动有一定阻力,流动较慢,使活塞左面可能形成一定的真空度。在左右压力差的作用下,少量油液通过进油孔经过主缸活塞的单向阀流到左面弥补真空。在原先已由主缸压到工作缸去的油液重又流回到主缸时,由于已有少量补偿油液经单向阀流入,故总油量过多。这多余的油液即从补偿孔 A 流回储液罐。当液压系统中因漏油或因温度变化引起油液的容积变化时,则借补偿孔 A 适时地使整个油路中油量得到适当的增减,以保证正常油压和液压系统工作的可靠性。

3)助力式操纵机构

在中型、重型汽车和某些轿车上(例如桑塔纳、奥迪和红旗 CA7220 等),为了减小所需踏板力,又不致因传动机构杠杆比过大而加大踏板行程,可在机械式或液压式操纵机械基础上加设各种助力装置,其中常用的有弹簧式和气压式两种。

(1)弹簧助力机械式操纵机构。

捷达轿车(装有 EA113 型 5 气门发动机)离合器操纵机构弹簧助力装置(即弹簧助力机构式操纵机构)的结构,如图 2-28 所示。该结构中的助力弹簧是压缩弹簧,弹簧的一端支承在固定支架的销轴 A 上,另一端支承在活动销轴 B 上。销轴 B 通过连杆与踏板轴 C 连接。

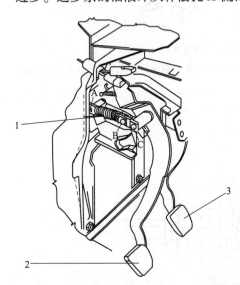

图 2-28 捷达轿车离合器踏板的弹簧助力装置
1-助力弹簧;2-离合器踏板;3-制动踏板;A-固定支架销轴;B-活动销轴;C-离合器踏板轴

离合器处于接合位置的初始状态时,销轴 B 位于销轴 A 与踏板轴 C 连线的下方。当踩下离合器踏板时,销轴 B 围绕踏板轴 C 顺时针转动,当转到 A、B、C 三点处在同一直线上时,助力弹簧对踏板不起助力作用。继续踩离合器踏板时,销轴 B 绕踏板轴 C 继续转动,当 B 点转到 A、C 点连线的上方时,则处于压缩状态的助力弹簧推动离合器踏板绕踏板轴 C 顺时针转动,对踏板施加一个附加作用力矩,此力矩与驾驶员踩踏板的力矩方向一致,从而起到助力作用。当驾驶员松开离合器踏板时,随着离合器踏板的复位,销轴 B 又回到 A、C 点连线的下方时,处于压缩状态的助力弹簧又推动离合器踏板绕踏板轴 C 逆时针转动,促使离合器踏板快速复位。

助力弹簧的助力作用由负变正的过程是可以容许的,这是因为在离合器踏板的前段行程中,离合器压紧弹簧的压缩量和压缩力还不大,故所造成的踏板阻力与助力弹簧造成的踏板附加阻力的总和也在容许范围内。在踏板的后段行程中,压紧弹簧的压缩量和相应的作用力继续增加到最大值。在离合器彻底分离以后,为了变速器换挡或制动,往往需要在一段时间内将踏板保持在这一最低位置,而这正是导致驾驶员疲劳的主要原因。所以,正是在后一段踏板行程中最需要助力。

(2)气压助力式操纵机构。

气压助力式离合器操纵机构一般是利用由发动机带动的空气压缩机作为主要的操纵能源,驾驶员的肌体则作为辅助的和后备的操纵能源。由于包括空气压缩机、储气罐在内的一整套压缩空气源,结构较复杂,质量也大,所以单为离合器操纵机构设置整套能源系统是不适宜的,一般都是与汽车的气压制动系及其他气动设备共用一套压缩空气源。

气压助力装置可以装设在机械式操纵机构(即气压助力机械式操纵机构)中,也可以装设在液压式操纵机构(即气压助力液压式操纵机构)中。

二、任务实施

1. 离合器的检修

(1)从动盘的检查与修理。

①从动盘端面跳动检查,如图 2-29 所示。

②从动盘摩擦片磨损检查,如图 2-30 所示。

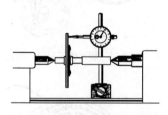
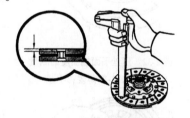

图 2-29　从动盘端面跳动的检查　　图 2-30　从动盘摩擦片磨损的检查

③从动盘校正。在半径为 120~150mm(距外边缘约 2.5mm)处测量,从动盘的翘曲量不大于 0.80mm,如果翘曲量大于 0.50~0.80mm 时,可采用如图 2-31 所示的方法进行校正。检查各铆钉,不得松动;从动盘花键毂与变速器第一轴的配合间隙不大于 0.60mm。摩擦片有轻微的油污,可用汽油清洗后,用喷灯火焰烘干;有轻微硬化、烧损,可用砂布打磨;磨损严重,铆钉头埋入深度不符合规定(例如,丰田车型为 0.30mm),或有裂纹、脱落、严重烧损或油污时,应予更换。

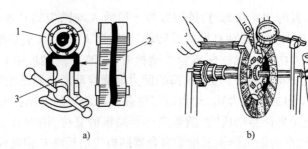

图 2-31 从动盘的校正
a)夹模校正;b)扳手校正
1-从动盘;2-夹模;3-台钳

(2)压盘的检查与修理:压盘工作平面的损坏有烧蚀、龟裂、划伤。

不严重时,可用油石打磨光滑。沟槽深度超过 0.50mm 或平面翘曲度超过 0.12~0.20mm 时应磨削修复,但磨削总量应不超过限度,一般为 1~1.5mm。磨削后的压盘应重新进行平衡。压盘平面翘曲度可用图 2-32 所示的方法测量,必要时更换新的离合器压盘。

(3)离合器盖的检查与修理:离合器盖的端面平面度误差超过 0.50mm 时,应予以校正。

(4)压紧弹簧的检查与修理:压紧弹簧弹力大小符合要求(例如,BJ2023S 为:压缩至 40mm 时其弹力应为 467~549N)。多簧式离合器各簧自由长度差一般不大于 2mm,弹簧外圆柱面与端面的垂直度误差不超过 2mm,在全长上的偏斜不超过 1mm,否则应予以更换。膜片弹簧内端磨损可用游标卡尺测量膜片弹簧内端磨损的深度和宽度(图 2-33),不应超过所规定的极限值(丰田车型膜片弹簧内端与分离轴承接触处磨损深度极限值为 0.60mm,宽度极限值为 5mm),否则应更换膜片弹簧。用一个厚薄规和专用工具测量膜片弹簧的弯曲变形(图 2-34),膜片弹簧内端应在一个平面,弹簧内端和专用工具之间的间隙不能超过 0.50mm,过大则必须调整,调整时用专用工具把弹簧弯曲到正确位置(图 2-35)。调整后再测量一次,直到符合要求为止。

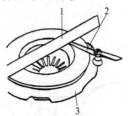

图 2-32 压盘平面翘曲度的测量
1-钢直尺;2-厚薄规;3-压盘

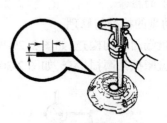

图 2-33 膜片弹簧磨损的检查

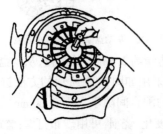

图 2-34 膜片弹簧弯曲变形的测量

图 2-35 膜片弹簧的调整

(5)分离件的检查与修理:如图2-36所示为检查分离轴承的方法,分离轴承内孔磨损超过0.03mm或轴向间隙超过0.60mm时,应更换。离合器踏板轴与衬套磨损、松旷超过0.50mm时,应更换衬套。分离杠杆内端磨损超过规定时,应焊修。

(6)飞轮的检修:如图2-37所示为用百分表检查飞轮端面跳动的方法,最大端面跳动不能超过0.1mm,如果端面跳动超过此值则应更换飞轮,也可将飞轮进行磨削,使其端面跳动符合要求。

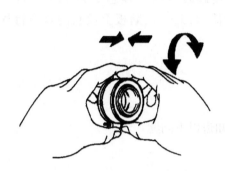

图2-36 分离轴承的检查

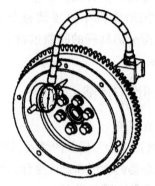

图2-37 飞轮端面跳动的检查

2. 离合器的调整

(1)分离杠杆高度的调整:即分离杠杆内端至飞轮表面或压盘表面或其他规定平面的距离。分离杠杆高度及高度差应符合原厂规定。

(2)离合器踏板自由行程的检查与调整:离合器踏板的自由行程,即分离杠杆内端(或膜片弹簧内端)与分离轴承的间隙在踏板上的反映,检查方法如图2-38所示,其值应符合厂家规定。

①机械式操纵机构,一般是通过分离叉拉杆调整螺母调整拉杆或钢索长度,使离合器踏板自由行程符合规定。图2-39所示为桑塔纳离合器踏板自由行程(15~20mm)的调整。

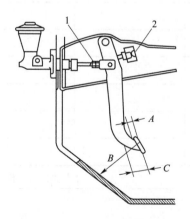

图2-38 离合器的检查与调整
1-推杆距离和踏板自由行程调整点;2-踏板高度调整螺栓;
A-推杆移动距离;B-踏板距离地板高度;C-踏板自由行程

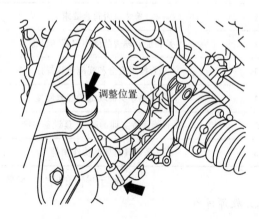

图2-39 桑塔纳离合器踏板自由行程的调整

②液压式操纵机构踏板自由行程:一般是主缸活塞与其推杆之间和分离杠杆内端与分离轴承之间两部分间隙之和在踏板上的反映,踏板自由行程的调整实际上就是这两处间隙的调整。

调整时,先调整主缸活塞与推杆的间隙。BJ2020型汽车是通过偏心螺柱调整推杆伸出长度,使其与活塞间隙为0.5~1.0mm时,测量反映到踏板上的自由行程应为3~6mm。通过调整分离叉推杆长度调整分离轴承与分离杠杆间的间隙,使踏板自由行程总量符合要求。BJ2020型汽车通过调整分离叉推杆使踏板自由行程总量为32~40mm。这样,分离轴承至分离杠杆的间隙也就达到了规定值(2.5mm),踏板上反映的自由行程总量为29~34mm。

三、评价与反馈

1. 自我评价

(1)通过本学习任务的学习,你是否已经知道以下问题:

①离合器的功用和要求是什么?

②离合器有哪些类型?

③离合器结构包括哪些部分?

④离合器检修内容有哪些,如何检修?

⑤离合器踏板自由行程如何调整?

(2)实训操作完成情况如何?

(3)通过本学习任务的学习,你认为自己的知识和技能还有哪些需要加强?

学生签名:_____　　____年____月____日

2. 小组评价(表2-3)

小　组　评　价　表　　　　表2-3

序号	评价项目	是否达到要求	记　录
1	着装是否符合要求		
2	是否能合理规范使用仪器和设备		
3	是否按照安全和规范流程操作		
4	是否遵守实训场地的规章制度		
5	是否能保持实训场地、工具设备整洁		
6	是否具有团队协作精神		

参与评价的学生签名:_____　　____年____月____日

3. 教师评价

_____

_____

教师签名:_____　　____年____月____日

四、技能考核标准（表2-4）

技能考核标准表　　　　　　　　表2-4

序号	检修内容	评分项目	评价标准	配分	得分
1	安全文明作业	作业安全	出现安全事故，终止此项目，成绩记零分	20	
		6S与职业素养	1. 着装不规范每处扣3分，扣完为止 2. 作业中没有及时清洁、整理工量具、清扫场地，每次扣2分，扣完为止 3. 垃圾未分类回收，每次扣1分 4. 竣工后未清理考核场地，扣2分 5. 出现工具设备损伤、身体擦伤或碰伤等，每次扣2分，扣完为止 6. 不服从考官、出言不逊，每次扣3分		
2	口述	口述正确表达清晰	1. 先拆卸变速器 2. 拆卸离合器盖组件，拆卸前离合器盖与飞轮做好对位记号 3. 按对角顺序依次均匀松开离合器盖螺栓 4. 取下从动盘和离合器盖组件 5. 拆下离合器分离轴承、工作轮及分离叉等，每漏说或错说一步扣2分 6. 表达不清晰扣2分	12	
3	规定值确定	正确使用维修手册	1. 维修手册翻阅到指定页，否则扣2分 2. 能将所需检测的规定填入工单，每错一处扣2分（参照工单评分）	6	
4	检查压盘	清洁	清洁被测零件	1	
		目测检查	目测检查压盘表面状况，看是否有严重磨损、裂纹及擦伤痕迹。记录检查结果	4	
5	检查膜片弹簧磨损	选择量具	选用游标卡尺，选错该大项不得分	2	
		测量前清洁量具和被测零件	未清洁量具扣1分 未清洁零件扣1分	2	
		测量方法正确	测量分离指磨损凹槽的宽度和深度。测量位置每错一个扣2分	4	
		测量读数准确	读数误差超过0.5mm扣1分 未保留两位小数扣1分	2	
		测量后清洁		2	
		检测结果判断	根据工单填写结果与实物情况评分	4	

续上表

序号	检修内容	评分项目	评价标准	配分	得分
6	检查膜片弹簧变形和弹力衰损	口述正确表达清晰	1.弹簧分离指变形可通过分离指高度差测出,用专用工具和厚薄规测量值判断 2.弹簧弹力衰损可通过测量弹簧高度判断 3.语言表达检查步骤不清晰每次扣2分,扣完为止	6	
7	检查从动盘	目测检查从动盘表面状况和扭转减振器	1.目测检查从动盘面是否有:铆钉松动、不均匀磨损、油污、裂损 2.目测检查从动盘花键毂是否磨损和损伤 3.目测检查减振弹簧是否弹力衰损(有间隙)和损伤 4.上述项目每漏检一项扣2分,扣完为止	6	
7	检查从动盘	检查从动盘磨损	1.选用游标卡尺,选错扣1分 2.测量前清洁量具和被测零件,否则各扣1分 3.测量并记录铆钉沉入量,测错铆钉面扣4分 4.测量读数误差超过0.5mm扣1分,未保留两位小数扣1分 5.测量后清洁量具并收整好,否则扣1分	10	
7	检查从动盘	检测结果判断	根据工单填写结果与实物情况评分	4	
8	口述离合器装配	口述方法正确	1.安装离合器分离轴承、工作轮及分离叉等。并在规定部位涂上一定的润滑脂(不能太多) 2.在从动盘花键毂的内花键上涂刷规定的润滑脂 3.用专用工具将从动盘和离合器盖组件安装到飞轮上。注意对位记号和从动盘安装方向 4.描述时每错一步扣3分,每一步骤描述时表达不完全扣2分,扣完为止	10	
9	检测结论	1.零件的可用性 2.修理建议	1.没有零件维修检测结果此项记零分 2.修理建议不合理扣3分 3.单次扣完为止,不负分	5	
		总分		100	

思考与练习

(一)填空题

1.离合器踏板自由行程过大会造成离合器_____;自由行程过小又会引起离合器_____,甚至起步困难。

2.离合器踏板是离合器的操纵机件,用来控制发动机与传动部分_____或_____,从而实现动力_____或_____。

3.离合器主要由_____、_____、_____、_____和_____五部分组成。

4. 汽车用摩擦片式离合器,按从动片数目可分为_____式、_____式和_____式。按压紧弹簧的形式可分为_____式和_____式。

(二)选择题

1. 从动盘方向装反后,会导致离合器( )。
   A. 发抖　　　　　B. 分离不彻底　　　C. 打滑

2. 东风 EQ1090E 型汽车离合器盖用钢板冲压而成,在其侧面与飞轮接触处有四个缺口,制作这四个缺口的主要目的是( )。
   A. 减轻离合器总成的重量　　　　　B. 减少与飞轮接触面积
   C. 增加离合器的通风散热　　　　　D. 便于安装其他零件

3. 当膜片弹簧离合器处于完全分离状态时,膜片弹簧将发生变形,其( )。
   A. 锥顶角不变　　　　　　　　　　B. 锥顶角为 180°
   C. 锥顶角为反向锥形　　　　　　　D. 锥顶角为 120°

4. 当离合器处于完全接合状态时,变速器的第一轴( )。
   A. 不转动　　　　　　　　　　　　B. 比发动机曲轴转速低
   C. 与发动机曲轴转速相同　　　　　D. 比发动机曲轴转速高

5. 离合器从动盘铆钉头埋入深度不小于( )mm。
   A. 0.1　　　　B. 0.3　　　　C. 0.8　　　　D. 1

6. 离合器上安装扭转减振器是为了防止( )。
   A. 曲轴共振　　B. 传动系共振　　C. 离合器共振

7. 现代小轿车上的离合器多采用( )。
   A. 双片式　　　B. 单片式　　　　C. 膜片式

(三)判断题

1. 离合器压紧弹簧的弹力越大,离合器的性能越好。　　　　　　　　( )
2. 离合器片正反面装错,会导致离合器分离不开。　　　　　　　　　( )
3. 采用半离心式离合器的汽车,发动机转速越高,分离杠杆作用于压盘上推力越大。
   　　　　　　　　　　　　　　　　　　　　　　　　　　　　　　( )
4. 如果离合器摩擦片上有油污,应拆下用煤油或酒精清洗并烘干,然后找出油污来源并排除。　　　　　　　　　　　　　　　　　　　　　　　　　　　　　( )
5. 离合器在接合状态下,分离轴承和分离杠杆内端之间应该没有间隙,保证摩擦片磨损后,离合器仍处在完全接合状态。　　　　　　　　　　　　　　　　( )
6. 汽车离合器采用封闭式的预润滑分离轴承,在拆装时必须要用汽油清洗。( )
7. 液压式操纵的离合器踏板自由行程是由气缸活塞与推杆间隙来保证的。( )
8. 离合器自然状态为接合状态。　　　　　　　　　　　　　　　　　( )
9. 双片离合器有两个从动盘、两个压盘、两个摩擦面。　　　　　　　( )
10. 膜片弹簧离合器的结构特点之一是:用膜片弹簧取代压紧弹簧和分离杠杆。( )
11. 离合器液压操纵机构中踏板的自由行程还包括了主缸推杆与主缸活塞之间的间隙。
　　　　　　　　　　　　　　　　　　　　　　　　　　　　　　( )

单元三　手动变速器构造与检修

学习任务1　变速传动机构构造与检修

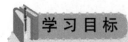

知识目标
1. 能叙述手动变速器的功用和类型；
2. 能叙述普通齿轮变速器的工作原理；
3. 能叙述变速传动机构的结构；
4. 能分析手动变速器的各个挡位的传动路线。

技能目标
1. 能区别手动变速器的类型；
2. 能查阅维修资料，借助常用及专用工具，对变速传动机构各部件进行检修。

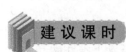

6课时。

1. 变速器的作用

汽车广泛采用活塞式发动机，其转矩和转速变化范围小，而复杂的使用条件则要求汽车的牵引力和车速能在相当大的范围内变化。为此，在传动系中设置了变速器，以适应汽车经常变化的行驶条件，并与发动机配合工作，使汽车具有良好的动力性和经济性。其作用如下：

1) 实现变速变矩

变速器通过改变传动比，扩大驱动轮转矩和转速的变化范围，以适应汽车在各种行驶条件下所需的牵引力和合适的行驶速度，并使发动机能够经常在功率较高而油耗率较低的有利工况下工作。

2)实现倒车

使汽车在发动机旋转方向不改变的前提下,利用变速器中倒挡实现倒向行驶。

3)实现中断动力传递

利用变速器中的空挡,中断动力传递,使发动机能够起动和怠速运转,满足汽车暂时停车或滑行的需要。

4)实现动力输出,驱动其他机构

如有需要,可将变速器作为动力输出器,驱动其他机构,如自卸汽车的液压举升装置等。

为了实现以上功能,变速器通常由变速传动机构和操纵机构两部分组成,根据需要,还可加装动力输出器。变速传动机构的主要作用是改变转矩的数值和方向;操纵机构的作用是实现传动比的变换,即换挡。

2. 变速器的类型

1)按传动比变化方式分

(1)有级变速器。

有级式变速器应用最为广泛,它采用齿轮传动,具有若干个定值传动比,传动比呈阶梯式变化。目前,轿车和轻、中型货车的变速器通常有 3~5 个前进挡和 1 个倒挡,在重型和超重型汽车用的组合式变速器中,为了得到更多的挡位,将变速器做成主、副变速器两部分,因此有更多挡位。所谓变速器挡数,是指前进挡的数目。

按所用轮系形式不同,有轴线固定式变速器(普通齿轮变速器)和轴线旋转式变速器(行星齿轮变速器)两种。普通齿轮变速器按前进挡时传递动力的轴数又可分为两轴式和三轴式。其中,两轴式变速器广泛用于前置前驱动轿车,如桑塔纳、捷达、奥迪等。三轴式变速器应用最广泛,为绝大多数具有机械式传动系统的车辆所采用。行星齿轮变速器常用于液力式传动系统,与液力变矩器一起组成液力机械变速器。

(2)无级变速器。

无级变速器的传动比在一定范围内可连续地变化。常见的无级变速器有电力式和液力式两种。电力式无级变速器的变速传动部件为直流串激电动机,这种形式的变速器在超重型自卸汽车传动系统中有广泛采用的趋势。液力式无级变速器的传动部件是液力变矩器。

(3)综合式变速器。

综合式变速器是由液力变矩器和齿轮式有级变速器组成的液力机械式变速器,其传动比可在最大值和最小值之间的几个间断的范围内做无级变化,目前应用较多。

2)按操纵方式不同分

(1)手动操纵式变速器。

手动操纵式变速器(简称手动变速器)靠驾驶员直接操纵变速杆来改变齿轮副的啮合,以获得不同的传动比。这种变速器的换挡机构简单,工作可靠、经济,为大多数汽车所采用。

(2)自动操纵式变速器。

自动操纵式变速器(简称自动变速器)指在某一传动比范围内(一般是在前进挡范围内),传动比的选择及换挡是由反映发动机负荷和车速的信号系统来控制的,即自动地改变传动比。驾驶员只需操纵加速踏板和制动装置来控制车速。此种方式因操作简便,目前运用较多。

(3) 半自动操纵式变速器。

半自动操纵式变速器有两种形式：一种是常用的几个挡位自动操纵，其余挡位则由驾驶员操纵；另一种是预选式，即驾驶员预先用按钮选定挡位，在踩下离合器踏板或松开加速踏板时，自动接通电磁装置或液压装置来进行换挡，现在高档轿车普遍采用这种变速器。

3) 普通齿轮变速器的工作原理

(1) 变速变矩原理。

普通齿轮式变速器是利用不同齿数的齿轮啮合传动实现转速和转矩改变的。

由齿轮传动的变速原理可知，一对齿数不同的齿轮啮合传动时，若小齿轮为主动齿轮，带动大齿轮转动，则转速降低；若大齿轮驱动小齿轮时，则转速升高。汽车变速器就是根据这一原理，利用若干大小不同的齿轮副传动而实现变速的。

齿轮传动的基本原理如图 3-1 所示，设主动齿轮转速为 n_1，齿数为 z_1；从动齿轮转速为 n_2，齿数为 z_2。主动齿轮（输入轴）转速与从动齿轮（输出轴）转速之比值称为传动比，传动比用字母 i 表示。即：

$$i_{12} = \frac{n_1}{n_2} = \frac{z_2}{z_1}$$

如图 3-1a) 所示，当小齿轮为主动齿轮，带动大齿轮转动时，输出转速降低，即 $n_2 < n_1$，称为减速传动，此时传动比 $i > 1$；如图 3-1b) 所示，当大齿轮为主动齿轮，带动小齿轮转动时，输出转速升高，即 $n_2 > n_1$，称为增速传动，此时传动比 $i < 1$。

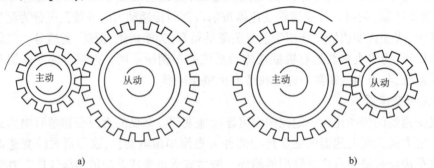

图 3-1 齿轮传动的基本原理
a) 减速传动；b) 增速传动

对于两级减速的齿轮传动如图 3-2 所示，齿轮 1 为主动齿轮，驱动齿轮 2 转动，齿轮 3 与齿轮 2 固连在一起，再驱动齿轮 4 转动并输出动力。

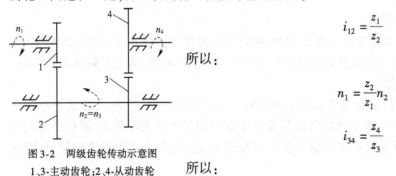

图 3-2 两级齿轮传动示意图
1、3-主动齿轮；2、4-从动齿轮

$$i_{12} = \frac{z_1}{z_2}$$

所以：

$$n_1 = \frac{z_2}{z_1} n_2$$

$$i_{34} = \frac{z_4}{z_3}$$

所以：

$$n_4 = \frac{z_3}{z_4}n_3$$

由于齿轮2、3在同一轴上,转速相同,即 $n_2 = n_3$,则总传动比为:

$$i_{14} = \frac{z_1}{z_4} = \frac{z_2 z_4}{z_1 z_3} = i_{12} i_{34}$$

上式说明,多级齿轮传动的传动比为:

$$i\frac{\text{所有从动齿轮数的乘积}}{\text{所有主动齿轮齿数的乘积}} = \text{各级齿轮传动比的乘积}$$

汽车变速器某一挡位的传动比就是这一挡位各级齿轮传动比的乘积。

若不计传动效率,则输出功率 P_2 等于输入功率 P_1,即 $P_2 = P_1$。而发动机的输出功率:

$$P = \frac{M_e 2\pi n}{60 \times 10^3}$$

所以:

$$M_{e_1} n_1 = M_{e_2} n_2 \qquad i_{12}\frac{n_1}{n_2} = \frac{M_{e_1}}{M_{e_2}}$$

式中:M_{e_1}——输入转矩,N·m;

M_{e_2}——输出转矩,N·m;

n_1、n_2——z_1、z_2 齿轮转速,r/min。

从上述分析可知,传动比既是变速比也是变矩比,且降速则增矩、增速则降矩,汽车变速器就是利用这一关系,在输入轴输出功率不变的前提下,通过改变不同齿数齿轮副的啮合来改变输出轴的转矩和转速的关系,以适应汽车行驶阻力变化的需要。

普通的齿轮变速器通常都是采用多组大小不同的齿轮啮合传动,这样就构成了多个不同的挡位。对应于不同的挡位,均有不同的传动比值,从而可得到多种不同的输出转速和转矩。

汽车上使用的手动变速器,可分为两轴式和三轴式两种。两轴式变速器如图3-3所示,其前进挡由输入轴(也称为第一轴)和输出轴(也称为第二轴)及其齿轮组成。主动齿轮都安装在输入轴上,从动齿轮都安装在输出轴上,各挡的传动比都等于该挡从动齿轮齿数与主动齿轮齿数之比值,即前进挡均为单级齿轮传动。

三轴式变速器如图3-4所示,其前进挡均为双级齿轮传动,由输入轴(第一轴)、输出轴(第二轴)和中间轴及其齿轮组成。输入轴与输出轴在同一条轴线上。输入轴上只有一个齿轮1(主动齿轮)与中间轴上的齿轮2(从动齿轮)常啮合,构成第一级齿轮传动;中间轴上的其余齿轮均作为主动轮分别与输出轴上相应的齿轮(从动齿轮)相啮合,构成第二级齿轮传动。

(2)变向原理。

由齿轮传动原理可知:由于外啮合的一对齿轮传动,两齿轮旋向相反,所以每经一对外啮合齿轮副,其轴改变一次转向。普通三轴式变速器在汽车前进时的传动情况如图3-5a)所示,经过两对齿轮(1、2、3 和 4)的传动,其输出轴Ⅱ与输入轴Ⅰ的转向相同。普通三轴式变速器倒车时的传动情况如图3-5b)所示,若在中间轴与输出轴之间再加第四根轴,并在其上装有惰轮5,则又多了一对外啮合齿轮副,从而使输出轴Ⅱ与输入轴Ⅰ的转向相反。惰轮5为倒挡齿轮,其所在轴称为倒挡轴。

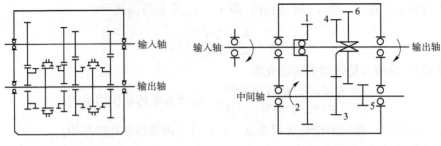

图3-3 两轴式变速器示意图　　图3-4 三轴式变速器示意图

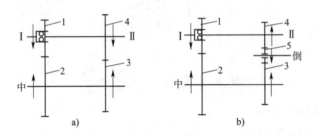

图3-5 齿轮传动的变向原理
a)前进挡;b)倒挡
1、3-主动齿轮;2、4-从动齿轮;5-倒挡齿轮

(3)换挡原理。

变速器的换挡原理如图3-4所示,通常采用接合套、滑移齿轮或同步器等装置将齿轮3与4脱开,再将齿轮6与5啮合,传动比变化,输出轴的转速、转矩也发生变化,即挡位改变。当齿轮4、6都不与中间轴上的齿轮3、5啮合时,动力不能传到输出轴,这就是变速器的空挡。

3. 三轴式变速器

变速传动机构是变速器的主体,变速传动机构主要由壳体、第一轴(又称输入轴、主动轴)、第二轴(又称输出轴、从动轴)、中间轴、倒挡轴、各挡齿轮和轴承等组成,其作用是改变转矩、转速及旋转方向。按工作轴的数量(不包括倒挡轴)不同,可分为三轴式变速器和两轴式变速器。

对于客车或中重型载货汽车,在传动系中,要求输出更大的转矩和实现较大的速度变动范围,一般广泛采用三轴式变速器,即变速器除设有输入轴、输出轴、倒挡轴之外,另设有中间轴的变速器。与两轴式相比有以下特点:在相同的径向尺寸下,可获得较大的传动比;可获得直接挡,此时变速器的传动效率高。

1)结构

东风EQ1092型汽车五挡手动机械式变速器的结构如图3-6所示,它由壳体、第一轴(输入轴)、第二轴(输出轴)、中间轴、倒挡轴、齿轮及轴承等组成,有5个前进挡和1个倒挡,第五挡为直接挡,不设超速挡。

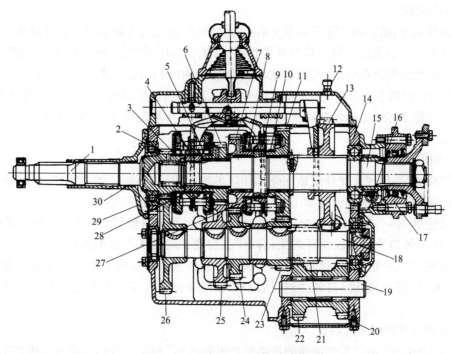

图 3-6　东风 EQ1092 型汽车变速器

1-第一轴；2-第一轴常啮合传动齿轮；3-第一轴齿轮接合齿圈；4、9-接合套；5-四挡齿轮接合齿圈；6-第二轴四挡齿轮；7-第二轴三挡齿轮；8-三挡齿轮接合齿圈；10-二挡齿轮接合齿圈；11-第二轴二挡齿轮；12-通气塞；13-第二轴一、倒挡滑动齿轮；14-变速器壳体；15-第二轴；16-车速里程表传动齿轮；17-中央制动器底座；18-中间轴；19-倒挡轴；20、22-倒挡中间齿轮；21-中间轴一、倒挡齿轮；23-中间轴二挡齿轮；24-中间轴三挡齿轮；25-中间轴四挡齿轮；26-中间轴常啮合传动齿轮；27、28-花键毂；29-第一轴承盖；30-轴承

(1) 壳体。

壳体用 4 个螺栓固定在飞轮壳的后端面上，它是变速器的安装基础，包括变速器壳体和变速器盖。变速器壳体上设有润滑油加注口及磁性放油螺塞；变速器盖上装有通气塞 12。

(2) 第一轴。

第一轴 1 是离合器的从动轴，也是变速器的输入轴，与主动常啮合传动齿轮 2、接合齿圈 3 制成一体。前端通过向心球轴承支承于曲轴后端承孔中，后端通过向心球轴承支承于变速器壳体前壁座孔中，后端轴承内座圈以弹性挡圈限位，外座圈安装有弹性挡圈，并由轴承盖压紧做轴向定位，以限制一轴的轴向移动。轴承盖内圆柱面切有右旋的回油螺纹，起密封作用，以防止润滑油窜入离合器而影响其工作性能。

(3) 第二轴。

第二轴 15 前端通过滚针轴承支承在第一轴常啮齿轮后端承孔中，后端通过向心球轴承支承在壳体后壁座孔内，外座圈由弹性挡圈限位。第二轴 15 上装有二挡从动齿轮 11、三挡从动齿轮 7、四挡从动齿轮 6，这三个齿轮都是通过滚针轴承空套在第二轴 15 上；二、三挡同步器花键毂 27 及四、五挡同步器花键毂 28 与第二轴花键连接，并用挡圈定位；一、倒挡滑动齿轮 13 通过花键可在第二轴 15 上滑动。另外，第二轴 15 上还装有两套锁销式惯性同步器，一套用于二、三挡，另一套用于四、五挡。

(4) 中间轴。

中间轴 18 前端以圆柱滚子轴承支承在壳体前壁座孔上,后端通过向心球轴承支承于壳体后壁座孔上。后轴承外圈上装有弹性挡圈,由轴承盖压紧定位,内圈用锁片和螺母锁紧,以限制中间轴的轴向移动。一、倒挡主动齿轮 21 与中间轴制成一体,二挡主动齿轮 23、三挡主动齿轮 24、四挡主动齿轮 25、从动常啮合齿轮 26 均通过半圆键与中间轴连成一体。二、三挡从动齿轮 23、24 之间装有隔套,四挡从动齿轮 25 与从动常啮合传动齿轮 26 前有弹性挡圈限位。

(5) 倒挡轴。

倒挡轴 19 采用过盈配合压装在壳体相应的轴孔中,并用锁片锁紧定位,以防止转动时引起轴向移动。倒挡中间齿轮 20、22 通过滚针轴承空套在倒挡轴上。

该变速器除一、倒挡外,各挡的主从动齿轮副均采用斜齿圆柱齿轮,且处于常啮合状态,在工作中各挡的接合或脱开均采用同步器完成;一、倒挡齿轮副为直齿圆柱齿轮,通过直齿滑移的方式来完成换挡操作。该变速器内的齿轮和轴承均采用飞溅润滑。为了防止漏油,一般采用回油螺纹、自紧油封、回油槽、纸质密封垫和变速器盖上装有通气塞等密封措施。

2) 各挡传动路线及传动比

东风 EQ1090E 型汽车变速器的传动示意图如图 3-7 所示。各挡的动力传递路线及传动比,如表 3-1 所示。

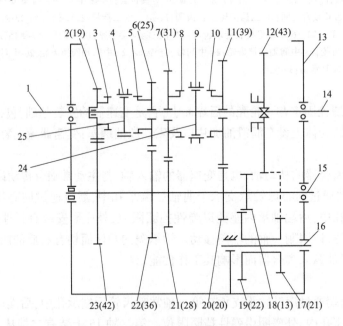

图 3-7 东风 EQ1090E 型汽车变速器传动示意图(括号内的数字为齿轮的齿数)

1-第一轴;2-第一轴常啮合传动齿轮;3-第一轴齿轮接合齿圈;4、9-接合套;5-四挡齿轮接合齿圈;6-第二轴四挡齿轮;7-第二轴三挡齿轮;8-三挡齿轮接合齿圈;10-二挡齿轮接合齿圈;11-第二轴二挡齿轮;12-第二轴一、倒挡滑动齿轮;13-变速器壳体;14-第二轴;15-中间轴;16-倒挡轴;17、19-倒挡中间齿轮;18-中间轴一、倒挡齿轮;20-中间轴二挡齿轮;21-中间轴三挡齿轮;22-中间轴四挡齿轮;23-中间轴常啮合传动齿轮;24、25-花键毂

东风EQ1090E型汽车变速器的动力传递路线及传动比 表3-1

挡位	动力传递路线	传动比
空挡	操纵变速杆,使各挡同步器接合套处于中间位置,此时动力不传给输出轴	
一挡	操纵变速杆,齿轮12左移,与齿轮18相啮合,动力便从第一轴依次经过齿轮2、23,中间轴15,齿轮18、12,经花键传给第二轴输出	7.31
二挡	操纵变速杆,将接合套9右移,与接合齿圈10接合,动力由第一轴依次经过齿轮2、23,中间轴15,齿轮20、11,接合齿圈10,接合套9和花键毂24传给第二轴	4.31
三挡	操纵变速杆,接合套9左移,与接合齿圈8接合,动力由第一轴依次经过齿轮2、23,中间轴15,齿轮21、7,接合齿圈8,接合套9和花键毂24传给第二轴	2.45
四挡	操纵变速杆,接合套4右移,使之与接合齿圈5接合,动力第一轴依次经过齿轮2、23,中间轴15,齿轮22、6,接合齿圈5,接合套4和花键毂25传给第二轴	1.54
五挡	操纵变速杆,接合套4左移,使之与接合齿圈3接合,动力由第一轴依次经过齿轮2、接合齿圈3、接合套4和花键毂25传给第二轴	1
倒挡	操纵变速杆,齿轮12右移,与齿轮17相啮合,动力便从第一轴依次经过齿轮2、23,中间轴15,齿轮18、19、17、12,经花键传给第二轴反向输出	7.66

3)防止自动跳挡措施

利用接合套换挡的普通齿轮式变速器,由于接合套与齿圈的接合长度较短,同时汽车行驶时需要经常换挡,频繁拨动接合套将使齿端发生磨损。因此,在汽车行驶中可能会因振动造成接合套与齿圈脱离啮合,即发生自动跳挡。因此,变速器在结构上应采取措施,保证汽车在行驶中不出现自动跳挡的现象。防自动跳挡的措施有如下几种:

(1)齿端制成倒斜面。

齿端制成倒斜面的结构如图3-8所示,CA1091型汽车六挡变速器采用这种结构,在该变速器的所有接合齿圈及同步器接合套齿的端部两侧都制有倒斜面。当同步器的接合套2左移与接合齿圈1接合时,接合齿圈将转矩传到接合套齿的一侧,再经接合套齿的另一侧传给花键毂3。由于接合齿圈1与接合套2齿端部为斜面接触,则齿圈对接合套便产生了垂直斜面的正压力N,其分力分别为F和Q,向左的分力Q即为防止跳挡的轴向力。

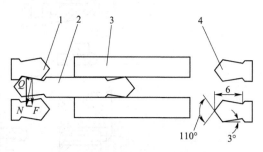

图3-8 齿端制成倒斜面的结构示意图
1、4-接合齿圈;2-接合套;3-花键毂;F-圆周力;N-倒锥齿面正压力;Q-防止跳挡的轴向力

(2)花键毂齿端的齿厚切薄。

花键毂齿端的齿厚切薄的结构如图3-9所示,东风EQ1090E型汽车使用的五挡变速器中,二、三挡与四、五挡同步器花键毂3的两端,齿厚各减小0.3~0.4mm,使各齿中部形成一凸台。当同步器的接合套左移与接合齿圈接合时,接合齿圈1将转矩传到接合套2齿的一侧,再由接合套齿的另一侧传给花键毂。由于接合套齿的后端被花键毂齿中部的凸台挡住,在相互接触的斜面上作用有正压力N,其轴向分力Q即为防止跳挡的阻力。

(3)接合套齿端形成凸肩。

齿端形成凸肩的结构如图3-10所示,接合套齿与接合齿圈齿超越接合(图3-10a)或两接合齿的接合位置互相错开,如图 3-10b)所示。使用中因接触部分的挤压和磨损,会在接合套齿端部形成凸肩,以阻止接合套自动退出接合,从而防止自动跳挡。

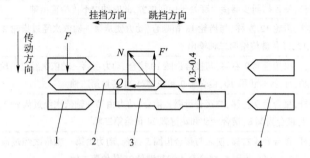

图 3-9　齿端齿厚切薄的结构形式示意图
1、4-接合齿圈;2-接合套;3-花键毂;F'-凸台斜面正压力的圆周分力;N-凸台与接合套之间的正压力;Q-防止跳挡的轴向力

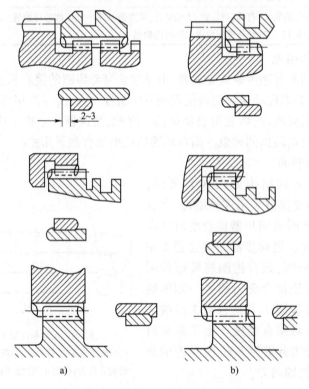

图 3-10　齿端形成凸肩的结构形式示意图

4. 两轴式变速器

两轴式变速器主要应用于发动机前置前轮驱动或发动机后置后轮驱动的普通级和中级轿车上,常称为变速驱动桥。其中,前置发动机又有纵向布置和横向布置两种,与其配用的两轴式变速器也有两种不同的结构形式。当纵置时,主减速器齿轮和差速器齿轮就布置在离合器和变速器之间,主减速器齿轮为一对圆锥齿轮,如桑塔纳 2000 型轿车的传动系;当横置时,由于主减速器的主动齿轮和从动齿轮轴线平行,故采用一对圆柱齿轮,如夏利轿车、捷达型轿车的传动系。

1）发动机纵向布置的两轴式速器
（1）结构。

桑塔纳 2000 型轿车传动系采用的是发动机前置纵向布置的形式,如图 3-11 所示,其采用的五挡手动机械式变速器的结构如图 3-12 所示,由壳体、齿轮及相互平行的第一轴（输入轴）、第二轴（输出轴）、倒挡轴等组成。该变速器设有 5 个前进挡和 1 个倒挡,它将变速器、减速器、差速器均安装于一个 3 件组合的壳体内。

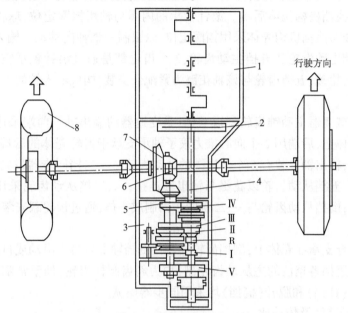

图 3-11　桑塔纳 2000 型汽车前轮驱动纵置变速器传动系

1-纵置发动机;2-离合器;3-变速器;4-变速器输入轴;5-主动齿轮输出轴;6-差速器;7-主动传动器从动齿轮;8-前轮;Ⅰ、Ⅱ、Ⅲ、Ⅳ、Ⅴ—一、二、三、四、五挡齿轮;R-倒挡齿轮

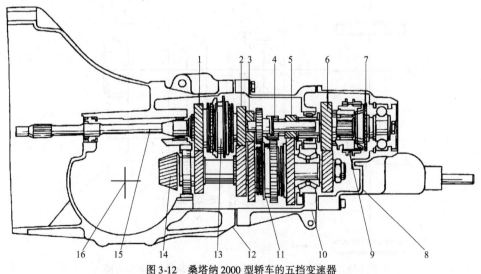

图 3-12　桑塔纳 2000 型轿车的五挡变速器

1-四挡齿轮;2-三挡齿轮;3-二挡齿轮;4-倒挡齿轮;5-一挡齿轮;6-五挡齿轮;7-五挡运行齿环;8-换挡机构壳体;9-五挡同步器;10-齿轮壳体;11-一、二挡同步器;12-变速器壳体;13-三、四挡同步器;14-输出轴;15-输入轴;16-主减动器差速器

①壳体。

由变速器壳体、齿轮壳体、换挡机构壳体三部分组成。

②第一轴。

第一轴是离合器的从动轴,也是变速器的输入轴。与一挡主动齿轮、二挡主动齿轮和倒挡主动齿轮制成一体。由4个轴承支承,其前端支承在发动机曲轴后端孔内的滚针轴承上;中间用滚针轴承支承在变速器壳体上;后端分别以一个滚针轴承支承于齿轮壳体的后端,一个球轴承支承于换挡机构壳体后端。滚针轴承的内圈与轴用挡圈定位,球轴承的内圈与轴用螺母定位,外圈与换挡机构壳体采用挡圈定位,以限制一轴轴向移动。输入轴上还装有三挡主动齿轮、四挡主动齿轮和五挡主动齿轮,3个齿轮都是通过滚针轴承空套在输入轴上,三、四挡同步器齿轮毂、五挡齿轮与该轴花键为紧配合安装,构成输入轴的主动部分。

③第二轴。

第二轴与主减速器主动锥齿轮制成一体,是变速器的输出轴。前端采用向心滚子轴承支承于变速器壳体上,后端用2个向心推力滚子轴承支承于齿轮壳体的后端,同时对输出轴起轴向定位作用,输出轴上装有5个前进挡的从动齿轮,一、二挡同步器齿轮毂,与该轴花键为紧配合;三、四、五挡从动齿轮以花键与输出轴连接;一、二挡从动齿轮采用滚针轴承支承空套在输出轴上;倒挡从动齿轮与一、二挡同步器制成一体,通过齿轮毂安装在输出轴上。

④倒挡轴。

通过过渡配合支承在壳体上,倒挡齿轮空套在倒挡轴上可自由滑动或自由转动。

该变速器前进挡各挡位的主从动齿轮副,均为斜齿圆柱齿轮,处于常啮合状态,在工作中各挡位的接合(挂挡)和脱开(摘挡)均采用同步器操纵。

(2)各挡传动路线及传动比。

桑塔纳2000型汽车五挡变速器的传动示意图,如图3-13所示。各挡的动力传递路线及传动比,如表3-2所示。

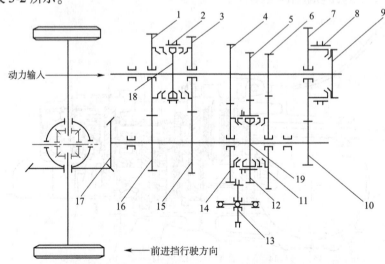

图3-13 桑塔纳2000型汽车五挡手动变速器动力传递示意图

1、16-四挡齿轮;2-三、四挡同步器接合套;3、15-三挡齿轮;4、14-二挡齿轮;5、13-倒挡齿轮;6、11-一挡齿轮;7、10-五挡齿轮;8-五挡同步器接合套;9-五挡齿环;12-一、二挡同步器接合套;17-主减速器主动锥齿轮;18、19-同步器齿轮毂

桑塔纳2000型汽车五挡变速器动力传递路线　　　　　　　　　表3-2

挡位	动力传递路线	传动比
空挡	操纵变速杆,各挡同步器接合套处于中间位置,此时动力不传给输出轴	
一挡	操纵变速杆,接合套12右移,实现:动力→输入轴→输入轴一挡齿轮→输出轴一挡齿轮→输出轴上一、二挡同步器→输出轴→动力输出	3.455
二挡	操纵变速杆,接合套12左移,实现:动力→输入轴→输入轴二挡齿轮→输出轴二挡齿轮→输出轴上一、二挡同步器→输出轴→动力输出	1.944
三挡	操纵变速杆,接合套2右移,实现:动力→输入轴→输入轴三、四挡同步器→输入轴三挡齿轮→输出轴三挡齿轮→输出轴→动力输出	1.286
四挡	操纵变速杆,接合套2左移,实现:动力→输入轴→输入轴三、四挡同步器→输入轴四挡齿轮→输出轴上四挡齿轮→输出轴→动力输出	0.969
五挡	操纵变速杆,接合套8左移,实现:动力→输入轴→输入轴上五挡同步器→输入轴上五挡齿轮→输出轴五挡齿轮→输出轴→动力输出	0.8
倒挡	操纵变速杆,倒挡齿轮13右移,实现:动力→输出轴→输出轴倒挡齿轮→倒挡轴上倒挡齿轮→输出轴倒挡齿轮→输出轴→动力反向输出	3.167

2)发动机横向布置的两轴式变速器

(1)结构。

一汽大众捷达轿车传动系统采用的是发动机前置横向布置的形式,其五挡手动机械式变速器的结构如图3-14所示,由壳体、齿轮及相互平行的第一轴(输入轴)、第二轴(输出轴)、倒挡轴等组成。具有5个前进挡和1个倒挡。

①壳体。它的壳体分为三段,由离合器壳体、变速器壳体、后壳体组成。

②输入轴。输入轴11的前后两端分别利用滚针轴承和球轴承支承在变速器壳体上。

③输出轴。输出轴12由2个轴承支承。

④倒挡轴。倒挡轴的两端支承在变速器壳体上。

一汽大众捷达轿车五挡手动变速器采用飞溅润滑方式润滑各齿轮副、轴与轴承等零件的工作表面,因此后壳体上开有加油口,壳体底部有放油塞。液面高度由加油口位置控制,一般应超过输出轴的中心线。为防止润滑油从输入轴与轴承盖之间的间隙流入离合器而影响其摩擦性能,在轴承盖内安装了油封总成,轴承盖内孔中有回油槽,可以防止漏油。为防止变速器工作时由于油温升高、气压增大而造成润滑油渗漏现象,在变速器壳体上面装有通气塞。

(2)各挡传动路线及传动比。

一汽大众捷达轿车0D1/02T五挡变速器的传动示意图,如图3-15所示。

各挡动力传递路线如下:

①空挡。当输入轴4旋转时,固定在轴上的齿轮以及常啮合齿轮一起转动。由于各挡位的传动齿轮中总有一个是空套在轴上的,因此输出轴5不能被驱动。

②一挡。操纵变速杆,通过操纵机构使拨叉推动一/二挡同步器接合套左移,使其内花键的左半部分穿过一挡同步器锁环的花键齿圈与输出轴一挡齿轮的接合齿圈接合,而其右半部分仍然与花键毂相接合,这样动力便可从输入轴依次经输入轴上的五挡齿轮,输出轴上的五挡齿轮,一/二挡接合套以及花键毂,传给输出轴5输出。一挡传动比为3.769。

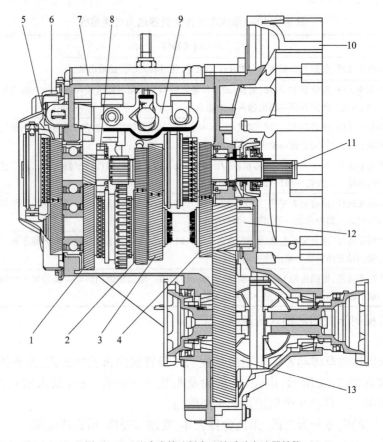

图3-14 一汽大众捷达轿车五挡手动变速器结构

1-一挡换挡齿轮;2-二挡换挡齿轮;3-三挡齿轮;4-四挡齿轮;5-五挡换挡齿轮;6-变速器壳体盖;7-变速器壳体;8-倒挡齿轮;9-换挡机构;10-离合器壳体;11-输入轴;12-输出轴;13-差速器

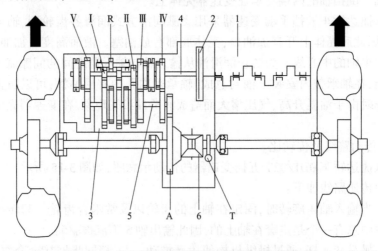

图3-15 一汽大众捷达轿车五挡变速器动力传递示意图

1-发动机;2-离合器;3-变速器;4-输入轴;5-输出轴;6-差速器;Ⅰ-第一挡;Ⅱ-第二挡;Ⅲ-第三挡;Ⅳ-四第一挡;Ⅴ-第五挡;R-倒车挡;A-主减速器;T-车速传感器(用于选装车型);箭头-行驶方向

③二挡。操纵变速杆,通过操纵机构使拨叉推动一/二挡同步器接合套右移,则换入二

挡,二挡传动比为 2.095。

④三挡。操纵变速杆,通过操纵机构使拨叉推动三/四挡同步器接合套左移,则换入三挡,三挡传动比为 1.281。

⑤四挡。操纵变速杆,通过操纵机构使拨叉推动三/四挡同步器接合套右移,则换入四挡,四挡传动比为 0.927。

⑥五挡。操纵变速杆,通过操纵机构使拨叉推动五挡同步器接合套右移,则换入五挡,五挡传动比为 0.74。

⑦倒挡。操纵变速杆,通过倒挡拨叉使倒挡中间齿轮右移,动力从输入轴依次经输入轴上的 5 倒挡齿轮,倒挡中间齿轮,三/四挡同步器接合套以及花键毂,传给输出轴 5 输出。倒挡传动比为 3.182。

二、任务实施

1)变速器壳体的检修

变速器壳体的主要损伤形式有壳体的变形、裂纹及轴承孔、螺纹孔的磨损等。

(1)变速器壳体不得有裂纹。对受力不大的部位的裂纹,可用环氧树脂胶黏结修复;重要和受力较大的部位的裂纹,可进行焊修。与轴承孔贯通的和安装固定孔处的裂纹不能修理,应更换变速器壳体。

(2)变速器壳体的变形,将造成各轴轴线间的平行度误差,轴心距改变,导致齿轮副啮合精度的破坏,造成轮齿表面的阶梯形磨损,这不但使传动噪声加大,也会形成轴向力,当齿面上有冲击载荷时,就会形成变速器的早期自动脱挡故障。检查时,对三轴式变速器用专用量具检查如下内容:

①各轴承孔公共轴线间的平行度、轴心距。

②上孔轴线与上平面间的距离。

③前后两端面的平面度。

(3)壳体上所有连接螺孔的螺纹损伤不得多于 2 牙,螺纹孔的损伤可用换加粗螺栓或焊补后重新钻孔加工的方法修复。

2)变速器盖的检修

变速器盖的主要损伤形式有盖的裂纹、变形及轴承的磨损等。

变速器盖应无裂纹,其与变速器壳体接合平面的平面度公差(0.10~0.15mm)超差时,可采用铲、刨、锉、铣等方法修复或更换;拨叉轴与承孔的间隙(0.04~0.20mm)超限时,应更换。

3)齿轮与花键的检修

齿轮的主要损伤形式有齿面、齿端磨损;齿面疲劳剥落、腐蚀斑点;轮齿破碎或断裂等。

(1)齿轮的啮合面上出现明显的疲劳麻点、麻面、斑疤或阶梯形磨损时,必须更换。齿面仅有轻微斑点或边缘略有破损时,可用油石修磨后继续使用。

(2)固定齿轮或相配合的滑动齿轮的端面损伤长度不得超过齿长的 15%。

(3)齿轮的啮合面中线应在齿高中部,接触面积不得小于工作面的 60%。

(4)齿轮与齿轮、齿轮与轴及花键的啮合间隙,径向间隙和轴向间隙应符合原厂规定。

4)轴的检修

轴的主要损伤形式有变形、裂纹、轴颈和花键齿的磨损等。

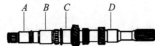

图3-16 输入轴各段轴径尺寸的测量

(1)用百分表检查轴的变形,超过标准时应校正或更换,如图3-16所示。

(2)检查轴齿、花键齿损伤达到前述齿轮损伤的程度时应更换。

(3)用千分尺检查各轴颈的磨损,超过规定值时,可堆焊、镀铬后修复或更换,如图3-17所示。

(4)检查轴上定位凹槽的最大磨损量,超过规定值时应换新。

(5)轴体上不得有任何性质的裂纹,否则更换。

5)轴承

轴承主要的损伤形式有磨损、疲劳点蚀及破裂等。

(1)轴承转动应灵活,滚动体与内外圈滚道不得有麻点、麻面、斑疤和烧灼磨损或破碎等缺陷,保持架完好,否则更换。

(2)轴承的径向间隙不得超过规定值,滚动轴承与承孔、轴颈或齿轮的配合,应符合技术条件要求,否则更换。

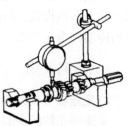

图3-17 输入轴各轴径径向跳动的测量

三、评价与反馈

1. 自我评价

(1)通过本学习任务的学习,你是否已经知道以下问题:

①变速器的功用是什么?

②变速器有哪些类型?

③变速器传动机构结构包括哪些部分?

④变速器传动机构检修内容有哪些,如何检修?

(2)实训操作完成情况如何?

(3)通过本学习任务的学习,你认为自己的知识和技能还有哪些需要加强?

学生签名:_____　_____年____月____日

2. 小组评价(表3-3)

小组评价表　　　　　　表3-3

序号	评价项目	是否达到要求	记录
1	着装是否符合要求		
2	是否能合理规范使用仪器和设备		
3	是否按照安全和规范流程操作		
4	是否遵守实训场地的规章制度		
5	是否能保持实训场地、工具设备整洁		
6	是否具有团队协作精神		

参与评价的学生签名:_____　_____年____月____日

3. 教师评价

教师签名：_____　　_____年____月____日

四、技能考核标准（表3-4）

技能考核标准表　　　　　　　　　　　表3-4

序号	考核项目	评价标准（每项累计扣分不超过配分）	配分	得分
1	安全文明否决	造成人身、设备重大事故，或恶意顶撞考官、严重扰乱考场秩序，立即终止考试，此题计0分		
2	安全文明生产	1. 不穿工作服扣1分、不穿工作鞋扣1分、不戴工作帽扣1分 2. 油、水洒落在地面或零部件表面未及时清理，每次扣1分 3. 垃圾未分类回收，每次扣1分 4. 竣工后未清理工量具，每件扣1分 5. 竣工后未清理考核场地，扣2分 6. 不服从考官、出言不逊，每次扣3分	20	
3	拆卸	1. 拆卸顺序错误，每次扣10分 2. 每漏拆一项扣10分 3. 拆卸方法不正确，每次扣10分	30	
4	装配	1. 装配顺序错误，每次扣10分 2. 返工一次扣20分 3. 装配方法不正确，每次扣10分	45	
5	工单	根据考生工单评分	5	
	总分		100	

学习任务2　变速操纵机构构造与检修

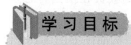

☞ 知识目标

1. 能叙述变速操纵机构的换挡方式；
2. 能叙述同步器的结构和工作原理；
3. 能叙述变速操纵机构功用与组成。

☞ 技能目标

能查阅维修资料，借助常用及专用工具，对变速操纵机构各部件进行检修。

建议课时

4 课时。

一、理论知识准备

1. 变速器换挡方式

变速器常用的换挡方式有直齿滑动齿轮换挡、接合套换挡和同步器换挡三种。

1）直齿滑动齿轮换挡装置

滑动齿轮直接换挡结构的齿轮一般为直齿，内孔有花键孔套在花键轴上，由拨叉移动齿轮与另一轴上的齿轮进入啮合或退出啮合。这种换挡结构最简单，除齿轮本身之外不需要其他的零件。但换挡时相互接合的轮齿之间由于圆周速度不同将产生很大的冲击，易于磨损，产生噪声，严重时将使齿端损坏，一般只用于倒挡。

2）接合套换挡装置

接合套换挡是利用移动套在花键毂上（固定在轴上）的接合套（内齿环）与做在传动齿轮上的接合齿圈（外齿）相啮合或退出来进行换挡。由于输入轴和输出轴上相啮合的传动齿轮制成常啮合的斜齿轮，所以减少了冲击，从而减小变速器工作时的噪声；且接合齿短，换挡时拨叉移动量小，故操作轻便；换挡元件承受冲击的工作面积增加，使换挡冲击减小，换挡元件的寿命增长。

3）同步器换挡装置

同步器是一种加装了一套同步装置的接合套换挡机构，其同步装置可以保证在换挡时使接合套与待啮合齿圈的圆周速度迅速达到同步，并防止二者同步前进入啮合，从而可消除换挡时的冲击，并使换挡操纵简单，因而得到广泛应用。

（1）无同步器的换挡过程。

当采用直齿滑动齿轮或接合套换挡装置换挡时，必须在待啮合的一对齿轮或接合齿圈的圆周速度相等（即同步）时进入啮合，才能保证换挡时齿轮之间无冲击、无噪声，做到平顺换挡。为了达到这一要求，驾驶员在换挡时必须采取合理的换挡操作步骤。

无同步器五挡变速器的四、五挡结构简图如图3-18所示，带有接合齿圈的齿轮4空套在第二轴上，接合套3通过花键毂与第二轴相连，接合套3向右移动与齿轮4上的接合齿圈相接合构成低速挡（四挡）。接合套3向左移动与齿轮2上的接合齿圈相接合构成高速挡（即直接挡、五挡）。

两个挡位之间的换挡过程如下：

①低挡换高挡（四挡换五挡）。

变速器在四挡工作时，接合套3与齿轮4上的接合齿

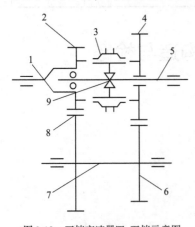

图3-18 五挡变速器四、五挡示意图
1-第一轴；2-第一轴常啮合传动齿轮；
3-接合套；4-第二轴四挡齿轮；5-第二轴；
6-中间轴四挡齿轮；7-中间轴；8-中间轴
常啮合传动齿轮；9-花键毂

圈接合,此时圆周速度 $V_3 = V_4$。欲换入五挡时,驾驶员先踩下离合器踏板,离合器分离,再通过变速操纵机构将接合套左移,处于空挡位置。此时仍是 $V_3 = V_4$,因四挡齿轮 4 的转速低于齿轮 2 的转速,圆周速度 $V_4 < V_2$。所以在换入空挡的瞬间,$V_3 < V_2$,为避免齿轮冲击,不应立即换入五挡,应先在空挡停留片刻。在空挡位置时,变速器输入端各零件已与发动机中断了动力传递且转动惯量较小,再加上中间轴齿轮有搅油阻力,所以 V_2 下降较快,如图 3-18a)所示;整个汽车的转动惯性大,导致接合套 3(与第二轴转速相同)的圆周速度 V_3 下降慢,因如图 3-18a)中两直线 V_2、V_3 的倾斜度不同而相交,交点即为同步状态($V_3 = V_2$)。此时,将接合套左移与齿轮 2 上的齿圈啮合挂入五挡,不会产生冲击。但自然减速出现同步的时刻太晚,应在摘下四挡后,立即抬起离合器踏板,利用发动机怠速工况迫使第一轴更快地减速,如图 3-17a)中虚线所示,同步点出现得早,缩短了换挡时间。

②高挡换低挡(五挡换四挡)。

变速器在五挡工作时以及由五挡换入空挡的瞬间,接合套 3 与齿轮 2 接合齿圈圆周速度相同,即 $V_3 = V_2$,因 $V_2 > V_4$,故 $V_3 > V_4$,如图 3-17b)所示。但在空挡时 V_4 下降得比 V_3 快,即 V_4 与 V_3 不会出现相交点,不可能达到自然同步状态。所以驾驶员应在变速器退回空挡后,立即抬起离合器踏板,同时踩下加速踏板,使发动机连同离合器从动盘和第一轴都从 B 点开始升速,让 $V_4 > V_3$,如图 3-19b)中虚线所示,再踩下离合器踏板稍等片刻,$V_3 = V_4$(同步点 A),即可换入四挡。

如图 3-19b)所示,还有一次同步时刻 A',可利用这一点来缩短换挡时间,由于此点是踩加速踏板过程中出现的,故要求有熟练的操作技能。

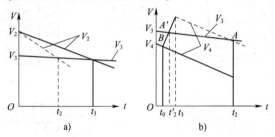

图 3-19 无同步器的换挡过程
a)低挡换高挡;b)高挡换低挡

由此可见,欲使无同步器变速器换挡时不产生齿轮冲击,需采取较复杂的操作,不仅易使驾驶员产生疲劳,且会降低齿轮的使用寿命。因此汽车变速器必须安装同步器,以保证换挡迅速、平顺。

(2)同步器的功用、组成与类型。

同步器的功用是在接合套与接合齿圈未达同步之前,锁住接合套,使其不能与接合齿圈进入啮合,以防止在同步前啮合而产生接合齿的冲击;使接合套与待啮合的接合齿圈迅速同步;缩短换挡时间,迅速完成换挡操作;延长齿轮寿命。

同步器由同步装置(包括推动件、摩擦件)、锁止装置和接合装置组成。同步器有常压式、惯性式、自行增力式等类型。目前所用的同步器几乎都采用摩擦惯性式同步装置,根据惯性式同步器中所采用的锁止机构不同,常用的有锁环式惯性同步器和锁销式惯性同步器两种。

(3) 锁环式惯性同步器的结构及工作原理。

① 结构。

桑塔纳2000轿车三、四挡锁环式惯性同步器的结构如图3-20所示,由锁环5、9,滑块2,弹簧圈6,齿轮毂7和接合套8组成。通常,齿轮毂7制成内外花键,套装在输入轴上,轴向用挡圈定位;齿轮毂上开有3个环槽,3个滑块2分别嵌在这3个轴向环槽中,并可沿槽轴向滑动;在齿轮毂两端有两个青铜制成的锁环(也称同步环)5、9,锁环的内锥面上制有细密螺旋槽,以使其与齿圈锥面相接触后,能破坏油膜,而增加锥面向的摩擦力;锁环上也开有3个缺口,3个滑块可插入其内;另外,在锁环上还制有短花键齿圈,它的尺寸、齿数和齿轮毂上的花键齿相同,且对着接合套一端的短齿都有倒角,与接合套齿端的倒角相同,起锁止作用,故称为锁止角。

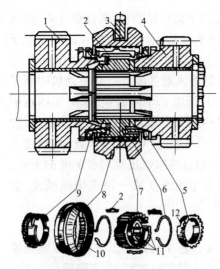

图3-20 锁环式惯性同步器
1-四挡主动齿轮;2-滑块;3-拨叉;4-三挡齿轮;5、9-锁环;6-弹簧圈;7-齿轮毂;8-接合套;10-三个轴向槽;11、12-环槽

② 工作原理。锁环式惯性同步器工作原理如图3-21所示(以桑塔纳五挡手动变速器为例)。

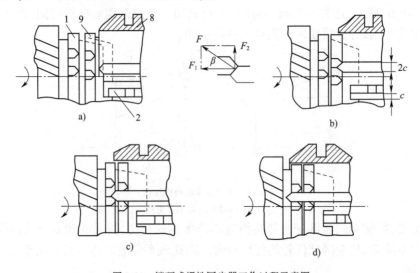

图3-21 锁环式惯性同步器工作过程示意图
a)接合套位于空挡位置;b)摩擦力矩的形成与锁止过程;c)接合套与锁环花键齿圈啮合;d)接合套与齿轮同步啮合
(图注同图3-20)

a. 空挡位置。变速器由三挡换入四挡,当接合套从三挡退出而进入空挡时,如图3-21a)所示,接合套与锁环都在惯性作用下以相同的转速旋转。此时,四挡主动齿轮的转速大于接合套和锁环转速。

b. 摩擦力矩的形成与锁止过程。当要挂入四挡时,接合套8便在拨叉的作用下,带动滑块2左移,如图3-21b)所示。当滑块2推动锁环9压向四挡主动齿轮1时,锁环9的内锥面与四挡主动齿轮1接合齿圈的外锥面产生摩擦力矩。在此力矩作用下,四挡主动齿轮1带动锁环 9 旋转，相对接合套 8 超前一个角度，超前角的大小，正好是锁环 9 缺口的一侧靠在滑块 2 一侧所留的间隙，即正好是半个短齿，接合套的齿端倒角面与锁环的齿端倒角面互相抵住，锁止作用开始，接合套暂不能前移进入啮合。

驾驶员的轴向推力使接合套的齿端倒角面与锁环的齿端倒角面之间产生正压力 F，力 F 分解出轴向力 F_1 和切向力 F_2 两个分力，F_2 形成一个企图拨动锁环相对于接合套反转的力矩，称为拨环力矩 M_2；F_1 使锁环和齿轮 1 的锥面进一步压紧。两锥面间的摩擦力矩 M_1 使齿轮 1 相对于锁环迅速减速而趋向与锁环同步，齿轮 1 以及与其相关联的零件产生一个与旋转方向相同的惯性力矩，又通过摩擦锥面以摩擦力矩的方式传到锁环上，阻碍锁环相对于接合套反向转动。可见，锁环上同时作用着方向相反的两个力矩，即拨环力矩和惯性力矩。在齿轮 1 和锁环 9 未同步之前，惯性力矩在数值上等于摩擦力矩 M_1。

在达到同步之前，无论驾驶员施加多大的操纵力，都不会挂上挡；推力的加大只能同时增大作用在锁环上的两个力矩，缩短同步时间。由于锁止作用是靠齿轮 1 以及与其相关联的零件作用在锁环上的惯性力矩产生的，所以称为惯性式同步器。

c.同步啮合。随着驾驶员施加于接合套上的推力加大，摩擦力矩 M_1 不断增加，使齿轮 1 的转速迅速降低。当齿轮 1、接合套 8 和锁环 9 达到同步时，作用在锁环上的惯性力矩消失。此时，在拨环力矩 M_2 的作用下，锁环 9、齿轮以及与之相连的各零件都对于接合套反转一角度（因轴向力 F_1 仍存在，使两锥面以静摩擦方式贴合在一起），使两花键齿倒角不再抵触（滑块此时正好在锁环缺口的中间），锁环的锁止作用消除。于是，接合套 8 压下弹簧圈 6 继续左移，从而与锁环的花键齿圈进入啮合，如图 3-21c）所示；当接合套穿过锁环短齿与四挡主动齿轮接合齿圈的短齿倒角接触时（图 3-21c），作用在短齿倒角上的力同样分解成两个力，一个力使接合套左移，另一个力使四挡主动齿轮相对接合套转过一个角度，从而最终完成接合套与四挡齿轮接合齿圈上短齿的顺利啮合，如图 3-21d）所示。

上述换挡过程可简要地归纳为：推动件（滑块）推动摩擦件工作面接触而产生摩擦力矩→同步器转过一个角度→锁止件（锁环）锁止面起锁止作用，阻止接合套前进（即防止同步前进入啮合），摩擦力矩继续增大而迅速同步→惯性力矩消失→锁环连同输入端零件转过一个角度→锁止作用消失→接合套与待接合元件进入接合，从而完成同步换挡。

（4）锁销式惯性同步器的结构及工作原理。

①结构。

东风 EQ1090E 型汽车变速器的四、五挡同步器如图 3-22 所示，由摩擦锥盘 2、摩擦锥环 3、定位销 4、接合套 5、花键毂 9 和锁销 8 组成。

两个带有内锥面的摩擦锥盘 2 分别固定在带有外花键齿圈的常啮合主动齿轮 1 和四挡从动齿轮 6 上；与之相配合的两个有外锥面的摩擦锥环 3，通过三个锁销 8 和三个定位销 4 与接合套 5 连接；锁销 8 的两端固定在摩擦锥环 3 的孔中，其两端的工作表面直径与接合套凸缘上相应的销孔的内径相等，其中部直径则小于孔径；只有在锁销与接合套孔对中时，接合套方能沿锁销轴向移动；锁销 8 中部和接合套 5 上相应的销孔两端有角度相同的倒角——锁止角。在接合套上定位销孔中部钻有斜孔（图 3-22 中 A—A 剖面），内装弹簧 11，把钢球 10 顶向定位销中部的环槽，以保证同步器处于正确的空挡位置。定位销 4 两端伸入锥环内侧面。但有间隙，故定位销可随接合套 5 轴向移动。

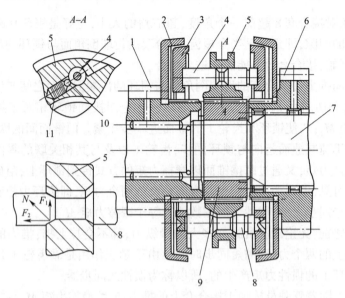

图 3-22 锁销式惯性同步器

1-第一轴齿轮；2-摩擦锥盘；3-摩擦锥环；4-定位销；5-接合套；6-第二轴四挡从动齿轮；7-第二轴；8-锁销；9-花键毂；10-钢球；11-弹簧

②工作原理。锁销式惯性同步器的工作原理与锁环式惯性同步器基本相同，其换挡过程也相似。

a. 空挡位置。当接合套从四挡退出而进入空挡时，接合套与摩擦锥环都在惯性作用下与第二轴以相同的转速旋转。其转速小于第一轴后端接合齿圈的转速。

b. 摩擦力矩的形成与锁止过程。换挡时，接合套 5 受到拨叉轴向推力的作用，通过钢球 10 和定位销 4 带动摩擦锥环 3 向左（或向右）移动，使之与对应的摩擦锥盘接触。具有转速差的摩擦锥环与摩擦锥盘一经接触，靠接触面的摩擦使锥环连同锁销一起相对接合套转过一个角度，因而锁销 8 的轴线相对接合套上销孔的轴线产生偏移，于是锁销中部倒角与销孔端的倒角互相抵触，以阻止接合套继续前移。只要锁销倒角选择适当，在达到同步之前，无论用多大的推力，都无法克服倒角抵触面的阻挡作用。因此，在达到同步前，不可能挂上挡。

此时，锁止面上的法向压紧力 N 的轴向分力 F_1 作用在锥环上并使之与锥盘压紧，因而接合套与待接合的花键齿圈迅速达到同步。

c. 同步啮合。只有当接合套与第一轴后齿圈达到同步时，起锁止作用的齿轮 1 的惯性力矩消失，作用在锁销上的切向分力 F_2 才能通过锁销使摩擦锥环 3、摩擦锥盘 2 和齿轮一同相对于接合套转过一个角度，使锁销重新与销孔对中，于是接合套便能轻易地克服钢球 10 的阻力，而沿锁销轴向移动，直至与齿轮 1（或齿轮 6）的花键齿圈接合，实现无冲击挂挡。

2. 变速器操纵机构

1) 功用与组成

变速器操纵机构的功用是使驾驶员能够根据道路情况准确可靠地挂上或摘下变速器某个挡位，以保证汽车安全行驶。变速器操纵机构主要由操纵机构（即换挡拨叉机构）和锁止装置两部分组成。操纵机构主要由变速杆、叉形拨杆、换挡轴、各挡拨块、拨叉轴及拨叉等组成；锁止装置主要由互锁、自锁和倒挡锁组成。

2) 对变速器操纵机构的要求

为了保证变速器的操纵机构能准确、安全可靠地工作,对操纵机构有以下几点性能要求:

(1)挂挡后应保证接合套与接合齿圈全部啮合(或滑动齿轮换挡时,全齿长都进入啮合)。在振动等条件影响下,操纵机构应保证变速器不会自行挂挡或自行脱挡。为此,在操纵机构中设有自锁装置。

(2)为了防止同时挂上两个挡而使变速器卡死或损坏,为此,在操纵机构中设有互锁装置。

(3)为了防止在汽车前进时误挂倒挡,导致零件损坏,为此,在操纵机构中设有倒挡锁装置。

3) 操纵机构的类型与结构

变速器操纵机构按其与变速器的相互位置关系(即按距离驾驶员座位的远近),可以分为直接操纵机构和远距离操纵机构。

(1)直接操纵式操纵机构。

直接操纵式换挡机构如图3-23所示,对于一般的发动机前置后轮驱动汽车而言,变速器布置在驾驶员座位附近,且变速器的变速杆及所有换挡操纵装置均设置在变速器盖上,变速杆由驾驶室地板伸出,驾驶员可直接操纵变速杆来拨动变速器盖内的换挡操纵装置进行换挡,这种操纵机构称为直接操纵式变速器操纵机构。直接操纵式变速器具有结构简单、换挡位置易确定、操纵方便、换挡快、换挡平稳等优点。

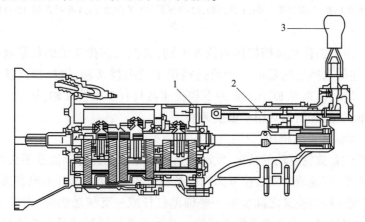

图 3-23 直接操纵式换挡机构
1-变速器壳体;2-变速连动杆;3-变速杆

解放CA1091型汽车六挡变速器操纵机构,如图3-24所示。拨叉轴的两端均支承于变速器盖的相应孔中,可以轴向滑动。所有的拨叉和拨块都以弹性销固定于相应的拨叉轴上。三、四挡拨叉的上端具有拨块。拨叉和拨块的顶部制有凹槽。变速器处于空挡时,各凹槽在横向平面内对齐,叉形拨杆下端的球头即伸入这些凹槽中。选挡时,可使变速杆绕其中部球形支点横向摆动,则其下端推动叉形拨杆绕换挡轴的轴线摆动,从而使叉形拨杆下端球头对准与所选挡位对应的拨块凹槽,然后使变速杆纵向摆动,带动拨叉轴及拨叉向前或向后移动,即可实现挂挡。

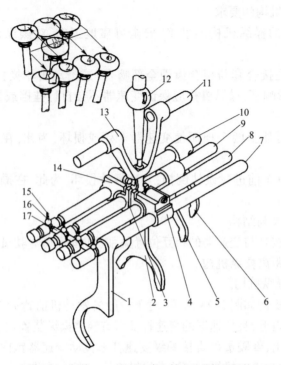

图 3-24 解放 CA1091 型汽车六挡变速器操纵机构
1-五、六挡拨叉;2-三、四挡拨叉;3-一、二挡拨块;4-五、六挡拨块;5-一、二挡拨叉;6-倒挡拨叉;7-五、六挡拨叉轴;8-三、四挡拨叉轴;9-一、二挡拨叉轴;10-倒挡拨叉轴;11-换挡轴;12-变速杆;13-叉形拨杆;14-倒挡拨块;15-自锁弹簧;16-自锁钢球;17-互锁销

  各种变速器由于挡位数及挡位排列位置不同,其拨叉和拨叉轴的数量及排列位置也不相同。例如,上述的六挡变速器的六个前进挡用了三根拨叉轴,倒挡独立使用了一根拨叉轴,共有四根拨叉轴;而东风 EQ1092E 的五挡变速器具有三根拨叉轴,其二、三挡和四、五挡各占一根拨叉轴,一挡和倒挡共用一根拨叉轴。

  (2)远距离操纵式操纵机构。

  对于发动机前置前轮驱动的轿车、发动机后置后轮驱动的客车以及平头汽车而言,由于其总体布置的需要,变速器的安装位置离驾驶员座位较远,而变速杆不能直接布置在变速器盖上,则需要在变速杆与拨叉之间加装一些辅助杠杆或一套传动机构,构成远距离操纵,这种操纵机构称为间接操纵式变速器操纵机构。这种远距操纵形式具有变速杆占据的驾驶室空间小,驾驶室乘坐方便等优点,但换挡操作的准确性和可靠性稍差。

  ①变速杆安装在驾驶室地板上的杆式换挡操纵机构。变速杆安装在驾驶室地板上的杆式换挡操纵机构如图 3-25 所示(桑塔纳 2000 型轿车),其变速杆在驾驶员座位近旁穿过驾驶室底板安装在车架上,中间通过一系列的传动杆与变速器相连。通过控制杆的摆动控制选挡,前后移动进行挂挡。桑塔纳、奥迪轿车等轿车采用这种操纵形式。

  图 3-26 所示为变速杆安装在驾驶室地板上的控制杆换挡联动装置(东风蓝鸟),其变速杆在驾驶员座位旁穿过驾驶室地板安装在车架上,中间通过一根支撑杆定位,通过控制杆的摆动及旋转控制选挡,前后移动进行挂挡。

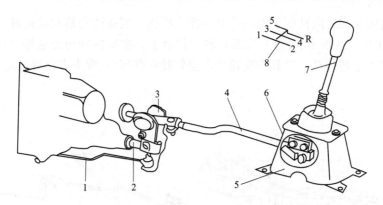

图 3-25 杆式换挡操纵机构(桑塔纳 2000 型轿车)
1-支撑杆;2-内换挡杆;3-换挡杆接合器;4-外换挡杆;5-倒挡保险挡块;6-换挡手柄座;7-操纵杆;8-换挡标记

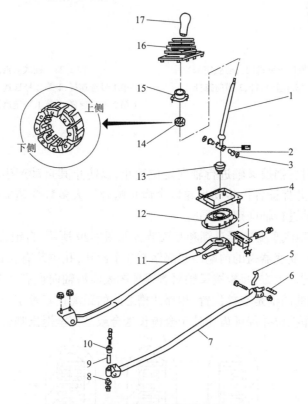

图 3-26 控制杆换挡联动装置
1-变速杆;2、8、10-衬套;3-O 形圈;4-垫片螺栓;5-复位弹簧支架;6-复位弹簧;7-控制杆;9-套管;11-支撑杆;12-变速驱动桥孔盖;13-防尘罩;14-轴承;15-变速杆座;16-护套;17-变速杆手柄

② 变速杆安装在驾驶室地板上的双钢索式换挡操纵机构。变速杆安装在驾驶室地板上的双钢索式换挡操纵机构如图 3-27 所示(捷达、宝来),其变速杆在驾驶员座位近旁穿过驾驶室地板安装在车架上,中间通过一根选挡拉索传递变速杆的左右摆动动作 B 实现选挡,挂挡拉索传递变速杆的前后移动动作 A 实现挂挡。丰田花冠、威驰、东南菱帅、北京现代等汽车变速器都采用此种操纵形式。

③变速杆安装在转向柱管上的柱式换挡操纵机构。变速杆安装在转向柱管上的柱式换挡操纵机构如图3-28所示,变速杆安装在转向柱管上。在变速杆与变速器之间也是通过一系列的传动杆件进行传动。它具有变速杆占据驾驶室空间小、乘坐方便等优点。

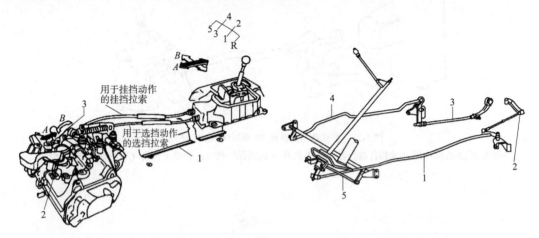

图3-27 双钢索换挡操纵机构(捷达、宝来)
1-隔热板;2-变速器换挡拉杆;3-横向拉杆

图3-28 柱式换挡操纵机构
1-第1号选速杆;2-第2号选速杆;3-第3号变速杆;
4-第2号变速杆;5-第1号变速杆

4)锁止装置
(1)自锁装置。

所谓自锁就是对各挡拨叉轴进行轴向定位锁止,以防止其自动产生轴向移动而造成自动挂挡或自动脱挡,并保证各挡传动齿轮以全齿长啮合。大多数变速器的自锁装置都是采用定位钢球对拨叉轴进行轴向定位锁止。

东风EQ1090E型汽车变速器自锁和互锁装置如图3-29所示,自锁装置一般由自锁钢球和自锁弹簧组成。在变速器盖的前端凸起部钻有3个深孔,孔中装有自锁钢球及自锁弹簧,其位置处于拨叉轴的正上方;每根拨叉轴对着钢球的表面沿轴向设有3个凹槽,槽的深度小于钢球的半径;中间的凹槽是空挡位置,相邻凹槽之间的距离正好等于滑动齿轮(或接合套)由空挡移至相应工作挡位并保证齿轮处于全齿长啮合或是完全退出啮合的距离。

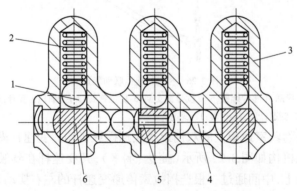

图3-29 东风EQ1090E型汽车变速器自锁和互锁装置
1-自锁钢球;2-自锁弹簧;3-变速器盖(前端);4-互锁钢球;5-互锁销;6-拨叉轴

凹槽对正钢球时,钢球便在自锁弹簧的压力作用下嵌入该凹槽内,拨叉轴的轴向位置便被固定,不能自行脱出,从而拨叉及相应的接合套或滑动齿轮便被固定在空挡位置或某一工作挡位置,形成自锁,而不能自行挂挡或脱挡;当需要换挡时,驾驶员通过变速杆对拨叉轴施加一定的轴向力,克服弹簧的压力而将自锁钢球从拨叉轴凹槽中挤出并推回孔中。拨叉轴便可滑过钢球进行轴向移动,并带动拨叉及相应的接合套或滑动齿轮轴向移动。当拨叉轴移至另一凹槽与钢球相对正位置时,钢球又被压入凹槽(此动作传到手柄上,使驾驶员具有手感),此时拨叉所带动的接合套或滑动齿轮便被拨入空挡或被拨入另一工作挡位。

桑塔纳2000型轿车变速器的自锁和互锁装置如图3-30所示,自锁装置由弹簧1、锁止销2组成,采用弹性锁止,用以防止工作中自动挂挡、脱挡,并保证全齿啮合;互锁装置由互锁销4、5组成,采用刚性锁止用以防止同时挂入两个挡。

(2)互锁装置。

所谓互锁,即当拨动一根拨叉轴轴向移动时,其他拨叉轴都被锁止,阻止两个拨叉轴同时移动,从而可以防止同时挂入两个挡位。常用的互锁装置有锁球式和锁销式两种。

①锁球式互锁装置。锁球式互锁装置的结构和工作示意图如图3-31所示,由互锁钢球和互锁销组成,它与自锁机构装在一起,结构紧凑,工作可靠。每根拨叉轴朝向互锁钢球的侧表面上均制出一个深度相等的凹槽。任一拨叉轴处于空挡位置时,其侧面凹槽都正好对准钢球,两个互锁钢球的直径之和正好等于相邻两轴表面之间的距离加上一个凹槽的深度。中间拨叉轴上两个侧面凹槽之间有孔相通,孔中有一根可以滑移的互锁销,销的长度等于拨叉轴的直径减去一个凹槽的深度。

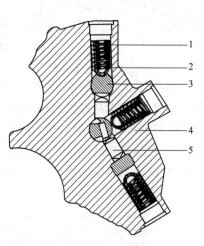

图3-30 桑塔纳2000型轿车变速器自锁和互锁装置

1-弹簧;2-锁止销;3-拨叉轴;4、5-互锁销

互锁装置工作情况如图3-31所示,当变速器处于空挡时,所有拨叉轴的侧面凹槽同钢球、互锁销都在一条直线上。如图3-31a)所示,当移动中间拨叉轴3时,轴3两侧的内钢球从其侧凹槽中被挤出,而两外钢球2和4则分别嵌入拨叉轴1和5的侧面凹槽中,因而将轴1和轴5刚性地锁止在其空挡位置。如图3-31b)所示,若欲移动拨叉轴5,则应先将拨叉轴3退回到空挡位置。于是在移动拨叉轴5时,钢球4便从轴5的凹槽中被挤出,同时通过互锁销6和其他钢球将轴3和轴1均锁止在空挡位置。同理,如图3-31c)所示,当移动拨叉轴1时,则轴3和轴5被锁止在空挡位置。

由此可知,互锁装置的作用是当驾驶员用变速杆推动某一拨叉轴时,自动锁止其余拨叉轴,将其他所有拨叉轴锁止在空挡。

②锁销式互锁装置。锁销式互锁装置结构如图3-32所示,它是将锁球式互锁装置相邻两拨叉轴之间的两个互锁钢球制成一个互锁销,互锁销的长度相当于两个互锁钢球的直径,其工作原理与钢球式互锁装置完全相同。

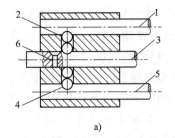
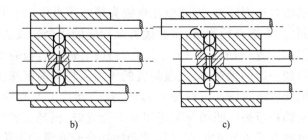

图 3-31 互锁装置工作示意图
1、3、5-拨叉轴；2、4-互锁钢球；6-互锁销

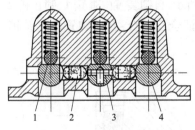

图 3-32 锁销式互锁装置
1-自锁钢球；2、3-锁销；4-拨叉轴

北京 BJ2020 型越野汽车所使用的是三挡变速器的自锁和互锁装置如图 3-33 所示。由于汽车所使用的是三挡变速器，故操纵机构中只有两根拨叉轴，因而将自锁和互锁装置合二为一。两个空心锁销 1 套在弹簧 2 的两端。两个锁销长度之和 $2a$ 等于两拨叉轴表面间距离加上一个凹槽深度 b。

其工作原理与锁球式互锁装置相同。即两个锁销的长度保证换挡时只能移动一根拨叉轴。当移动其中一根拨叉轴时，锁销即从此拨叉轴凹槽中被挤出顶紧另一锁销而将另一拨叉轴锁止。

③转动钳口式互锁装置。转动钳口式互锁装置如图 3-34 所示。变速杆下端球头置于钳口中，钳形板可绕轴摆动。换挡时，变速杆先拨动钳形板，使之处于某一拨叉轴的拨叉凹槽中，然后换入需要的挡位。其余两个换挡拨叉凹槽被钳形板挡住，将这两个换挡轴锁止在空挡位置，即起到互锁作用。

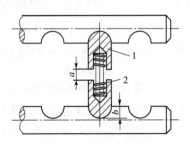
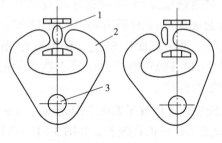

图 3-33 BJ2020 型汽车变速器互锁装置
1-锁销；2-锁止弹簧

图 3-34 转动钳口式锁止装置
1-变速杆；2-钳形板；3-轴

④倒挡锁装置。倒挡锁装置可以防止汽车在前进中因误挂倒挡而造成极大的冲击，使零件损坏，并防止汽车在起步时误挂倒挡而造成安全事故。它要求驾驶员必须进行与挂前进挡不同的操纵方式或对变速杆施加更大的力，才能挂入倒挡，以起到提醒作用，从而防止汽车行进过程中误挂倒挡。倒挡锁的结构形式有多种，如弹簧锁销式、锁片式、扭簧式、锁簧式等。但应用最多的是弹簧锁销式。

a. 弹簧锁销式倒挡锁止装置。东风 EQ1090E 型汽车五挡变速器倒挡锁装置如图 3-35 所示，采用的是弹簧锁销式倒挡锁，一般由倒挡锁销及倒挡锁弹簧组成，并将其安装在一挡、倒挡拨块相应的孔中。

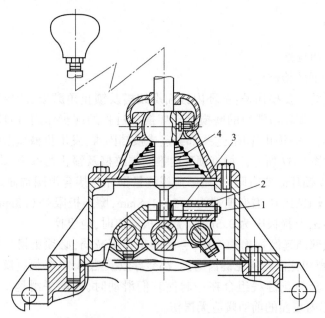

图 3-35　东风 EQ1090E 型汽车五挡变速器倒挡锁装置
1-倒挡锁销；2-倒挡锁弹簧；3-倒挡拨块；4-变速杆

当驾驶员要挂一挡或倒挡时，必须用较大的力使变速杆 4 下端压缩弹簧 2，将锁销 1 推入锁销孔内，才能使变速杆下端进入拨块 3 的凹槽内。以拨动一、倒挡拨叉轴而挂入一挡或倒挡。由此可见，倒挡锁的作用是使驾驶员必须对变速杆施加更大的力，方能挂入倒挡，以起到警示注意作用，以防误挂倒挡。同时，只要换入倒挡，其拨叉轴就接通装在变速器壳上的倒挡开关，警告灯亮、报警器响（有的汽车仪表盘上有倒挡指示灯），以便有效地防止误挂倒挡。

b. 锁簧式倒挡锁止装置。捷达轿车变速器倒挡锁止装置的结构和工作原理如图 3-36 所示，采用的是锁簧式倒挡锁，倒挡锁止装置被安装在变速杆下方的选挡机构壳体中。在正常的前进挡换挡行程内，变速杆锁止凸轮向上运动，防止锁止（是选挡壳体一个内部件）。挂倒挡时，驾驶员首先必须克服阻力压下锁止装置中的压力弹簧，变速杆通过球形变速杆导管向下运动，使锁止杆凸轮绕过联锁装置，挂入倒挡。之后，弹簧又将变速杆上推到啮合位置，并使它保持在倒挡位置。

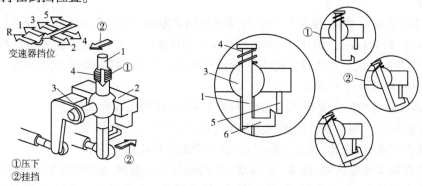

图 3-36　捷达轿车变速器倒挡锁止装置
1-变速杆；2-变速机构壳体；3-导向杆；4-压力弹簧；5-联锁装置；6-锁止凸轮

二、任务实施

1. 变速操纵机构检修

1) 锁环式同步器的检修

锁环式同步器的主要损伤是:锁环内锥面螺纹槽及锁止角磨损、滑块磨损、接合套和花键毂的花键齿损伤。锁环与滑块的磨损会破坏换挡过程的同步作用;锁环与接合套锁止角的磨损,会使同步器失去锁止作用,这些都会造成换挡困难,发出机械撞击噪声。

锁环的检验如图 3-37 所示。检查锁环内锥面螺纹槽及锁止角磨损,将锁环压到接合齿圈锥面上,按压转动锁环时要有阻力,用厚薄规测量锁环与接合齿圈端面之间的间隙 A。该间隙的标准值:解放 CA1091 型变速器为 1.2~1.8mm,磨损极限是 0.3mm;奥迪、桑塔纳变速器为 1.1~1.9mm,磨损极限为 0.5mm。超过极限值时,应更换。

同步器滑块顶部凸起磨损出现沟槽,会使同步作用减弱,必须更换。锁环、接合套的接合齿端磨秃、接合套和花键毂的花键齿磨损,都会导致换挡困难,必须更换。

将同步器接合套与花键毂组合在一起使它们滑动时,应能平滑地滑动而无阻滞现象(图 3-38)。接合套内表面的前后端应无损伤。

注意: 更换时,同步器接合套与花键毂应作为一组同时更换。检查齿轮及齿圈齿端、齿圈外锥面及齿轮轴孔的磨损,逾限应更换。

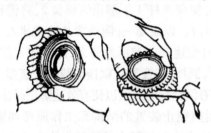
图 3-37 锁环的检测

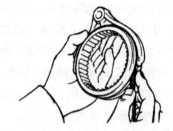
图 3-38 拨叉与轮毂衬套之间间隙的测量

2) 锁销式同步器的检修

锁销式同步器的主要损伤是由于换挡操作不当、冲击过猛使锥盘外张,摩擦角变大造成同步效能降低;锥环锥面上的螺纹槽的磨损严重,使摩擦系数过低,甚至两者端面接触,使同步作用失效。

当锥环锥面螺纹磨损,使锥环端面与锥盘锥面接触时,可用车削锥环端面进行修复,但车削总量不得大于 1mm。如有锥环外锥面螺纹槽的深度小于 0.1mm,而锥环端面未与锥盘接触,应更换同步器总成。更换新总成时,可保留原有的锥盘,但两者的端面间隙不得小于 3mm。

3) 操纵机构其他部件检修

变速器操纵机构的主要损伤形式有磨损、变形、连接松动和弹簧失效等。

(1) 检查操纵机构各零件的连接应无松动现象,否则应及时紧固。

(2) 检查变速杆、拨叉、拨叉轴等应无变形,否则应校正或更换。

(3) 检查拨叉与接合套、拨叉与拨叉轴、选挡轴等处的磨损,磨损逾限时应更换。

(4) 检查定位钢球、定位锁销、锁止弹簧、复位弹簧,当出现磨损逾限或弹簧失效时,应更换。

三、评价与反馈

1. 自我评价

(1) 通过本学习任务的学习,你是否已经知道以下问题:

①同步器的功用是什么?

②变速器操纵机构结构包括哪些部分?

③变速器操纵机构结构检修内容有哪些,如何检修?

(2) 实训操作完成情况如何?

(3) 通过本学习任务的学习,你认为自己的知识和技能还有哪些需要加强?

学生签名:_____ _____年___月___日

2. 小组评价(表3-5)

小组评价表 表3-5

序号	评价项目	是否达到要求	记录
1	着装是否符合要求		
2	是否能合理规范使用仪器和设备		
3	是否按照安全和规范流程操作		
4	是否遵守实训场地的规章制度		
5	是否能保持实训场地、工具设备整洁		
6	是否具有团队协作精神		

参与评价的学生签名:_____ _____年___月___日

3. 教师评价

_____

_____

教师签名:_____ _____年___月___日

四、技能考核标准(表3-6)

技能考核标准表 表3-6

序号	考核项目	评价标准(每项累计扣分不超过配分)	配分	得分
1	作业安全	出现安全事故终止此项目抽查,成绩记零分		
2	职业素养/6S	1. 着装不规范每处扣3分,扣完为止 2. 作业中没有及时清洁、整理工量具、清扫场地,每次扣2分,扣完为止 3. 垃圾未分类回收,每次扣1分 4. 竣工后未清理考核场地,扣2分 5. 出现工具设备损伤、身体擦伤或碰伤等,每次扣2分,扣完为止 6. 不服从考官、出言不逊,每次扣3分	20	
3	维修手册使用	参阅维修手册确定所需规定标准值。根据工单填写情况对照维修手册评分	5	

续上表

序号	考核项目	评价标准（每项累计扣分不超过配分）	配分	得分
4	分解同步器	1. 将同步器两侧齿轮和锁环取下（取下前左右进行标记），漏做标记扣2分 2. 取下弹簧，并将滑块取下（若滑块有安装方向要求应做好记号），操作不规范扣3分 3. 做好接合套和花键毂左右侧记号后，将接合套从花键毂上取下，漏做标记扣1分 4. 将分解后的零件依次摆放整齐，零件随意乱放扣2分	8	
5	检查锁环、滑块及弹簧	1. 检查前未清洁零件扣2分 2. 检查锁环内锥面螺纹槽及锁止角磨损情况，并记录检查结果，每漏检一个项目扣3分，检查结果与实际不相符扣5分 3. 检查滑块磨损情况，重点检查滑块顶部凸起部位，并记录检查结果，检查部位不正确扣3分，检查结果与实际不相符扣5分 4. 检查弹簧是否衰损或断裂，并记录检查结果，漏做或结果不正确扣5分	20	
6	测量齿轮与同步器锁环之间的间隙	1. 测量时未选用厚薄规，则该大项不得分 2. 测量前未清洁量具扣1分，未清洁零件扣1分 3. 测量方法：测量时未将齿轮与锁环压紧扣2分未在整个外圈进行测量扣2分 4. 测量后未将量具或零件清洁归位各扣1分 5. 检测结果不正确扣3分（根据工单填写情况对照维修手册标准值评分）	10	
7	检查锁环工作情况	1. 清洁零件，未做扣1分 2. 将锁环与齿轮锥面压紧，检查两者是否有相对转动，操作不规范（检查时未将两者压紧）扣5分	6	
8	检查接合套与花键毂	1. 检查前未清洁零件扣2分 2. 检查接合套齿端锁止角和花键齿的磨损情况，并记录检查结果，检查结果与实际不相符每次扣5分 3. 检查花键毂的花键齿磨损情况，并记录检查结果，检查结果与实际不相符每次扣5分 4. 检查同步器接合套与花键毂组合在一起时的滑动，应能平滑地滑动而无阻滞现象，并记录检查结果，漏做或结果不正确每次扣5分	20	
9	同步器组装	1. 将接合套按原位置装到花键毂上，装入滑块（注意安装位置），装错扣2分 2. 将弹簧错开120°安装到滑块凸肩下面，弹簧两端必须勾住相邻两滑块的内侧。装错扣2分 3. 将两锁环和齿轮按原左右位置（记号）装到同步器体上。左右错装扣2分	6	
10	维修结论	根据工单填写情况评分	5	
		总分	100	

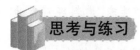

思考与练习

(一) 填空题

1. 为了防止变速器乱挡和自行脱挡,并保证齿轮全齿长啮合,变速器操纵机构中必须设有_____和_____装置。
2. 变速器按传动比变化方式分_____、_____、_____三种。变速器由_____和_____两大部分组成。
3. 变速器防止脱挡的结构形式有_____、_____两种。
4. 同步器的作用是使_____与即将套入的_____之间迅速同步,并阻止两者在达到同步之前进行_____,从而达到换挡平顺目的。
5. 变速杆是变速器的操纵机件,用以接合或分离变速器内各挡齿轮,从而改变传递的_____、_____及汽车的_____和_____。
6. 汽车行驶中,用高速挡与使用低速挡相比,传递到驱动轮的转矩_____,车辆行驶速度_____,发动机的转速_____,燃料消耗_____。
7. 同步器由_____、_____和_____三部分组成。
8. 挂倒挡时,一般需要压缩倒挡弹簧或提起倒挡按钮,以解除倒挡_____装置或_____的锁止,才能挂入。
9. 变速杆是变速器的操纵机件,用以接合或分离变速器内各挡齿轮,从而改变传递的_____、_____及汽车的_____和_____。
10. 除了采用自锁装置防止自动脱挡外,还有_____和_____两种形式防止变速器自动脱挡。

(二) 选择题

1. 如果小齿轮是主动轮,它的转速经大齿轮传出时就(　　)。
   A. 降低了　　　　B. 提高了　　　　C. 仍等于小齿轮的
2. 东风 EQ1090E 型汽车在变速器(　　)之间装有锁销式惯性同步器。
   A. 二、三、四、五挡　　B. 一、二、三、四挡　　C. 一、二挡
3. 东风 EQ1090E 型汽车变速器中所用同步器是(　　)。
   A. 锁环惯性式　　B. 锁销惯性式　　C. 分动器
4. 同步器锁环内锥面和齿轮外锥面间隙变小,会造成锥面之间(　　)。
   A. 摩擦力减小　　B. 摩擦力增大　　C. 摩擦力不变
5. 同步器在待啮合齿轮未同步前挂不上挡的原因是(　　)。
   A. 变速杆推力不够
   B. 作用在锁环上的惯性力矩产生的锁止作用
   C. 摩擦锥角太小
   D. 齿端锥角太小

(三) 判断题

1. 在变速器第一轴轴承盖的内壁上有左旋的回油槽,当第一轴顺时针旋转时,能把多余的油推回,以防止漏出。　　　　　　　　　　　　　　　　　　　　　　　　(　　)

2. 变速器的挡位越多，对发动机的工作越有利，同时汽车的动力性能、燃料经济性也越好。（ ）

3. 同步器的作用是使变速器输入轴（Ⅰ轴）和输出轴（Ⅱ轴）转速同步后才能挂上挡。（ ）

4. 若直接挡可以正常工作，其他挡均不能驱动汽车，则应检查中间轴轴承是否烧结。（ ）

5. 同步器滑块在花键毂槽内的滑动作用，是由于滑块中部的凸起和接合套相咬合时，接合套的滑动而产生的。（ ）

6. CA1092汽车变速器采用两种同步器，锁销式惯性同步器和锁环式惯性同步器。（ ）

（四）简答题

1. 变速器有何功用？有哪些类型？
2. 两轴式变速器有何特点？
3. 三轴式变速器由哪些部件组成？其工作过程是怎样的？
4. 变速器换挡装置有哪些结构形式？防止自动脱挡的结构有哪些？
5. 同步器的作用是什么？锁环式惯性同步器的结构和工作过程是怎样的？
6. 变速器操纵机构的定位锁止装置有哪些？各有何作用？

（五）计算题

变速器第一轴上的动力齿轮（$z_1=17$）与中间轴的从动轮（$z_2=43$）是常啮合齿轮，当挂上一挡时，中间轴上的齿轮（$z_3=17$）与第二轴的齿轮（$z_4=43$）啮合，求一挡的传动比为多少？

单元四　自动变速器构造与检修

学习任务1　液力变矩器的构造与检修

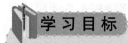

☞ 知识目标

1. 能叙述自动变速器的基本结构和类型；
2. 能理解自动变速器型号含义；
3. 能叙述液力变矩器结构及工作原理。

☞ 技能目标

1. 能区别自动变速器的类型；
2. 能查阅维修手册，借助常用及专用工具，对变矩器进行检修。

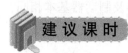

4 课时。

一、理论知识准备

1. 自动变速器的基本组成

自动变速器的品牌型号很多，外部形状和内部结构也有所不同，但它们的组成基本相同。

自动变速器一般由液力变矩器、行星齿轮变速器、离合器、制动器、油泵、滤清器、管道、各种控制阀等组成，按照这些部件的功能，可将它们分成供油系统、液力变矩器、变速齿轮机构、液压控制自动换挡系统（或电子控制自动换挡系统）等四大部分。

1）供油系统

供油系统的作用是为自动变速器中的液力变矩器、换挡执行机构、自动换挡控制系统等部分提供一定压力、流量的液压油。系统中油压的调节由调压阀来实现。

自动变速器的供油系统主要由油泵、油箱、滤清器、调压阀及管道等组成。油泵是自动变速器最重要的总成之一,它通常安装在变矩器的后方,由变矩器壳后端的轴套驱动。在发动机运转时,不论汽车是否行驶,油泵都在运转。为保证自动变速器工作时温度不致过高,有的供油系统中还设置有液压油冷却器。

2) 液力变矩器

液力变矩器位于自动变速器的最前端,安装在发动机的飞轮上,其作用与手动变速器汽车中的离合器相似。它利用油液循环流动过程中动能的变化将发动机的动力传递给自动变速器的输入轴,并能根据汽车行驶阻力的变化,在一定范围内自动地、无级地改变传动比和转矩比,具有一定的减速增矩功能。

3) 变速齿轮机构

自动变速器中的变速齿轮机构的类型有普通齿轮式和行星齿轮式两种。普通齿轮式变速器,由于尺寸较大、最大传动比较小,只有少数车型采用。目前,绝大多数轿车自动变速器中的齿轮变速器为行星齿轮式。

变速齿轮机构主要包括行星齿轮变速器和换挡执行机构两部分。

行星齿轮变速器,是自动变速器的重要组成部分之一,主要由太阳轮(也称中心轮)、内齿圈、行星架和行星齿轮等元件组成。行星齿轮变速器是实现变速的机构,速比的改变是通过以不同的元件作为主动件和限制不同元件的运动而实现的。在速比改变的过程中,整个行星齿轮组都在运动,动力传递没有中断,因而实现了动力换挡。

换挡执行机构主要是用来改变行星齿轮中的主动元件或限制某个元件传的运动,改变动力传递的方向和速比,主要由多片式湿式离合器、制动器和单向离合器等组成。离合器的作用是把动力给行星齿轮变速器中的某个元件使之成为主动件。制动器的作用是将行星齿轮变速器中的某个元件制动住,使之不动。制动器有湿式多片式和带式制动器两种。单向离合器也是行星齿轮变速器的换挡元件之一,其作用和多片湿式离合器及制动器基本相同,也是用于固定或连接几行星机构中的某些太阳轮、行星架、齿圈等基本元件,让行星齿轮变速器组成不同传动比的挡位。

4) 液压控制自动换挡系统

液压控制自动换挡系统一般安装在自动变速器内部,主要由驾驶员通过换挡手柄控制的手动阀、通过节气门拉索控制的节气门阀,由液压控制的各种控制阀及油路所组成。控制系统根据手动阀的位置及节气门开度、车速、控制开关的状态等因素,利用液压自动控制原理,按照一定的规律控制行星齿轮变速器中的换挡执行机构的工作,实现自动换挡。

控制系统的阀门和油路设置在一个总成内,称为阀体总成。不同型号的自动变速器阀体总成在变速器内部的安装位置有所不同,有的布置于上部,有的布置于侧面,纵置的自动变速器,其阀体总成一般布置于下部。

5) 电子控制自动换挡系统

在液压控制系统中,增设控制某些液压油路的电磁阀,则该系统成为电器控制的换挡控制系统,若这些电磁阀是由电子计算机根据某些传感器信号进行控制的,则该系统成为电子控制的换挡系统。

2. 自动变速器的类型

不同车型所装用的自动变速器在形式、结构上往往有很大的差异,常见的分类方法和类型如下：

1）按变速方式分类

汽车自动变速器按变速方式的不同，可分为有级变速器和无级变速器两种。

有级变速器是具有有限几个定值传动比（一般有 3~5 个前进挡和一个倒挡）的变速器。无级变速器是能使传动比在一定范围内连续变化的变速器。

2）按汽车驱动方式分类

自动变速器按照汽车驱动方式的不同，可分为后驱动自动变速器和前驱动自动变速器两种。这两种自动变速器在结构和布置上有很大的不同。

后驱动自动变速器的变矩器和齿轮变速器的输入轴及输出轴在同一轴线上，发动机的动力经变矩器、自动变速器、传动轴、后驱动桥的主减速器、差速器和半轴传给左右两个后轮。这种发动机前置、后轮驱动的布置形式，其发动机和自动变速器都是纵置的，因此轴向尺寸较大，在小型客车上布置比较困难。后驱动自动变速器的阀板总成一般布置在齿轮变速器下方的油底壳内。

前驱动自动变速器除了具有与后驱动自动变速器相同的组成部分外，在自动变速器的壳体内还装有差速器。前驱汽车的发动机有纵置和横置两种。纵置发动机的前驱动自动变速器的结构和布置与后驱动自动变速器基本相同，只是在后端增加了一个差速器。横置发动机前驱动自动变速器由于汽车横向尺寸的限制，要求有较小的轴向尺寸，因此通常将输入轴和输出轴设计成两个轴线的方式；变矩器和变速器输入轴布置在上方，输出轴布置在下方。这样的布置减小了变速器总体的轴向尺寸，但增加了变速器的高度，因此常将阀板总成布置在变速器的侧面或上方，以保证汽车有足够的最小离地间隙。

3）按自动变速器前进挡的挡位数不同分类

自动变速器按前进挡的挡位数不同，可分为 2 个前进挡、3 个前进挡、4 个前进挡三种。早期的自动变速器通常为 2 个前进挡或 3 个前进挡。这两种自动变速器都没有超速挡，其最高挡为直接挡。新型轿车装用的自动变速器基本上都是 4 个前进挡，即设有超速挡。这种设计虽然使自动变速器的构造更加复杂，但由于设有超速挡，大大改善了汽车的燃油经济性。

4）按齿轮变速器的类型分类

自动变速器按齿轮变速器的类型不同，可分为普通齿轮式和行星齿轮式两种。普通齿轮式自动变速器体积较大，最大传动比较小，只有少数几种车型使用（如本田雅阁轿车）。行星齿轮式自动变速器结构紧凑，能获得较大的传动比，为绝大多数轿车采用。

5）按变矩器的类型分类

轿车自动变速器基本上都是采用结构简单的单级三元件综合式液力变矩器。这种变矩器又分为有锁止离合器和无锁止离合器两种。早期的变矩器中没有锁止离合器，在任何工况下都是以液力的方式传递发动机动力，因此传动效率较低。新型轿车自动变速器大都采用带锁止离合器的变矩器，这样当汽车达到一定车速时，控制系统使锁止离合器接合，液力变矩器输入部分和输出部分连成一体，发动机动力以机械传递的方式直接传入齿轮变速器，从而提高了传动效率，降低了汽车的燃油消耗量。

6）按控制方式分类

自动变速器按控制方式不同,可分为液力控制自动变速器和电子控制自动变速器两种。液力控制自动变速器是通过机械的手段,将汽车行驶时的车速及节气门开度两个参数转变为液压控制信号;阀板中的各个控制阀根据这些液压控制信号的大小,按照设定的换挡规律,通过控制换挡执行机构动作,实现自动换挡。电子控制自动变速器是通过各种传感器,将发动机转速、节气门开度、车速、发动机冷却液温度、自动变速器液压油温度等参数转变为电信号,并输入电脑;电脑根据这些电信号,按照设定的换挡规律,向换挡电磁阀、油压电磁阀等发出电子控制信号;换挡电磁阀和油压电磁阀再将电脑的电子控制信号转变为液压控制信号,阀板中的各个控制阀根据这些液压控制信号,控制换挡执行机构的动作,从而实现自动换挡。

3. 自动变速器的工作过程

自动变速器之所以能够实现自动换挡,是因为控制单元能根据驾驶员踩下加速踏板的程度(或发动机进气歧管的真空度)和汽车的行驶速度来控制自动换挡系统工作。自动换挡系统中各控制阀不同的工作状态将控制变速齿轮机构中离合器的分离与结合和制动器的制动与释放,并改变变速齿轮机构的动力传递路线,实现变速器挡位的变换。

传统的液力自动变速器根据汽车的行驶速度和节气门开度的变化,自动变换挡位。其换挡控制方式是通过机械方式将节气门开度信号和车速信号转换成控制油压,并将该油压加到换挡阀的两端(节气门油压信号加到换挡阀上端,车速油压信号加到换挡阀下端),以控制换挡阀的位置,从而改变换挡执行元件(离合器和制动器)的油路。这样,工作液压油进入相应的执行元件,使离合器接合或分离,制动器制动或松开,控制行星齿轮变速器的升挡或降挡,从而实现自动变速。其工作过程如图4-1所示。

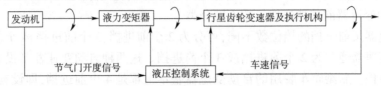

图4-1 液力自动变速器工作过程框图

电控液力自动变速器是在液力自动变速器基础上增设电子控制系统而形成的。它通过传感器和开关监测汽车和发动机的运行状态,接受驾驶员的指令,并将所获得的信息转换成电信号输入到电控单元。电控单元根据这些信号,通过电磁阀控制液压控制装置的换挡阀,使其打开或关闭通往换挡离合器和制动器的油路,从而控制换挡时刻和挡位的变换,以实现自动变速。其工作过程,如图4-2所示。

4. 自动变速器的优点

1）发动机和传动系统寿命高

采取液力自动变速器的汽车与采用机械变速器的汽车对比试验表明:前者发动机的寿命可提高85%,变速器的寿命提高12倍,传动轴和驱动半轴的寿命可提高75%~100%。

液力传动汽车的发动机与传动系,由液体工作介质"软"性连接。液力传动起一定的吸收、衰减和缓冲的作用,可大大减少冲击和动载荷。例如,当负荷突然增大时,可防止发动机过载和突然熄火。汽车在起步、换挡或制动时,能减少发动机和传动系所承受的冲击及动载荷,因而提高了有关零部件的使用寿命。

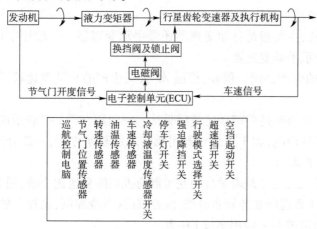

图 4-2　电控自动变速器工作过程框图

2）驾驶性能好

自动变速器能通过系统的设计,使整车自动去完成相关使用要求,以获得最佳的燃料经济性和动力性;使驾驶性能与驾驶员的技术水平关系不大,因而特别适合于非职业驾驶员驾驶。

3）行驶性能好

采用液力自动变速器的汽车,在起步时,驱动轮上的驱动转矩是逐渐增加的,可防止很大的振动,减少车轮的打滑,使起步容易,且更加平稳。

自动变速装置的挡位变换不但快而且平稳,提高了汽车的乘坐舒适性。通过液体传动或微电脑控制换挡,可以消除或降低动力传动系统中的冲击和动载。这对在地形复杂、路面恶劣条件下作业的工程车辆、军用车辆尤其重要。

4）安全性好

自动变速器车辆,取消了离合器踏板和变速操纵杆,只要控制加速踏板,就能自动变速,从而减轻了驾驶员的劳动强度,使行车事故率降低,平均车速提高。

5）降低废气排放

发动机在急速和高速运行时,排放的废气中 CO 或 HC 化合物的浓度较高。而自动变速器的应用,可使发动机经常处于经济转速区域内运转,也就是在较小污染排放的转速范围内工作,从而降低了排气污染。

5. 自动变速器的缺点

从目前的情况来看,自动变速器还存在着两方面的缺点:

1）结构较复杂

与手动变速器相比,自动变速器结构较复杂,零件加工难度大,生产成本较高,修理也较麻烦。

2）效率不够高

与手动变速器相比,自动变速器的效率还不够高。当然,通过实施动力传动控制一体化、液力变矩器闭锁、增加挡位数等措施,可使自动变速器接近手动变速器的效率水平。

6. 自动变速器型号的含义

自动变速器的型号主要代表了如下内容：

①变速器的性质，主要指是自动变速器还是手动变速器。一般用字母"A"表示自动变速器、用字母"M"表示手动变速器。

②自动变速器的生产公司。例如：德国 ZF 公司生产的自动变速器，其型号前面大多为"ZF"字样。

③驱动方式，主要表明是前驱动还是后驱动。一般用字母"F"表示前驱动、字母"R"表示后驱动，但也有特别情况，如丰田公司则用数字表示驱动方式，一部分四轮驱动车辆在型号后面附字母 H 或 F 表示。

④前进变速挡位数，主要是表示自动变速器前进挡的变速比个数，用数字表示。

⑤控制类型。主要说明变速器是电控、液控，还是电液控制，电控一般用字母 E 表示、液控一般用 L 表示、电液控制一般用字母 EH 表示。

⑥改进序号，表示自动变速器是否在原变速器的基础上做过改进。

⑦额定驱动转矩。在通用与宝马等公司的自动变速器型号中有此参数。

下面以几个公司的自动变速器型号为示例，做具体说明：

1）宝马 ZF4HP22-EH

ZF 公司生产，挡位数 4，控制类型 H（液控），齿轮类型 P（行星类）和额定转矩 $22N·m$。末尾 E 或 EH 分别表示电控或电液控制类型的变速器。

2）丰田自动变速器型号识别

丰田自动变速器型号可分为两大类：一类为型号中除字母外有两位阿拉伯数字，另一类为型号中除字母外有 3 位阿拉伯数字。

(1) 型号中有两位阿拉伯数字，如 A40、A41、A55、A55F、A40D、A42DL、A43DL、A44DL、A45DL、A45DF、A43D 等。字母 A 代表自动变速器。若左起第一位阿拉伯数字分别为 1、2、5，则表示该自动变速器为前驱动车辆用，即自动变速器内含主减速器与差速器，称为自动驱动桥。若左起第一位阿拉伯数字分别为 3、4，则表示该自动变速器为后驱动车辆用。左起第二位阿拉伯数字代表生产序号。

后附字母的含义如下：H 或 F 表示该自动变速器用于四轮驱动车辆。L 表示该自动变速器有锁止离合器。E 表示该自动变速器为电控式，同时带有锁止离合器。若无 E，则表示为全液控自动变速器。

(2) 型号中有三位阿拉伯数字，如 A130L、A131（L）、A132（L）、A140L、240L、A241L、A243L、A440L、A440F、442F、A340E、A340H、A340F、A341F、140E、A141E、A240E、A241E、A540E、540H 等。字母 A 表示自动变速器，左起第一位阿拉伯数字及后附字母的解释同上。左起第二位阿拉伯数字代表该自动变速器前进挡的个数。左起第三位阿拉伯数字代表生产序号。

(3) 特别说明：上述各型自动变速器中，A340H、A340F、A540H 型自动变速器，其后面均省略了 E，均为电控自动变速器，带锁止离合器。A241H、A440F、45DF 型自动变速器，其后均省略了 L，但均带有锁止离合器。

若改进后的自动变速器，只增加了锁止离合器或增加了驱动轮的个数，其余未做改动，则只在原型号后加注 L 或 F、H，原型号不变。

3）克莱斯勒自动变速器新型号识别

1992 年，克莱斯勒公司开始执行一套新的自动变速器识别型号，这套系统是由 4 个字母组成的识别系统，每个字母代表变速器的一个特性。第一个字母代表变速器前进挡个数。第二个字母代表输入转矩容量。0～2（从轻负荷至重负荷）是乘用车用的，0～7 是载货汽车用的。第三个字母表示车辆是前轮驱动还是后轮驱动，以及发动机在驱动系中的位置，R 代表后轮驱动车辆、L 代表发动机纵置的前轮驱动车辆、A 表示四轮驱动车辆。第四个字母代表变速器的控制类型，E 表示电控，H 表示液压控制。

4）通用自动变速器型号识别

该公司自动变速器的型号主要有 4T60E、4L60E 等，从型号上便可以知道此变速器的一些特点。第一位阿拉伯数字表示前进挡的个数。如上面的 4 表示四速，即有 4 个前进挡。第二位字母表示驱动方式。上面的 T 表示变速器为横置、L 表示变速器为后置后驱动式。第三、四位的数字表示变速器的额定驱动转矩。第五位的字母表示控制类型，E 表示变速器为电子控制。

7. 液力耦合器

1）结构

液力耦合器和液力变矩器都是利用液体在循环流动过程中动能的变化来传递动力的。在早期的自动变速器中，多数采用液力耦合器，如 20 世纪 60 年代初期英国生产的罗尔斯轿车、美国的奥兹莫比尔轿车上都装用过液力耦合器。由于液力耦合器只能传递转矩，不能改变转矩，所以现代轿车基本上不采用液力耦合器，而是采用液力变矩器。

液力耦合器安装在汽车发动机和机械变速装置之间，在不考虑机械损失的情况下，输出力矩与输入力矩相等，因此又称为液力联轴器。它的主要功能有两个方面，一是防止发动机过载，二是调节工作机构的转速。其结构主要由泵轮、涡轮、外壳三部分组成，如图 4-3 所示。

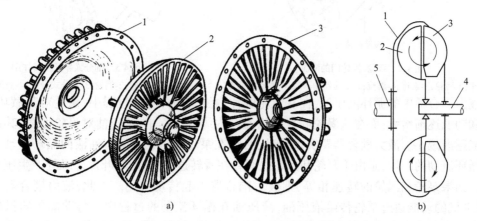

图 4-3　液力偶合器结构示意图

1-耦合器外壳；2-涡轮；3-泵轮；4-从动轴；5-发动机曲轴

液力耦合器外壳固定在发动机曲轴的凸缘上，泵轮与外壳制成一体与发动机一起旋转，是液力耦合器的主动元件。涡轮与从动轴用花键连接，是液力耦合器的从动元件。泵轮中沿半径放射状径向排列着许多平直叶片,涡轮中沿半径放射状径向排列着许多弧形叶片。泵轮和涡轮相对安装,中间留有 3~4mm 间隙。

2) 工作原理

当发动机运转时,曲轴带动液力耦合器的壳体和泵轮一同转动,泵轮叶片内的液压油在泵轮的带动下随之一同旋转;在离心力的作用下,液压油从泵轮中靠近旋转轴线的内缘,沿泵轮叶片向远离旋转轴线的外缘流动,并在叶片外缘处冲向涡轮叶片,使涡轮在液压冲击力的作用下旋转;冲向涡轮叶片的液压油沿涡轮叶片向内缘流动,返回到泵轮内缘的液压油,又被泵轮再次甩向外缘。液压油就这样从泵轮流向涡轮,又从涡轮返回到泵轮而形成循环的液流,称为涡流。

除了涡流外,油液在液力耦合器中,还发生沿另一条路径的流动,即环流。所谓环流,即油液在泵轮转动时,随其一道发生的沿围绕发动机曲轴和变速器输入轴轴线的环形路径的圆流动,见图 4-4。

在液力耦合器中,当泵轮和涡轮之间有较大的转速差时,将产生阻碍油液循环流动的紊流。为有效地引导泵轮与涡轮之间油液的流动,减少因无规则的紊流涡动而产生的传动过程能量损失,通常在液力耦合器中,加入一如图 4-5 所示的剖分式导环。由图可见,导环的一半与泵轮叶片相连,而另一半则与涡轮的叶片相连。

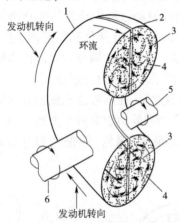

图 4-4 泵轮、涡轮间的液流

1-泵轮;2-涡轮;3-紊流;4-涡流;5-变速器输入轴;6-发动机曲轴

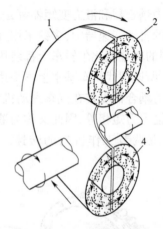

图 4-5 剖分式导环及其作用

1-泵轮;2-涡轮;3-部分式导环;4-涡流

液力耦合器中的循环液压油,在从泵轮叶片内缘流向外缘的过程中,泵轮对其做功,其速度和动能逐渐增大;而在从涡轮叶片外缘流向内缘的过程中,液压油对涡轮做功,其速度和动能逐渐减小。液力耦合器要实现传动,必须在泵轮和涡轮之间有油液的循环流动。而油液循环流动的产生,是由于泵轮和涡轮之间存在着转速差,使两轮叶片外缘处产生压力差所致。如果泵轮和涡轮的转速相等,则液力耦合器不起传动作用。因此,液力耦合器工作时,发动机的动能通过泵轮传给液压油,液压油在循环流动的过程中又将动能传给涡轮输出。由于在液力耦合器内只有泵轮和涡轮两个工作轮,液压油在循环流动的过程中,除了受泵轮和涡轮之间的作用力之外,没有受到其他任何附加的外力。根据作用力与反作用力相等的原理,液压油作用在涡轮上的转矩应等于泵轮作用在液压油上的转矩,即发动机传给泵轮的转矩与涡轮上输出的转矩相等,而不改变转矩的大小,这就是液力耦合器的传动特点。

3)液力耦合器的传动效率

设泵轮转速为 n_B,涡轮转速为 n_W,$\dfrac{n_W}{n_B}$ 为液力耦合器的转速比 i,则耦合器的传动效率为:

$$\eta = \frac{n_W}{n_B} = \frac{M_W n_W}{M_B n_B}$$

式中:η——传动效率;
n_B——泵轮输入转速;
n_W——涡轮输出转速;
M_B——泵轮输入转矩;
M_W——涡轮输出转矩。

因作用在耦合器上的泵轮和涡轮的转矩相同,即 $M_B = M_W$,则:

$$\eta = \frac{n_W}{n_B} = i$$

也就是说,液力耦合器的传动效率等于其转速比。涡轮与泵轮的转速差越大,转速比越小,传动效率就越低;反之,转速比越大,传动效率越高。起动发动机并挂上挡,汽车尚未起步时,发动机处于怠速运转,泵轮不足以驱动涡轮,涡轮转速为 0,此时耦合器的效率为 0。汽车起步时,随发动机转速升高,从泵轮甩出的工作液冲击力增加,涡轮开始转动,此时涡轮转速低,车速也较低,传动效率低。随着汽车加速,涡轮转速逐渐提高,涡轮对泵轮的转速比增大,耦合器的传动效率也随之增高。当涡轮的转速接近泵轮转速时,工作液的环流强度增加速度减慢,涡轮转速升高速度也随之变慢,最后涡轮转速达到最大值,这时耦合器效率也达到最大值。理论上说,当涡轮转速等于泵轮转速时,效率为 100%。实际上,如涡轮转速等于泵轮转速,则涡轮与泵轮叶片外缘处的液压力将相等,从而使得耦合器内的循环流动停止,泵轮与涡轮间不再有能量传递,传动效率为 0。一般而言,液力耦合器的最高效率可达 97% 左右。

8. 液力变矩器

1)结构

液力变矩器的作用是传递来自发动机的转矩,并且将转矩成倍增大后传给变速器。液力变矩器是为了改善液力耦合器的性能而在其基础上发展起来的,除了液力耦合器的泵轮和涡轮以外,液力变矩器在泵轮与涡轮之间增加了导轮,其结构如图 4-6 所示。

(1)泵轮。

泵轮与变矩器壳体连成一体,变矩器壳体用螺栓固定在飞轮上,因为泵轮与曲轴相连,所以它总是和曲轴一起转动。泵轮内部沿径向装有许多较平直的叶片,叶片内缘装有让变速器油平滑流过的导环,其结构如图 4-7 所示。当发动机运转时,在泵轮内的工作液依靠离心力的作用从泵轮外缘向外喷出而进入涡轮。随发动机转速升高,工作液受离心力增大,从泵轮向外喷射工作液的速度亦随之升高。

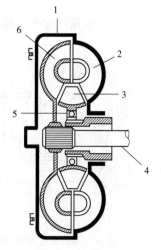

图 4-6 液力变矩器结构
1-变矩器壳体;2-泵轮;3-导轮;4-变速器输入轴;5-单向离合器;6-涡轮

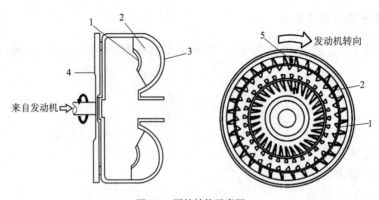

图 4-7 泵轮结构示意图
1-导环;2-泵轮叶片;3-变矩器壳体;4-驱动盘;5-涡流

(2) 涡轮。

涡轮与变速器输入轴用花键连接。同泵轮一样,涡轮也装有许多叶片(图4-8),叶片呈曲线形状,方向与泵轮叶片的弯曲方向相反。涡轮叶片与泵轮叶片相对放置,中间留有一很小的间隙。

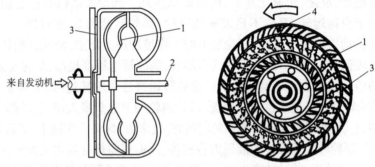

图 4-8 涡轮结构示意图
1-导环;2-变速器输入轴;3-涡轮叶片;4-涡流

涡轮与变速器输入轴相连,在变速器置于 D、2、L、R 挡位,车辆行驶时,涡轮就与变速器输入轴一起转动;车辆停驶时,涡轮不能转动。在变速器换挡杆置于 P、N 挡位时,涡轮与泵轮一起自由转动。

(3) 导轮。

导轮位于泵轮与涡轮之间,通过单向离合器安装于固定在变速器壳体上导轮轴上。导轮叶片截住离开涡轮的变速器油液,改变其方向,使其冲击泵轮叶片背面,给泵轮一个额外的"助推力"。

(4) 单向离合器。

单向离合器的外圈与导轮叶片固定连接在一起,内圈用花键与变速器壳体上导轮轴连接,而导轮轴与变速器机油泵盖连接,因为机油泵盖固定在变速器壳体上,所以单向离合器内圈不能转动,如图4-9所示。

常见的单向离合器如图 4-10 所示,在单向离合器

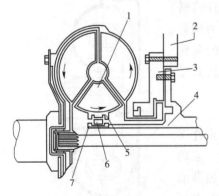

图 4-9 单向离合器的结构
1-导轮;2-变速器壳体;3-机油泵壳盖;4-导轮轴;5-单向离合器外座圈;6-单向离合器楔块;7-单向离合器内座圈

内、外座圈之间装有楔块,定位弹簧使楔块总是朝着锁止外座圈的方向略为倾斜。当外座圈按图中 A 方向转动时,由于摩擦力的作用,会推动楔块顺时针方向转动而倾斜,由于 $l_1 < l$,外座圈可以旋转。但是,外座圈按图中 B 方向旋转时,楔块会由于摩擦力作用而逆时针方向转动,此时因为 $l_2 > l$,其结果是楔块顶住外座圈,使其不能转动。

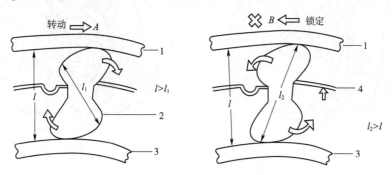

图 4-10 单向离合器工作原理图
1-外座圈;2-楔块;3-内座圈;4-定位弹簧

2)液力变矩器工作及增矩原理

泵轮被发动机带动旋转时,泵轮叶片内的油液在离心力的作用下,从靠近轴线的内缘向外缘流动,在泵轮叶片的外缘处冲向涡轮叶片。油液将动力传给涡轮叶片后,沿涡轮叶片流向涡轮内缘并在内缘处冲向单向离合器叶片。单向离合器叶片使油液改变方向后再流回到泵轮内缘,如此循环,如图 4-11 所示。

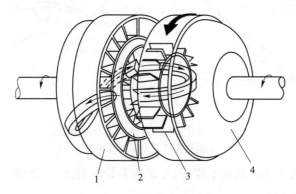

图 4-11 液力变矩器中液体的流动
1-涡轮;2-导环;3-导轮;4-泵轮

液力变矩器之所以能起增矩作用,是因为导轮在油液从涡轮流回泵轮时改变了其方向,如图 4-12 所示。当没有导轮时,液体流出涡轮返回泵轮时,其冲击方向与泵轮的旋转方向相反,起阻碍泵轮转动的作用,这就是耦合器为什么没有增矩作用的原因。增设导轮后,液体流出涡轮时,首先冲击在导轮叶片上,由于单向离合器的作用,导轮不能转动,这时液流改变方向,返回泵轮时液流方向与泵轮旋转方向相同,因而起到了增加泵轮转矩的作用。

现以变矩器工作轮的展开图来说明液力变矩器的增矩原理。沿图 4-13a)所示的工作轮循环圆中间流线将三个工作轮叶片平面展开,得到泵轮、涡轮和导轮的环形平面,见图4-13b),各轮形状和进出口角度也显示于图中。

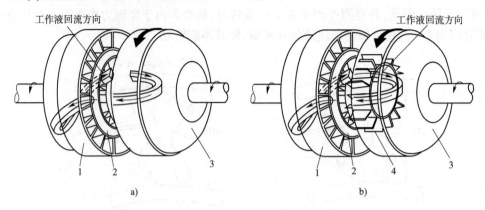

图4-12 变矩器增矩原理图
a)耦合器工作液回流图;b)变矩器工作液回流图
1-涡轮;2-导环;3-泵轮;4-导轮

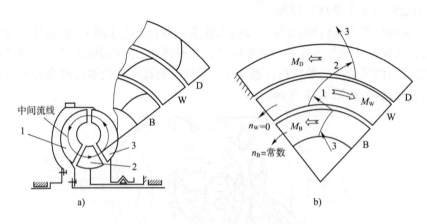

图4-13 液力变矩器工作轮展及变矩原理图
1-涡轮W;2-导轮D;3-泵轮B

为了便于说明,设发动机负荷不变,即变矩器泵轮的转速 n_B 及转矩 M_B 为常数。先以汽车起步工况为例进行讨论。

当发动机运转而汽车还未起步时,考查变速器液压油受力情况。这时,涡轮转速为零,如图4-13b)所示。变速器液压油受到来自泵轮作用的转矩 M_B,并以一定的绝对速度沿图中箭头1的方向冲向涡轮叶片,力图使涡轮转动。因此时涡轮静止不动,因而涡轮给变速器液压油一反向作用转矩 M_W,液流则沿着涡轮叶片流出涡轮,并沿箭头2的方向冲向导轮。此时,由于单向离合器作用,导轮也静止不动,导轮叶片也会给变速器液压油一反向作用转矩 M_D,随后液流改变方向,沿箭头3回到泵轮。

根据液流受力平衡条件,泵轮、涡轮和导轮三者给变速器油液转矩的代数和应为零,即 $M_W - M_B - M_D = 0$,显然,此时涡轮转矩 M_W 大于泵轮转矩 M_B,即液力变矩器起到了增大转矩的作用。

当液力变矩器输出的转矩,经传动系统传递到驱动轮上所产生的牵引力足以克服汽车起步阻力时,汽车即起步并加速,与之相连的涡轮转速 n_W 也从零开始逐渐增加。现定义液流沿叶片方向流动(涡流)的速度为相对速度 w,在叶轮的作用下所具有的沿圆周方向运动(环流)的速度为牵连速度 u,二者的矢量和为绝对速度 v。涡轮转速 n_W 不为零时,液流在涡轮出口处不仅具有相对速度 w,而且具有牵连速度 u,故冲向导轮叶片的液流的绝对速度 v 为二者的合成速度,如图 4-14 所示。因设泵轮转速不变,即液流循环流量基本不变,故涡轮出口处相对速度 w 不变,变化的只是涡轮转速 n_W,即牵连速度 u 发生变化。由图 4-14 可见,冲向导轮叶片的液流的绝对速度 v 将随牵连速度 u 的增加而逐渐向左倾斜,使导轮所受转矩值逐渐减小。

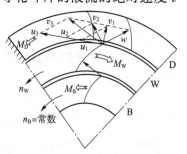

当涡轮转速增大到一定值时,由涡轮流出的液流 v_2 正好沿导轮口方向冲向导轮,由于液体流经导轮时方向不改变,故导轮转矩 M_D 为零,即涡轮转矩与泵轮转矩相等,$M_W = M_B$。

图 4-14 涡轮出口液流速度变化图

若涡轮转速 n_W 继续增大,液流绝对速度 v 方向继续向左倾斜 v_3,液流将冲击导轮叶片背面,导轮转矩方向与泵轮转矩方向相反,则涡轮转矩为前二者转矩之差($M_W = M_B - M_D$),即变矩器输出转矩反而比输入转矩小。当涡轮转速 n_W 增大到与泵轮转速 n_B 相等时,工作液在循环圆内的循环流动停止。

3)液力变矩器的传动效率

(1)转矩比 K。

液力变矩器的转矩比是涡轮输出转矩 M_W 与泵轮输入转矩 M_B 之比,用 K 表示,即:

$$K = \frac{M_W}{M_B} = \frac{M_B \pm M_D}{M_B}$$

液力变矩器的转矩比说明变矩器输出转矩增大的倍数。当涡轮转速为零时,转矩比达到最大值。随涡轮转速升高,转矩比逐渐减小,当涡轮与泵轮的转速比达到某一定值时,涡流变得最小,因而转矩比几乎为 1:1,这一点称为耦合器工作点,此时由于从涡轮流出的液流将冲击导轮叶片背面,导轮转矩方向与泵轮转矩方向相反,为防止这一现象的发生,单向离合器就使导轮与泵轮同向转动。换言之,变矩器在耦合工作点时,开始起一台液力耦合器的作用,防止转矩比降至 1 以下。因此,变矩器的工作可分为两个区域(图 4-15):一个是变矩区,转矩成倍放大;另一个是耦合区,只传递转矩而无转矩放大。耦合器工作点就是这两个区域的分界线。

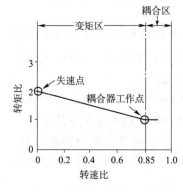

图 4-15 液力变矩器的转矩比

(2)转速比 i。

液力变矩器的速比是指涡轮转速 n_W 与泵轮转速 n_B 之比,用 i 表示。即:

$$i = \frac{n_W}{n_B} \leq 1$$

液力变矩器的速比说明变矩器输出转速降低的倍数。当涡轮转速为零,而发动机处于全负荷(节气门全开,此时泵轮转速达到最大值)时的工况称为失速工况,或失速点。在失速点(如当换挡杆置于 D 挡位而车辆被阻止前进时),泵轮与涡轮转速之间的转速差达到最大值。变矩器的最大转矩比就在失速点,通常在 1.7～2.5。

(3)传动效率。

变矩器的传动效率是指泵轮得到的能量传递至涡轮的效率,用 η 表示。即:

$$\eta = \frac{M_W n_W}{M_B n_B} = Ki$$

上式表明,变矩器的传动效率与转矩比和传动比的乘积成正比。其曲线如图 4-16 所示。

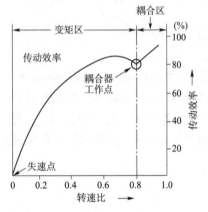

图 4-16 变矩器传动效率与转速比的关系

在失速点时,泵轮转动而涡轮静止,这时传到涡轮的转矩最大,但传动比为零,传动效率为零。

当涡轮开始转动时,随其转速升高,涡轮输出的转速与转矩成正比,传动效率急剧上升,传动效率在传动比达到耦合器工作点前达到最大值。其后又开始下降,这是因为从涡轮流出的部分油液开始冲击导轮叶片的背面,传动效率下降。在耦合器工作点时,从涡轮流出的大部分油液冲向导轮的背面,为防止传动效率进一步下降,导轮开始转动,液力变矩器变成液力耦合器,其传动效率与传动比成正比直线上升。

由于液力变矩器借助液体传递能量,泵轮和涡轮之间必须存在转速差,否则工作液就不会循环,也不会产生动力传递。另外,由于摩擦和冲击使工作液温度升高,液流循环也造成能量损失,所以变矩器的传动效率达不到100%,通常仅为95%左右。

9. 带锁止离合器的液力变矩器

在耦合区(即没有转矩成倍放大的情况),变矩器以接近 1∶1 的比例将来自发动机的输入转矩传递至变速器。但在泵轮与涡轮之间存在着至少 4%～5% 的转速差。所以,变矩器并不是将发动机的动力 100% 地传递至变速器,而是有一定的能量损失。

为了防止这种现象发生,也为了降低油耗,当车速在大于 60km/h 时,锁止离合器会通过机械机构将泵轮与涡轮相连接。这样,使发动机产生的动力几乎 100% 地传递至变速器。

如图 4-17 所示,锁止活塞装在涡轮转轴上,位于涡轮前端。减振组件在离合器接合时,吸收转矩,防止产生振动。在变矩器壳体或变矩器锁止活塞上粘有一种摩擦材料,用以防止离合器接合时打滑。

锁止离合器的接合和分离由变矩器中的液压油的流向改变来决定,其工作过程如下:

1)离合器分离时

当车辆低速行驶时,由锁止继动阀控制的油液流动方向如图 4-18 所示。加压油液流至锁止离合器的前端,锁止离合器前端及后端的压力就变得一样,锁止离合器处于脱开状态。由于变矩器内油液因涡流产生大量热量,流出变矩器的油液要经冷却器冷却后再送回变速器。

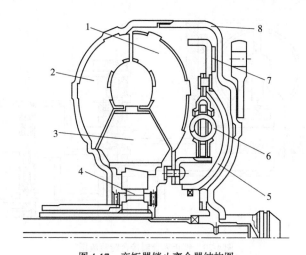

图 4-17 变矩器锁止离合器结构图

1-涡轮；2-泵轮；3-导轮；4-单向离合器；5-锁止活塞；6-减振组件；7-摩擦材料；8-变矩器壳体

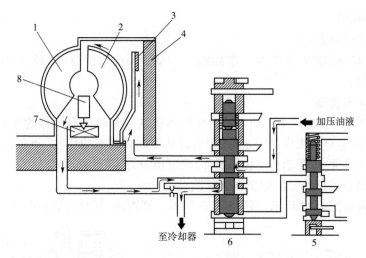

图 4-18 锁止离合器分离时液流图

1-泵轮；2-涡轮；3-锁止离合器；4-变矩器壳体；5-锁止信号阀；6-锁止继动阀；7-单向离合器；8-导轮

2) 离合器接合时

当车辆以中高速(≥50km/h)行驶时，由锁止继动阀控制的油液流动方向如图 4-19 所示，加压油液流至锁止离合器的后端。这时，变矩器壳体受到锁止活塞挤压，从而使锁止离合器和前盖一起转动，即锁止离合器接合。由于这时泵轮与涡轮转速差为零，没有涡流产生，因而油液在变矩器内产生的热量很小，流出变矩器的油液不需要冷却，直接流回变速器。

图 4-19 液力变矩器动力传输过程图

锁止离合器分离或接合时的动力传输过程框图见图 4-20。

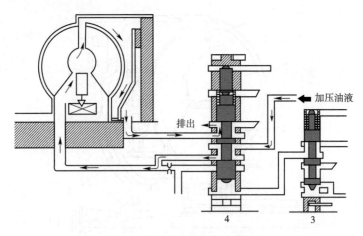

图 4-20 锁止离合器接合时液流图

二、任务实施

1. 变矩器的检修

1) 检查液力变矩器外壳

外部有无损坏和裂纹、轴套外径有无磨损、驱动油泵的轴套缺口有无损伤,如有异常,应更换液力变矩器。

2) 检查单向离合器

如图 4-21 所示,将专用工具插入液力变矩器毂缺口和单向离合器的外座圈中,转动定子齿面,检查单向离合器工作是否正常,在逆时针方向转动时应锁住,而在顺时针方向应能自由转动。如有异常,说明单向离合器损坏,应更换液力变矩器。

3) 测量驱动盘(飞轮后端面)的端面圆跳动

安装百分表如图 4-22 所示,测量驱动盘的端面圆跳动,其最大值不超过 0.20mm。

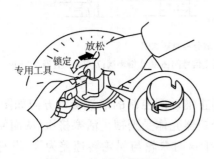

图 4-21 单向离合器的检查

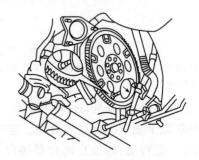

图 4-22 检查驱动盘的端面圆跳动

4) 测量液力变矩器轴套径向圆跳动量

暂时将液力变矩器装在驱动盘上,安装百分表如图 4-23 所示。径向圆跳动量最大值超过 0.30mm,可通过重新调整液力变矩器的安装方位进行校正,并在校正后的位置上做一记号,以保证安装正确,若无法校正,应更换液力变矩器。

5) 检查液力变矩器的安装情况

用卡尺和直尺测量液力变矩器安装面至自动变速器壳体正面的距离,应为 17.7mm,若距离小于标准值,应检查是否由于安装不当所致。

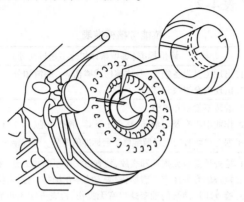

图 4-23　测量液力变矩器轴套径向圆跳动

三、评价与反馈

1. 自我评价

(1)通过本学习任务的学习,你是否已经知道以下问题:

①自动变速器的基本结构和类型是什么?

②自动变速器型号如何识别?

③液力变矩器结构结构包括哪些部分?

④变矩器检修内容有哪些?如何检修?

(2)实训操作完成情况如何?

(3)通过本学习任务的学习,你认为自己的知识和技能还有哪些需要加强?

学生签名:＿＿＿＿＿　＿＿＿年＿＿月＿＿日

2. 小组评价(表 4-1)

小组评价表　　　　　　　　表 4-1

序号	评价项目	是否达到要求	记录
1	着装是否符合要求		
2	是否能合理规范使用仪器和设备		
3	是否按照安全和规范流程操作		
4	是否遵守实训场地的规章制度		
5	是否能保持实训场地、工具设备整洁		
6	是否具有团队协作精神		

参与评价的学生签名:＿＿＿＿＿　＿＿＿年＿＿月＿＿日

3. 教师评价

＿＿

教师签名:＿＿＿＿＿　＿＿＿年＿＿月＿＿日

四、技能考核标准（表4-2）

技能考核标准表　　　　　　　　　　　　　表4-2

序号	考核项目	评价标准（每项累计扣分不超过配分）	配分	得分
1	作业安全	1. 出现工具设备损伤、身体擦伤或碰伤等，酌情扣分 2. 出现安全事故记零分	10	
2	5S与职业素养	1. 着装不规范扣5分 2. 作业中没有及时清洁、整理工量具、清扫场地，扣5分	10	
3	维修手册使用	根据工单填写情况对照维修手册标准值评分。每查错一个数据扣1分	5	
4	液力变矩器外壳	1. 检查外部有无损坏和裂纹，检查方法不正确扣2分，未检查扣4分 2. 检查轴套外径有无磨损，检查方法不正确扣1分，未检查扣3分 3. 检查驱动油泵的轴套缺口有无损伤，检查方法不正确扣1分，未检查扣3分	10	
5	检查单向离合器	检查单向离合器工作是否正常，检查方法不正确扣5分，未检查扣10分	10	
6	测量驱动盘（飞轮后端面）的端面圆跳动	1. 检查方法正确扣5分 2. 检查数据错误10 3. 未检查扣20分	20	
7	测量液力变矩器轴套径向圆跳动量	1. 检查方法正确扣5分 2. 检查数据错误10 3. 未检查扣20分	20	
8	检查液力变矩器的安装情况	1. 检查方法不正确扣5分 2. 未检查扣10分	10	
9	维修结论	根据考生工单评分	5	
		总分	100	

学习任务2　辛普森自动变速器构造与检修

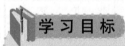

知识目标

1. 能叙述行星齿轮机构的基本工作原理；
2. 能叙述辛普森自动变速器的结构及工作原理。

技能目标

能查阅维修手册，借助常用及专用工具，对行星排进行检修。

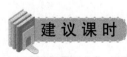

8课时。

一、理论知识准备

1. 行星齿轮机构组成

如图 4-24 所示,一套行星齿轮机构由四个基本构件组成:太阳轮、行星齿轮、行星架和齿圈。太阳轮位于系统的中心,行星齿轮与它相啮合。最外侧是与行星齿轮相啮合的齿圈。图 4-24 中只画一个行星齿轮,通常具有 3~6 个行星齿轮,它们为均匀或对称布置。各行星齿轮借助于滚针轴承和行星齿轮轴安装在行星架上,两端有推力垫片。太阳轮、齿圈和行星架三者轴线重合,行星齿轮机构工作时,行星齿轮除绕行星齿轮轴自转外,同时还要绕太阳轮公转。它的这种运动与太阳系里行星的运动相似,故此得名。

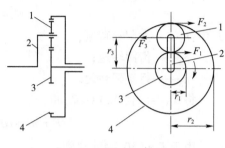

图 4-24 行星齿轮机构简图
1-行星齿轮;2-行星架;3-太阳轮;4-环形内齿圈

2. 行星齿轮机构变速原理

从图 4-24 中可知:

作用于太阳轮上的力矩为:

$$M_1 = F_1 r_1$$

作用于齿圈上的力矩为:

$$M_2 = F_2 r_2$$

作用于行星架上的力矩为:

$$M_3 = F_3 r_3$$

设齿圈与太阳轮的齿数之比为 α,则:

$$\alpha = \frac{r_2}{r_1} = \frac{Z_2}{Z_1}$$

因此:

$$r_2 = \alpha r_1$$

则:

$$r_3 = \frac{r_1 + r_2}{2} = \frac{\alpha + 1}{2} r_1$$

式中:r_1——太阳轮的节圆半径;

r_2——齿圈的节圆半径;

r_3——行星齿轮与太阳轮的中心矩;

Z_1——太阳轮的齿数;

Z_2——齿圈的齿数。

从行星齿轮的受力平衡条件可得:

$$F_1 = F_2$$
$$F_3 = -(F_1 + F_2)$$

因此,太阳轮、齿圈、行星架上的力矩分别为:

$$\begin{cases} M_1 = F_1 r_1 \\ M_2 = \alpha F_1 r_1 \\ M_3 = -(\alpha+1) F_1 r_1 \end{cases} \qquad (4\text{-}1)$$

根据能量守恒定律,3个元件上输入和输出的功率的代数和应等于零,即:

$$M_1 n_1 + M_2 n_2 + M_3 n_3 = 0 \qquad (4\text{-}2)$$

式中:n_1——太阳轮转速;

n_2——齿圈转速;

n_3——行星架转速。

将式(4-1)代入式(4-2)得:

$$F_1 r_1 n_1 + \alpha F_1 r_1 n_2 - (\alpha+1) F_1 r_1 n_3 = 0$$

由于 $F_1 r_1 \neq 0$,因此得到:

$$n_1 + \alpha n_2 - (\alpha+1) n_3 = 0$$

上式即为单排行星齿轮机构一般运动规律的特性方程式。可以看出,由于单排行星齿轮机构有两个自由度,在太阳轮、齿圈和行星架(行星齿轮与行星架连成一体)这三个构件中,任选两个分别作为主动件和从动件,而使另一元件固定不动(即使该元件转速为0),或使其运动受到一定的约束(即该元件的转速为某定值),则机构只有一个自由度,整个轮系以一定的传动比传递动力。

3. 单排行星齿轮机构传动方案

如上所述,单排行星齿轮机构可选择某一元件作为主动件、某一元件作为从动件、某一元件固定,从而得到固定传动比。按主动、从动、固定元件的不同可有六种不同的组合方案,加上直接挡和空挡共有八种组合,相应可获得五种不同的传动,如表4-3所示。

单排行星齿轮机构传动比计算公式　　　　　　表4-3

序号	太阳轮 Z_1	行星架	齿圈 Z_2	传动比 i	挡位说明
1	输入	输出	固定	$n_2 = 0; i_{13} = \dfrac{n_1}{n_3} = 1 + \alpha = \dfrac{Z_1 + Z_2}{Z_1}$	减速传动,前进,低挡
2	固定	输出	输入	$n_1 = 0; i_{23} = \dfrac{n_2}{n_3} = \dfrac{1+\alpha}{\alpha} = \dfrac{Z_2 + Z_1}{Z_2}$	减速传动,前进,高挡
3	固定	输入	输出	$n_1 = 0; i_{32} = \dfrac{n_3}{n_2} = \dfrac{\alpha}{1+\alpha} = \dfrac{Z_2}{Z_1 + Z_2}$	前进,超速传动
4	输出	输入	固定	$n_2 = 0; i_{31} = \dfrac{n_3}{n_1} = \dfrac{1}{1+\alpha} = \dfrac{Z_1}{Z_1 + Z_2}$	前进,超速传动
5	输入	固定	输出	$n_3 = 0; i_{12} = \dfrac{n_1}{n_2} = -\alpha = -\dfrac{Z_2}{Z_1}$	减速传动,倒挡
6	输出	固定	输入	$n_3 = 0; i_{21} = \dfrac{n_2}{n_1} = -\dfrac{1}{\alpha} = -\dfrac{Z_1}{Z_2}$	超速传动,倒挡
7	三元件任何两个连成一体第三元件与前两个转速相等			$i = 1$	直接挡传动
8	所有元件都不受约束			自由转动	机构失去传动作用

从表4-3中可以看出,仅由单排行星齿轮机构并配以各种离合器和制动器,即能实现具有四个前进挡和一个倒挡的齿轮变速系统。但是,以单排行星齿轮机构组成多挡位的齿轮变速系统所需离合器甚多,这将使得齿轮变速器的体积过大。为了减小变速器的体积、增大变速器的速比范围,在实际应用的行星齿轮变速系统中,都是由几个单排行星齿轮机构组合而成。通常采用三个单排行星齿轮机构。

4. 辛普森行星齿轮机构组成

通用、福特、克莱斯勒、丰田、日产等多家公司于20世纪70年代起在其生产的汽车自动变速器上开始应用辛普森行星齿轮变速器。辛普森行星齿轮变速器由辛普森行星齿轮机构及相应的换挡执行元件组成。辛普森行星齿轮机构采用双行星排,其机构特点是:前后两个行星排的太阳轮连为一个整体,称为太阳轮组件;前排的行星架和后排的齿圈连接成一体,称为前行星架和后齿圈组件,输出轴通常与该组件相连(图4-25)。这样一来,该行星机构只具有四个独立元件:前排齿圈、前后太阳轮组件、后排行星架、前行星架和后齿圈组件。

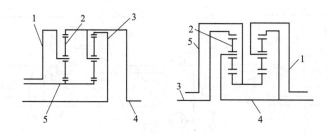

图4-25 辛普森式行星齿轮机构简图
1-后行星架;2-行星齿轮;3-前齿圈;4-前行星架和后齿圈组件;5-太阳轮组件

5. 四挡辛普森行星齿轮变速器的结构

辛普森四挡行星齿轮变速器是在三挡行星齿轮变速器的基础上发展而成的,通常采用三排行星齿轮机构,组成包括超速挡在内的四个前进挡和一个倒挡的自动变速器。其中有十个换挡执行元件:三个离合器、四个制动器和三个单向离合器,其剖视图如图4-26所示,结构简图如图4-27所示,传动原理图如图4-28所示。

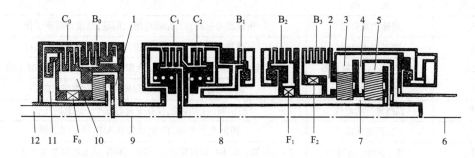

图4-26 四挡自动变速器剖视图
1-超速齿圈;2-后齿轮架;3-后内齿圈;4-前齿轮架;5-前内齿圈;6-输出轴;7-前、后太阳轮;8-中间轴;9-中间输入轴;10-超速齿轮架;11-超速太阳轮;12-输入轴

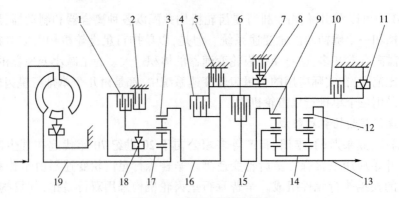

图 4-27 四挡变速器结构简图

1-超速挡离合器 C_0；2-超速挡制动器 B_0；3-超速行星排；4-直接挡离合器 C_2；5-二挡滑行制动器 B_1；6-前进挡离合器 C_1；7-二挡制动器 B_2；8-二挡单向离合器 F_1；9-前行星排；10-低、倒挡制动器 B_3；11-一挡单向离合器 F_2；12-后行星排；13-输出轴；14-前、后太阳轮；15-中间轴；16-中间输入轴；17-超速太阳轮；18-超速单向离合器 F_0；19-输入轴

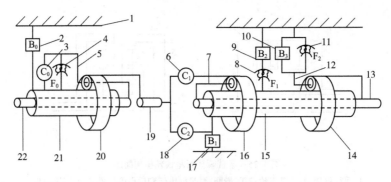

图 4-28 四挡变速器传动原理图

1-变速器壳体；2-超速挡制动器；3-超速挡离合器；4-超速单向离合器；5-超速行星架；6-前进挡离合器；7-前行星架；8-二挡单向离合器；9-二挡制动器；10-低、倒挡制动器；11-一挡单向离合器；12-后行星架；13-输出轴；14-后齿圈；15-前、后太阳轮；16-前齿圈；17-二挡滑行制动器；18-直接挡离合器；19-中间轴；20-超速齿圈；21-超速太阳轮；22-输入轴

各元件作用如表 4-4 所示。

自动变速器换挡元件名称及作用　　　　　　　　　　表 4-4

元件代号	名　称	作　用
C_0	超速挡离合器	可使动力从超速行星架传给太阳轮，直接挡时不工作
C_1	前进挡离合器	可使动力由中间轴传给前齿圈，在所有前进挡都工作
C_2	直接(高、倒)挡离合器	可使动力由中间轴传给前、后太阳轮，在高速挡和倒挡时工作
B_0	超速挡制动器	制动超速行星机构的太阳轮，仅在直接挡时工作
B_1	二挡滑行制动器	制动前、后太阳轮，仅在变速器处于 2 位置时工作
B_2	二挡制动器	锁止 F_1 的外圈，在 D_1 挡位升入 D_2 位置时工作
B_3	低、倒挡制动器	锁止后排行星齿轮架，在停车、倒挡、低速挡位置时工作
F_0	超速单向离合器	防止超速行星架相对超速太阳轮逆时针转动
F_1	二挡单向离合器	在 B_2 起作用时，防止共用太阳轮逆时针转动
F_2	一挡单向离合器	防止后排行星架逆时针转动

6. 四挡辛普森行星齿轮变速器传动原理

行星齿轮机构传动时,是通过控制不同的离合器将动力传到行星机构的某一元件上,同时通过制动器锁止行星机构的另一元件,而得到不同的传动比进行动力传递。四挡辛普森行星齿轮变速器通过上述三个离合器、四个制动器和三个单向离合器等换挡执行元件结合,可以获得 4 个前进挡、1 个倒挡和 1 个空挡。辛普森行星齿轮机构换挡执行元件工作表,如表 4-5 所示。

辛普森行星齿轮机构换挡执行元件工作表　　　　　表 4-5

换挡杆位置	挡位	C_0	B_0	F_0	C_1	C_2	B_1	B_2	B_3	F_1	F_2
P	停车	●							●		
R	倒挡	●		●		●			●		
N	空挡	●									
D	$D_1(2_1)$	●	●	●							●
D	D_2	●	●	●				●		●	
D	D_3	●	●		●	●					
D	D_4		●		●	●					
2	2_2	●	●	●			●				
L	L_1	●	●	●					●		●

注:●表示接合工作状态。

以下具体分析辛普森行星齿轮变速器传动挡位及执行机构的工作,通过分析,除对自动变速器工作过程加深理解外,还可了解具体工况及挡位下应有哪些执行机构参与工作,从而在出现相应故障时,根据传动路线,快速找出症结所在。

1) P 挡

这时,离合器 C_0 和制动器 B_3 工作,但离合器 C_1 和 C_2 都不工作,因此动力无法传递到后排行星齿轮机构,处于空挡位置。此时,制动器 B_3 工作的原因是为了避免变速杆从 P 挡移动到 R 位置时,两个液压元件离合器 C_2 和制动器 B_3 同时工作不同步而引起的换挡冲击。

另外,为保证可靠停车,机械锁止机构将输出轴上的外齿锁住,如图 4-29 所示。因而自动变速器的输出轴和汽车的驱动轮都无法转动,处于驻车制动工况,又称停车挡。

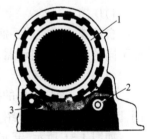

图 4-29　P 挡锁止机构
1-停车联锁机构;2-停车联锁凸轮;3-停车爪

2) R 挡

R 挡也称倒挡,此刻参与工作的执行机构元件有 C_0、C_2、B_3 和 F_0。

如图 4-30 所示,由 C_0 工作,超速行星机构的行星架与太阳轮以同一速度转动,因此超速行星机构不起变速作用。这时动力由超速行星机构经中间输入轴、C_2 传给前、后太阳轮,使前、后太阳轮顺时针转动。后排行星机构的行星架被 B_3 锁住,前、后太阳轮带动后行星轮逆时针转动,使后齿圈也逆时针转动,此时,输出轴的转动方向(逆时针)与发动机转动方向相反,车辆倒行。

动力传递路线:

超速行星机构→中间输入轴→前、后太阳轮(顺时针)→后排行星轮(逆时针)→后齿圈(逆时针)→输出轴

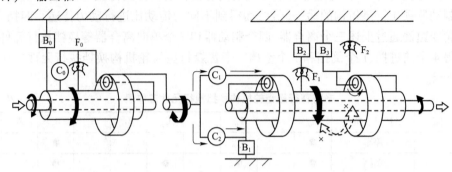

图 4-30　R 挡传动原理图

有无发动机制动效果：

所谓发动机制动，是指在车辆行驶过程中驾驶员松抬加速踏板，由于汽车的质量较大其惯性使得车辆仍要以原来速度行驶，而发动机以怠速转速运转，因此车轮通过传动系统使发动机转速升高，以此来消耗汽车动能达到减速的目的。

在 R 挡松抬加速踏板时，车轮带动后齿圈(转速高)转动，后齿圈力图使后行星架逆时针转动，由于 B_3、F_2 的作用，而无法实现，因此，后轮动力通过后行星齿轮传至前、后太阳轮并经过 C_2、中间轴、超速行星机构传至发动机，产生发动机制动效果。

3) N 挡

如前所述，N 挡为空挡。此刻，辛普森复合行星齿轮机构中只有 C_0 工作，其余的各执行元件都不工作，所以其前、后行星排都处于空转状态，输出轴无动力。

4) D 挡

自动变速器换挡手柄位于 D 挡位时，自动变速器可根据发动机转速和车速的变化，自动使不同的离合器、制动器、单向离合器工作，而更换从 $D_1 \sim D_4$ 不同的挡位。

(1) D_1 挡(2_1 挡)。

D_1 挡时，参与工作的执行机构元件有 C_0、C_1、F_0 和 F_1。因为 2_1 挡时各元件工作状况相同，因此合并在一起介绍。

如图 4-31 所示，起步时，因输出轴与车轮相连未转动，前行星架被固定，前齿圈接受发动机转矩，所以前行星轮顺时针旋转，带动前、后太阳轮逆时针旋转。因汽车尚未起步，后齿圈也被固定，前、后太阳轮在促使后行星轮顺转时，力图使后行星架逆转，而这时 F_2 防止后行星架逆转。故而强迫后齿圈顺时针转动，动力便传至输出轴，汽车起步。

汽车起步前动力传递路线：

超速行星齿轮机构→中间输入轴→前齿圈→前行星架→前、后太阳轮→后行星架(F_2 作用，逆转被锁止)→后齿圈→输出轴

起步后动力传递路线：

超速行星齿轮机构→中间输入轴┬→前齿圈→前行星架→前、后太阳轮→后行星架
　　　　　　　　　　　　　　　　　　(F_2 转被锁止)→后齿圈→输出轴
　　　　　　　　　　　　　　　└→前行星架→输出轴

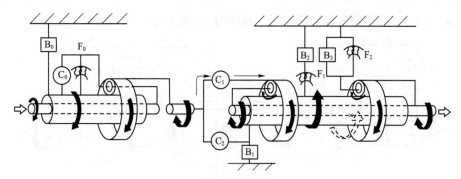

图 4-31 D_1 挡传动原理图

有无发动机制动效果：

松抬加速踏板时，前行星架与后车轮相连（转速高），前齿圈与发动机相连（转速低），由于此转速差使前行星轮逆时针转动，前、后太阳轮则顺时针转动。由于 F_2 不限制前、后太阳轮顺转，后轮动力无法传至发动机，不产生发动机制动效果。

(2) D_2 挡。

D_2 挡时，参与工作的执行机构元件有 C_0、C_1、B_2、F_0、F_1。

如图 4-32 所示，发动机动力经超速行星机构、中间输入轴传给前齿圈，前齿圈带动前行星轮顺时针旋转，而前行星轮力图带动前、后太阳轮逆转，但由于此时 B_2 将 F_1 的外圈锁止，使 F_1 的内圈不能逆转（即前、后太阳轮不能逆转），动力便由前行星架传给输出轴，这时后排行星机构不起作用。

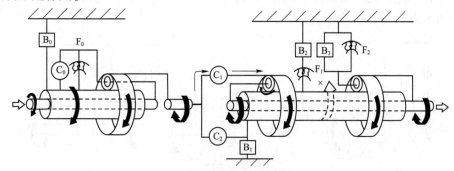

图 4-32 D_2 挡传动原理图

动力传递路线：

超速行星齿轮机构→中间输入轴→前齿圈→前行星轮→前行星架→输出轴

有无发动机制动效果：

放松加速踏板时，前行星架的转速高（后轮），前齿圈的转速低（发动机）。此时，行星轮力图使前、后太阳轮顺转，而此时 F_1 不限制太阳轮顺转，后轮动力无法传至发动机，因而不产生发动机制动效果。

(3) D_3 挡。

D_3 挡时，参与工作的执行机构元件有 C_0、C_1、C_2、B_2、F_0。

如图 4-33 所示，发动机动力经超速行星机构，中间输入轴后再经由离合器 C_1、C_2 同时传入前太阳轮和前齿圈，使其以相同的速度旋转。这时，前排行星机构作为一个整体将动力传给输出轴，由于前、后排行星机构都不起变速作用，传动比为1，即直接挡。

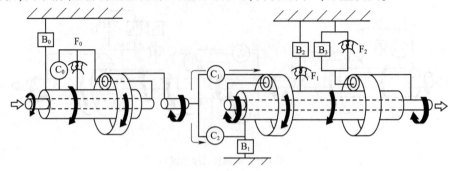

图 4-33 D_3 挡传动原理图

动力传递路线：
超速行星齿轮机构→中间输入轴→前齿圈和前、后太阳轮→前行星架→输出轴
有无发动机制动效果：
放松加速踏板后，由于前排行星齿轮始终被锁住，因此后轮动力可以传给发动机，产生发动机制动效果。

（4）D_4 挡。
D_4 挡时，参与工作的执行机构元件有 C_0、C_1、B_0、B_2。
如图 4-34 所示，超速挡时，B_0 工作，固定了超速太阳轮，动力经由超速行星架传给超速齿圈，因而是超速传动。动力经中间输入轴传给前、后两排行星齿轮机构，由于 C_1、C_2 的作用，其传动比为1。因此，总传动比小于1。

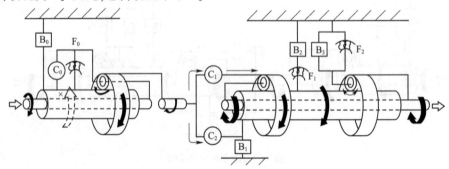

图 4-34 D_4 挡传动原理图

动力传递路线：
发动机动力→超速行星齿轮架→超速齿圈→前齿圈和前太阳轮→前齿轮架→输出轴
有无发动机制动效果：
松抬加速踏板后，超速行星机构的齿圈转速高（后轮），超速齿轮架转速低（发动机）。此时，超速齿轮架与行星齿轮顺转的同时，力图使超速太阳轮逆转。由于 B_0 限制了太阳轮逆转，因此后轮动力可以传给发动机，产生发动机制动效果。

5）2_2 挡
2_2 挡时，参与工作的执行机构元件有 C_0、C_1、B_1、B_2、F_0、F_1。
变速器处于2位置时，变速器只能升到二挡或被从高挡（三挡、超速挡，此时驾驶员将变速杆从 D 位置拨至 2 位置)强制降到二挡。

如图 4-35 所示,动力经超速行星机构、中间输入轴传给前齿圈,前齿圈使前行星轮顺时针方向转动,而前行星齿轮力图使前、后太阳轮逆时针转,但由于 B_2、F_1 的作用,前、后太阳轮不能逆转,动力由前行星架传给输出轴。这时,后排行星机构不起作用。

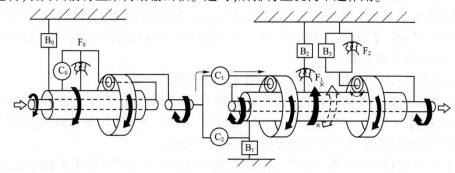

图 4-35 2_2 挡传动原理图

动力传递路线:

超速行星机构→中间输入轴→前齿圈→前行星轮→前行星架→输出轴

有无发动机制动效果:

放松加速踏板时,前行星架转速高(后轮),前齿圈转速低(发动机),由于转速差,行星轮力图使前、后太阳轮顺转(与 D_2 挡时相似,但 D_2 挡时 B_1 不起作用),由于 B_1 的作用,前、后太阳轮不能顺转,因而动力可以从后轮传至发动机,产生发动机制动效果。

6)L 挡

L 挡时,参与工作的执行机构元件有 C_0、C_1、B_3、F_0、F_2。

变速器处于 L 挡时,变速器只能升至一挡或被从高挡强制降为一挡。

如图 4-36 所示,这时动力由超速行星机构、中间输入轴、C_1 传给前齿圈,前齿圈带动前行星轮齿轮顺时针转动,前行星齿轮带动前、后太阳轮逆转。此时,太阳轮力图使后行星架逆转,但由于 B_3、F_2 工作,后行星架逆转被锁止,后行星轮便带动后齿圈顺转,输出动力。

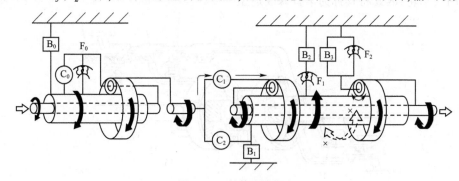

图 4-36 L 挡传动原理图

动力传递路线:

超速行星机构→中间输入轴→前行星轮→前、后太阳轮→后行星轮→后齿圈→输出轴→前行星架→输出轴

有无发动机制动效果:

放松加速踏板时,车轮会同时带动前行星架和后齿圈转动。

在带动后齿圈转动时,由于 B_3、F_2 的作用,后行星架被锁止,这时后车轮便会通过后行星轮使太阳轮一定的速度逆时针转动(相当于固定元件)。

由于前、后太阳轮速度一定,而车轮带动前行星架转动时(转速高),发动机带动前齿圈转动(转速低),由于太阳轮的逆转速度是固定的(相当于一个约束),这时行星轮便会在绕行星架自转的同时,带动齿圈(发动机)顺转,因而动力可由车轮传给发动机产生制动效果。

7) 单向离合器的作用

在行星齿轮机构中使用单向离合器的作用是保证换挡平顺。

以 D_2 挡换至 D_3 挡为例,理论上,挂入 D_3 时并不需要制动器 B_2 工作,但如果在 D_3 时 B_2 不工作,当从 D_3 降至 D_2 时,在对离合器 C_2 进行减压时,又要对制动器 B_2 进行加压,同时进行这两个动作时是很困难的,很小的时间差便会引起换挡冲击。

参见 D_3 和 D_2 传动原理图,当汽车从高速挡换至低速挡时(换挡瞬间若车速不变,根据齿轮传动原理,则发动机转速会从低速向高速转变),根据 D_3 挡原理图,当前齿圈速度高(发动机转速)而前行星架转速低(车速)时,如果没有 F_1 的作用,不可避免地会在换挡瞬间使太阳轮逆时针转动,但前、后太阳轮不管是在 D_3 或是 D_2 都是顺转的),因而在换挡瞬间会产生较大的冲击,有了 F_1 以后,由于 F_1 可配合 B_2 防止太阳轮逆时针转动,这样在对 C_2 和 B_2 的液压进行控制后,可减小换挡瞬间的冲击。

7. 改进型四挡辛普森行星齿轮变速器传动原理

辛普森改进型行星齿轮机构是在原辛普森行星齿轮机构的基础上进行了一些改进,改变了行星齿轮机构的连接关系,增加了换挡执行元件的数量,虽然还是使用两排行星齿轮,但却可以获得包括超速挡的 4 个前进挡传动比,结构更加紧凑,在车辆上的使用逐渐广泛。国产神龙富康轿车自动变速器就采用了辛普森改型行星齿轮机构。

辛普森改进型行星齿轮机构,如图 4-37 所示。采用双排行星齿轮,其中的前齿圈仍然与后行星架连接并作为动力的输出元件,因此仍然将其称为辛普森。但由于双排行星齿轮不再共用太阳轮,因此将其称为辛普森改进型。

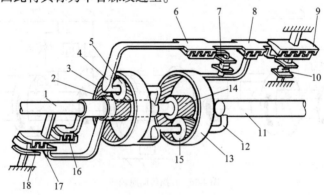

图 4-37 辛普森改进型行星齿轮机构

1-输入轴;2-前太阳轮;3-前齿圈;4-前行星架;5-前行星轮;6-前进挡离合器 C_3;7-前进单向离合器 F_1;8-前进挡强制离合器 C_4;9-低、倒挡制动器 B_2;10-低挡单向离合器 F_2;11-输出轴;12-后行星架;13-后齿圈;14-后太阳轮;15-后行星轮;16-高挡离合器 C_2;17-倒挡离合器 C_1;18-带式制动器 B_1

辛普森改进型行星齿轮机构各元件作用如表 4-6 所示。

辛普森改进型自动变速器换挡元件名称及作用 表 4-6

元件代号	名 称	作 用
C_1	倒挡离合器	可使动力由输入轴传给前太阳轮
C_2	高挡离合器	可使动力由输入轴传给前行星架
C_3	前进挡离合器	可将前行星架与前进挡单向离合器 F_1 的外圈连接在一起
C_4	前进挡强制离合器	可将前行星架与后齿圈连接在一起
B_1	带式制动器	固定前太阳轮
B_2	低、倒挡制动器	固定前行星架
F_1	前进单向离合器	当前进挡离合器 C_3 起作用时,锁止后齿圈逆时针转动
F_2	低挡单向离合器	锁止前行星架逆时针转动

辛普森改进型行星齿轮机构换挡执行元件工作表,如表 4-7 所示。

辛普森改进型行星齿轮机构换挡执行元件工作表 表 4-7

换挡杆位置	挡 位	C_1	C_2	C_3	C_4	B_1	B_2	F_1	F_2
R	倒挡	●					●		
D	D_1			●				●	●
D	D_2			●		●		●	
D	D_3		●	●				●	
D	D_4		●	○		●			
2	2_1			○	●			●	
2	2_2			○	●	●			
2	2_3		●	○	●				

注:●表示接合工作状态;○表示有动作,但不参加动力传递。

下面具体分析辛普森改进型自动变速器各挡位工作原理。

1) R 挡

在 R 挡工作时,倒挡离合器(B_1)和低、倒挡制动器(B_2)参加工作。

如图 4-38 所示,动力通过倒挡离合器传给前太阳轮,由于低、倒挡制动器固定了前行星架,前太阳轮通过前行星齿轮驱动前齿圈逆时针转动将动力输出,由于输出轴与输入轴的转动方向相反,因此是倒车挡。

当输出轴转速高于输入轴转速时,由于低、倒挡制动器固定了前行星架,动力可由车轮传至发动机,实现发动机制动。

2) D 挡

(1) D_1 挡。

D_1 挡时,前进挡离合器 C_3、前进单向离合器 F_1 和低挡单向离合器 F_2 工作,如图 4-39 所示。

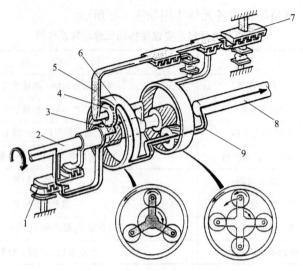

图 4-38 R 挡传动原理图

1-倒挡离合器；2-输入轴；3-前太阳轮；4-前行星轮；5-前行星架；6-前齿圈；7-低、倒挡制动器；8-输出轴；9-后行星架

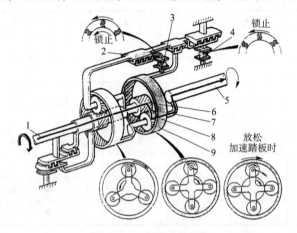

图 4-39 D_1 挡传动原理图

1-输入轴；2-前进挡离合器；3-前进单向离合器；4-低挡单向离合器；5-输出轴；6-后太阳轮；7-后行星架；8-后行星轮；9-后齿圈

动力经输入轴直接传递给后排太阳轮，后太阳轮力图使后行星架顺时针转动，但此时汽车未起步，后行星架不动。后行星轮力图使后齿圈逆时针方向转动，由于前进单向离合器和前进挡离合器工作，通过低挡单向离合器阻止后齿圈逆时针转动，后行星架便开始顺时针转动，汽车起步。

有无发动机制动效果：

放松加速踏板时，输出轴转速高于输入轴转速，后行星架转速高于后太阳轮转速，后行星齿轮力图使后齿圈顺时针转动，而低挡单向离合器不能阻止后齿圈顺时针转动，驱动轮动力无法传递至发动机，不产生发动机制动效果。

(2) D_2 挡。

D_2 挡时，前进挡离合器 C_3、前进单向离合器 F_1、带式制动器 B_1 工作，如图 4-40 所示。

动力经输入轴传给后太阳轮，后太阳轮带动后行星架顺时针转动，后行星架与前齿圈一起顺时针转动。由于带式制动器 B_1 工作,固定了前排太阳轮,前齿圈顺时针转动力图带动前行星架顺时针转动。而此时前进挡离合器和前进单向离合器工作,前行星架带动后齿圈转动,动力经后太阳轮和后齿圈共同作用传给输出轴。

有无发动机制动效果:

放松加速踏板时,与无发动机制动的 D_1 挡一样,后太阳轮的转速为发动机怠速转速,后行星架为后轮转速,并且为顺时针转动,由于后行星架速度高,因此后行星轮在绕后太阳轮转动的同时,绕本身轴线顺时针转动,带动后齿圈也顺时针转动,这时由于前进单向离合器不阻止后齿圈顺时针转动,因此不产生发动机制动效果。

(3) D_3 挡。

D_3 挡时,高挡离合器 C_2、前进挡离合器 C_3、前进单向离合器 F_1 工作,如图 4-41 所示。

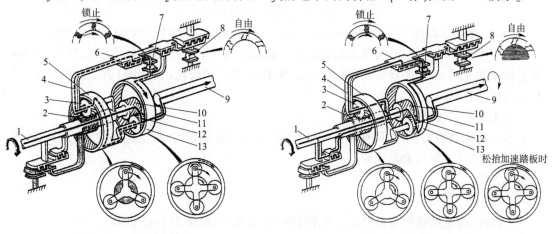

图 4-40 D_2 挡传动原理图
1-输入轴;2-前太阳轮;3-前行星轮;4-前行星架;5-前齿圈;6-前进挡离合器;7-前进单向离合器;8-低挡单向离合器;9-输出轴;10-后太阳轮;11-后行星架;12-后行星轮;13-后齿圈

图 4-41 D_3 挡传动原理图
1-输入轴;2-前太阳轮;3-前行星轮;4-前行星架;5-前齿圈;6-前进挡离合器;7-前进单向离合器;8-低挡单向离合器;9-输出轴;10-后太阳轮;11-后行星架;12-后行星轮;13-后齿圈

动力经输入轴传给后太阳轮,同时通过高挡离合器传给前行星架。动力在传给前行星架时,由于前进挡离合器工作,使前进单向离合器外圈力图相对于内圈顺时针转动,但单向离合器限制外圈相对内圈顺时针转动,因此动力经前进挡离合器和前进单向离合器也传给了后齿圈。即动力同时传给了后太阳轮和后齿圈,前、后排行星机构不起变速作用,汽车处于直接挡传动。

有无发动机制动效果:

放松加速踏板时,后太阳轮和前行星架为发动机怠速转速,后行星架为驱动轮转速,这时由于后行星架转速较高,后行星轮在绕后太阳轮旋转的同时,自身会绕行星架轴顺时针转动,并力图带动后齿圈顺时针转动,而前进单向离合器不阻止内圈相对外圈顺时针转动,因此后轮动力不能通过前行星架或后太阳轮传递至发动机,不产生发动机制动效果。

(4) D_4 挡。

D_4 挡时,高挡离合器 C_2、带式制动器 B_1 工作,如图 4-42 所示。

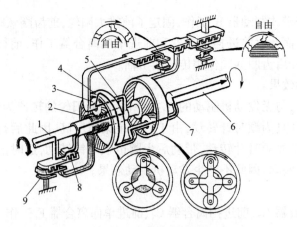

图 4-42　D_4 挡传动原理图

1-输入轴；2-前太阳轮；3-前行星轮；4-前齿圈；5-前行星架；6-输出轴；7-后行星架；8-高挡离合器；9-制动带

由于带式制动器工作，前排太阳轮固定。动力经高挡离合器传给前行星架，然后经前齿圈传给驱动轮。此时，主动齿轮（前行星架）齿数大于从动齿轮（前齿圈）齿数，传动比小于1，为超速挡传动。

有无发动机制动效果：

放松加速踏板时，由于只有前排行星机构工作，且有固定传动比，驱动轮动力可以传递至发动机，产生发动机制动效果。

3）2 挡

（1）2_1 挡。

2_1 挡时，前进挡强制离合器 C_4、低、倒挡制动器 B_2 工作，如图 4-43 所示。

这一挡位与 D_1 挡相比较，采用前进挡强制离合器代替了前进挡离合器和前进单向离合器，用低、倒挡制动器代替了低挡单向离合器，即使用单向离合器的挡位没有发动机制动，有发动机制动的挡位不使用单向离合器。

动力经输入轴传给后排太阳轮，由于后排齿圈被前进挡强制离合器和低、倒挡制动器固定住，动力经后排行星架直接传给输出轴。

有无发动机制动：

放松加速踏板时，由于这时只有后排行星机构工作，且齿圈被锁止，因此驱动轮动力可以传至发动机，产生发动机制动效果。

（2）2_2 挡。

2_2 挡时，前进挡强制离合器 C_4、带式制动器 B_1 工作，如图 4-44 所示。

与 D_2 挡类似，动力经输入轴传给后太阳轮，后太阳轮顺时针转动，带动后行星架顺时针转动，因为前齿圈与后行星架连接在一起，所以前齿圈也顺时针转动。前齿圈转动时，由于前排太阳轮被固定，所以前行星架顺时针转动。前行星架转动时，由于有前进挡强制离合器工作，后排齿圈被带动顺时针转动。动力便经后排行星架传给驱动轮。

有无发动机制动：

放松加速踏板时，后排太阳轮为发动机转速，后行星架为驱动轮转速。由于驱动轮转速高，后行星架（后行星轮）会绕太阳顺时针转动，这时后行星轮在绕太阳轮转动时会绕自身轴线顺时针转动,带动后齿圈顺时针转动。

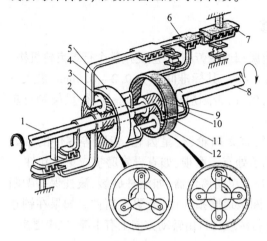

图4-43 2_1挡传动原理图

1-输入轴;2-前太阳轮;3-前行星轮;4-前行星架;5-前齿圈;6-前进挡强制离合器;7-低挡单向离合器;8-输出轴;9-后太阳轮;10-后行星架;11-后行星轮;12-后齿圈

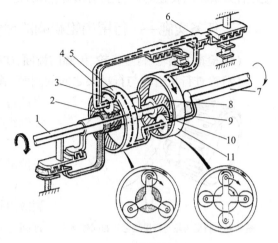

图4-44 2_2挡传动原理图

1-输入轴;2-前太阳轮;3-前行星轮;4-前行星架;5-前齿圈;6-前进挡强制离合器;7-输出轴;8-后太阳轮;9-后行星轮;10-后行星架;11-后齿圈

后齿圈与前行星架被前进挡强制离合器连接在一起,驱动轮与前齿圈连接在一起,前太阳轮被制动带固定,即驱动轮与前行星架有固定传动比,也即后齿圈与驱动轮(后行星架)有固定传动比,因此动力可由驱动轮传给发动机,产生发动机制动效果。

(3)2_3挡。

2_3挡时,高挡离合器C_2、前进挡强制离合器C_4工作,如图4-45所示。

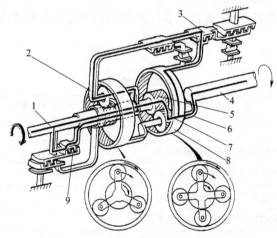

图4-45 2_3挡传动原理图

1-输入轴;2-前行星架;3-前进挡强制离合器;4-输出轴;5-后太阳轮;6-后行星架;7-后行星轮;8-后齿圈;9-高挡离合器

动力经输入轴传给后排太阳轮,与此同时经高挡离合器、前进挡强制离合器传给后排齿圈,故正向驱动时与D_3挡相同。

有无发动机制动效果:

放松加速踏板时,驱动轮动力同时传给后行星架和后齿圈,后排行星机构处于锁止状态,后太阳轮的转速与后行星架相同,驱动轮动力可以传给发动机,产生发动机制动效果。

二、任务实施——行星齿轮机构的检修

(1)检查太阳轮、行星齿轮、齿圈的齿面,如有磨损或疲劳剥落,应更换整个行星齿轮机构。

(2)检查行星齿轮与行星架之间的间隙(图4-46),其标准间隙为0.2~0.6mm,最大不得超过1.0mm,否则应更换推力垫片、行星架和行星齿轮组件。

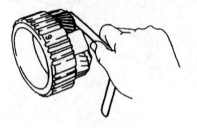

图4-46 行星齿轮与行星架之间的间隙检查

(3)检查太阳轮、行星齿轮、齿圈等零件的轴颈或滑动轴承处有无磨损,如有异常磨损应更换新件。

(4)检查单向离合器,如滚柱破裂、滚柱保持架断裂或内外圈滚道磨损起槽,应更换新件。如果在锁止方向上有打滑或在自由转动方向上有卡滞,也应更换。

三、评价与反馈

1.自我评价

(1)通过本学习任务的学习,你是否已经知道以下问题:

①单排行星齿轮机构和辛普森行星齿轮机构的组成是什么?

②单排行星齿轮机构传动比如何计算?

③四挡辛普森行星齿轮变速器传动原理如何理解?

④行星齿轮机构检修内容有哪些?如何检修?

(2)实训操作完成情况如何?

(3)通过本学习任务的学习,你认为自己的知识和技能还有哪些需要加强?

学生签名:_____ ____年___月___日

2.小组评价(表4-8)

小组评价表　　　　　　　　　　表4-8

序号	评价项目	是否达到要求	记录
1	着装是否符合要求		
2	是否能合理规范使用仪器和设备		
3	是否按照安全和规范流程操作		
4	是否遵守实训场地的规章制度		
5	是否能保持实训场地、工具设备整洁		
6	是否具有团队协作精神		

参与评价的学生签名:_____ ____年___月___日

3.教师评价

_____

_____

教师签名:_____ ____年___月___日

四、技能考核标准（表4-9）

技能考核标准表　　　　　　　　　　表4-9

序号	考核项目	评价标准（每项累计扣分不超过配分）	配分	得分
1	作业安全	出现安全事故终止此项目抽查,成绩记零分		
2	职业素养/6S	1.着装不规范每处扣3分,扣完为止 2.作业中没有及时清洁、整理工量具、清扫场地,每次扣2分,扣完为止 3.垃圾未分类回收,每次扣1分 4.竣工后未清理考核场地,扣2分 5.出现工具设备损伤、身体擦伤或碰伤等,每次扣2分,扣完为止 6.不服从考官、出言不逊,每次扣3分	20	
3	手册使用	检修前翻至相关页面检修前未进行维修手册查询扣每次扣2分,扣完为止	5	
4	拆卸	1.拆下变矩器壳和主减速器总成 2.拆卸自动变速器油泵。（未拆输入轴O形圈扣1分,未对角拆卸螺栓扣3分;未拆卸挡片和衬垫扣1分） 3.拆卸制动带及伺服机构 4.拆卸输入轴总成及倒挡离合器 5.拆卸高速挡离合器毂和前太阳轮 6.拆下低挡单向离合器和前排行星架 7.拆卸后行星齿轮和后太阳轮总成 8.拆卸后齿圈和前进挡离合器毂 9.拆卸时,每漏做一项5分,顺序每错误一次扣3分 10.工具选择不合理,每错误一次扣2分 11.零件掉地上,每次扣5分	43	
5	清洗	1.清洗各传动部件,清洗液选择错误扣2分 2.清洗不干净扣2分 3.未用压缩空气吹洗扣2分	6	
6	检测	1.检查滚针轴承（10分）。判断错误每次扣2分 2.行星齿轮组检测（10分）。判断错误每次扣2分 3.输入轴检测（6分）。量具选择错误扣2分,数据不准确每次扣2分 4.操作中没清洁工量具,每次扣2分	26	
	总分		100	

学习任务3　拉威娜自动变速器构造与检修

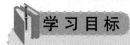

☞ 知识目标
能叙述拉威娜自动变速器的结构及工作原理。

☞ 技能目标
能查阅维修手册,借助常用及专用工具,对离合器、制动器进行检修。

4 课时。

一、理论知识准备

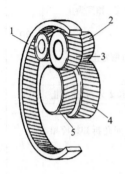

图 4-47 拉威娜行星齿轮机构
1-内齿圈；2-长行星轮；3-短行星轮；
4-大太阳轮；5-小太阳轮

拉威娜（Ravigneavx）行星齿轮机构（或称拉威脑、腊文脑、拉威尼克思）也是一种常见的行星齿轮机构。由于换挡执行元件的配置灵活，在行星齿轮机构不做大的改变前提下可以通过换挡执行元件的不同组合方式，获得 3 个或 4 个前进挡传动比。因此在自动变速器中得到了广泛的应用。

图 4-47 为拉威娜行星齿轮机构的示意图。其特点是：在一个行星架上安装有互相啮合的两套行星齿轮，长行星轮同时与大太阳轮、短行星轮、齿圈相啮合；短行星轮与长行星轮和小太阳轮相啮合；而长、短行星轮装在同一个行星架上。行星机构的大、小太阳轮都为动力输入元件。

1. 四挡拉威娜行星齿轮变速器传动原理

若再增加动力输入方式，三挡拉威娜行星齿轮变速器就可以成为具有超速挡的四个前进挡自动变速器。如图 4-48 所示为拉威娜四挡行星齿轮变速器。

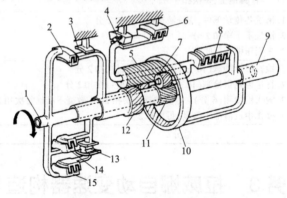

图 4-48 四挡拉威娜行星齿轮机构

1-输入轴；2-高、倒挡离合器 C_2；3-二挡制动器 B_1；4-一挡单向离合器 F_1；5-长行星轮；6-低、倒挡制动器 B_2；7-短行星轮；8-高挡离合器 C_4；9-输出轴；10-齿轮；11-小太阳轮；12-大太阳轮；13-前进挡单向离合器 F_2；14-前进挡强制离合器 C_1；15-前进挡离合器 C_3

四挡拉威娜行星齿轮机构各元件作用如表 4-10 所示。

四挡拉威娜自动变速器换挡元件名称及作用　　　　表 4-10

元件代号	名　称	作　用
C_1	前进挡强制离合器	可使动力由输入轴传给小太阳轮
C_2	倒挡离合器	可使动力由输入轴传给大太阳轮

续上表

元件代号	名称	作用
C_3	前进挡离合器	可使动力传给前进挡单向离合器 F_2 的外圈
C_4	高挡离合器	可使动力由输入轴传给共用行星架
B_1	二、四挡制动器	固定大太阳轮
B_2	低、倒挡制动器	固定行星架
F_1	一挡单向离合器	锁止行星架逆时针转动
F_2	前进挡单向离合器	锁止单向离合器外圈相对内圈的顺时针转动

四挡拉威娜行星齿轮机构换挡执行元件工作表，如表4-11所示。

四挡拉威娜行星齿轮机构换挡执行元件工作表　　　　表4-11

换挡杆位置	挡位	C_1	C_2	C_3	C_4	B_1	B_2	F_1	F_2
R	倒挡		●				●		
D	D_1			●				●	●
D	D_2			●				●	●
D	D_3			●	●				
D	D_4			○	●	●			
2	2_1		●					●	
2	2_2		●			●			
2	2_3		●			●			

注：●表示接合工作状态；○表示有动作，但不参加动力传递。

拉威娜四挡行星齿轮机构在三挡行星齿轮机构基础上增加了高挡离合器 C_4，可以将行星架与输入轴相连接，三、四挡时传递动力。与三挡拉威娜自动变速器比较，其一、二挡和 R 挡完全相同，不同点主要在 D_3 和 D_4 挡。

1) D_3 挡

D_3 挡时，前进挡离合器 C_3、高挡离合器 C_4、前进挡单向离合器 F_2 工作，动力经前进挡离合器和前进挡单向离合器、高挡离合器同时传给小太阳轮和共用行星架，使太阳轮和行星架的转速相同，这时行星机构提供传动比为1的直接挡。

放松加速踏板时，驱动轮动力传给齿圈使之顺时针转动，使长行星轮顺时针转动、短行星轮逆时针转动，从而使小太阳轮顺时针转动。由于前进挡单向离合器不阻止小太阳轮顺时针转动，因而在行星机构中无固定元件，所以驱动轮动力不能传给发动机，不产生发动机制动效果。

2) D_4 挡

D_4 挡时，高挡离合器 C_4、二、四挡离合器 B_1 工作。

动力经高挡离合器传给共用行星架，二、四挡离合器固定了大太阳轮，动力经齿圈传给输出轴。由于行星架是主动件，齿圈是从动件，传动比小于1，是超速挡传动。

放松加速踏板时，由于大太阳轮处于固定状态，驱动轮动力可以传给发动机，产生发动机制动效果。

由于拉威娜行星齿轮机构简单,换挡执行元件的配置比较灵活,在自动变速器中行到了广泛的应用。国产的一汽捷达车辆的自动变速器,就采用了拉威娜行星齿轮机构。

2. 大众01N自动变速器的挡位分析

大众01N自动变速器采用拉威娜式行星齿轮机构,它是一种双单排、双级复合式行星齿轮机构,其前排为单级结构,后排是双级结构,前、后排共用一个内齿圈和一个行星架。当液力变矩器中没有锁止离合器时,K_3离合器直接与液力变矩器泵轮通过花键连接,K_3离合器兼起锁止离合器的作用。液力变矩器中安装锁止离合器的变速器,K_3与变矩器涡轮连接,将涡轮动力传给行星架,01N自动变速器挡位传动简图如图4-49所示。

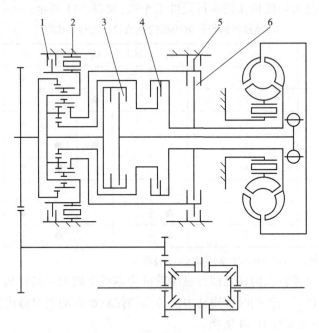

图4-49 挡位传动简图

1-制动器B_1;2-单向离合器F;3-离合器K_3;4-离合器K_1;5-制动器B_2;6-离合器K_2

01N自动变速器各个挡位执行元件名称及作用,如表4-12所示。

01N自动变速器各个挡位执行元件名称及作用　　　　表4-12

元件代号	名称	作用
K_1	一挡、三挡离合器	K_1接合可以将输入轴动力传入小太阳轮
K_2	倒、高挡离合器	K_2接合可以将动力传入大太阳轮
K_3	高挡离合器	将动力传入行星架(没有锁止离合器的K_3输入轴与泵轮连接)
B_1	低、倒挡制动器	B_1接合可以固定行星架
B_2	二挡、四挡制动器	B_2接合可以固定大太阳轮
F	一挡单向离合器	阻止行星架逆时针转动。

01N型自动变速器换挡执行元件工作情况见表4-13。

01N型自动变速器换挡执行元件工作情况表　　　　　表4-13

换挡杆位置	挡位	换挡执行元件					
		K_1	K_2	K_3	B_1	B_2	F
D	D_1	●					●
	D_2	●				●	
	D_3	●	●	●			
	D_4			●		●	
3	1挡	●					●
	2挡	●				●	
	3挡	●	●	●			
2	1挡	●					●
	2挡	●				●	
1	1挡	●			●		
R	倒挡		●			●	

注：●表示接合工作状态。

各挡位动力传递路线分析如下：

1）D_1挡：K_1、F工作

当离合器H接合时,将输入轴的动力传到小太阳轮,小太阳轮顺时针转动,由于齿圈与输出轴连接,汽车起步时阻力大,使行星架有逆时针转动的趋势,单向离合器F阻止行星架逆时针转动,因此,行星架被固定。小太阳轮顺时针转动,与之相啮合的短行星轮逆时针转动,使长行星轮顺时针转动,齿圈与长行星轮是内啮合,因此,齿圈也做顺时针转动。根据单排双级行星齿轮的运动规律,此时,齿圈是做减速运动,完成一挡的动力传递,如图4-50所示。

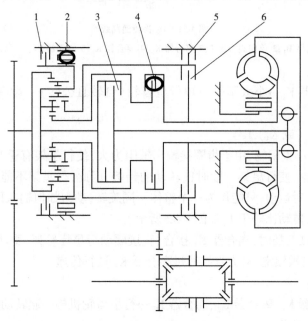

图4-50　D_1挡传递路线

1-制动器B_1；2-单向离合器F；3-离合器K_3；4-离合器K_1；5-制动器B_2；6-离合器K_2

动力传递路线：

涡轮轴→离合器 K1→小太阳轮→短行星齿轮(自转)→长行星齿轮(自转)→齿圈

2) D_2 挡：K_1、B_2 工作

D_2 挡是在 D_1 挡的基础上，增加 B_2 制动器，将大太阳轮固定，使齿圈加速转动。在 D_1 挡时，大太阳轮做逆时针空转。D_2 挡时，由于大太阳轮固定，使长行星齿轮开始绕着大太阳轮做公转，从而，行星架做顺时针转动，使单向离合器 F 自动脱开传力，行星架的顺时针转动，加速了齿圈的顺时针转动，使汽车进入 D_2 挡行驶，如图 4-51 所示。

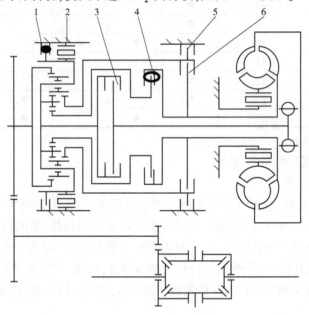

图 4-51 D_2 挡传递路线

1-制动器 B_1；2-单向离合器 F；3-离合器 K_3；4-离合器 K_1；5-制动器 B_2；6-离合器 K_2

动力传递路线：

涡轮轴→离合器 K_1→小太阳轮→短行星齿轮(自转且公转)→齿圈→长行星齿轮(自转)→齿圈

3) D3 挡：K_1、K_2（或 K_3）工作

K_1 将动力传到小太阳轮，由于齿圈接输出轴阻力大，使行星架有逆时针转动的趋势；K_2 将动力传到大太阳轮，使行星架有顺时针转动的趋势，因此，行星架不能转动，即行星轮、太阳轮、齿圈都没有相对运动，只能作为一个整体一同旋转，动力如何输入即如何输出，实现同向等速传动直接挡，传动比等于 1，如图 4-52 所示。

变速器处于机械三挡时，离合器 K_3 接合，直接驱动行星齿轮架，手动阀控制离合器 K_1、K_2 接合，行星齿轮组被锁定，动力直接通过离合器 K_3 进行传递。

动力传递路线：

输入轴→离合器 K_1、离合器 K_2、离合器 K_3→行星齿轮机构一起转动→齿圈

4) D_4 挡：K_3、B_2 工作

K_3 将动力传到行星架，B_2 将大太阳轮固定，齿圈输出，实现同向增速传动，即超速挡。

超速挡是根据单排单级行星齿轮的运动规律实现的,如图4-53所示。

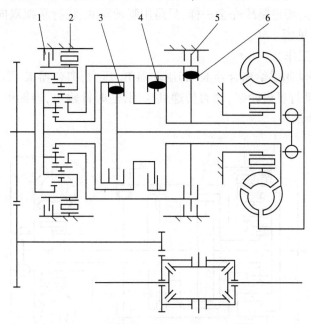

图 4-52 D_3 挡传递路线
1-制动器 B_1；2-单向离合器 F；3-离合器 K_3；4-离合器 K_1；5-制动器 B_2；6-离合器 K_2

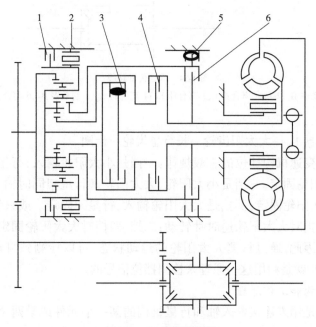

图 4-53 D_4 挡传递路线
1-制动器 B_1；2-单向离合器 F；3-离合器 K_3；4-离合器 K_1；5-制动器 B_2；6-离合器 K_2

动力传递路线：

输入轴→离合器 K_3→行星架→长行星齿轮(大太阳轮固定)→齿圈

5）L挡：K_1、B_1工作

L挡与D_1挡动力传递路线完全一样，只是用制动器B_1将行星架双向固定，使用L挡时有发动机制动作用，见图4-50。

6）R挡：K_2、B_1工作

倒挡时，阀体手动阀供给离合器K_2和制动器B_1压力，离合器K_2驱动大太阳轮顺时针转动，制动器B_1制动行星齿轮架，动力传递到齿圈，逆时针输出，遵循单排单级行星齿轮运动规律，如图4-54所示。

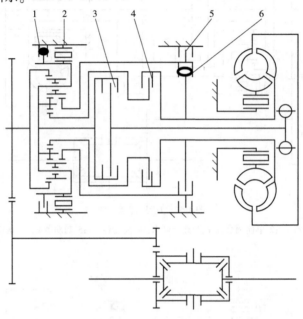

图4-54 倒挡传动路线

1-制动器B_1；2-单向离合器F；3-离合器K_3；4-离合器K_1；5-制动器B_2；6-离合器K_2

动力传递路线：

输入轴→离合器K_2→大太阳齿轮→长行星齿轮→齿圈

拉威娜式齿轮变速机构挡位的一般规律：一挡是小太阳轮输入，行星架固定；二挡是小太阳轮输入，大太阳轮固定；三挡是小太阳轮、大太阳轮和行星架同时输入，无固定件；四挡是行星架输入，大太阳轮固定；倒挡是大太阳轮输入，行星架固定。或只看大太阳轮的运动状态，可总结为：一挡时大太阳轮逆时针转动；二挡、四挡时大太阳轮固定不动；三挡时大太阳轮顺时针转动。因此，通过检测大太阳轮的运动状态，可以检测到自动变速器的换挡时刻，速度传感器G38就是利用这一原理来检测挡位信号的。

3. 离合器的结构和工作原理

离合器的作用是用来连接输入轴和行星机构的某一个元件或某两个元件，将动力传给自动变速器。

1）离合器的结构

自动变速器中所用的离合器为湿式多片式离合器。通常由离合器鼓、离合器活塞、复位弹簧、离合器钢片、离合器摩擦片、花键毂等零件组成，如图4-55所示。

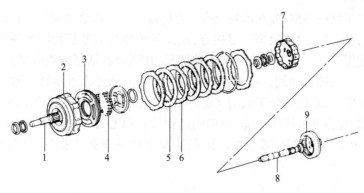

图 4-55 离合器零件分解图
1-输入轴;2-离合器鼓;3-活塞;4-复位弹簧;5-离合器钢片;6-离合器摩擦片;7-离合器毂;8-中间轴;9-内齿圈

离合器鼓作为离合器的外壳,是一个液压缸,鼓内有内花键齿圈,与离合器钢片的外花键齿相啮合,内圆轴颈上有进油孔与控制油路相通。离合器活塞为环状,内外圆上有密封圈,安装在离合器鼓内,无油压力作用时,活塞被复位弹簧推回至最内端,这时离合器处于分离状态,离合器总分离间隙为 0.5~2.0mm,其值取决于离合器片的片数、离合器在变速器中的位置,不同的生产厂家也有差别。通常,离合器片数越多,或离合器交替工作越频繁,分离间隙就越大。间隙的大小可以用挡圈或压板进行调整。在使用中出现间隙过大,通常预示着离合器片磨损严重,应及时更换。否则有可能因间隙过大,复位弹簧被完全压缩离合器仍未完全接合,造成离合器严重打滑。而出现间隙过小,往往是由于离合器片有翘曲,此时需要进行更换。因间隙过小会使离合器分离不彻底,增加离合器片的磨损。

离合器钢片外花键和离合器摩擦片内花键盘分别与离合器鼓和离合器毂相啮合,且交错排列,统称为离合器片,均使用钢料制成,但离合器摩擦片的两面烧结有铜粉末冶金的摩擦材料,与钢片组成钢—粉末冶金摩擦副。近年来,也有以纸质或者合成纤维材料浸树脂代替粉末冶金材料。为保证离合器接合柔和及时散热,而把离合器片浸在油液中工作,因而称为湿式离合器。

离合器鼓和离合器毂分别以一定的方式与变速器输入轴和行星排的某个基本元件相连,与输入轴相连的通常为主动件,而另一个则为从动件。

2)离合器工作原理

如图 4-56 所示,当压力油经油道进入活塞左面的液压缸时,液压作用力使克服弹簧力使活塞右移,将所有离合器片压紧,即离合器接合,与离合器主、从动部分相连的输入轴及行星机构元件也被连接在一起,以相同的速度旋转。动力经输入轴、离合器钢片、离合器摩擦片传给齿圈。

当控制阀将作用在离合器液压缸上的油压力撤除后,离合器活塞在复位弹簧的作用下恢复原位,并将缸内的变速器油从进油孔排出。离合器分离,离合器主、从动部分可以不同转速旋转。

离合器处于分离状态,离合器片之间有一定的轴向间隙,以保证钢片和摩擦片之间无轴向压力。

离合器处于分离状态时,活塞左端的离合器液压缸内不可避免地残留有少量变速器油。当离合器鼓随同变速器输入轴或行星排某一元件一起旋转时,残留的变速器油在离心力的作用下被甩向液压缸的外侧,并在该处产生一定的油压。若离合器鼓的转速较高,该油压将推动活塞压向离合器片,力图使离合器接合,从而导致钢片和摩擦片间出现不正常滑磨,影响离合器片的使用寿命。为了防止出现这种情况,在离合器活塞或离合器鼓右端的壁面上设有一个由钢球组成的单向阀。如图 4-57 所示,当压力油进入液压缸内时,钢球在油压的作用下压紧在阀座上,单向阀处于关闭状态,保证了液压缸的密封。当液压缸内的压力油通过油路排出时,缸体内的液压力下降,单向阀的钢球在离心力作用下离开阀座,阀处于开启状态,残留在缸内的液压油因离心力的作用从安全阀的阀孔中排出,使离合器得以彻底分离。

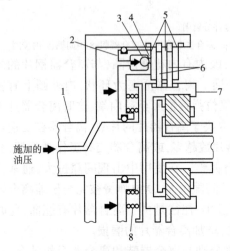

图 4-56　离合器接合状态图
1-输入轴;2-活塞;3-活塞止逆球;4-单向阀;5-离合器钢片;6-离合器摩擦片;7-齿圈;8-复位弹簧

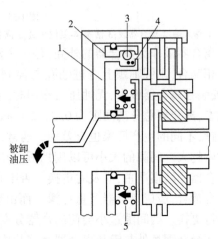

图 4-57　离合器分离状态图
1-活塞缸;2-活塞;3-活塞止逆球;4-单向阀;5-复位弹簧

4. 制动器的结构和工作原理

制动器的作用是固定行星齿轮机构中的某一基本元件,阻止其旋转。制动器一般分为湿式多片制动器和带式制动器。

1) 湿式多片式制动器

湿式多片式制动器结构与离合器结构相似,如图 4-58 所示,由制动器活塞、复位弹簧、制动器毂、制动器摩擦片、制动器钢片等组成。

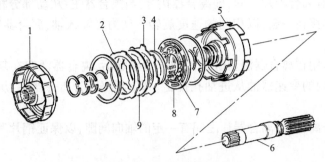

图 4-58　制动器零件分解图
1-制动器毂;2-制动器钢片;3-制动器盘;4-弹簧座圈;5-中心支承;6-太阳轮;7-复位弹簧;8-活塞;9-制动器摩擦片

湿式多片式制动器的工作原理与湿式多片离合器基本相同,只是其钢片通过外花键齿安装在变速器壳体的内花键齿圈上,摩擦片则通过内花键齿和制动器毂上的外花键槽连接。制动器毂与行星齿轮机构的元件相连。当液压缸中没有压力油时,制动器毂可以自由旋转。当压力油进入制动器的液压缸后,通过活塞将钢片和摩擦片压紧在一起,制动器毂以及与其相连的行星齿轮机构的某一元件被固定位而不能旋转。

片式制动器的工作平顺性较好,还能通过增减摩擦片的片数来满足不同排量发动机的要求。因此,近年来在轿车自动变速器中使用得越来越多。

2) 带式制动器

带式制动器结构如图 4-59 所示。制动带缠于制动鼓的外缘上。制动带的一端用一锁销固定在变速器的壳体上,而另一端与液压操纵的制动轮缸活塞相接触。制动轮缸活塞压缩内弹簧,在活塞连杆上运动。为了使制动带和制动鼓之间的间隙能够调整,有两种长度的活塞连杆供选择。

如图 4-60 所示,当油压力施加在活塞上时,活塞就移至活塞缸的左边,压缩外弹簧,活塞连杆随同活塞移至左边,推动制动带的一端。由于制动带的另一端固定在变速器壳体上,制动带的直径就变小,箍紧在制动鼓上,使之无法转动。这时,在制动带与制动鼓之间产生很大的摩擦力,使行星齿轮组中与制动鼓固定连接的元件无法转动。当活塞中的加压液体流出时,活塞和活塞连杆由于外弹簧的弹力而被推回,制动鼓上的制动带松开。

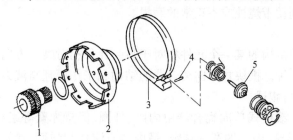

图 4-59 带式制动器结构图
1-太阳轮;2-制动鼓;3-制动带;4-销钉;5-制动缸活塞

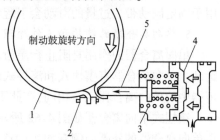

图 4-60 带式制动器的工作图
1-制动带;2-变速器壳体;3-外弹簧;4-活塞;
5-活塞连杆

内弹簧有两个功能:一个是吸收制动鼓的反作用力;另一个是减少制动带箍紧制动鼓时所产生的振动。

如图 4-61 所示,当制动鼓高速转动时,制动带要箍紧它,就会受到一反作用力。若活塞与活塞连杆制成一整体,由于反作用力的作用,活塞会产生振动。为避免这种情况,活塞通过一内弹簧与活塞连杆相连。当制动带受到反作用力时,活塞连杆被推回,压缩内弹簧,以吸收此反作用力。

当活塞缸内油压力上升时,活塞与活塞连杆进一步压缩外弹簧,并在活塞缸内运动,使制动带收缩,从而均匀地箍紧制动鼓。当活塞缸内油压进一步上升,而活塞连杆在活塞缸内无法再运动时,只有活塞运动,压紧内、外弹簧。当活塞开始接触活塞连杆垫圈时,活塞直接推动活塞连杆,制动带便以更大的压力箍紧制动鼓。

制动带的位置可以设置成使收紧制动带作用力的方向与离合器鼓的转动方向一致,也可以设置成相反。如果制动带被设置成使作用力的方向与离合器鼓的转动方向一致,则离合器鼓的运动使制动带的箍紧力增大,而使所需的液压作用力减小。如果收紧制动带的运动方向与离合器效的转动方向相反,则鼓的运动使制动带的箍紧力减小,而使所需的液压作用力增大。

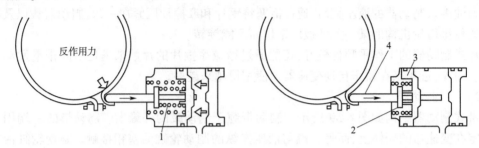

图 4-61　内活塞减振工作图
1-内弹簧;2-活塞连杆垫圈;3-活塞;4-活塞连杆

为了防止由于过快地制动行星齿轮机构元件的运动而引起换挡冲击,应使制动带在开始箍紧时有稍许打滑。随着制动带衬里的磨损,滑动量增大。由于磨损使制动带与离合器鼓之间的间隙增大,而使制动带的箍紧力减小。因此,大多数较早期的自动变速器的制动带需要定期调整。但是随着技术的改进,近期的自动变速器的制动带不再需要定期调整。在需要定期调整制动带的自动变速器上,用调整螺钉调整制动带与鼓之间的间隙,调整螺钉也用于固定制动带。过量的滑动会引起制动带烧蚀或不正常的磨损。

5. 单向离合器的结构和工作原理

单向离合器的作用是阻止行星齿轮机构的某一个元件相对于另一元件相对某一方向的运动。单向离合器有楔块式和滚柱式两种。楔块式单向离合器的结构和工作原理与液力变矩器中的单向离合器完全相同,在此不再叙述。

滚柱式单向离合器如图 4-62 所示,滚柱式单向离合器由内圈、外圈、保持弹簧等组成。在单向离合器的外圈内侧有均布的楔形槽,槽一端宽一端窄,槽内装有滚柱和弹簧,弹簧将滚柱推向槽较窄的一侧。

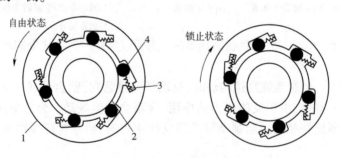

图 4-62　滚柱式单向离合器结构和工作原理
1-外环;2-内环;3-弹簧;4-滚柱

如果内圈固定而外圈逆时针转动,摩擦力推动滚柱压缩弹簧向槽宽的一侧移动,内外圈脱开,外圈可以转动。

如果外圈顺时针方向转动,摩擦力和弹簧弹力使滚柱移向槽窄的一侧,使内外圈卡死连成一体,外圈不能转动。

需要指出的是，单向离合器是否可以起到作用与安装方向有直接关系。在真实结构中，楔块与保持弹簧制作成一体，再安装在外圈之中，如果安装方向出现错误，自动变速器的工作将出现不正常的现象。

二、任务实施——离合器、制动器的检修

离合器、制动器的检修应包括：摩擦片、钢片、制动带的检查；离合器鼓、制动器鼓的检查；离合器和制动器活塞的检查；复位弹簧的检查等内容。

1）检查离合器、制动器摩擦片和钢片

（1）离合器、制动器表面如有烧焦、表面粉末冶金层脱落或翘曲变形，应予以更换。许多自动变速器摩擦片表面上印有符号，若这些符号已被磨去，说明摩擦片已磨损至极限，应更换。也可以测量摩擦片的厚度，若小于极限厚度，应更换。

（2）带式制动器的制动带内表面如有烧焦、表面粉末冶金层脱落或表面符号已被磨去，也应更换。

（3）检查钢片如有磨损，表面起槽或翘曲变形应更换。

（4）检查挡圈的摩擦面，如有磨损，应更换。

2）检查离合器、制动器鼓

离合器、制动器鼓的液压缸内表面应无损伤或拉毛，与钢片配合的花键槽应无磨损，如有异常应更换新件。带式制动器鼓的外表面应无损伤、拉毛或起槽，如有异常应更换新件。

3）检查离合器、制动器活塞

（1）检查离合器、制动器的活塞，其表面无损伤、拉毛或起槽否则应更换新件。

（2）检查离合器活塞上的单向阀，其阀球应能在阀座内活动自如。用压缩空气或煤油检查止回阀的密封性（从液压缸一侧往单向阀内吹气，见图4-63）。其密封应良好，如有异常，则更换活塞。

（3）更换所有离合器、制动器及制动带液压缸活塞上的O形密封圈及轴颈上的密封环。新密封圈或密封环上应涂上少许自动变速器油或凡士林后装入。

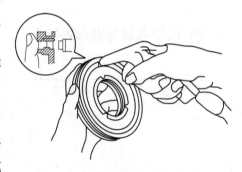

图4-63 离合器活塞止回阀密封性检查

4）检查复位弹簧和密封圈

测量活塞复位弹簧的自由长度并与制动器维修手册比较。若弹簧自由长度过小或有变形，应更换新弹簧。

三、评价与反馈

1. 自我评价

(1) 通过本学习任务的学习，你是否已经知道以下问题：

① 拉威娜自动变速器的挡位如何分析？

② 大众01N自动变速器的挡位如何分析？

③ 离合器的结构和工作原理是什么？

④离合器的检修内容有哪些？如何检修？

(2)实训操作完成情况如何？

(3)通过本学习任务的学习，你认为自己的知识和技能还有哪些需要加强？

学生签名：_____ _____年___月___日

2.小组评价(表4-14)

小组评价表　　　　　　　　　　　　　　表4-14

序号	评价项目	是否达到要求	记　录
1	着装是否符合要求		
2	是否能合理规范使用仪器和设备		
3	是否按照安全和规范流程操作		
4	是否遵守实训场地的规章制度		
5	是否能保持实训场地、工具设备整洁		
6	是否具有团队协作精神		

参与评价的学生签名：_____ _____年___月___日

3.教师评价

_____

_____

教师签名：_____ _____年___月___日

四、技能考核标准(表4-15)

技能考核标准表　　　　　　　　　　　　表4-15

序号	考核项目	检修内容	评价标准(每项累计扣分不超过配分)	配分	得分
1	作业安全/6S	作业安全	出现安全事故终止此项目抽查，成绩记零分	20	
		职业素养/6S	1.着装不规范每处扣3分，扣完为止 2.作业中没有及时清洁、整理工量具、清扫场地，每次扣2分，扣完为止 3.垃圾未分类回收，每次扣1分 4.竣工后未清理考核场地，扣2分 5.出现工具设备损伤、身体擦伤或碰伤等，每次扣2分，扣完为止 6.不服从考官、出言不逊，每次扣3分		
2	工具使用	检测量具选用合理	未合理选用酌情扣分	2.5	
		检测量具使用规范	未合理使用酌情扣分	2.5	
3	手册使用	检修前翻至相关页面	检修前未进行维修手册查询扣每次扣2分，扣完为止	5	

续上表

序号	考核项目	检修内容	评价标准(每项累计扣分不超过配分)	配分	得分
4	分解	清洁离合器总成	未做或未报扣完	2	
		拆卸卡簧	未做或未报扣完	2	
		拆下挡片、驱动片、从动片及碟形片	未做或未报扣完	3	
		使用SST拆下卡簧	未做或未报扣完	3	
		拆下活塞复位弹簧	未做或未报扣完	3	
		在油泵总成上安装离合器	未做或未报扣完	3	
		使用压缩空气卸下活塞	未做或未报扣完	3	
		拆下密封圈	未做或未报扣完	3	
5	检查	检查离合器卡簧	未做或未报扣完	3	
		检查驱动片	未做或未报扣完	3	
		检查驱动片厚度	未做或未报扣完	3	
		检查从动片厚度	未做或未报扣完	3	
		检查复位弹簧长度	未做或未报扣完	3	
		检查离合器活塞	未做或未报扣完	3	
		检查离合器鼓	未做或未报扣完	3	
6	安装	安装密封圈	未做或未报扣完	3	
		安装离合器活塞	未做或未报扣完	3	
		安装活塞复位弹簧	未做或未报扣完	3	
		使用SST安装卡簧	未做或未报扣完	3	
		安装碟形片、驱动片、从动片、挡片	未做或未报扣完	2	
		安装挡片卡簧	未做或未报扣完	2	
7	复查	检查离合器间隙	未做或未报扣完	3	
		检查离合器工作情况	未做或未报扣完	3	
8	工单填写	确认检测步骤完成情况及检修结果填写	工单填写情况酌情扣分	5	
		总分		100	

学习任务4　双离合器自动变速器构造与检修

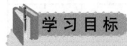

☞ **知识目标**

能叙述双离合器自动变速器的结构及工作原理。

☞ **技能目标**

会分析双离合器自动变速器各挡传递路线。

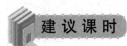

2课时。

一、理论知识准备

1. 双离合器自动变速器概述

双离合器变速器(DCT)的英文全称是 Double Clutch Transmission,因为大众对该技术应用较早,也比较广泛,而且把其称为 DSG(Direct-Shift Gearbox),故也称 DSG。其实除了这两种叫法外还有很多叫法,比如三菱称 SST、保时捷称 PDK、宝马称 DKG、福特沃尔沃称 Powershift、奥迪称 S-Tronic 等等。

DCT 分湿式和干式两种,湿式用的变速器油比较多,体积较大,可以承受较大的转矩,干式用的变速器油较少,体积更小,更紧凑,效率更高,适合小型车,但能承受的转矩不如湿式的大。

DCT 与传统的自动变速器相比,该系统换挡的舒适性更高。同时,双离合器的使用,可以使变速器同时有两个挡位啮合,换挡速度不到0.2s。从技术角度上来说 DCT 对所有挡次的车都非常适合。

目前,DCT 面临的主要问题是制造加工的精度要求很高,导致成本也相当较高。另外,DCT 依靠离合器来传递动力,在城市路况下,驾驶员通常要在较慢的速度下驾驶车辆,此时 DCT 的离合器经常处于半离合状态,在较拥堵的城市路况下,长时间处于半离合状态的离合器容易过热,因此温度传感器会感知到温度过高,从而使变速器停机。目前已知的 DCT 停机案例多半发生在市区行驶过程中。

2. 离合器在起步、制动停车时的控制

DCT 是在传统手动机械齿轮变速器的基础上,增加了电子液压控制,以实现自动控制功能。与传统电子液压控制自动变速器的区别在于,DCT 利用湿式摩擦片结构的离合器作为发动机的动力传送部件,来取代液力变矩器。因此在控制方面,特别是在原地入挡、滑动起步及制动停车控制中,离合器起到了极其重要的作用。发动机起动后,踩住制动踏板将换挡杆挂入动力挡(前进挡或倒挡)时,ECU根据离合器控制所需的参数以及发动机载荷信息等,计算并设定出离合器待传递转矩所需的工作压力。其实,在整个控制过程中离合器完成两次充油过程:第一次完成的是预充油,即完成基础压力的供给过程,此时离合器并未真正接合而是处于半接合的状态;第二次充油完成的是时间控制,即快速充油,这时离合器才真正接近完成了其接合过程。但由于施加制动力以及车速为零的原因,如果此时离合器无滑转地接合,将会导致发动机立即熄火,因此离合器完成第二次充油瞬间又回到第一次充油状态,为下一步的起步做好准备。

当松开制动踏板而未加速时,离合器传递转矩足以使车辆有一个爬行过程,此时离合器完全处于微量打滑状态,车辆行驶后就进入到彻底无滑转接合状态。行驶后的制动停车过程中,离合器也是由完全接合到微量打滑接合,再到完全打滑状态(此时保持在第一次充油状态上)。根据湿式离合器的工作特点分析,不难看出,离合器的工作过程在整个起步和制动停车控制上要求是最高的。在安全控制方面,对离合器的要求是:第一原地挂挡不能让发动机熄火;第二紧急制动停车时更不能让发动机熄火。在舒适控制方面,要求离合器在接合与分离过程中,不能出现冲击、耸动和颤抖,因此其执行器控制电流与产生的控制压力之间的关系,必须符合控制逻辑及控制策略要求。在时间控制方面,往往很难永久地保证,因为离合器的某些控制参数总是在变化的,例如摩擦系数的变化以及机械元件在摩擦过程中磨损程度的变化等,ECU尽量在整个变速器使用寿命内都能够精准地完成其控制指令及控制要求。

3. 离合器在换挡中的控制

DSG变速器的换挡控制包括两部分:双离合器的切换控制,换挡同步器(拨叉)的切换控制。总体来讲,离合器的切换控制是最重要的。因为两个离合器各负责一个输入轴上的动力传递,而每一个输入轴上又需要完成不同挡位的切换。在02E变速器中,一个离合器可以完成一、三、五、R挡的动力传递,另一个离合器则可完成二、四、六挡的动力传递。因此,变速器在执行换挡时,完成的主要就是这两个离合器之间的自由切换控制,而且两个离合器在切换控制时采用的是"叠加控制",也叫"重叠控制"。与目前ZF公司6HP系列的自动变速器一样,在控制过程中主要让两个元件交替工作时,有短暂的重叠过程。其目的是防止出现动力中断现象,避免发动机空转而引起离合器打滑。在执行这样的控制策略过程中,会带来微不足道的干预感(干涉力)。在重叠过程中,通过对发动机转矩的调整(干预),来掩盖因"重叠形成的双挡所带来的转矩的干涉感觉",所以基本不会影响换挡品质。另外,两个元件出现在重叠点时,由于重叠时间短、重叠转矩不高,因此对元件本身不会产生很大的危害,但重叠不足或过度重叠时,无论是对换挡品质还是对元件本身都会有很大的影响。这就要求其具备很高的控制精度及精准性。另外,无论是离合器的起步控制、制动停车控制,还是相互的切换控制,都会导致湿式离合器温度的升高,这直接会影响到对离合器的控制。因此,对完全有必要对离合器采取温度控制。这样"离合器的冷却控制""离合器的过载保护控制""离合器的安全切断控制"等功能必须时刻做好准备,以便对整个变速器及离合器起到保护作用。

4. 双离合器自动变速器的变速原理

下面以上海大众7挡双离合器变速器OAM为例介绍变速原理。图4-64所示为双离合器自动变速器原理示意图。

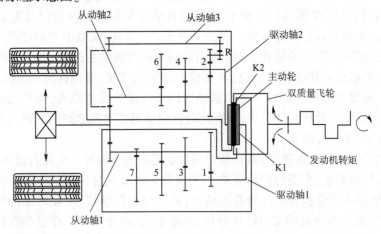

图 4-64　双离合器自动变速器原理示意图

变速器由驱动轴 1、驱动轴 2、从动轴 1、从动轴 2、从动轴 3、倒挡轴及相应的齿轮组成。图 4-65 为各挡位动力传递结构图。

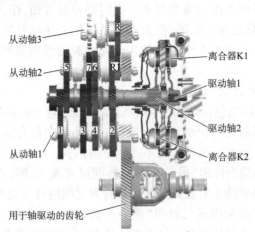

图 4-65　各挡动力传递结构图

挡位分析：

一挡：动力传递路线如图 4-66 所示，离合器 K1 工作，一/三挡滑动套筒向左移动，动力由驱动轴 1（驱动轴 1 上的二挡齿轮）—从动轴 1 上的一挡齿轮——一/三挡滑动套筒—输出轴。

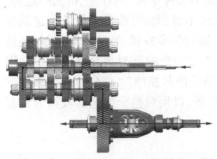

图 4-66　一挡动力传递路线图

二挡：离合器 K2 工作，二/四挡滑动套筒向右移动，动力由驱动轴 2（驱动轴 2 上的二挡齿轮）—从动轴 2 上的二挡齿轮—二/四挡滑动套筒—输出轴。其他挡位原理是一样的，大家可以自行分析。

三挡：离合器 K1 工作，一/三挡滑动套筒向左右移动，动力由驱动轴 1（驱动轴 1 上的三挡齿轮）—从动轴 1 上的三挡齿轮——一/三挡滑动套筒—输出轴。

四挡:离合器 K2 工作,二/四挡滑动套筒向左移动,动力由驱动轴 2(驱动轴 2 上的四挡齿轮)—从动轴 2 上的四挡齿轮—二/四挡滑动套筒—输出轴。

五挡:离合器 K1 工作,五/七挡滑动套筒向左移动,动力由驱动轴 1(驱动轴 1 上的五挡齿轮)—从动轴 1 上的五挡齿轮—五/七挡滑动套筒—输出轴。

六挡:离合器 K2 工作,六/R 挡滑动套筒向左移动,动力由驱动轴 2(驱动轴 2 上的六挡齿轮)—从动轴 2 上的六挡齿轮—六/R 挡滑动套筒—输出轴。

七挡:离合器 K1 工作,五/七挡滑动套筒向右移动,动力由驱动轴 1(驱动轴 1 上的七挡齿轮)—从动轴 1 上的七挡齿轮—五/七挡滑动套筒—输出轴。

R 挡:离合器 K2 工作,六/R 挡滑动套筒处在右位,R 挡滑动套筒右移动,动力由驱动轴 2(驱动轴 2 上的 R 挡齿轮)—倒挡轴—从动轴 3 上的 R 挡齿轮—倒挡滑动套筒—输出轴。

二、任务实施

目前,无论是一汽大众还是上海大众,都采用了两种不同控制类型的 DSG 双离合变速器:湿式(六挡)和干式(七挡)。

湿式控制的 DQ250(02E)型 DSG 变速器(6 速)的故障特征是:在起步、停车及换挡过程存在非常明显的顿挫感,发动机转速自行升高或无法加速,故障灯闪烁,仅个别挡位能够行驶,以及换挡时存在异响等;从目前的维修案例来看,故障点主要在电子液压模块及双离合器本身。

干式控制的 DQ200(OAM)型 DSG 变速器(7 速)的故障现象有:在换挡时有明显的一声或几声"咔咔"的响声;换挡时顿挫感及制动感特别明显;低速行驶时发动机转速突然升高而自行加速;故障指示灯时常点亮并闪烁,同时变速器可能只能处于一个固定的低速挡位,而不能自动换挡;仅能在奇数挡位即一、三、五、七挡之间切换,而无偶数挡,并且有时重新起动发动机后故障现象会消失。

对于上述故障,维修方法一般是:首先是对变速器软件进行刷新,如果不能解决问题,再更换电子液压控制单元、双离合器总成或变速器总成。另外,在极个别的情况下,调整离合器轴向间隙也能解决问题。

分析:对于大众 02E 型湿式控制双离合变速器所出现的问题,主要是由双离合变速器技术的"先天"缺陷,以及使用环境等"后天"使用不当所引起的。单从该变速器的控制策略来看,DSG 技术固然是好的,但可能到了国内会存在水土不服,控制要求及使用环境满足不了 DSG 的运行要求。在道路拥堵的城市里使用时,变速器会频繁地进行挡位切换,使得湿式双离合器频繁地接合与分离,并形成不同的摩擦过程,从而导致变速器的油液温度急剧升高。在极端情况下,ECU 便启动了一些备用程序功能,所以就会导致一些故障的出现。

三、学习拓展

1. 莱派特自动变速器构造

莱派特式行星齿轮机构是由一个单级单排行星齿轮机构和一个拉威娜式行星齿轮组合而成,如图 4-67 所示。莱派特自动变速器有六个换挡执行元件:三个离合器 K_1、K_2、K_3,两个

制动器 B_1、B_2，一个单向离合器 F。可以实现六个前进挡、一个倒挡和空挡。

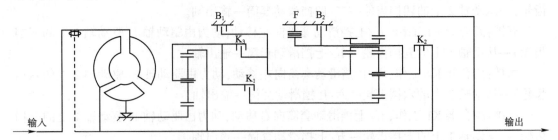

图 4-67　莱派特式自动变速器挡位传动简图

采用这种行星齿轮机构的变速器有：福特 AWP21 六速自动变速器，日本 AISINAW 公司新开发的 TF-60SN 系列，可配用许多厂家的不同型号的车型。如奥迪、保时捷、马自达、标致、雪铁龙、菲亚特、宝马、大众等系列，都是基于莱派特式行星齿轮机构生产设计的。还有大众途锐 1C6 09D 09G 自动变速器的结构原理与之相近，学习时可以相互参考。因所配用的发动机排量不同，需传递的转矩也不同，因而变速器的尺寸、执行元件的片数也不同，但动力传递是相同的。

最早使用莱派特式行星齿轮机构的是德国 ZF 公司生产的 ZF6HP-19A 和 ZF6HP-26。这两款自动变速器分别装在宝马 E60 和 E65 上。这两款自动变速器传动系统的结构基本相同，只是与不同的发动机匹配，传递的额定转矩不同（6HP-19A 和 6HP-26 的转矩分别是 450N·m 和 650N·m）。在结构上，换挡执行元件的摩擦片数量略有不同。在 2005 款奥迪车上装用的 09L 和 09E 自动变速器，也是这两款变速器在大众公司的不同名称而已。

其结构特点是：采用前、后两个行星齿轮组，前面是一个单排单级行星齿轮机构，称为初级行星齿轮组；后面是一个拉威娜式行星齿轮机构，它由一个单级行星齿轮机构和一个双级行星齿轮机构复合而成，称为次级行星齿轮组。初级行星齿轮组的太阳轮是永久固定不动的。次级行星齿轮组的齿圈是动力输出端。优点：挡位分布合理：只用了五个或六个换挡执行元件就实现了六个前进挡和一个倒挡。元件的布置合理紧凑：在 09L/09E 自动变速器中只有五个换挡执行元件，即三个片式离合器 K_1、K_2、K_3 和两个片式制动器 B_1、B_2，没有单向离合器，使得自动变速器的结构大为简化、质量减小、损耗减小、效率提高，且每个挡位都有发动机制动。缺点：在换挡过程中存在着换挡重叠，发动机转矩有重叠或干涉，这时电控系统提出了更高的要求。

各换挡执行元件的作用：

(1) 离合器 K_1：连接前排行星架与拉威娜小太阳轮。

(2) 离合器 K_2：连接输入轴与拉威娜行星架。

(3) 离合器 K_3：连接前排行星架与拉威娜大太阳轮。

(4) 制动器 B_1：固定拉威娜大太阳轮。

(5) 制动器 B_2：固定拉威娜式行星架。

(6) 单向离合器 F：阻止拉威娜行星架逆时针转动。

换挡执行元件工作情况表，见表 4-16。

换挡执行元件工作情况表　　　　　　　　　　　　　　　　　　表 4-16

挡　位	D_1	D_2	D_3	D_4	D_5	D_6	R
离合器 K_1	●	●	●	●			
离合器 K_2				●	●	●	
离合器 K_3			●		●		●
制动器 B_1		●			●		
制动器 B_2	○						●
单向离合器 F	●						

注:●表示接合工作状态;○表示有发动机制动时接合。

2. 一挡动力传递路线

一挡动力传递路线:K_1、F、B_2 工作。

一挡动力传递路线如图 4-68 所示,初级单排单级行星齿轮组太阳轮与壳体连接,为永久固定件,齿圈输入,行星架输出,减速后向后输出。经离合器 K_1 接合,传到小太阳轮,由于齿圈有阻力,使得行星架有逆时针转动的趋势,被单向离合器 F 固定,由齿圈减速输出。经过初级行星齿轮组和次级行星齿轮组两次减速后,完成一挡动力传递。为能表述清楚,现将初级、次级行星齿轮组的状态分别说明如下:

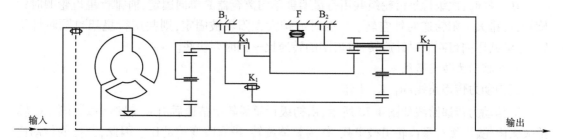

图 4-68　D 位一挡传动分析
◯-处于工作状态

(1)初级行星轮组:动力由涡轮轴直接传至齿圈,太阳轮固定,则行星架同向减速输出;离合器 K_1 工作,将初级行星齿轮组的行星架和次级行星齿轮组后排小太阳轮连接在一起,将涡轮轴动力经初级行星齿轮组减速后传至次级行星齿轮组后排小太阳轮。

(2)次级行星轮组:动力由次级行星轮组后排太阳轮输入;单向离合器 F 阻止了次级行星齿轮组行星架的逆时针转动,固定次级行星齿轮组的共用行星架,次级行星齿轮组后排是双级行星齿轮机构,故次级行星齿轮组共用齿圈同向减速输出,大太阳轮在逆时针空转。

在 D 位一挡,单向离合器 F 工作,没有发动机制动作用。当驾驶员选用 D 位一挡时,制动器 B_2 工作,将次级行星齿轮组的行星架双向固定,此时有发动机制动作用,在路况不好或下坡时使用该挡位。

3. 二挡动力传递路线

二挡动力传递路线:K_1、B_1 工作。

二挡动力传递路线如图 4-69 所示,初级行星齿轮组太阳轮固定,齿圈输入,行星架输出。同向减速后由离合器 K_1 将动力传递到小太阳轮。在一挡的基础上,由制动器 B_1 将大太阳轮固定。使行星轮绕着太阳轮做公转,使得行星架也做顺时针转动,使齿圈加速转动,实现二挡。为能表述清楚,现将初级、次级行星齿轮组的状态分别说明如下:

(1) 初级行星齿轮组:动力由涡轮轴传给齿圈,太阳轮固定,则行星架同向减速输出;离合器 K_1 工作,将初级行星齿轮组的行星架和次级行星齿轮组后排小太阳轮连接在一起,将涡轮轴动力经初级行星内轮组减速后传至次级行星齿轮组后排小太阳轮。

(2) 次级行星齿轮组:动力由次级行星齿轮组后排小太阳轮输入;制动器 B_1 工作,固定次级行星齿轮组前排大太阳轮,次级行星齿轮组共用齿圈同向减速输出。

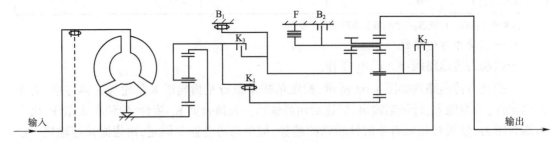

图 4-69 D 位二挡传动分析
◯-处于工作状态

在一挡时,次级行星齿轮组共用行星架被单向离合器 F 单向固定,前排行星齿轮顺时针旋转,前排大太阳轮逆时针空转。二挡时前排大太阳轮被固定,则共用行星架也顺时针旋转,驱动共用内齿圈顺时针旋转,故齿圈的转速比一挡时要快些。

4. 三挡动力传递路线

三挡动力传递路线: K_1、K_3 工作。

三挡动力传递路线如图 4-70 所示,由初级行星齿轮组减速后由 K_1 输给小太阳轮, K_3 输给大太阳轮,次级行星齿轮组被卡死,作为整体旋转,没有改变传动比。因此,三挡的传动比只由初级行星齿轮组单独完成。为能表述清楚,现将初级、次级行星齿轮组的状态分别说明如下:

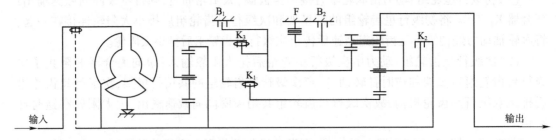

图 4-70 D 位三挡传动分析
◯-处于工作状态

(1) 初级行星齿轮组:动力由涡轮传至内齿圈,太阳轮被固定,行星架同向减速输出;离合器 K_1 工作,将初级行星齿轮组的行星架和次级行星齿轮组后排小太阳轮连接在一起,将涡轮轴动力经初级行星齿轮组减速后传至次级行星齿轮组后排小太阳轮。同时,离合器 K_3 工作,将涡轮轴动力经初级行星齿轮组减速后传至次级行星齿轮组前排大太阳轮。

(2)次级行星齿轮组:由以上分析可知,次级行星齿轮组前、后两个太阳轮被同时驱动,由整个行星齿轮机构以一个整体旋转,次级行星齿轮组的齿轮传动比为1:1,即次级行星齿轮组共用齿圈相对离合器K_1、K_3的输入转速而言是同向等速输出。自动变速器的总传动比等于初级行星齿轮组和次级行星齿轮组传动比的乘积,初级行星齿轮组是减速传动,传动比大于1;在三挡时,次级行星齿轮组是等速传动,传动比等于1,则整个自动变速器的传动比等于初级行星齿轮组传动比,即总传动比大于1。

5. 四挡动力传递路线

四挡动力传递路线:K_1、K_2工作。

四挡动力传递路线如图4-71所示,四挡时,K_2离合器将输入轴的动力直接传到次级行星齿轮组的共用行星架,没有经过初级行星齿轮的减速,由于大太阳轮是自由空转的,且K_2的转速快于K_1的转速,K_1的转速输到小太阳轮后,被减速后由齿圈输出,由于K_2的转速快,使得齿圈最后的输出转速在K_1和K_2的转速之间,因此是减速传动,传动比仍大于1。为能表述清楚,现将初级、次级行星齿轮组的状态分别说明如下:

(1)初级行星齿轮组:动力由涡轮轴传到前齿圈,太阳轮被固定,则行星架同向减速输出;离合器K_1工作,将初级行星齿轮组的行星架和次级行星齿轮组后排小太阳轮连接在一起,将涡轮轴动力经初级行星齿轮组减速后传至次级行星齿轮组后排小太阳轮。

(2)次级行星齿轮组:离合器K_2工作,将涡轮轴与次级行星齿轮组行星架连接为一体,涡轮轴动力未经减速直接传至次级行星齿轮组行星架。

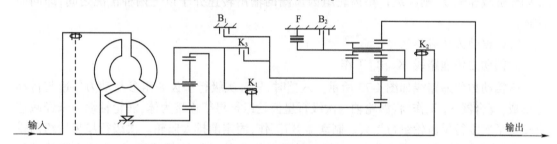

图4-71 D位四挡传动分析
—处于工作状态

次级行星齿轮组是一个双级行星齿轮机构,行星架被驱动以涡轮轴转速等速运行,如果后排小太阳轮也被驱动,也以涡轮轴转速等速运行,则次级行星齿轮组齿圈为同向等速输出;现在,后排太阳轮被减速驱动,则次级行星齿轮组齿圈的输出转速介于以上两种情况之间,即同向减速。

6. 五挡动力传递路线

五挡动力传递路线:K_2、K_3工作。

五挡动力传递路线如图4-72所示,K_2将输入轴的动力传到次级行星齿轮组行星架,K_3将初级行星齿轮组减速后的动力传递到大太阳轮。K_2的转速大于K_3的转速,均为顺时针转动,如果K_3的转速与K_2相等,那么输出的转速也与K_2、K_3相等,如果K_3速度为0,那么输出转速为最大超速。现在K_3的转速比K_2略小,介于以上两种情况之间,输出的转速比K_2略有增大,因此也是超速传动。为能表述清楚,现将初级、次级行星齿轮组的状态分别说明如下：

(1) 初级行星齿轮组：动力由涡轮轴传至内齿圈，太阳轮被固定，则行星架同向减速，输出离合器 K_3 工作，将初级行星齿轮组的行星架和次级行星齿轮组前排大太阳轮连接在一起，涡轮轴动力经初级行星齿轮组减速后传至次级行星齿轮组前排大太阳轮。

(2) 次级行星齿轮组：离合器 K_2 工作，将涡轮轴与次行星齿轮组行星架连接为一体，涡轮轴动力未经减速直接传至次级行星齿轮组行星架。

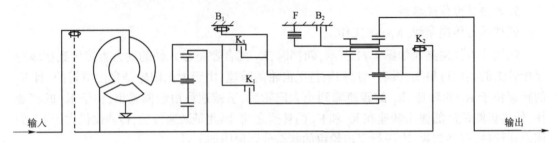

图 4-72　D 位五挡传动分析
◯—处于工作状态

次级行星齿轮组的前排是一个简单的单级行星齿轮机构，行星架被驱动以涡轮轴转速等速运行，如果前排大太阳轮固定，则次级行星齿轮组齿圈为同向增速输出；如果前排太阳轮也被驱动以涡轮轴转速等速运行，则次级行星齿轮组齿圈为同向等速输出；现在，前排大太阳轮被减速驱动，则次级行星齿轮组因齿圈的输出转速介于以上两种情况之间，即同向增速。

7. 六挡动力传递路线

六挡动力传递路线：K_2、B_1 工作。

六挡动力传递路线如图 4-73 所示。六挡时，只有次级行星齿轮组参与动力传递与传动比形成，离合器 K_2 工作，将涡轮轴与次级行星齿轮组行星架连接为体，涡轮轴动力未经减速直接传至次级行星齿轮组行星架。制动器 B_1 工作，固定前排太阳轮。次级行星齿轮组前排是一个简单的单级行星齿轮机构，行星架被驱动以涡轮轴转速等速运行，前排太阳轮被固定，则次级行星齿轮组齿圈为同向增速输出。传动比的定性分析参见五挡动力传递路线分析。

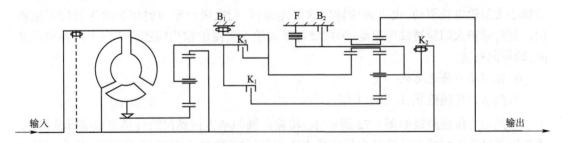

图 4-73　D 位六挡传动分析
◯—处于工作状态

8. 倒挡动力传递路线

倒挡动力传递路线：K_3、B_2 工作。

倒挡动力传递路线如图4-74所示,涡轮轴转速经初级行星齿轮组减速后,通过离合器K_3,将动力传递到次级行星齿轮组前排大太阳轮,制动器B_2将行星架固定,齿圈反向减速。倒挡时,有初级和次级两次减速。为能表述清楚,现将初级、次级行星齿轮组的状态分别说明如下:

(1)初级行星齿轮组:动力由涡轮轴传至内齿圈,太阳被固定,则行星架同向减速输出;离合器K_3工作,将初级行星齿轮组的行星架和次级行星齿轮组前排大太阳轮连接在一起,涡轮轴动力经初级行星齿轮组减速后传至次级行星齿轮组前排太阳轮。

(2)次级行星齿轮组:动力由前排大太阳轮输入,制动器B_2工作,固定次级行星齿轮组行星架,因次级行星齿轮组前排是一个简单的单级行星齿轮机构,则次级行星齿轮组齿圈反向减速输出。

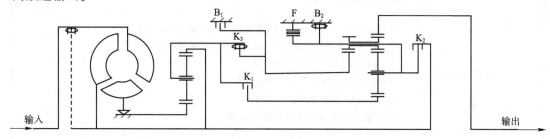

图4-74 倒挡传动分析
◯-处于工作状态

四、评价与反馈

1. 自我评价

(1)通过本学习任务的学习,你是否已经知道以下问题:
①双离合器自动变速器的类型有哪些?
②双离合器自动变速器的挡位如何分析?
(2)实训操作完成情况如何?
(3)通过本学习任务的学习,你认为自己的知识和技能还有哪些需要加强?

学生签名:_____ _____年___月___日

2. 小组评价(表4-17)

小组评价表　　　　　　　　　　　　　　表4-17

序号	评价项目	是否达到要求	记录
1	着装是否符合要求		
2	是否能合理规范使用仪器和设备		
3	是否按照安全和规范流程操作		
4	是否遵守实训场地的规章制度		
5	是否能保持实训场地、工具设备整洁		
6	是否具有团队协作精神		

参与评价的学生签名:_____ _____年___月___日

3. 教师评价

_____
_____

教师签名：_____ _____年___月___日

五、技能考核标准(表4-18)

技能考核标准表　　　　　　　　　　　　　　　　　　表4-18

序号	考核项目	评价标准(每项累计扣分不超过配分)	配分	得分
1	安全文明否决	造成人身、设备重大事故，或恶意顶撞考官、严重扰乱考场秩序，立即终止考试，此题计0分		
2	安全文明生产	(1)不穿工作服扣1分、不穿工作鞋扣1分、不戴工作帽扣1分 (2)油、水洒落在地面或零部件表面未及时清理，每次扣1分 (3)垃圾未分类回收，每次扣1分 (4)竣工后未清理工量具，每件扣1分 (5)竣工后未清理考核场地，扣2分 (6)不服从考官、出言不逊，每次扣3分	20	
3	拆卸	(1)拆卸顺序错误，每次扣10分 (2)每漏拆一项扣10分 (3)拆卸方法不正确，每次扣10分	30	
4	装配	(1)装配顺序错误，每次扣10分 (2)返工一次扣20分 (3)装配方法不正确，每次扣10分	45	
5	工单	根据考生工单评分	5	
		总分	100	

思考与练习

(一)填空题

1. 自动变速器按其控制方式不同分为_____、_____。
2. 电控液力自动变速器的电子控制系统包括_____、_____、_____及控制电路。
3. 行星齿轮变速系统的换挡执行机构由_____、_____和_____三种不同的执行元件组成，它的三个基本作用是_____、_____和_____。
4. 离合器主动片的片数应_____或_____从动片的片数。
5. 电控液力自动变速器换挡阀的工作由_____控制，其控制方式有_____和_____两种。
6. 手动阀由自动变速器的_____控制。
7. 自动变速器的试验_____、_____、_____。

8. 一般的行星齿轮机构由一个_____、一个_____、一个_____和支承在行星架上的几个行星齿轮组成,称为一个_____。

9. 在行星排中,_____、_____和_____称为行星排的三个基本元件。

10. 带式制动器不工作时,_____和_____之间应有适当的间隙,该间隙的大小用_____来调整。

11. 车速传感器用于检测自动变速器_____的转速。

12. 液力变矩器由_____、_____和_____三部分组成。

（二）选择题

1. 自动变速器操纵系统的换挡执行机构主要包括(　　)和(　　)。
   A. 液压油泵　　　　B. 离合器　　　　C. 制动器

2. 液力变矩器的锁止电磁阀的作用是当车速升到一定值后,控制油液能把(　　)锁为一体。
   A. 泵轮和导轮　　　　　　　　B. 泵轮和涡轮
   C. 泵轮和单向离合器　　　　　D. 涡轮和导轮

3. 当讨论手动阀时,技师甲说换挡杆和联动装置带动变速器内的手动阀;技师乙说手动阀位于阀体中,由节气门踏板间接带动。试问谁的表述正确?(　　)
   A. 甲正确　　　B. 乙正确　　　C. 两人均正确　　　D. 两人均不正确

4. 当讨论行星齿轮机构的倒挡时,技师甲说:如果齿圈被固定,行星齿轮机构的输出与输入转向相反;技师乙说:如果太阳轮被固定,行星齿轮机构的输出与输入转向相反。试问谁的表述正确?(　　)
   A. 甲正确　　　B. 乙正确　　　C. 两人均正确　　　D. 两人均不正确

5. 技师甲说:在大多数电控自动变速器的换挡系统中,节气门开度是一个重要的输入信息;技师乙说:对电控自动变速器的换挡系统,车速是一个重要的输入信息。试问谁的表述正确?(　　)
   A. 甲正确　　　B. 乙正确　　　C. 两人均正确　　　D. 两人均不正确

（三）判断题

1. 液力变矩器之所以能起变矩作用,是由于在结构上比液力耦合器多了一个固定不动的导轮。(　　)

2. 液力变矩器中导轮的作用是改变涡轮上的输出转矩。(　　)

3. 当液力变矩器涡轮转速增大到与泵轮转速相等时,变矩器的输出转矩增大。(　　)

4. 在离合器活塞或离合器鼓的液压缸壁面上设置单向阀的目的是保证离合器彻底分离。(　　)

5. 油泵仅在汽车行驶时工作。(　　)

6. 减振器用于缓和换挡冲击。(　　)

7. 带式制动器的制动鼓是固定在变速器壳体上的。(　　)

8. 空挡起动开关用于检测操纵手柄的位置,防止发动机在空挡时起动。(　　)

9. 驾驶装有电控液力自动变速器的汽车时,禁止在行驶中将操纵手柄换入空挡或在下坡时用空挡滑行。(　　)

10. 自动变速器中的第1挡和第2挡换挡阀可根据车速控制液压和节气门控制液压,自动控制第1和第2挡之间的换挡。（　　）

11. 在自动变速器中,节气门拉索调得越紧,换挡时冲击力越小。（　　）

(四)简答题

1. 与有级式变速器相比,电控液力自动变速器有哪些优点?

2. 电控液力自动变速器主要由哪四部分组成?各部分的功用是什么?

3. 行星齿轮变速系统的功用是什么?由哪几部分组成?各部分的功用是什么?

4. 辛普森式行星齿轮机构的结构特点是什么?

单元五　万向传动装置构造与检修

学习任务　万向传动装置主要部件构造与检修

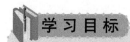

☞ **知识目标**
1. 能叙述万向传动装置的基本结构；
2. 能分析等速万向节的基本工作原理；
3. 能叙述万向传动装置的功用和类型。

☞ **技能目标**
能查阅维修资料，借助常用及专用工具，对万向传动装置各主要部件进行检修。

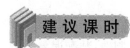

4课时。

一、理论知识准备

1. 万向传动装置的功用及组成

1）功用

如图5-1所示，在发动机前置后轮驱动的汽车上，变速器常与发动机、离合器连在一起安装在车架上，而驱动桥则通过弹性悬架与车架连接。变速器输出轴轴线与驱动桥输入轴轴线很难布置重合，并且在行驶过程中，弹性悬架受路面冲击而产生振动，使两轴相对位置经常发生变化。因此，变速器的输出轴与驱动桥的输入轴不能刚性连接，必须采用万向传动装置。

万向传动装置的功用是能在汽车上任何一对轴间夹角和相互位置经常发生变化的转轴之间传递动力。

2）组成

万向传动装置的组成如图5-2所示，它一般由万向节和传动轴组成，对于传动距离较远的分段式传动轴,为了提高传动轴的刚度,还需设置中间支承。

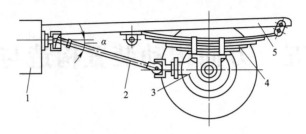

图 5-1　变速器与驱动桥之间的万向传动装置
1-变速器;2-万向传动装置;3-驱动桥;4-后悬架;5-车架

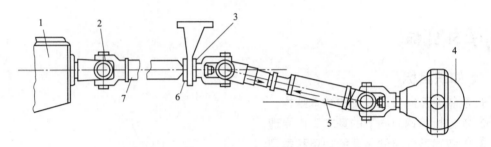

图 5-2　万向传动装置的组成
1-变速器;2-万向节;3-中间支承;4-驱动桥;5、7-传动轴;6-球轴承

3) 万向传动装置的应用

万向传动装置在汽车上的应用主要有以下几个方面:

(1) 应用在变速器(或分动器)与驱动桥之间,如图 5-2 所示。

(2) 应用在越野汽车变速器与分动器之间,如图 5-3 所示。虽然变速器、离合器、分动器等都支承在车架上且它们的轴线也可以设计重合,但为消除车架变形及制造、装配误差等引起的轴线同轴度误差对动力传递的影响,其间也常装有万向传动装置。

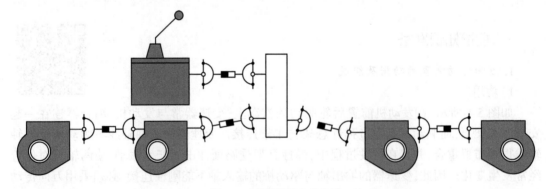

图 5-3　在越野汽车上的应用

(3) 应用在汽车的转向驱动桥中,如图 5-4 所示。汽车的转向驱动桥需满足转向和驱动的功能,其半轴是分段的,转向时两段半轴轴线相交且交角变化,因此要用万向传动装置。

(4) 应用在断开式驱动桥的半轴中,如图 5-5 所示。在断开式驱动桥中,主减速器壳是固定在车架上的,桥壳上下摆动,半轴是分段的,因此也需用万向传动装置。

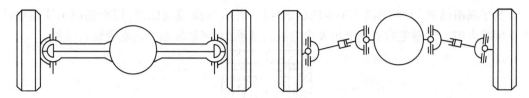

图 5-4　在转向驱动桥中的应用　　　　图 5-5　在断开式驱动桥中的应用

（5）应用在汽车的转向操纵机构中，如图 5-6 所示。某些汽车的转向操纵机构受整体布置的限制，转向盘轴线与转向器输入轴线不重合，因此在转向操纵机构中装有万向传动装置，有利于转向机构的总体布置。

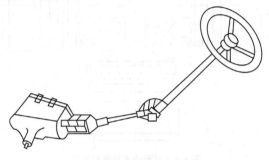

图 5-6　在转向操纵机构中的应用

2. 万向节

万向节的作用是在轴间夹角和相互位置不断变化的两转轴之间传递动力。万向节按其在扭转方向上是否有明显的弹性分为刚性万向节和挠性万向节。前者是靠刚性铰链式零件传递动力，而后者则是靠弹性组件传递动力且具有缓冲减振作用。汽车上普遍采用刚性万向节。刚性万向节按其速度特性分为不等速万向节（常用的为十字轴式）、准等速万向节（三销轴式、双联式等）和等速万向节（球叉式、球笼式、三枢轴—球面滚轮式等）。

目前，在汽车上应用较多的是十字轴式万向节和等速万向节。十字轴式刚性万向节主要用于发动机前置后轮驱动的变速器与驱动桥之间，等速万向节主要用于发动机前置前轮驱动的内、外半轴之间。

1）十字轴式万向节

（1）十字轴式万向节的构造。

十字轴式万向节的结构如图 5-7 所示，主要由万向节叉、十字轴及滚针轴承等组成。两个万向节叉分别与主、从动轴相连，万向节叉上的孔分别套在十字轴的四个轴颈上，当主动轴转动时，从动轴也随着转动，同时又可绕十字轴中心在任意方向摆动。

为了减少摩擦和减轻磨损，提高传动效率，在十字轴轴颈和万向节叉孔间装有由滚针和套筒组成的滚针轴承，并用螺钉和盖将套筒固定在万向节叉上。然后用锁片将螺钉锁紧，以防止轴承在离心力作用下从万向节叉内脱出。

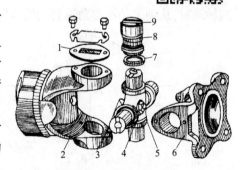

图 5-7　十字轴式刚性万向节
1-轴承盖；2、6-万向节叉；3-油嘴；4-十字轴；5-安全阀；7-油封；8-滚针；9-套筒

为了润滑轴承,十字轴做成中空的(图5-8),并有油路通向轴颈,润滑脂则由注油嘴注入十字轴内腔。为避免润滑脂流出及尘垢进入轴承,十字轴轴颈的内端套装着油封。

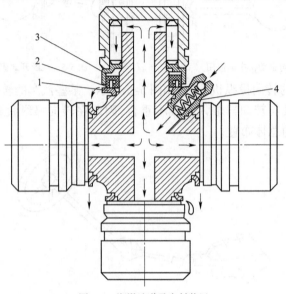

图5-8 润滑油道及密封装置
1-油封挡盘;2-油封;3-油封座;4-油嘴

安全阀的作用是当十字轴内腔润滑脂压力超过允许值时,阀打开,润滑脂外溢,以保证油封不会因油压过高而损坏。但是,现代汽车多采用橡胶油封,多余的润滑油会从油封内圆表面与十字轴轴颈接触处溢出,故无须安装安全阀。

为防止轴承在离心力作用下从万向节叉内脱出,轴承应进行轴向定位。常见的定位方式除上述盖板式外,还有瓦盖式、U形螺栓式和弹性卡环固定等结构形式。

十字轴万向节的优点是:可以保证在轴间交角变化时可靠地传动,且允许相邻两轴的最大交角为15°~20°,结构简单,并有较高的传动效率,因此在现代汽车上被广泛采用。其缺点是:单个万向节在输入轴和输出轴之间有夹角时,两轴的角速度不相等。

(2)十字轴式万向节的速度特性。

十字轴式万向节在其运动中具有不等角速特性。即当十字轴式万向节的主动叉是等角速转动时,从动叉是不等角速转动的,其运动情况分析如图5-9所示。

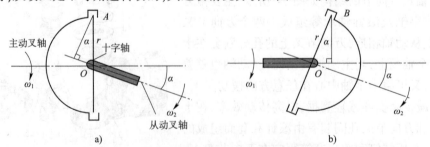

图5-9 十字轴式刚性万向节传动的角速度分析
a)A点的瞬时圆周速度;b)B点的瞬时圆周速度
r-十字轴旋转半径($r = OA = OB$);α-两叉轴夹角

假设叉轴以等角速 ω_1 旋转,当万向节处于图 5-9a)所示位置时,十字轴上 A 点的瞬时圆周速度为:
$$V_A = \omega_1 r = \omega_2 r\cos\alpha$$
所以：$\quad\quad\quad\quad\quad\quad\quad\quad\quad \omega_2 = \omega_1/\cos\alpha$
此时：$\quad\quad\quad\quad\quad\quad\quad\quad\quad \omega_2 > \omega_1$

当主动叉轴转过 90°至图 5-9b)所示位置时,十字轴上 B 点的瞬时圆周速度为:
$$V_B = \omega_1 r\cos\alpha = \omega_2 r$$
所以：$\quad\quad\quad\quad\quad\quad\quad\quad\quad \omega_2 = \omega_1 \cos\alpha$
此时：$\quad\quad\quad\quad\quad\quad\quad\quad\quad \omega_2 < \omega_1$

综上所述,当主动叉轴以等角速旋转时,从动叉轴是不等角速的,从图 5-9a)转到图 5-9b)位置,从动叉轴的角速度由最大值 $\omega_1/\cos\alpha$ 至最小值 $\omega_1\cos\alpha$。主动叉轴再转 90°,从动叉轴的角速度由最小值变至最大值。可见,从动叉轴角速度变化的周期为 180°。从动叉轴不等速程度随轴间夹角 α 的加大而加大,而主、从动轴的平均转速是相等的,即主动轴转一圈从动轴也转一圈。所谓不等速是指在转动一圈内的角速度而言。

单个普通万向节的不等速性会使从动轴及与其相连的传动部件产生扭转振动,产生附加的交变载荷,影响零部件使用寿命。

(3)十字轴式万向节等角速传动的条件。

为避免这一缺陷,在汽车上均采用两个十字轴万向节,且中间以传动轴相连,利用第二个万向节的不等角速效应来抵消第一个万向节的不等角速效应,从而实现输入轴与输出轴等角速传动,如图 5-10 所示。

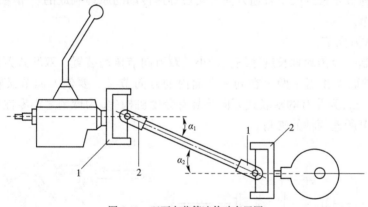

图 5-10 双万向节等速传动布置图
1-主动叉;2-从叉

由单个十字轴式万向节的运动情况分析,可得:
从第一个万向节得出传动轴的角速度
$$\omega = \omega_1/\cos\alpha_1$$
从第二个万向节得出传动轴的角速度
$$\omega = \omega_2/\cos\alpha_2$$
由于：$\quad\quad\quad\quad\quad\quad\quad\quad\quad \alpha_1 = \alpha_2$
所以 $\quad\quad\quad\quad\quad\quad\quad\quad\quad \omega_1 = \omega_2$

即输出轴与输入轴角速度相等。

因此，若要实现等角速度传动，必须满足以下条件：

①第一个万向节两轴之间的夹角 α_1 与第二个万向节两轴之间的夹角 α_2 相等。

②传动轴两端的万向节叉在同一平面内时。

满足上述两条件的等角速传动有两种排列方式，如图 5-11 所示，即平行排列和等腰三角形排列。

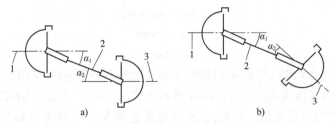

图 5-11 双万向节的等速排列方式

a) 平行排列；b) 等腰式排列

1-输入轴；2-传动轴；3-输出轴

上述条件中，条件①是通过传动轴与万向节叉的正确装配来保证。但条件②只有在驱动桥采用独立悬架时，才有可能通过整车的总体布置来实现。若驱动轮采用非独立悬架时，由于弹性悬架的振动，主减速器输入轴与变速器输出轴的相对位置不断变化，不可能在任何情况下都保证 $\alpha_1 = \alpha_2$，此时万向传动装置只能做到使传动的不等角速尽可能小。

2）准等速万向节

准等速万向节是根据两个普通万向节实现等速传动的原理制成的。常见的有双联式和三销轴式万向节。

（1）双联式万向节。

它实际上是一套传动轴长度减缩至最小的双万向节传动装置。双联式万向节的原理如图 5-12 所示，双联叉相当于两个在同一平面内的万向节叉。要使万向节叉轴的角速度相同，应保证 $\alpha_1 = \alpha_2$，为此有的双联式万向节装有分度机构（多为球销之类零件组成），使双联叉的对称线平分所连两轴的夹角。

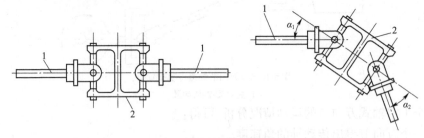

图 5-12 双联式万向节的原理

1-万向节叉轴；2-双联叉

双联式万向节用于转向驱动桥时，可以没有分度机构，但必须在结构上保证双联式万向节中心位于主销轴线与半轴轴线的交点，以保证准等速传动。双联式万向节在转向驱动桥上的安装结构如图 5-13 所示，将内半轴或外半轴用轴承组件定位在壳体上，以保证汽车直线行驶时万向节中心点位于主销轴线与半轴线的交点。

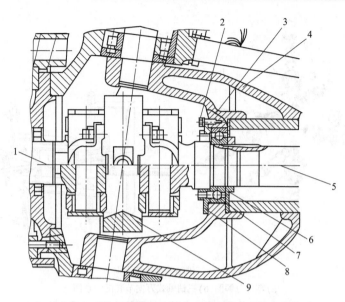

图 5-13 双联式万向节在转向驱动桥上的安装
1-外半轴；2-螺栓；3-垫片；4-桥壳；5-内半轴；6-推力垫圈；7-轴承；8-油封及油封座；9-双联式万向节

当外半轴(与转向轮相连)相对内半轴在一定角度范围内摆动时,双联叉也被带动相应角度,使两个十字轴中心连线与两万向节叉轴线的交角(参见图 5-12 中的 α_1、α_2)差值很小,内外半轴的角速度接近相等,其差值在允许范围内,故双联式万向节具有准等速性。

双联式万向节允许有较大的轴间夹角(一般可达 50°),且具有轴承密封性好、效率高、结构简单、制造工艺简单、加工方便、工作可靠等优点,但零件数目较多,外形尺寸较大。故一般多用于越野汽车上,例如,北京吉普汽车有限公司生产的切诺基轻型越野汽车的前传动轴与分动器前输出轴之间即采用了这种双联式万向节。

(2)三销轴式万向节。

三销轴式万向节是由双联式万向节演变而来的准等速万向节。东风 EQ2080 型汽车转向驱动桥中的三销轴式万向节结构如图 5-14 所示,由 2 个偏心轴叉和 2 个三销轴以及 6 个滑动轴承和密封件等组成。

主、从动偏心轴叉分别与转向驱动桥的内、外半轴制成一体；两偏心轴叉由两个三销轴连接,叉孔中心线与叉轴中心线互相垂直但不相交。装合时,每一偏心轴叉的两叉孔与一个三销轴的大端两轴颈配合,其中心线与小端轴颈中心线垂直并且相交；两个三销轴的小端轴颈互相插入对方的大端轴承孔内,其中心线与小端轴颈中心线重合。这样便形成了 $Q_1—Q'_1$、$Q_2—Q'_2$ 和 $R—R'$ 三根轴线,传递转矩时,由主动偏心轴叉经轴 $Q_1—Q'_1$、$R—R'$ 和 $Q_2—Q'_2$ 传到从动偏心轴叉。

与主动偏心轴叉相连的三销轴的两个轴颈端面和轴承座之间装有推力垫片。其余轴颈端面均无推力垫片,且端面与轴承座之间留有较大的空隙,保证转向时三销轴式万向节无运动干涉现象。

三销轴式万向节的特点同样是允许相邻两轴有较大的交角,最大可达 45°。在转向驱动桥中采用这种万向节可使汽车获得较小的转弯半径,提高了汽车的机动性。其缺点是所占空间较大。

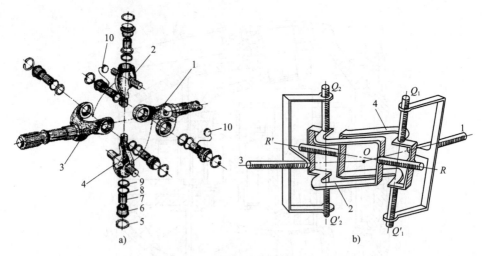

图 5-14 三销轴式准等速万向节
a) 零件分解图；b) 三销轴式万向节装配示意图

1-主动偏心轴叉；2、4-三销轴；3-从动偏心轴叉；5-卡环；6-轴承座；7-衬套；8-毛毡圈；9-密封罩；10-推力垫片

3) 等速万向节

等速万向节的基本原理是从结构上保证万向节在工作过程中其传力点永远位于两轴交角的平分面上。其工作原理可用一对大小相同的锥齿轮传动来说明，如图 5-15 所示。两齿轮的接触点 P 位于两齿轮轴线交角的平分面上，由 P 点到两轴的垂直距离都等于 r。在 P 点处两齿轮的圆周速度是相等的，因而两个齿轮旋转的角速度也相等。可见，若万向节的传力点在其交角变化时，只要从结构上保证其传力点始终位于两轴夹角平分面上，则可使两万向节叉保持等角速度的关系。

等角速万向节的常见类型有：球叉式、球笼式和三枢轴—球面滚轮式等。

(1) 球叉式万向节。

球叉式万向节的等角速传动原理如图 5-16 所示，主动叉和从动叉凹槽的中心线是以 O_1、O_2 为圆心的两个半径相等的圆，而圆心 O_1、O_2 与万向节中心 O 的距离相等。因此，在主动轴和从动轴以任何角度相交的情况下，传动钢球中心始终位于两圆的交点上，亦即所有传动钢球都位于角平分面上，因而保证了等角速传动。

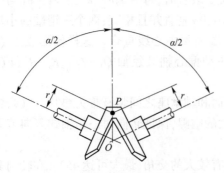

图 5-15 等角速万向节工作原理

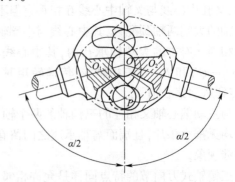

图 5-16 球叉式万向节等角速传动原理

球叉式万向节的结构如图 5-17 所示，主要由主动叉、从动叉、4 个传动钢球、定心钢球、

定位销、锁止销组成。主动叉与从动叉分别与内、外半轴制成一体。在主、从动叉上，分别有四个曲面凹槽，装配后，则形成两个相交的环形槽，作为4个传动钢球的滚道。4个传动钢球放在槽中，定心钢球放在两叉中心的凹槽内，以定中心。为顺利地将钢球装入槽内，在定心钢球上铣出一个凹面，凹面中央有一深孔。

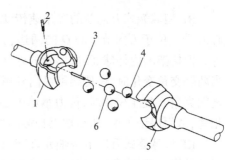

图5-17 球叉式万向节
1-从动叉；2-锁止销；3-定位销；4-传动钢球；5-主动叉；6-定心钢球

球叉式万向节结构简单，两轴间允许最大交角为32°~33°。球叉式万向节在工作时，只有两个钢球传力，反转时，则由另两个钢球传力。因此，钢球与曲面凹槽之间的单位压力较大，容易磨损，会影响使用寿命。现在应用越来越少，一般应用于转向驱动桥的转向节处。

近些年来，有些球叉式万向节中省去了定位销和锁止销，定心钢球上也没有凹面，靠压力装配。这样，结构更为简单，但拆装较困难。

（2）球笼式等速万向节。

球笼式万向节按主、从动叉在传递转矩过程中是否产生轴向位移分为：RF型球笼式万向节（固定型球笼式万向节）和VL型球笼式万向节（伸缩型球笼式万向节）。

①RF型球笼式万向节。

RF型球笼式万向节的结构如图5-18所示，主要由星形套、球笼、球形座及钢球等组成。星形套以内花键与主动轴相连，其外表面有6条凹槽，形成内滚道。球形壳的内表面有相应的6条凹槽，形成外滚道。6个钢球分别装在各条凹槽中，并用球笼使之保持在一个平面内。动力由主动轴经钢球、球形壳输出。

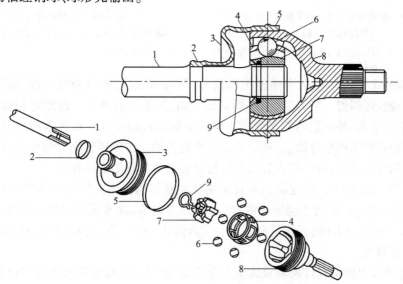

图5-18 球笼式万向节
1-主动轴；2、5-钢带箍；3-外罩；4-保持架（球笼）；6-钢球；7-星形套（内滚道）；8-球形壳（外滚道）；9-卡环

RF 型球笼式万向节的等角速传动原理如图 5-19 所示。外滚道的中心 A 与内滚道的中心 B 分别位于万向节中心 O 的两边,且与 O 等距离。钢球中心 C 到 A、B 两点的距离也相等。保持架的内外球面、星形套的外球面和球形壳的内球面均以万向节中心 O 为球心。故当两轴交角变化时,保持架可沿内外球面滑动,以保持钢球在一定位置。即当主动轴从动轴之间夹角 α 发生变化时,传力钢球中心始终位于两轴交角的平分面上,并且到两轴线的距离相等,从而保证了主、从动轴以相等的角速度旋转。

RF 型球笼式万向节两轴允许交角范围较大(45°~50°),灵活性好,故常用于转向驱动桥的外端。例如,奥迪、捷达、红旗 CA7220 型等轿车采用的 RF 型球笼式万向节的两轴交角最大可达 47°。且在工作时,无论传动方向如何,6 个钢球全部传力,与球叉式万向节相比,其具有承载能力强、结构紧凑、磨损小、寿命长、拆装方便等特点,因此应用越来越广泛。目前,国内外大多数轿车的前转向驱动桥在转向节处均采用这种 RF 型球笼式万向节。

②VL 型球笼式万向节。

VL 型球笼式万向节结构如图 5-20 所示,主要由星形套、球笼、筒形壳及钢球等组成。

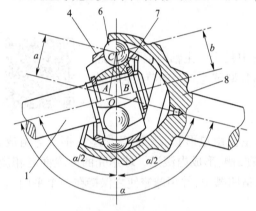

图 5-19 RF 型球笼式万向节等速传动原理
(图注同图 5-18)
O-万向节中心;A-外滚道中心;B-内滚道中心;C-钢球中心;α-两轴交角(钝角)

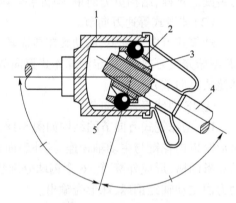

图 5-20 VL 型球笼式万向节
1-筒形壳(外滚道);2-球笼;3-星形套(内滚道);
4-主动轴;5-钢球

VL 型球笼式万向节的内、外滚道为圆筒形,且内、外滚道不与轴线平行,而是以相同的角度相对于轴线倾斜着。装合后,同一周向位置内、外滚道的倾斜方向刚好相反,即对称交叉,而钢球则处于内、外滚道的交叉部位。当主动轴与从动轴以任意夹角相交时,所有传力钢球都位于轴间交角的平分面上,从而实现等角速传动。在传递转矩过程中,星形套与筒形壳可以沿轴向相对移动,故可省去其他万向传动装置中具有的滑动花键。

VL 型球笼式万向节在前置前驱动且采用独立悬架的轿车的转向驱动桥中均布置在靠主减速器侧(内侧),而轴向不能伸缩的 RF 球笼式万向节,则布置在靠近车轮处(外侧),如图 5-21 所示。上海桑塔纳、天津夏利、一汽-大众捷达、宝来、奥迪及红旗 CA7220 型等轿车皆为这种布置形式。

VL 型球笼式万向节允许两轴最大交角范围是 20°~25°,较十字轴刚性万向节相邻两轴的交角范围大,但小于球叉式和 RF 型球笼式万向节,且具有轴向滑动的特性(轴向伸缩量可达 45mm),寿命长、强度高,不但满足了车轮的转向性能的要求,而且还具有结构简单、尺寸小、重量轻等优点。捷达王都市先锋轿车的VL型球笼式万向节两轴交角为21°,轴向滑动量为±19mm。

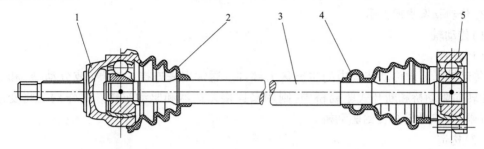

图5-21 RF型与VL型球笼式万向节在转向驱动桥中的布置
1-RF型球笼式万向节;2、4-防尘罩;3-传动轴(半轴);5-VL型球笼式万向节

(3)三枢轴—球面滚轮式等速万向节。

三枢轴—球面滚轮式等速万向节的结构如图5-22所示,主要由三枢轴总成、万向节叉(叉形元件)和外座圈组成。与输入轴制成一体的三个枢轴上松套着外表面为球面的滚子轴承,三个枢轴位于同一平面内,且互呈120°角,它们的轴线相交于输入轴上的一点,并且垂直于输入轴。与输出轴制成一体的外表面为圆柱形的叉形元件上加工出3条等距离的轴向槽形轨道。槽形轨道平行于输出轴,3个球面滚子轴承分别装入3个槽形轨道中。3个球面滚子轴承可沿槽形轨道滑动。

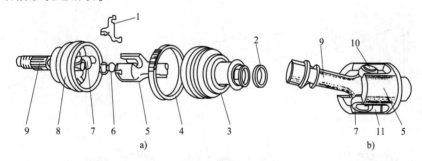

图5-22 三枢轴—球面滚轮式等速万向节
a)零件的分解图;b)主、从动轴的装配图

1-锁定三角架;2-橡胶紧固件;3-保护罩;4-保护罩卡箍;5-叉形元件;6-推力块;7-球面滚轮;8-外座圈;9-输入轴;10-枢轴;11-轴向槽形轨道

当输出轴与输入轴交角为0°时,因三枢轴的自动定心作用,能使两轴轴线重合;当输出轴与输入轴有交角时,由于球面滚子轴承既可沿枢轴轴线移动,又可沿槽形轨道滑动。这样就可以保证球面滚子的传力点始终位于两轴交角的平分面上。因此,该万向节是等速传动。

三枢轴—球面滚轮式万向节结构简单、磨损小,并且可以轴向伸缩,常用于转向驱动桥半轴内端。

三枢轴—球面滚轮式万向节有两种结构形式:固定型万向节(Glaenzer Exterior,GE)和伸缩型万向节(Glaenzer Intertor,GI)。这两种万向节仅在结构细节上有所区别。例如,在GE型万向节中有止动夹和旋钮来限止伸缩量,而在GI型万向节中的球面滚轮中有滚子轴承。

我国生产的富康轿车和部分夏利轿车的前转向驱动桥中的内侧(靠近主减速器)都采用

了具有一定轴向伸缩量的GI型三枢轴—球面滚轮式等速万向节。GI型三枢轴—球面滚轮式等速万向节的夹角一般为25°，伸缩量为40~60mm。

3. 传动轴及中间支承

1）传动轴

（1）功用。

传动轴是万向传动装置中的主要传力部件。通常用来连接变速器（或分动器）和驱动桥，在转向驱动桥和断开式驱动桥中，则用来连接差速器和驱动车轮。其作用是将变速器（分动器）传来的转矩传给驱动桥。

（2）构造。

传动轴有空心轴和实心轴两种。为了减小传动轴的质量、节省材料、提高轴的强度、刚度，传动轴多为空心轴，一般用厚度为1.5~3.0mm的薄钢板卷焊而成，超重型货车则直接采用无缝钢管。而转向驱动桥、断开式驱动桥或微型汽车的传动轴通常制成实心轴。

解放CA1092汽车的万向传动装置，如图5-23所示。因传动轴过长时，自振频率降低，易产生共振，故将传动轴分两段，并加中间支承，由3个十字轴万向节相连接，中间传动轴用双列圆锥滚子轴承支承，装在车架横梁下。

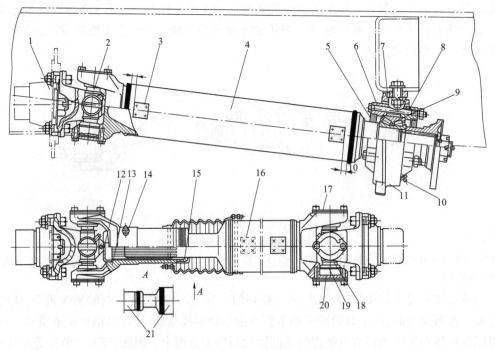

图5-23 解放CA1092汽车的万向传动装置

1-凸缘叉；2-万向节十字轴；3-平衡片；4-中间传动轴；5、15-中间支承油封；6-中间支承前盖；7-橡胶垫片；8-中间支承后盖；9-双列圆锥滚子轴承；10、14-油嘴；11-支架；12-堵盖；13-滑动叉；16-主传动轴；17-锁片；18-滚针轴承油封；19-万向节滚针轴承；20-滚针轴承轴盖；21-装配位置标记

中间传动轴前端焊有万向节叉，后端焊有花键轴，其上套装带内花键的凸缘盘；主传动轴前端焊有花键轴，其上套装滑动叉并在花键轴上可轴向滑动，以改变传动轴的长度。以适应汽车在行驶过程中，驱动桥与变速器的相对位置经常变化，从而避免运动干涉。为减少摩

擦,滑动部位还装有用以加注润滑脂的油嘴,并用油封(即橡胶伸缩套)防漏、防水、防尘,滑动叉前端装有带小孔的堵盖,保证花键部位伸缩自由。

传动轴在工作过程中处于高速旋转状态,由于离心力作用将产生剧烈振动。因此,在转动轴和万向节装配后,必须满足动平衡要求。经动平衡试验后,在质量小的一侧装配(补焊)平衡片 3,使其不平衡量不超过规定值。平衡后的传动轴总成在叉轴上标有装配位置记号,如图 5-23 中 21 所示,以便拆装时保持两者的相对位置,防止装错位置和破坏平衡。同时,为保持平衡,油封 15 上两个带箍的开口销应装在间隔 180°位置上,万向节的螺钉、垫片等零件不应随意改换规格。

由于万向传动装置中油嘴较多,为了加注润滑脂方便,装配正确的万向传动装置应保证所用油嘴处于同一条直线上,且十字轴上的油嘴指向传动轴。

2)中间支承

(1)功用。

传动轴分段时需加中间支承,中间支承通常装在车架横梁上,其功用是能补偿传动轴轴向和角度方向的安装误差,以及汽车行驶过程中因发动机窜动或车架变形等引起的位移。

(2)构造。

中间支承常用弹性元件来满足上述功用,它主要由轴承、带油封的盖、支架、弹性元件等组成。常见的类型有双列圆锥滚子轴承式中间支承、蜂窝软垫式中间支承、摆动式中间支承以及中间支承轴式中间支承等。

①双列圆锥滚子轴承式中间支承。

解放 CA1092 汽车的中间支承如图 5-23 所示,由支架和双列圆锥滚子轴承等组成。双列圆锥滚子轴承固定在中间传动轴后部的轴颈上,轴承两内圈之间装有隔圈。中间支承油封的前后盖之间装有弹性元件橡胶垫环,用 3 个螺栓紧固。紧固时,橡胶垫环轴向受压后会径向扩张,其外圆被挤紧于支架的内孔中。支架通过两根螺栓与车架横梁连接。此种支承的特点是可承受较大的轴向力,且便于调整,使用寿命较长。

②蜂窝软垫式中间支承。

东风 EQ1090 汽车的中间支承,如图 5-24 所示。轴承可在轴承座内轴向滑动,轴承座装在蜂窝形橡胶垫内,通过 U 形支架固定在车架横梁上。由于蜂窝形橡胶垫的弹性作用,能适应传动轴的安装误差和行驶中出现的位移。此外,还可吸收振动、减少噪声传导。蜂窝软垫式的结构简单,效果好,应用较广泛。

③摆动式中间支承。

摆动式中间支承,如图 5-25 所示。当发动机轴向窜动时,中间支承可绕支承轴摆动,改善了轴承的受力状况。此外,橡胶衬套能适应传动轴线在横向平面内小范围的位置变化。

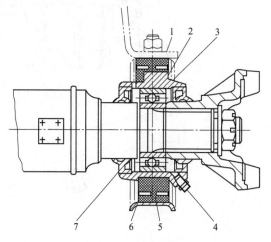

图 5-24 东风 EQ1090E 型汽车传动轴中间支承
1-车架横梁;2-轴承座;3-轴承;4-油嘴;5-蜂窝形橡胶;6-U 形支架;7-油封

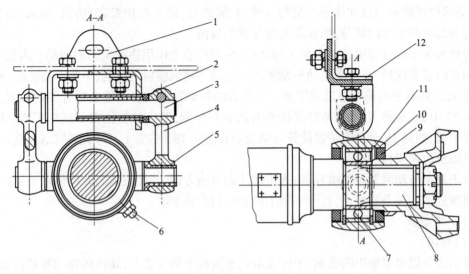

图 5-25 摆动式中间支承

1-支架；2、5-橡胶衬套；3-支承轴；4-摆臂；6-油嘴；7-轴承；8-中间传动轴；9-油封；10-支承座；11-卡环；12-车架横梁

④中间支承轴式中间支承。

东风 EQ2080 型越野车汽车分动器到后驱动桥之间的万向传动装置采用的中间支承轴式中间支承如图 5-26 所示，中间支承轴穿过中间支承壳体，并用两个圆锥滚子轴承支承，两端用油封座对轴承定位，调整垫片用以调整预紧度。轴两端用花键与万向节叉连接，并用螺母紧固。整个中间支承用两个 U 形螺栓及中间支承托板固定在中桥壳上，其间用两个定位销定位。

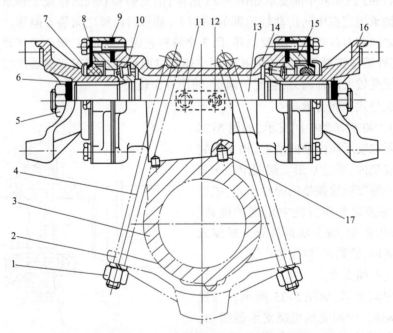

图 5-26 东风 EQ2080 型越野汽车传动轴中间支承

1-U 形螺栓紧固螺母；2-中间支承托板；3-中桥壳；4-U 形螺栓；5-万向节叉紧固螺母；6-垫片；7-防尘罩；8-油封；9-调整垫片；10-圆锥滚子轴承；11-通气塞；12-油封嘴；13-中间支承轴；14-中间支承壳体；15-油封座；16-万向节叉；17-定位销

二、任务实施——万向传动装置主要部件检修

1）传动轴

传动轴的主要损伤形式有弯曲、凹陷或裂纹等。主要检修以下几个方面：

(1) 传动轴轴管不得有裂纹及严重的凹瘪，否则应更换传动轴。

(2) 检查传动轴弯曲程度，如图 5-27 所示，用 V 形铁水平架起传动轴并旋转，用百分表在轴的中间部位测量。径向圆跳动公差应符合规定，否则应校正传动轴或更换。

(3) 检查中间传动轴支承轴颈的径向圆跳动公差不应超过 0.10mm，否则应镀铬修复或更换。

(4) 检查传动轴花键与滑动叉花键、凸缘叉与所配合花键的间隙：轿车应不大于 0.15mm，其他类型的汽车应不大于 0.30mm，装配后应能滑动自如。若超差，应更换传动轴或滑动叉。

2）万向节叉、十字轴及轴承

(1) 万向节叉和十字轴不得有裂纹，否则应更换。

(2) 滚针轴承的油封失效，滚针断裂，轴承内圈有疲劳剥落时，应换新。

(3) 检查十字轴颈表面，若有疲劳剥落、磨损沟槽或滚针压痕深度在 0.10mm 以上时，应换新。

(4) 十字轴与轴承的最小配合间隙应符合原厂规定。

(5) 按照图 5-28 所示方法检查十字轴轴承装入万向节叉后的松旷程度和轴向间隙。此间隙为：剖分式轴承孔为 0.10~0.50mm；整体式轴承孔为 0.02~0.25mm，轿车为 0~0.05mm。

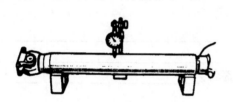

图 5-27 传动轴弯曲程度检查

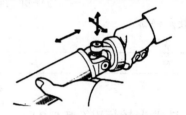

图 5-28 十字轴承的检查

3）中间支承

中间支承的常见故障是橡胶老化和轴承磨损所引起的振动和异响等。

(1) 拆下中间支承前，可以在中间支承周围摇动传动轴，检查中间支承轴承的松旷程度，分解后，可进一步检查轴承的轴向和径向间隙是否符合原厂规定。中间支承经使用磨损后，需及时检查和调整，以恢复其良好的技术状况。

(2) 中间支承轴承的旋转应灵活，油封和橡胶衬垫应无损坏，否则应更换。

4）传动轴管焊接组合件

传动轴管焊接组合件经修理后，原有的动平衡已不复存在。因此，传动轴管焊接组合件（包括滑动套）应重新进行动平衡试验，传动轴两端任一端的动不平衡量：轿车应不大于 10g·cm；其他车型应不大于规定值。传动轴管焊接组合件的平衡可在轴管的两端加焊平衡片，每端最多不得多于 3 片。

三、评价与反馈

1. 自我评价

(1) 通过本学习任务的学习,你是否已经知道以下问题:

①万向传动装置功用有哪些?

②万向节类型有哪些?

③万向传动装置的检修内容有哪些?如何检修?

(2) 实训操作完成情况如何?

(3) 通过本学习任务的学习,你认为自己的知识和技能还有哪些需要加强?

学生签名:_____ ____年___月___日

2. 小组评价(表 5-1)

小组评价表　　　　　　　　　　　　　　　　表 5-1

序号	评 价 项 目	是否达到要求	记　　录
1	着装是否符合要求		
2	是否能合理规范使用仪器和设备		
3	是否按照安全和规范流程操作		
4	是否遵守实训场地的规章制度		
5	是否能保持实训场地、工具设备整洁		
6	是否具有团队协作精神		

参与评价的学生签名:_____ ____年___月___日

3. 教师评价

_____

_____

教师签名:_____ ____年___月___日

四、技能考核标准(表 5-2)

技能考核标准表　　　　　　　　　　　　　　表 5-2

序号	检修项目	检修内容	评价标准	配分	得分
1	作业安全/6S	安全文明作业	出现安全事故终止此项目抽查,成绩记零分 1. 着装不规范每处扣 3 分,扣完为止 2. 作业中没有及时清洁、整理工量具、清扫场地,每次扣 2 分,扣完为止 3. 垃圾未分类回收,每次扣 1 分 4. 竣工后未清理考核场地,扣 2 分 5. 出现工具设备损伤、身体擦伤或碰伤等,每次扣 2 分,扣完为止 6. 不服从考官、出言不逊,每次扣 3 分	20	

续上表

序号	检修项目	检修内容	评价标准	配分	得分
2	传动轴的检查	维修手册使用	查阅维修手册获取规定值不正确,每错一个扣2分(根据工单填写评分)	10	
		检查传动轴的跳动	1.检查方法不正确扣5分 2.读数错误扣5分	10	
		检查十字轴轴承	1.检查方法不正确扣5分 2.读数错误扣5分	10	
		检查中间支承轴承	1.检查方法不正确扣5分 2.漏检1项扣5分	10	
		检查弹性联轴器	1.检查方法不正确扣5分 2.漏检1项扣5分	10	
		传动轴平衡的检查和调整	1.检查方法不正确扣5分 2.未进行调整扣5分	10	
		联轴器角度的检查和调整	1.检查方法不正确扣5分 2.未进行调整扣5分	10	
3		维修结论	1.没有零件维修检测结果此项记零分 2.修理建议不合理扣3分 3.单次扣完为止,不负分	10	
总分				100	

思考与练习

(一)填空题

1.汽车经常在复杂道路上行驶,传动轴在其_____和_____不断变化的情况下传递转矩,致使万向节轴承磨损松旷,各连接处松动,传动轴_____和_____。

2.万向传动装置主要由_____和_____组成。

3.十字轴式刚性万向节允许在轴间夹角为_____的两轴之间传递动力。

4.球叉式万向节结构简单,允许最大交角为_____,一般应用于_____中。

(二)选择题

1.一般万向节十字轴磨损不超过(　　)的,可选配新滚针装复使用。

　　A.0.20mm　　　　B.0.5mm　　　　C.1.0mm

2.普通刚性万向节传动时,会产生不等速旋转,对于这种不等速的变化程度,甲认为:"它与主动轴与从动轴之间的夹角大小有关,夹角越大,不等角速程度越严重。"乙认为:"它与发动机的转速大小有关,与夹角大小无关,转速越高,不等角速程度越严重。"那么(　　)。

　　A.甲对　　　　B.乙对　　　　C.甲、乙都对　　D.甲、乙都不对

(三)判断题

1.传动轴两端的普通万向节叉在同一平面内输入轴、输出轴与传动轴之间的夹角相同,经两个万向节传动,可以使输出轴与输入轴的角速度相等。(　　)

2.普通万向节在传递动力时,主动叉轴和从动叉轴的角速度是相同的。(　　)

3. 汽车所用球叉式万向节属于等角速万向节。　　　　　　　　　　　　（　　）
4. 传动轴两端的万向节叉，安装时应在同一平面上。　　　　　　　　（　　）
5. 汽车所用球叉式万向节属于等角速万向节。　　　　　　　　　　　　（　　）

(四) 简答题

1. 汽车传动系中为什么要设万向传动装置？该装置由哪几部分组成？
2. 万向节可分为哪几种类型？
3. 试述十字轴式万向节传动的不等速性，如何实现等速传递？
4. 上海桑塔纳轿车采用哪些结构形式的万向节？各有何特点？
5. 简述依维柯汽车传动轴的构造，装配时有哪些要求？为什么？
6. 为什么要设中间支承？它有哪几种类型？

单元六　驱动桥构造与检修

学习任务　驱动桥构造与检修

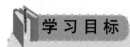
学习目标

☞ **知识目标**
1. 叙述驱动桥的功用和类型；
2. 能叙述主减速器和差速器的功用和类型；
3. 能叙述半轴、桥壳的功用和类型；
4. 能叙述主减速器和差速器的基本结构；
5. 能分析主减速器和差速器的工作原理。

☞ **技能目标**
能对主减速器和差速器进行检修和调整。

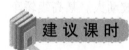
建议课时

10 课时。

一、理论知识准备

1. 驱动桥的组成

一般汽车驱动桥如图 6-1 所示，主要由主减速器、差速器、半轴和桥壳组成。驱动桥壳由主减速器壳和半轴套管组成。轮毂借助轴承支承在半轴套管上。

2. 驱动桥的功用

发动机输出的转矩经离合器、变速器、万向传动装置，传到主减速器降低转速、增大转矩后，经差速器分配给左右两半轴，最后通过半轴外端的凸缘盘传至驱动车轮的轮毂。可见，驱动桥是传动系统的最后一个总成，其功用是：

（1）将万向传动装置传来的发动机转矩通过主减速器、差速器、半轴等传到驱动车轮，实现减速增矩。

（2）通过主减速器圆锥齿轮副或双曲面齿轮副改变转矩的传递方向,分配到左右驱动轮,使汽车行驶。

（3）通过差速器实现两侧车轮差速作用,保证内外侧车轮能以不同转速转向。

（4）通过桥壳体和车轮实现承载及传力作用。

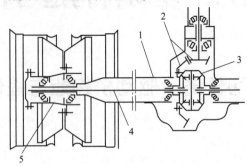

图 6-1　一般汽车驱动桥的结构
1-驱动桥壳;2-主减速器;3-差速器;4-半轴;5-轮毂

3.驱动桥的类型

驱动桥的结构形式与驱动车轮的悬架的结构形式有关,按照悬架结构的不同,驱动桥可以分为整体式驱动桥和断开式驱动桥。

1）整体式驱动桥

整体式驱动桥又称为非断开式驱动桥。整体式驱动桥如图 6-1 所示,与非独立悬架配用。其驱动桥壳为一刚性的整体,驱动桥通过弹性悬架与车架连接。由于半轴套管与主减速器壳是刚性连成一体的,左右半轴始终在一条直线上,因而两侧的半轴和驱动轮不可能在横向平面内做相对运动(即左右驱动轮不能相互独立地跳动)。当某一侧车轮通过地面的凸出物或凹坑升高或下降时,整体驱动桥及车身都要随之发生倾斜,车身波动大。某高级轿车的整体式后驱动桥,如图 6-2 所示。

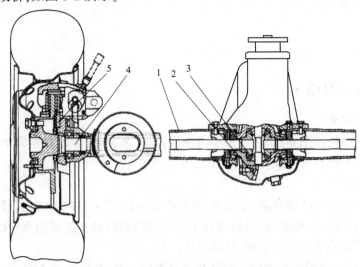

图 6-2　某高级轿车的整体式后驱动桥
1-驱动桥壳;2-主减速器;3-差速器;4-半轴;5-轮毂

2）断开式驱动桥

断开式驱动桥如图6-3所示,与独立悬架配用。其主减速器固定在车架上,驱动桥壳制成段并用铰链连接,半轴也分段并用万向节连接。两侧的驱动轮分别用弹性悬架与车架连接。这样,两侧车轮可彼此独立地相对于车架在横向平面内上下跳动,半轴、半轴套管也独立地相对于主减速器壳摆动,从而提高了汽车行驶的平顺性和通过性。

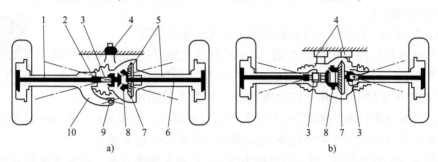

图6-3 断开式驱动桥
1、6-半轴;2-滑动花键;3-万向节;4-带缓冲垫支架;5、10-桥壳;7-主减速器从动轮;8-差速器;9-铰链连接轴销

有些汽车的断开式驱动桥还省去了桥壳,如图6-4所示。主减速器1固定在车架或车身上,两侧车轮5分别通过各自的弹性元件3、减振器4和摆臂6组成的弹性悬架与车架相连。主减速器与驱动轮之间通过摆臂铰链连接,半轴分段用万向节相连接,以适应车轮绕摆臂轴7上下跳动的需要。

驱动桥可以布置在汽车前轴,也可以布置于汽车后轴,或者前后轴同时为驱动桥。发动机前置前轮驱动轿车的驱动桥如图6-5所示,将变速器、主减速器、差速器一同安装在变速器壳内,由于取消了贯穿前后的万向传动轴,结构简单,传动路线短,动力可直接传给前轮,提高了传动效率;而且可使车身地板降低,布置方便。因此,广泛应用于现代轿车车型上。

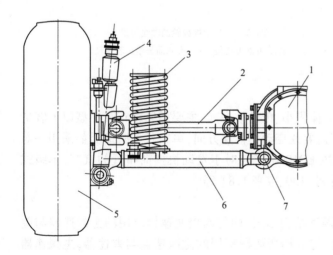

图6-4 断开式驱动桥
1-主减速器;2-半轴;3-弹性元件;4-减振器;5-车轮;6、7-摆臂

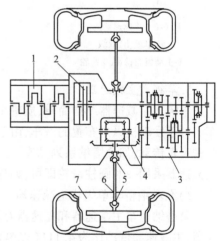

图6-5 发动机前置前驱轿车驱动桥
1-发动机;2-离合器;3-变速器;4-主减速器与差速器;5-等速万向节;6-传动轴;7-车轮

4. 主减速器的功用与类型

1) 主减速器的功用

主减速器又称主传动器,其作用是降低传动轴传来的转速且增大输出转矩,并改变转矩和旋转方向(有些横置布置发动机除外),使传动轴左右旋转变为半轴的前后旋转。

2) 主减速器的类型

根据不同的使用要求,主减速器的结构形式也有所不同。

(1) 按减速传动的齿轮副的级数,可分单级式主减速器和双级式主减速器,如图6-6所示。在双级式主减速器中,若第二级减速器齿轮有两副,并分置于两侧车轮附近,实际上成为独立部件,则称为轮边减速器。

(2) 按主减速器传动比的挡数,可分为单速式和双速式主减速器。前者的传动比是固定的,后者有两个传动比供驾驶员选择,以适应不同行驶条件的需要。

(3) 按齿轮副结构形式,可分为圆柱齿轮式(又分为轴线固定式和轴线旋转式即行星齿轮式)、圆锥齿轮式和准双曲面齿轮式。圆柱齿轮式的特点是主、从动齿轮轴线平行;曲线齿锥齿轮的特点是主、从动锥齿轮轴线垂直且相交;准双曲面锥齿轮的特点是主、从动锥齿轮轴线垂直但不相交,有轴线偏移,如图6-7所示。

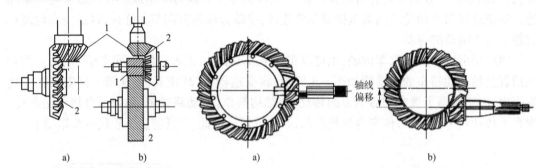

图6-6 主减速器简图
a) 单级;b) 双级
1-主动齿轮;2-从动齿轮

图6-7 主从动锥齿轮的轴线位置
a) 曲线齿锥齿轮传动;b) 准双曲面锥齿轮传动

5. 单级式主减速器

单级式主减速器结构简单、质量小、体积小、传动效率高,主要用于轿车及中型以下客货车。对于发动机纵向布置的汽车,由于需要改变动力传递方向,单级式主减速器都采用一对圆锥齿轮传动,如桑塔纳系列轿车、东风 EQ1090E 等;对于发动机横向布置的汽车,单级式主减速器采用一对圆柱齿轮即可,如夏利7130、宝来1.8T等。

1) 桑塔纳轿车单级式主减速器

桑塔纳轿车主减速器和差速器有两种结构形式:即与四挡变速器配用的主减速器与差速器,主减速器传动比为4.111(37/9);与五挡变速器配用的主减速器与差速器,主减速器传动比为4.444(40/9)。

桑塔纳轿车采用发动机前置前驱的布置形式。整个传动系都集中布置在汽车前部,因此其主减速器装于变速器壳体内,没有专门的主减速壳体。由于省去了变速器到主减速器之间的万向传动装置,所以变速器输出轴上的锥齿轮即为主减速器的主动锥齿轮。

桑塔纳轿车单级式主减速器如图 6-8 所示,由一对准双曲面锥齿轮(即主动锥齿轮、从动锥齿轮)组成。主动锥齿轮与变速器输出轴制为一体,用双列圆锥滚子轴承和圆柱滚子轴承支承在变速器壳体内;从动锥齿轮靠凸缘定位,并通过螺栓固定在差速器壳凸缘上;差速器壳通过两端的圆锥滚子轴承支承于变速器的前壳体中。桑塔纳轿车主减速器和差速器的分解图,如图 6-9 所示。

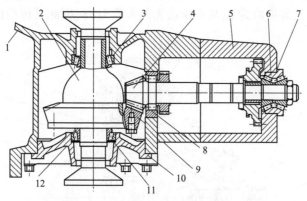

图 6-8 桑塔纳轿车单级式主减速器
1-变速器前壳体;2-差速器;3、7、11-调整垫片;4-主动锥齿轮;5-变速器后壳体;6-双列圆锥滚子轴承;8-圆柱滚子轴承;9-从动锥齿轮;10-差速器盖;12-圆锥锥子轴承

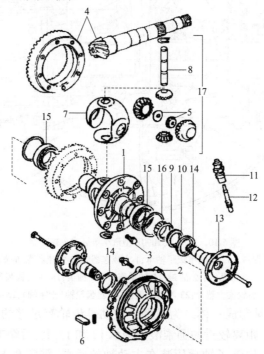

图 6-9 主减速器和差速器分解图
1-差速器壳;2-差速器盖;3-从动锥齿轮固定螺栓;4-主、从动锥齿轮;5-锁紧螺母;6-异形磁铁;7-球形垫圈;8-行星齿轮轴;9-里程表主动齿轮;10-齿轮衬套;11-里程表芯子齿轮套;12-里程表从动齿轮;13-半轴凸缘;14-半轴油封;15-差速器轴承;16-差速器调整垫片;17-差速器齿轮组

主动锥齿轮轴轴承的预紧度无须调整。从动锥齿轮轴承的预紧度可通过调整垫片3、7来调整。增加垫片3、11的厚度,预紧度增大;反之,预紧度减小。主从动锥齿轮啮合间隙和啮合印痕的调整通过调整垫片3、7、11的厚度,使主、从动锥齿轮轴向移动进行调整。

2)东风EQ1090E 单级式主减速器

东风EQ1090E型汽车单级式主减速器结构如图6-10所示,由主、从动锥齿轮及其支承调整装置、主减速器壳等组成。其主减速器零件分解图,如图6-11所示。它采用单级准双曲面齿轮,主动锥齿轮的齿数为6,从动锥齿轮的齿数为38,因此其传动比 $i = 6.33$。

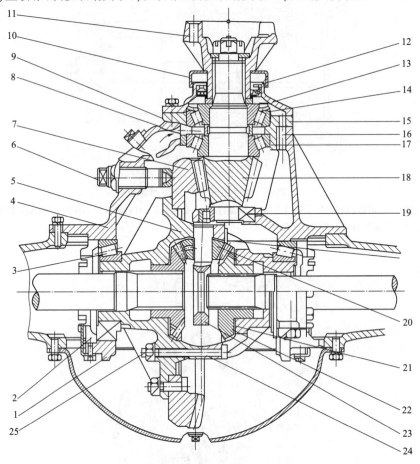

图 6-10 东风 EQ1090E 型汽车单级式主减速器

1-差速器轴承盖;2-轴承调整螺母;3、13、17-圆锥滚子轴承;4-主减速器壳;5-差速器壳;6-支承螺柱;7-从动锥齿轮;8-进油道;9、14-调整垫片;10-防尘罩;11-叉形凸缘;12-油封;15-轴承座;16-回油道;18-主动锥齿轮;19-圆柱滚子轴承;20-行星齿轮垫片;21-行星齿轮;22-半轴齿轮推力垫片;23-半轴齿轮;24-行星齿轮轴(十字轴);25-螺栓

主动锥齿轮与主动轴制成一体。为了保证主动锥齿轮有足够的支承刚度,并改善啮合条件,其前端支承在两个距离较近的圆锥滚子轴承13和17上,后端支承在圆柱滚子轴承19上,形成跨置式支承。圆柱滚子轴承压装在主动轴的后端,靠座孔上的台阶限位。轴承13和17以小端相对压入主动轴前端,之间有隔套和调整垫片14,它们和叉形凸缘用螺母与主动轴固装在一起,并支撑在轴承座15内。轴承座依靠凸缘定位,用螺钉固装在主减速器壳体的前端,两者之间有调整垫片9。

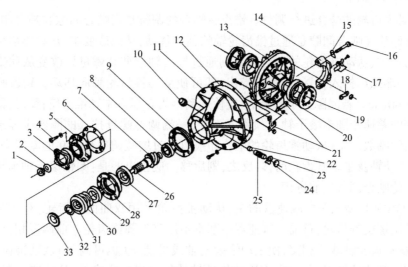

图6-11 分解后的主减速器总成

1-槽形螺母;2-垫圈;3-连接凸缘;4-紧固螺栓;5-油封座;6-油封座衬垫;7-主动圆锥齿轮;8-后轴承;9-主动圆锥齿轮调整垫片;10-加油螺塞;11-主减速器壳;12-衬垫;13-从动圆锥齿轮及差速器;14-差速器轴承盖;15-锁片;16-紧固螺栓;17-止动片;18-锁片;19-差速器轴承调整螺母;20-差速器轴承;21-锁片;22-支承套;23-支承螺柱锁片;24-锁紧螺母;25-支承螺柱;26-开口锁;27-前轴承;28-主动圆锥齿轮前轴承座;29-主动圆锥齿轮前轴承隔套;30-调整垫片;31-前轴承;32-推力垫圈;33-油封总成

　　从动锥齿轮靠凸缘定位,用螺栓紧固在差速器壳上,而差速器壳则用两个圆锥滚子轴承3支撑在主减速器壳的轴承座孔中,轴承座孔外侧装有环形轴承调整螺母,并用调整螺母进行轴向定位。轴承盖与壳体是装配在一起加工的,不能互换,二者之间有装配记号。在从动锥齿轮啮合处背面的主减速器壳体上,装有支撑螺柱,用以限制大负荷下从动锥齿轮过度变形而影响正常啮合。装配时,应在支撑螺柱与从动锥齿轮背面之间预留一定间隙(0.3～0.5mm),转动支撑螺柱可以调整此间隙。

　　为了减小主减速器齿轮、轴承等的摩擦和磨损,在主减速器壳体内储存有一定量的齿轮油。从动齿轮旋转时,将齿轮油飞溅到各齿轮、轴及轴承上进行润滑。为了保证主动轴前端的两个圆锥滚子轴承13和17得到可靠润滑,在主减速器壳和轴承座上制有孔,形成进油道和回油道。从动锥齿轮转动时飞溅起来的齿轮油从进油道经轴承座的孔进入两轴承小端之间,在离心力作用下,自轴承小端流向大端,再经回油孔流回主减速器内。为防止主减速器内温度升高使气压增大而造成齿轮油外溢,在主减速器壳上装有通气塞。此外,还装有加油螺塞和放油螺塞。

　　为减小锥齿轮在传动过程中因轴向力而引起的轴向位移,提高轴的支撑刚度,保证锥齿轮副的正确啮合,圆锥滚子轴承一般都是成对使用,装配时应使其具有一定的预紧度,但轴承预紧度又不能过大,否则摩擦和磨损增大、传动效率低。为此,设有轴承预紧度的调整装置。主动轴上两个圆锥滚子轴承13和17的预紧度由调整垫片14来调整。增加垫片14的厚度,轴承预紧度减小;反之,轴承预紧度增加。支撑差速器壳的一对圆锥滚子轴承3的预紧度则是通过拧动两侧的轴承调整螺母来调整的。拧入调整螺母,轴承预紧度增加;反之,轴承预紧度减小。

　　为了使齿轮传动工作正常、磨损均匀、延长其使用寿命,必须保证齿轮副正确的啮合。

为此,需要对锥齿轮的啮合进行调整。锥齿轮啮合的调整是指啮合间隙和啮合印痕的调整。正确的啮合印痕和啮合间隙是通过锥齿轮轴的轴向移动,从而改变主、从动锥齿轮的相对位置来得到的。主、从动锥齿轮的啮合间隙则通过拧动轴承调整螺母以改变从动锥齿轮的位置来调整:一端螺母拧入,另一端螺母拧出,即可使从动锥齿轮轴向移动。轮齿啮合间隙应为 0.15~0.40mm。若间隙大于规定值,应使从动锥齿轮靠近主动锥齿轮;反之,则离开。为保持已调好的差速器圆锥滚子轴承预紧度不变,一端调整螺母拧入的圈数应等于另一端调整螺母拧出的圈数。主、从动锥齿轮的啮合印痕可通过增减调整垫片 9 的厚度来调整:增加垫片厚度,主动轴及主动锥齿轮前移;反之,则后移。应指出的是:圆锥滚子轴承预紧度的调整必须在齿轮啮合调整之前进行。

东风 EQ1090E 型汽车主减速器的主、从动锥齿轮采用双曲面锥齿轮,有些车型的主从动锥齿轮采用螺旋锥齿轮,目前主减速器中基本不用直齿圆锥齿轮。前两者相比,双曲面齿轮的主、从动齿轮轴线不相交,使主动锥齿轮轴线可低于(也可高于)从动锥齿轮轴线,在保证一定离地间隙的情况下,与之相连的传动轴的位置也相应降低,从而使汽车质心降低,提高了行驶的稳定性。其次,双曲面齿轮发生根切的最少齿数较少(最少可为 5 个),因此主动齿轮在满足传动比和强度要求的条件下尺寸可尽量小一些,相应从动锥齿轮的尺寸也可减小,从而减小了主减速器壳外形轮廓尺寸,有利于车身布置和提高最小离地间隙。此外,双曲面齿轮的啮合系数大,同时参加啮合的齿数多,传动平稳,噪声小,承载能力大。所以,双曲面锥齿轮不仅在轿车上得到广泛应用,而且在中、重型汽车上的应用也日益增多。双曲面齿轮的缺点是啮合面间相对滑动速度大,接触压力大,摩擦面的油膜易被破坏,因而对润滑油要求高,必须使用专门的双曲面齿轮油。另外,双曲面齿轮螺旋角较大,传动时轴向力大,易造成轴的支撑定位件的损坏而引起轴向窜动。因此,对这些机件的强度、刚度要求高,调整精度要求也较高。

6. 双级式主减速器

当汽车要求主减速器需要具有较大的传动比时,由一对锥齿轮构成的单级式主减速器已不能保证足够的离地间隙,这时就需要用两对齿轮降速的双级式主减速器。

解放 CA1092 汽车的双级式主减速器结构如图 6-12 所示,它的第一级传动比由一对螺旋锥齿轮副所决定,第二级传动比由一对斜齿圆柱齿轮副所决定。主动圆锥齿轮和从动圆锥齿轮的齿数分别为 13 和 25,传动比 $i_1=1.923$;第二级主、从动斜齿圆柱齿轮齿数分别为 15 和 45,$i_2=3$;主减速器的传动比等于两级齿轮传动比的乘积。即:

$$i_0=\frac{25}{12}\times\frac{45}{15}=5.77$$

第一级主动锥齿轮 11 与齿轮轴 9 制成一体,采用悬臂式支承,即主动锥齿轮轴支承在位于齿轮同一侧的两个相距较远的圆锥滚子轴承上,而主动锥齿轮悬伸在轴承之外。第一级从动锥齿轮用铆钉铆接在中间轴的凸缘上。这种支承形式的结构比较简单,但支承刚度不如跨置式的。一般双级式主减速器中,第一级主动齿轮轴多用悬臂式支承的原因有两点:一是第一级齿轮传动比较小,相应的第一级从动锥齿轮直径较小,因而在第一级主动齿轮外端要再加一个支承,布置上很困难;二是传动比小,第一级主动锥齿轮及轴颈尺寸有可能做得较大,同时尽可能将两轴承的距离加大同样可得到足够的支承刚度。

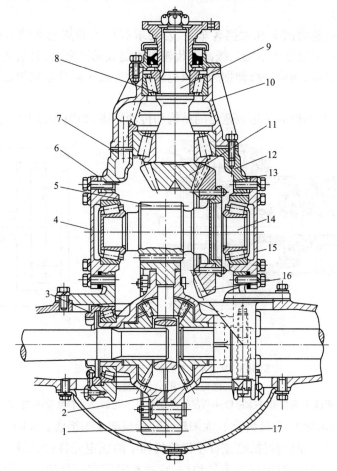

图 6-12　解放 CA1092 汽车的双级式主减速器

1-第二级从动齿轮;2-差速器;3-调整螺母;4、15-轴承盖;5-第二级主动齿轮;6、7、8、13-调整垫片;9-第一级主动锥齿轮轴;10-轴承座;11-第一级主动锥齿轮;12-主减速器;14-中间轴;16-第一级从动锥齿轮;17-后盖

　　第二级主动齿轮与中间轴制成一体,用两个圆锥滚子轴承支撑在两端轴承盖 4 和 15 的座孔中,轴承盖用螺钉与主减速器壳固定连接。第二级从动齿轮夹在左右两半差速器壳之间,并用螺栓将它们紧固在一起,其支撑形式与东风 EQ1090E 型汽车主减速器中差速器壳的支撑形式相同。

　　第一级主动锥齿轮轴轴承的预紧度,可通过增减调整垫片 8 的厚度来调整。中间轴圆锥滚子轴承的预紧度则是通过改变调整垫片 6 和 13 的厚度来调整。支撑差速器壳的圆锥滚子轴承的预紧度靠拧动调整螺母来调整。同样,为了便于齿轮啮合的调整,第一级主动齿轮轴、中间轴的轴向位置都可以略加移动。增加调整垫片 7 的厚度,第一级主动齿轮则沿轴向离开从动锥齿轮;反之靠近。减少左轴承盖 4 处的调整垫片 6,同时将这些卸下来的垫片加到右端的调整垫片 13 上,则第一级从动齿轮右移;反之,左移。因两组调整垫片 6 和 13 的总厚度未变,不致破坏已调好的中间轴轴承预紧度。第二级斜齿圆柱齿轮传动的啮合不可调,但可拧动调整螺母使第二级从动齿轮略做轴向移动,以保证与第二级主动齿轮的全齿宽啮合。同样,一端调整螺母的拧入圈数应等于另一端调整螺母的退出圈数。

7. 轮边减速器

有些重型汽车、越野汽车或大型客车上,若要求有较大的离地间隙和较大的主传动比时,经常将双级式主减速器中的第二级减速齿轮机构制成同样两套,分别装在两侧驱动轮的近旁,称为轮边减速器,而第一级即称为主减速器。轮边减速器分定轴轮系和行星轮系两种结构形式。

斯太尔汽车后驱动桥的轮边减速器的结构和传动简图,如图6-13所示。

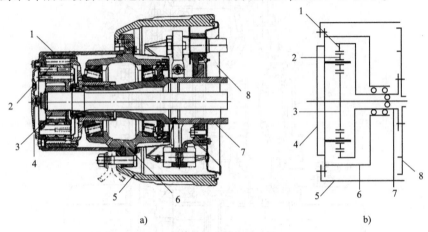

图6-13 斯太尔汽车后驱动桥的轮边减速器
a)结构示意图;b)传动简图
1-齿圈;2-行星齿轮;3-太阳轮;4-行星架;5-制动鼓;6-轮毂;7-半轴套管;8-制动底板

轮边减速器由齿圈1、行星齿轮2、太阳轮3和行星架4等组成。齿圈1固定在桥壳的半轴套管7上,它本身为非旋转件,是该行星齿轮机构中的固定元件;太阳轮3与半轴连接,随半轴一起旋转,为主动件;行星架4为从动件,轮毂6固定在行星架上。轮边减速器的润滑系统是独立的,在行星架的端盖上设有加油孔和加油螺塞,而行星架端面上有放油孔和放油螺塞。为了便于加油和放油,装配时应将它们调整到车轮中心线的同一侧。为了固定半轴和太阳轮的轴向位置,在半轴端面中心孔位置处装有推力螺钉,并用可调的推力螺钉顶住。

动力从半轴传来后经太阳轮3、行星齿轮入行星架4,传给轮毂6。其传动比为:

$$i_0 = 1 + \frac{齿圈齿数}{太阳轮齿数}$$

斯太尔汽车的轮边减速器传动比有多种,对应的主减速器传动比也有多种,故驱动桥可供选用的总传动比也相应的有多种,如5.73、6.72、7.49、8.46、9.49等。

综上所述,采用轮边减速器使驱动桥中主减速器尺寸减小,保证足够的离地间隙,并可得到比较大的主传动比;由于半轴在轮边减速器之前,所承受的转矩大为减小,因而半轴和差速器等零件尺寸可以减小。但是需要两套轮边减速器,结构较复杂,制造成本也较高。

在大型客车和同级越野汽车上,还常采用由一对外啮合圆柱齿轮组成的轮边减速器。主动小齿轮与半轴相连,当主动小齿轮位于车轮中心上方时,可增大驱动桥的离地间隙,以适应提高越野汽车通过性的需要;当主动小齿轮位于车轮中心下方时,能降低驱动桥壳的离地高度,以利于降低客车地板的高度。但采用这种布置时,由于轴向和径向空间的限制,轮边减速器的传动比是有限的。

8. 双速式主减速器

为了充分提高汽车的动力性和经济性,有些汽车装用可以根据行驶条件的变化改变挡位的双速式主减速器,这种主减速器具备两个传动比。常见的双速式主减速器,如图6-14所示。

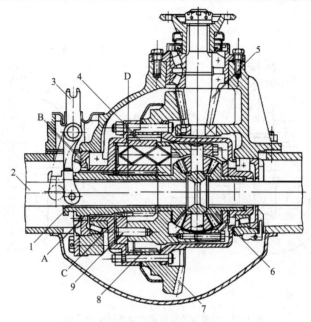

图6-14　双速式主减速器(行星齿轮式)
1-接合套;2-半轴;3-拨叉;4-行星齿轮;5-主动锥齿轮;6-差速器;7-从动锥齿轮;8-齿圈;9-行星架

它由一对圆锥齿轮、一套行星齿轮机构及其操纵机构组成。行星齿轮机构的齿圈与从动锥齿轮组成一体,并用两个圆锥滚子轴承支撑在主减速器壳体上。带有内齿圈C的行星架与差速器壳连成一体,行星架轴上松套着行星齿轮。在左半轴上松套着接合套,可由气压或电动控制的拨叉操纵。接合套上制有短接合齿和长接合齿(即中心齿轮)。主减速器壳体上制有固定齿圈B。在左半轴上滑套着一个接合套。接合套上有短齿接合齿圈A和长齿接合齿圈D(即太阳轮)。动力由锥齿轮副经行星齿轮机构传给差速器,最后由半轴输给驱动轮。

一般行驶条件下,汽车用高挡传动。如图6-15a)所示,通过拨叉使接合套左移,接合套短齿接合齿圈A与固定在主减速器壳上的接合齿圈B分离,而长齿接合齿圈D与行星齿轮和行星架的内齿圈C同时啮合,将行星架内齿圈与行星齿轮连成一体,从而使行星齿轮不能自传,行星齿轮机构不起减速作用,于是差速器壳体与从动锥齿轮以相同的转速运转。这时,主减速器相当于单级圆锥齿轮传动,主减速器的传动比等于圆锥齿轮传动的传动比。

当需要较大的牵引力时,汽车应用低挡传动。如图6-15b)所示,通过操纵拨叉拨动接合套右移,使接合套的短齿接合齿圈A与齿圈B接合,接合套即与主减速器壳连成一体,其长齿接合齿圈D与行星架的内齿圈C分离,而仅与行星齿轮啮合,于是行星机构的太阳轮D被固定。与从动锥齿轮连在一起的齿圈是主动件,与差速器壳体连在一起的行星架则是从动件,齿圈带动行星齿轮转动,行星架及与之相连的差速器壳将因行星齿轮的自转而降速。

此时,行星齿轮机构的传动比为:

$$i_{02} = 1 + \frac{\text{太阳轮 D 的齿数 } Z_1}{\text{齿圈 8 的齿数 } Z_2}$$

整个主减速器的主传动比为圆锥齿轮副的传动比与行星齿轮机构传动比的乘积,即:

$$i = i_{01} \times i_{02}$$

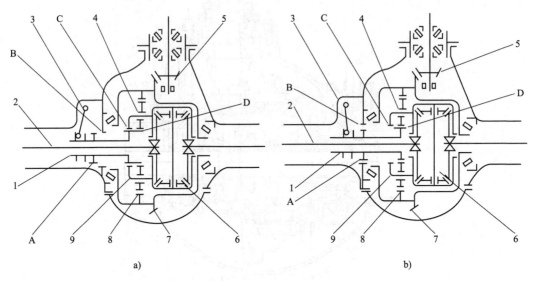

图 6-15 行星齿轮式双速主减速器结构示意图

a)高速挡单级传动;b)低速挡双级传动

1-接合套;2-半轴;3-拨叉;4-行星齿轮;5-主动锥齿轮;6-差速器;7-从动锥齿轮;8-齿圈;9-行星架

9. 贯通式主减速器

多轴(桥)驱动汽车的各驱动桥的布置形式分为非贯通式与贯通式两种,如图 6-16 所示。但为了简化结构,便于形成系列产品,多轴越野汽车常采用贯通式驱动桥。在贯通式驱动桥的布置中,各桥的传动轴布置在同一纵向铅垂平面内,并且各驱动桥不是分别用本身的传动轴与分动器直接连接,而是用位于分动器前面的或后面的各相邻两桥的传动轴,是相互串联的。汽车前后两端的驱动桥(即第一、第四桥)的动力,是经分动器并贯通中间桥(分别穿过第二桥、第三桥)而传递的。这种布置的优点,不仅可减少传动轴的数量,而且提高了各驱动桥零件的通用性,并且简化了结构、减小了体积和质量。

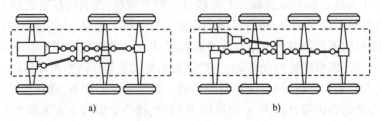

图 6-16 驱动桥布置形式

a)非贯通式驱动桥;b)贯通式驱动桥

斯太尔汽车贯通式驱动桥的结构及传动简图如图6-17所示,它由主减速器10、过渡箱齿轮4、轴间差速器3、轮间差速器9、输入轴1、输出轴7、半轴6和8及桥壳等组成。动力从输入轴凸缘1输入,并通过轴间差速器3将动力分配给过渡箱齿轮4和输出轴7。传给过渡箱齿轮4的动力再经主减速器10、轮间差速器9传给两根半轴6和8。其中,输出轴7又称为贯通轴,它将动力传给后面的驱动桥。

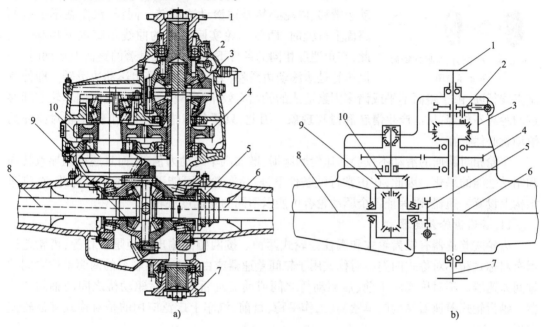

图6-17 斯太尔汽车贯通式驱动桥
a)结构;b)传动简图

1-输入轴凸缘;2-轴间差速器锁;3-轴间差速器;4-过渡箱齿轮;5-轮间差速器锁;6、8-半轴;7-输出轴;9-轮间差速器;10-主减速器

10. 差速器功用与类型

1)差速器的功用

差速器的功用是将主减速器传来的动力传给左、右两半轴或前后两驱动桥,并在必要时允许同一驱动桥的左右车轮或两驱动桥之间以不同角速度旋转,以满足两侧驱动轮或两驱动桥之间差速的需要,从而保证驱动车轮相对地面纯滚动而不滑动。

2)差速器的类型

(1)差速器按用途分轮间差速器和桥间(轴间)差速器。

轮间差速器是指在同一驱动桥的左右车轮间起差速作用,使两侧驱动轮以不同的角速度旋转,以消除两侧驱动轮的滑动现象;桥间差速器(又称为轴间差速器)是指在两驱动桥之间起差速作用,使各驱动桥具有不同的输入角速度,以消除各桥驱动轮的滑动现象。

(2)差速器按其工作特性可分为普通齿轮式差速器和防滑差速器两大类。

汽车行驶过程中,车轮对路面的相对运动有两种状态,即滚动和滑动。其中,滑动又有滑转和滑移两种。设车轮中心相对路面的速度为v,车轮旋转角速度为ω,车轮滚动半径为r。若$v = \omega r$,则车轮对路面的运动为滚动;若$v = 0, \omega \neq 0$,则车轮的运动为滑转;$v \neq 0, \omega = 0$,

则车轮的运动为滑移。

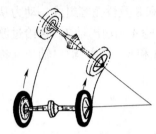

图6-18 汽车转向时驱动车轮的运动示意图

汽车转向时驱动车轮的运动情况如图6-18所示,内外两侧车轮中心在同一时间内移过的曲线距离显然不同,即外侧车轮移过的距离大、内侧车轮移过的距离小。若两侧车轮都固定在同一刚性转轴上,两轮角速度相等,则此时外轮必然是边滚动边滑移、内轮必然是边滚动边滑转。同样,汽车在不平整的路面上行驶时,两侧车轮实际移过的曲线距离也不相等。因此,在角速度相同的条件下,在波形较显著的路面上运动时,一侧车轮是边滚动边滑移,另一侧车轮是边滚动边滑转。即使汽车直线行驶,由于路面不平或诸多因素造成的轮胎有效半径不相等,都会使两侧车轮实际移过的距离不相等,从而产生滑转和滑移现象。因此,只要各车轮角速度相等,车轮对路面的滑动就必然存在。

车轮相对路面的滑动不仅会加速轮胎磨损、增加汽车的动力消耗,而且还可能导致转向和制动性能的恶化。因此,在正常行驶条件下,应使车轮尽可能不发生滑动。为此,在汽车结构上设置差速器,以保证各个驱动轮有可能以不同的角速度旋转。

11. 普通齿轮差速器

齿轮式差速器有锥齿轮式和圆柱齿轮式两种。按两侧的输出转矩是否相等,齿轮差速器有对称式和不对称式两类。对称式用于轮间差速器或由平衡悬架联系的两驱动桥之间的轴间差速器。不对称式用于前、后驱动桥之间或前驱动桥与中、后驱动桥之间的轴间差速器。锥齿轮式差速器结构简单紧凑、工作平稳,目前,汽车上广泛应用的是对称式锥齿轮差速器。

1) 结构

对称式锥齿轮差速器如图6-19所示,由圆锥行星齿轮、行星齿轮轴、圆锥半轴齿轮和差速器壳组成,差速器壳由用螺栓固紧的两部分1和5组成。

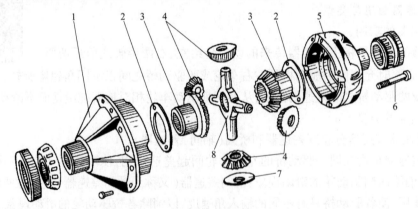

图6-19 对称式锥齿轮差速器分解图

1、5-差速器壳;2-半轴齿轮推力垫片;3-半轴齿轮;4-行星齿轮;6-螺栓;7-行星齿轮球面垫片;8-行星齿轮轴(十字轴)

主减速器的从动齿轮用铆钉或螺栓固定在差速器壳左半部1的凸缘上。十字形的行星齿轮轴8的四个轴颈嵌在差速器壳两半端面上相应的凹槽所形成的孔内,差速器壳的剖分面通过行星齿轮轴各轴颈中心线。每个轴颈上浮套着一个直齿圆锥行星齿轮4,它们均与两个直齿圆锥半轴齿轮3啮合;行星齿轮的背后和差速器壳相对应位置的内表面都做成球面,以保证行星齿轮对正中心、利于两个半轴齿轮正确地啮合。半轴齿轮的轴径分别支承在差速器壳相应的左右座孔中,并借花键与半轴相连。

传递动力时,动力自主减速器从动齿轮经差速器壳、十字轴、行星齿轮、半轴齿轮、半轴输出给两侧驱动轮。当两侧车轮以相同转速直线行驶时,行星齿轮绕半轴轴线转动(公转);当两侧车轮以不同转速转向行驶或两侧车轮阻力不同时,行星齿轮在做公转运动的同时,还绕自身轴线转动(自转)。

传递转矩时,由于行星齿轮和半轴齿轮是锥齿轮传动,沿行星齿轮和半轴齿轮的轴线作用着很大的轴向力,且齿轮和差速器壳间又有相对运动,所以在半轴齿轮和差速器壳之间装着推力垫片2,而在行星齿轮与差速器壳之间装着球面垫片7,以减轻齿轮和差速器壳的磨损。当汽车行驶到一定里程时,垫片磨损后可换上新垫片,以提高差速器的使用寿命。垫片通常用铜或者聚甲醛塑料制成。

差速器靠主减速器壳体中的润滑油润滑,在差速器壳体上开有窗口,供润滑油进出。同时,在十字轴轴颈上铣出一个平面,并在行星齿轮的齿间钻有油孔,以保证行星齿轮和十字轴轴颈之间得到良好的润滑。

大部分轿车和微型车及部分轻型载货汽车的车桥,因主减速器输出的转矩不大,故可用两个行星齿轮。因而行星齿轮轴为一根直销轴,差速器壳也不必分成左右两半而制成整体式的,其前后两侧都开有大窗孔,以便拆装行星齿轮和半轴齿轮。桑塔纳型轿车差速器即为此种结构,其结构如图6-20所示,由差速器壳、行星齿轮轴、两个行星齿轮、两个半轴齿轮、复合式推力垫片等组成。

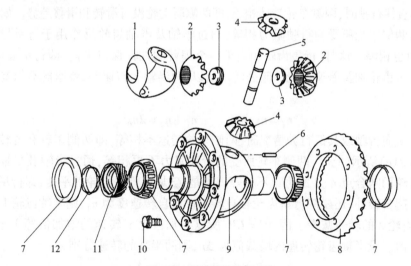

图6-20 桑塔纳轿车差速器

1-复合式推力垫片;2-半轴齿轮;3-螺纹套;4-行星齿轮;5-行星齿轮轴;6-止动销;7-圆锥滚子轴承;8-主减速器从动锥齿轮;9-差速器壳;10-螺栓;11-车速表齿轮;12-车速表齿轮锁紧套筒

差速器通过一对圆锥滚子轴承7支承在变速器壳体中;从动锥齿轮8通过螺栓10和差速器壳体9连接;差速器壳9为一整体框架结构;在行星齿轮轴5上装有两个行星齿轮4,通过弹性锁销6固定齿轮轴于差速器壳体中;行星齿轮4和半轴齿轮2的背面制成球面,与制成一个整体的复合式球形耐磨推力垫片相配合,装配于差速器壳体中;螺纹套3用来紧固半轴齿轮;左、右圆锥滚子轴承7通过调整垫片来调整轴承预紧力和齿轮的正确啮合。

2）工作原理

(1) 差速原理。

差速器的差速原理如图6-21所示。差速器壳3与行星齿轮轴5连成一体并由主减速器从动齿轮6带动一起转动,为差速器的主动件,设其转速为n_0;半轴齿轮1和2为从动件,设其转速分别为n_1和n_2。A、B两点分别为行星齿轮与半轴齿轮1和2的啮合点;C点为行星齿轮的中心。A、B、C点到差速器旋转轴线的距离相等。

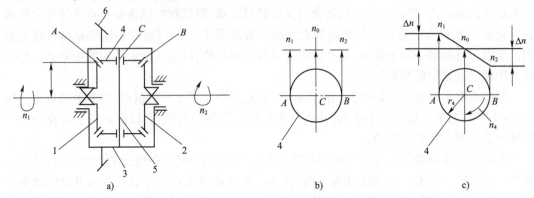

图6-21 差速器差速原理

a)差速器简图;b)差速器不起作用;c)差速器起作用

1、2-半轴齿轮;3-差速器壳;4-行星齿轮;5-行星齿轮轴;6-主减速器从动齿轮

当汽车直线行驶时,两侧车轮转速相等,即两侧驱动轮没有滑转和滑移趋势。如图6-21b)所示,此时,两侧车轮所受的行驶阻力相等,通过半轴及半轴齿轮反作用于行星齿轮两啮合点A、B的力也相等。这时,行星齿轮相当于一个等臂的杠杆保持平衡,即行星齿轮不自转,而只能随行星齿轮轴及差速器壳一起公转。所以,两半轴无转速差,差速器不起差速作用。

即：

$$n_1 = n_2 = n_0 \qquad n_1 + n_2 = 2n_0$$

当汽车转向行驶或其他行驶情况时,两侧车轮转速不相等,即两侧车轮有滑转和滑移趋势。如图6-21c)所示,此时,两侧车轮所受的行驶阻力不再相等,通过半轴及半轴齿轮反作用于行星齿轮两啮合点A、B的力也不相等。于是,破坏了行星齿轮的平衡,即行星齿轮除随差速器壳一起公转外,还要绕行星齿轮轴自转。设其自转速度为n_4,则半轴齿轮1的转速加快,而半轴齿轮2的转速减慢。因$AC = CB$,所以半轴齿轮1转速的增加值等于半轴齿轮2转速的减小值。设半轴齿轮转速的增减值为Δn,则两半轴的转速分别为：

$$n_1 = n_0 + \Delta n \qquad n_2 = n_0 - \Delta n$$

即：

$$n_1 + n_2 = 2n_0$$

这就是差速器的差速作用。即汽车在转弯或其他情况下行驶,两侧车轮有滑转和滑移趋势时,行星齿轮即发生自转,借行星齿轮的自转,使两侧车轮以不同的转速在地面上滚动。

上式为行星锥齿轮差速器的运动特性方程式,它表明,差速器无论差速与否,两半轴齿轮转速之和始终等于差速器壳转速的两倍,而与行星齿轮自转速度无关。

由 $n_1 + n_2 = 2n_0$ 可知:

①当任何一侧半轴齿轮的转速为零时,另一侧半轴齿轮的转速为差速器壳转速的两倍。

②当差速器壳转速为零时,若一侧半轴齿轮受其他外来力矩而转动,则另一侧半轴齿轮即可以相同的转速反向转动。

(2)转矩分配原理。

行星锥齿轮差速器的转矩分配原理如图6-22所示,设主减速器传至差速器壳的转矩为M_0,经行星齿轮轴和行星齿轮传给两半轴齿轮,两半轴齿轮的转矩分别为M_1和M_2。

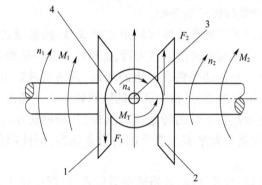

图6-22 差速器转矩分配原理
1、2-半轴齿轮;3-行星齿轮轴;4-行星齿轮

当汽车直线行驶时,行星齿轮只有公转没有自转,即$n_4 = 0$、$M_T = 0$(M_T为行星齿轮自转时,其内孔和背面所受的摩擦力矩),行星齿轮相当于一个等臂杠杆,均衡拨动两半轴齿轮转动。而两个半轴齿轮半径也是相等的,所以,差速器将转矩从平均分配给两半轴齿轮,即:$M_1 = M_2 = M_0/2$。

当汽车转向行驶或其他行驶情况时,行星齿轮既有公转又有自转(即$n_1 > n_2$),转动方向如图6-22所示,行星齿轮所受摩擦力矩M_T与其自转方向相反,从而使行星齿轮分别对半轴齿轮1和2附加作用了大小相等而方向相反的两个圆周力F_1和F_2,F_1使传到转得快的半轴齿轮1上的转矩M_1减小,而F_2却使传到转得慢的半轴齿轮2的转矩M_2增加。且M_1的减小值等于M_2的增加值,等于$M_T/2$。所以,当两侧驱动轮存在转速差时($n_1 > n_2$):

$$M_1 = (M_0 - M_T)/2 \qquad M_2 = (M_0 + M_T)/2$$

即转得慢的车轮分配到的转矩大于转得快的车轮分配到的转矩,差值为差速器的内部摩擦力矩M_T。由于M_T很小,可忽略不计,则$M_1 = M_2 = M_0/2$,可见,无论差速器差速与否,行星锥齿轮差速器都具有转矩等量分配的特性。

上述普通锥齿轮式差速器转矩等量分配的特性对于汽车在好路面上直线或转弯行驶时是有利的。但汽车在坏路面上行驶时却会严重影响其通过能力。例如,当汽车的一个驱动车轮接触到泥泞或冰雪路面时,此时在泥泞路面上的车轮原地滑转,而在好路面上的车轮静止不动。这是因为在泥泞路面上车轮与路面之间附着力很小,路面只能对半轴作用很小的反作用转矩,虽然另一车轮与好路面间的附着力较大,但因对称式锥齿轮差速器具有转矩平均分配的特性,使这一个车轮分配到的转矩只能与传到滑转的驱动轮上的很小的转矩相等,致使总的驱动力不足以克服行驶阻力,汽车便不能前进。

12. 防滑差速器(LSD)

为了提高汽车通过坏路面的能力,可采用防滑差速器。当汽车某一侧驱动轮发生滑转时,利用差速锁使差速器锁死而不起差速作用,并将大部分或全部转矩分配给未滑转的驱动轮,充分利用未滑转车轮与地面之间的附着力,以产生足够的牵引力使汽车继续行驶。

根据其控制形式,防滑差速器有人工强制锁止式和自锁式两大类。前者通过驾驶员操纵差速锁,人为地将差速器暂时锁住,使差速器不起差速作用;后者是在汽车行驶过程中,根据路面情况自动改变驱动轮间的转矩分配。

根据其工作原理,自锁式防滑差速器有转矩敏感式、转速敏感式和主动控制式三大类。转矩敏感式防滑差速器,简称转矩式防滑差速器,是指差速器的防滑转矩与差速器壳输入转矩成递增函数关系,即随着差速器壳输入转矩的增加,其防滑转矩也将增大;转速敏感式防滑差速器,简称转速式防滑差速器,是指差速器的防滑转矩与差速器左右半轴的转速差成递增函数关系,即随着差速器左右半轴的转速差的增加,其防滑转矩也将增大;主动控制式是指通过电子装置或电液控制装置来实现防滑的防滑差速器,能使两侧驱动轮实时获得更好的驱动附着效果。

转矩式限滑差速器具有性能优越、价格适中等优点,广泛应用于商用车防滑差速器。目前,汽车上常用的自锁式防滑差速器有摩擦片式、滑块凸轮式和托森式(蜗轮蜗杆式)等,它们均属于转矩式限滑差速器。

1) 强制锁止式差速器

强制锁止式差速器属于人工强制锁止式防滑差速器,即在行星锥齿轮差速器上装设了差速锁,驾驶员可以根据路面状况选择是否需要锁止差速锁,当一侧驱动轮滑转时,可利用差速锁使差速器不起差速作用。

(1) 结构。

汽车强制锁止式差速器如图 6-23 所示,由牙嵌式接合器及其操纵机构两大部分组成。牙嵌式接合器的固定接合齿套与差速器壳连接。滑动接合套用花键与半轴连接,并可在轴上轴向滑动。操纵机构的叉臂装在操纵杆上,并可沿操纵杆轴向滑动,其叉形部分插入滑动接合套的环槽中。

(2) 工作过程。

①当汽车在好路面上行驶时。

此时,不需要锁止差速器。牙嵌式接合器的固定接合套滑动接合套不嵌合,即处于分离状态,此时为普通行星锥齿轮差速器。

②当汽车通过坏路面上行驶时。

此时,需要锁止差速器。通过驾驶员的操纵,推动操纵杆右移,从而拨动滑动接合套右移与固定接合套嵌合,将左半轴与差速器壳连成一个整体,则左右两半轴被联锁成一体随差速器壳一起转动,即差速器被锁止,不起差速作用。这样,转矩可全部分配给好路面上的车轮,使汽车得以正常行驶。

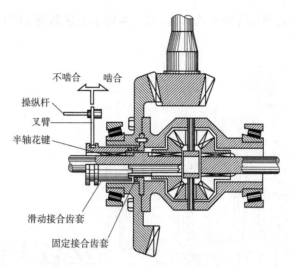

图 6-23 汽车强制锁止式差速器结构原理

③当汽车通过坏路后驶上好路时。

此时,驾驶员通过操纵机构放掉气缸内压缩空气,推动操纵杆左移,从而拨动滑动接合套左移,接合器分离,差速器恢复差速作用。

强制锁止式差速锁结构简单,易于制造。但操纵不便,一般要在停车时进行。而且如果过早接上或过晚摘下差速锁,亦即在好路段上左、右车轮仍刚性连接,则将产生前已述及的无差速器情况下出现的一系列问题。因此,有些现代轿车和越野汽车上采用了在行驶过程中能根据路面情况自动改变或控制驱动轮间转矩分配的高摩擦防滑差速器。

2)摩擦片式自锁差速器

摩擦片式自锁差速器是在普通行星锥齿轮差速器的基础上发展而成的。两半轴齿轮背面与差速器壳之间各安装了一套摩擦式离合器,用以增大差速器的内部摩擦阻力矩。

(1)结构。

摩擦片式自锁差速器结构如图 6-24 所示,由推力压盘 3,主、从动摩擦片 8、9 组成。

十字轴由两根互相垂直的行星齿轮轴组成,其端部均切出凸 V 形斜面 6,相应地差速器壳孔也有凹 V 形斜面,两根行星齿轮轴的 V 形面是反向安装的;每个半轴齿轮的背面有推力压盘 3 和主、从动摩擦片 8、9;主、从动摩擦片组 2 由弹簧钢片 7 和若干间隔排列的主动摩擦片 8 及从动摩擦片 9 组成,如图 6-24b)所示,主、从动摩擦片上均加工出许多油槽(两面均有),但主、从动摩擦片上油槽(线)形状是不一样的,以利于增大摩擦、减小噪声和有利润滑;推力压盘以内花键与半轴相连,而且轴颈处用外花键与从动摩擦片连接。主动摩擦片则用花键与差速器壳 1 内键槽相连。推力压盘和主、从动摩擦片均可做微小的轴向移动。

(2)工作过程。

①当汽车直线行驶时。

此时,两半轴无转速差,转矩平均分配给两半轴。由于差速器壳通过斜面对行星齿轮轴两端压紧,斜面上产生的轴向力迫使两行星齿轮轴分别向左、右方向(向外)轻微移动,通过行星齿轮使推力压盘压紧摩擦片。此时,转矩经两条路线传给半轴:一路经行星齿轮轴、行星齿轮和半轴齿轮将大部分转矩传给半轴;另一路则由差速器壳、主从动摩擦片、推力压盘传给半轴。

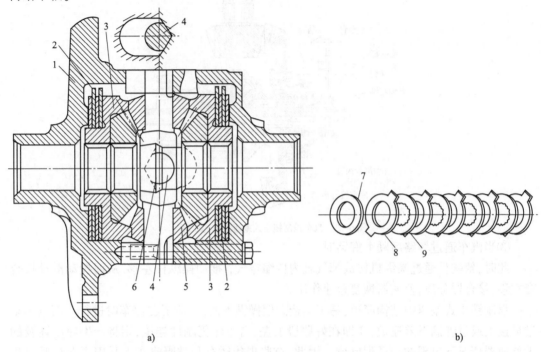

图 6-24 摩擦片自锁差速器
a)摩擦片自锁差速器结构图;b)主、从动摩擦片组示意图
1-差速器壳;2-主、从动摩擦片组;3-推力压盘;4-十字轴;5-行星齿轮;6-V 形面;7-薄钢片;8-主动摩擦片;9-从动摩擦片

②当汽车转向行驶或一侧车轮在坏路面上滑转行驶时。

此时,行星齿轮自转,差速器起差速作用,左、右半轴齿轮的转速不等。由于转速差及轴向力的存在,主、从动摩擦片间将产生摩擦力矩(其数值大小与差速器传递的转矩和摩擦片数量成正比),且经从动摩擦片及推力压盘传给两半轴的摩擦力矩方向相反:与快转半轴的转向相反,而与慢转半轴的转向相同。因而使得慢转半轴所分配到的转矩大于快转半轴所分配到的转矩。

摩擦作用越强,两半轴的转矩差越大,最大可达 5~7 倍。摩擦片式自锁差速器结构简单,工作平稳,多用于轿车或轻型货车。

3)滑块凸轮式自锁差速器

滑块凸轮式自锁差速器是利用滑块与凸轮之间产生较大数值内摩擦力矩以提高锁紧系数的一种高摩擦自锁式差速器。它既可用作轴间差速器,也可用作轮间差速器。

(1)结构。

汽车中、后驱动桥之间采用的滑块凸轮式轴间差速器结构如图 6-25 所示,由主动套 6、8 个短滑块 7 及 8 个长滑块 8、接中桥内凸轮花键套 9、接后桥外凸轮花键套 25 及轴间差速器壳 27 和轴间差速器盖 24 组成。转矩由传动轴经凸缘盘 1 和轴间差速器分配给中驱动桥主动曲线齿锥齿轮 18 和驱动后桥的传动轴 26。

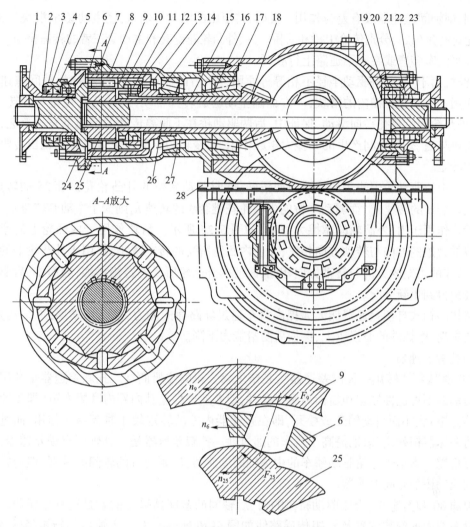

图 6-25 汽车滑块凸轮式轴间差速器

1-凸缘盘;2-防尘罩;3-密封垫;4-油封;5-油封壳;6-主动套;7-短滑块;8-长滑块;9-接中桥内凸轮花键套;10-螺母;11-垫圈;12-滚子轴承;13-中桥花键套护罩;14、17-圆锥滚子轴承;15-挡圈;16-调整垫圈;18-中桥主动螺旋锥齿轮;19-轴承座;20-球轴承;21-轴承盖;22-油封;23-防尘毡;24-轴间差速器盖;25-接后桥外凸轮花键套;26-后桥传动轴;27-轴间差速器壳;28-主减速器壳

接中桥的内凸轮花键套 9 用花键与中桥主动螺旋锥齿轮 18 相连,其前端内表面有 13 个圆弧凹面;接后桥的外凸轮花键套 25 用花键与后桥传动轴 26 相连,其外表面有 11 个圆弧凹面;主动套 6 前端与凸缘盘 1 用花键连接,后端空心套筒部分即装在内、外凸轮之间,空心套筒铣出 8 条穿通槽,每条槽内各装长短滑块一个,所有的滑块均可在槽内沿径向自由滑动;为了使滑块及内、外凸轮磨损均匀,相邻两槽内滑块的装法不同,其中一个槽内长滑块在前,短滑块在后,而另一槽内滑块装法则相反。

(2)工作过程。

①当汽车在平直路上直线行驶时。

此时,中、后驱动桥车轮无转速差时,中桥主动曲线齿锥齿轮 18 和后桥传动轴 26 的转速相同,即轴间差速器没有差速作用。此时,转矩由凸缘盘1输入,经主动套6、滑块7、8、内、外凸轮花键套9、25,分别传给中桥和后桥。内、外凸轮花键套和主动套三者的转速相等。

②当汽车转弯或在不平道路上行驶时。

此时,由于中、后桥驱动半径不相等等原因,中、后两驱动桥有转速差时,轴间差速器起差速作用。主动套6槽内的滑块,一方面随主动套旋转并带动内、外凸轮花键套旋转,同时在内、外凸轮间沿槽孔径向滑动,保证中、后两驱动桥在不脱离传动的情况下实现差速,而且由于滑块与内、外凸轮间产生的摩擦力矩起作用,使慢转的驱动轮上可以得到比快转驱动轮更大的转矩。

假设中桥驱动轮因陷于泥泞路面而滑转,此时驱动后桥的外凸轮花键套25的转速n_{25}小于主动套6的转速n_6,而驱动中桥的内凸轮花键套9的转速n_9则大于主动套转速n_6,相对应的滑块作用于内、外凸轮的摩擦力方向,如图6-25所示。滑块作用于内凸轮上的摩擦力F_9造成的力矩的方向与转动方向相反,而使内凸轮所受的转矩减小,作用于外凸轮上的摩擦力F_{25}造成的力矩的方向与转动方向相同,故使内外凸轮所受的转矩增加,因而中、后驱动桥上的转矩得到重新分配。

滑块凸轮式自锁差速器能大大提高汽车通过坏路面的能力,且结构紧凑;但结构复杂,加工要求高,摩擦件的磨损较大,磨损后防滑能力下降。

4) 托森差速器

"托森"表示"转矩—灵敏差速器",是格里森公司的注册商标。托森差速器是利用蜗轮蜗杆传动的不可逆性原理和齿面高摩擦条件,使差速器根据其内部内摩擦力矩(即差速器的内摩擦力矩)大小而自动锁死或松开,即在差速器内差动转矩较小时起差速作用,而过大时自动将差速器锁死,有效地提高了汽车的通过性。托森差速器是一种轴间自锁差速器,装在变速器后端。常用于全轮驱动轿车的中央轴间差速器,后驱动桥的轮间差速器,但通常不用于转向驱动桥的轮间差速器。

奥迪80和奥迪90全轮驱动轿车的前、后轴间的差速器采用的就是这种差速器。在整车传动系统中的安装位置及转矩传递路线如图6-26所示。发动机输出的转矩经输入轴1输入到变速器,经相应挡位变速后,由输出轴(空心轴6)输入到托森差速器3的外壳,经托森差速器的差速作用,一部分转矩通过差速器前齿轮轴8传至前桥,另一部分转矩通过驱动轴凸缘盘4传至后桥,实现前、后轴同时驱动和前、后轴转矩的自动调节。

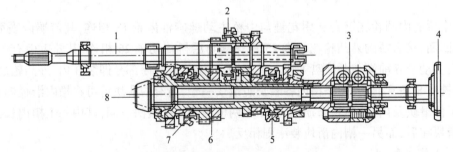

图6-26 奥迪全轮驱动轿车变速器和托森差速器传动装置

1-输入轴;2-三、四挡传动齿轮副;3-托森差速器;4-驱动轴凸缘盘;5-五挡和倒挡传动齿轮副;6-空心轴;7- 一、二挡传动齿轮副;8-差速器前齿轮轴

(1)结构。

托森差速器的结构如图6-27所示,由差速器外壳3、蜗轮8(6个)、蜗轮轴7(6个)、空心轴2、前轴蜗杆9、后轴蜗杆5等组成。空心轴2和差速器外壳3通过花键相连而一同转动;每个蜗轮轴7上的中间有一个蜗轮8和两端装有两个尺寸相同的直齿圆柱齿轮6;蜗轮8和直齿圆柱齿轮6通过蜗轮轴7安装在差速器外壳3上,其中三个蜗轮与前轴蜗杆9啮合,另外三个蜗轮与后轴蜗杆5相啮合;分别与前、后轴蜗杆相啮合的蜗轮8彼此通过直齿圆柱齿轮相啮合,前轴蜗杆9和驱动前桥的差速器前齿轮轴1为一体,后轴蜗杆5和驱动后桥的差速器后齿轮轴4为一体。

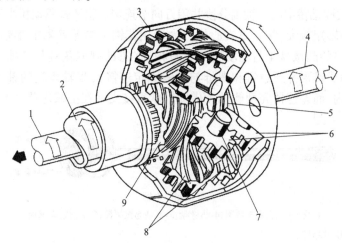

图6-27 托森差速器的结构
1-差速器齿轮轴;2-空心轴;3-差速器外壳;4-驱动轴凸缘盘;5-后轴蜗杆;6-直齿圆柱齿轮;7-蜗轮轴;8-蜗轮;9-前轴蜗杆

当汽车驱动时,来自发动机的动力通过空心轴2传至差速器外壳3,差速器外壳3通过蜗轮轴7传到蜗轮8,再传到蜗杆。前轴蜗杆9通过差速器前齿轮轴1将动力传至前桥,后轴蜗杆5通过差速器后齿轮轴4传至后桥,从而实现前、后驱动桥的驱动牵引作用。当汽车转弯时,前、后驱动轴出现转速差,通过啮合的直齿圆柱齿轮相对转动,使一轴转速加快,另一轴转速下降,实现差速作用。

(2)工作过程。

①当汽车直线行驶时。

此时,来自发动机的动力通过空心轴传至差速器外壳,再通过蜗轮轴传到蜗轮,最后传到蜗杆。前、后蜗杆轴将动力分别传至前、后桥。由于两蜗杆轴转速相等,故蜗轮与蜗杆之间无相对运动,两相啮合的直齿圆柱齿轮之间亦无相对转动,差速器壳与两蜗杆轴均绕蜗杆轴线同步转动,其转矩平均分配。

②当汽车转向行驶或一侧车轮处于泥泞路面时。

此时,前、后驱动轴出现转速差。由于直齿圆柱齿轮的相互啮合,使前后蜗轮自转方向相反,从而使前轴蜗杆转速增加,后轴蜗杆转速减小,实现了差速。托森差速器起差速作用时,由于蜗杆蜗轮啮合副之间的摩擦作用,转速较低的后驱动桥比转速较高的前驱动桥所分配到的转矩大。若后桥分配到的转矩大到一定程度而出现滑转时,则后桥转速升高一点儿,转矩又立刻重新分配给前桥一些,所以驱动力的分配可根据转弯的要求自动调节,使汽车转弯时具有良好的驾驶性。当前、后驱动桥中某一桥因附着力小而出现滑转时,差速器起作用,将转矩的大部分分配给附着力好的另一驱动桥(最大可达3.5倍),从而提高了汽车通过坏路面的能力。

13. 半轴

1) 半轴的功用

半轴的功用是将差速器传来的动力传给驱动轮。

2) 半轴的结构

半轴的结构因驱动桥的结构形式不同而异。整体式驱动桥中的半轴为一刚性整轴;而转向驱动桥和断开式驱动桥中的半轴则分段并用万向节连接。整体式驱动桥半轴结构如图6-28所示,因其传递的转矩较大,常制成实心轴。内端用花键1与差速器的半轴齿轮连接,外端用轴端直接锻造出的凸缘盘4与驱动轮的轮毂相连(有的制成花键与单独制成的凸缘盘滑动配合;还有的制成锥形并通过键和螺母与轮毂固定连接),半轴齿轮的轴颈支承于差速器壳两侧轴颈的孔内,而差速器壳两侧轴颈借助轴承直接支承在主减速器壳上。

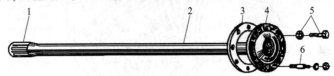

图6-28 半轴

1-花键;2-杆部;3-垫圈;4-凸缘盘;5-半轴起拔螺栓;6-半轴紧固螺栓

3) 半轴的支承形式

半轴与驱动轮的轮毂在桥壳上的支承形式,决定了半轴的受力状况。根据其外端支承形式或受力状况的不同可分为半浮式和全浮式两种。

(1) 全浮式半轴。

全浮式半轴支承广泛应用于各种类型载货汽车上。东风EQ1090E型汽车全浮式半轴如图6-29所示,它表明汽车半轴外端与轮毂及桥壳的连接情况。半轴6外端锻出凸缘,借助螺栓7和轮毂9连接。轮毂通过两个相距较远的圆锥滚子轴承8和10支承在半轴套管1上。半轴套管与驱动桥壳12压配成一体,组成驱动桥壳总成。为防止轮毂连同半轴在侧向力作用下发生轴向窜动,轮毂内的两个圆锥滚子轴承的安装方向必须使它们能分别承受向内和向外的轴向力。轴承的预紧度可借助调整螺母2调整,并用锁紧垫圈4和锁紧螺母5锁紧。

这样的支承形式,半轴与桥壳没有直接联系。半轴的内端用花键与差速器的半轴齿轮连接。半轴齿轮的毂部支承于差速器壳两侧轴颈的孔内,而差速器又以其两侧轴颈借助轴承直接支承在主减速器壳的座孔中。

全浮式半轴支承形式的驱动桥的受力情况,如图6-30所示。地面对驱动轮的作用力有:垂直反力F_Z、切向力反F_X、侧向反力F_Y。垂直反力F_Z和侧向反力F_Y在横向垂直平面内对驱动桥形成弯矩;切向反力F_X除了对半轴形成反转矩外,还在水平面内对驱动桥形成弯矩。而F_X、F_Y、F_Z三个反力及其形成的弯矩经轮毂、两个圆锥滚子轴承传给了桥壳,即全部由桥壳来承受,因此,半轴只承受反转矩,同样半轴内端也只承受转矩,而作用在主减速器从动齿轮上的力及其形成的弯矩,全部由差速器壳直接承受。故这种半轴支承形式,使半轴只承受转矩,而两端均不承受其他任何反力和弯矩,所以称为全浮式半轴支承。所谓"浮"是对卸出半轴的弯曲载荷而言。

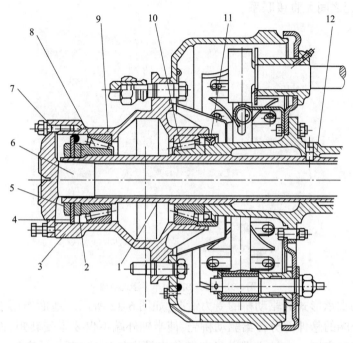

图 6-29 东风 EQ1090E 型汽车全浮式半轴支承
1-半轴套管;2-调整螺母;3、11-油封;4-锁紧垫圈;5-锁紧螺母;6-半轴;7-轮毂螺栓;8、10-圆锥滚子轴承;9-轮毂;12-驱动桥壳

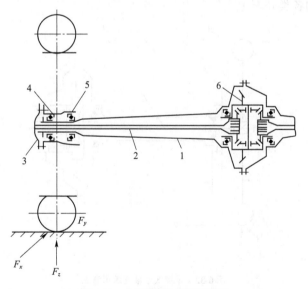

图 6-30 全浮式半轴支承示意图
1-桥壳;2-半轴;3-半轴凸缘;4-轮毂;5-轮毂轴承;6-主减速器从动锥齿轮

全浮式半轴支承便于拆装,只须拧下半轴凸缘上的轮毂螺栓,即可将半轴抽出,而车轮和桥壳照样能支持住汽车。

（2）半浮式半轴支承。

迈腾 B7L 轿车半浮式半轴，如图 6-31 所示。半轴外端的花键与轮毂连接。这样的支承形式，车轮与桥壳之间无直接联系。

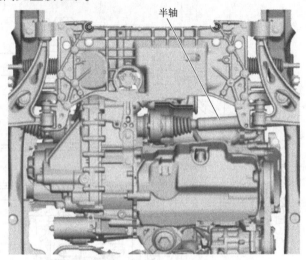

图 6-31　迈腾 B7L 轿车半浮式半轴

半浮式半轴支承形式的驱动桥的受力情况，如图 6-32 所示。地面作用于车轮的各种反力都须经半轴外端的悬伸部分传给驱动桥壳，使半轴外端不仅要承受转矩，而且还要承受各种反力及其形成的弯矩。半轴内端通过花键与半轴齿轮连接，不承受弯矩。故称这种支承形式为半浮式半轴支承。半浮式半轴支承结构简单，但半轴受力情况复杂且拆装不便，多用于反力、弯矩较小的各类轿车上。

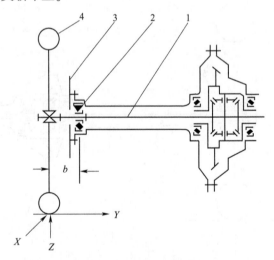

图 6-32　半浮式半轴支承示意图
1-半轴；2-圆锥滚子轴承；3-轴承盖；4-车轮

14. 桥壳

1）桥壳的功用

驱动桥壳既是传动系统的组成部分，同时也是行驶系统的组成部分。作为传动系统的组成部分,其功用是安装并保护主减速器、差速器和半轴。作为行驶系统的组成部分,其功用是安装悬架或轮毂,和从动桥一起支承汽车悬架以上各部分质量,承受驱动轮传来的反力和力矩,并在驱动轮与悬架之间传力。

由于桥壳承受较复杂的载荷,因此,要求桥壳应具有足够的强度和刚度、质量小,便于主减速器的拆装和调整。由于桥壳的尺寸和质量比较大,制造比较困难,故其结构形式在满足使用要求的前提下,要尽可能便于制造。

2)桥壳的类型

驱动桥壳从结构上可分为整体式桥壳和分段式桥壳两种类型。

(1)整体式桥壳。

整体式桥壳因制造方法不同又有多种形式。常见的有整体铸造、钢板冲压焊接、中段铸造两端压入钢管、钢管扩张成型等形式。整体铸造式桥壳,具有较大的强度和刚度,且便于主减速器的拆装和调整。缺点是质量大,铸造质量不易保证。因此,适用于中型以上货车。

①整体铸造。

解放 CA1092 型汽车的整体式桥壳如图 6-33 所示,由中部的空心梁、半轴套管、主减速器壳及后盖等组成。

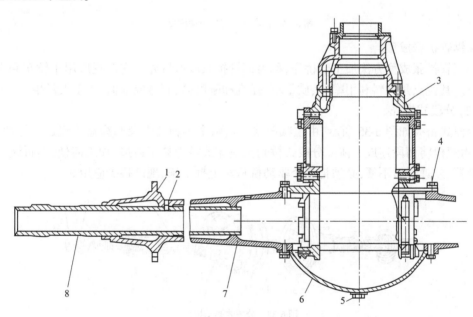

图 6-33 解放 CA1092 型汽车的整体式桥壳
1-凸缘盘;2-止动螺钉;3-主减速器壳;4-固定螺钉;5-油面检查螺塞;6-后盖;7-空心梁;8-半轴套管

空心梁用球墨铸铁铸成,中部有一环形大通孔,前端用来安装主减速器及差速器总成。后端的大孔用来检查驱动桥内主减速器和差速器的工作情况。后盖用螺钉装于后端面,上面装有检查油面用的螺塞。主减速器壳上另有加油孔和放油孔。空心梁上凸缘盘用以固定制动底板,两端压入钢制半轴套管,并用止动螺钉限定位,轴套管外端轴颈用以安装轮毂轴承。为了对轴承进行限位及调整轴承预紧度,最外端还制有螺纹。

②中段铸造两端压入钢管。

中段铸造两端压入钢管的桥壳,质量较小,工艺简单且便于变形,但刚度较差,适用于批量生产。北京 BJ2020 型汽车驱动桥壳属于此种类型。

③钢板冲压焊接。

北京 BJ1040 型汽车的钢板冲压焊接驱动桥壳,如图 6-34 所示。它主要由冲压成型的上、下两个桥壳主件、四块三角形镶块、前后两加强环、一个后盖以及两端两个半轴套管组焊成。为了防止桥壳内润滑油外溢,有的汽车在桥壳轴管处焊有挡油环或加装油封。

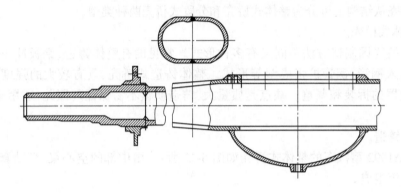

图 6-34　汽车冲压焊接驱动桥壳

④钢管扩张成型。

用钢管扩张成型方法加工的桥壳,称为钢管扩张成型桥壳。它广泛应用于轿车和微、轻型货车。其优点是材料利用率好、质量小、强度和刚度高、制造成本低,适于大量生产。

(2) 分段式桥壳。

分段式桥壳如图 6-35 所示,由主减速器、盖、两个半轴套管及凸缘盘等组成。一般分为两段,由螺栓将两段连成一体。分段式桥壳比整体式桥壳易于铸造,加工简便;但拆装、维修主减速器、差速器时不便,必须把整个驱动桥从车上拆下来,现已很少应用。

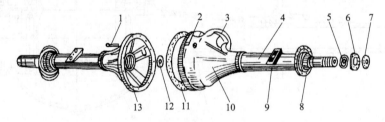

图 6-35　分段式驱动桥壳

1-螺栓;2-注油孔;3-主减速器壳颈部;4-半轴套管;5-调整螺母;6-止动垫片;7-锁紧螺母;8 -凸缘盘;9-弹簧座;10-主减速器壳;11-垫片;12-油封;13-盖

二、任务实施

1.驱动桥主要零件检修

1)桥壳和半轴套管的检修

(1)桥壳和半轴套管不允许有裂纹存在。各部螺纹损伤不得超过 2 牙,否则更换。

(2)钢板弹簧座定位孔的磨损不得大于1.5mm。逾限时,先进行补焊,然后按原位置重新钻孔。

(3)整体式桥壳以半轴套管的两内端轴颈的公共轴线为基准,两外端轴颈的径向圆跳动误差超过0.30mm时应进行校正,校正后的径向圆跳动误差不得大于0.08mm。

(4)桥壳承孔与半轴套管的配合及伸出长度应符合原厂规定。如半轴套管承孔的磨损严重,可将座孔镗至修理尺寸,更换相应的修理尺寸半轴套管。

(5)滚动轴承与桥壳的配合应符合原厂规定。如配合处过于松旷,可用刷镀修复轴承孔。

2)半轴的检修

(1)半轴应进行探伤检查,不得有裂纹存在。半轴花键应无明显的扭曲,否则更换。

(2)以半轴轴线为基准,半轴中段未加工圆柱体径向圆跳动误差不得大于1.30mm;花键外圆柱面的径向圆跳动误差不得大于0.25mm;半轴凸缘内侧端面圆跳动公差为0.15mm。径向圆跳动超限,应进行冷压校正;端面圆跳动超限,可车削端面进行修正。

(3)半轴花键与半轴齿轮及凸缘键槽的侧隙不得大于原厂设计规定的0.15mm。

3)主减速器壳的检修

(1)壳体应无裂损,各部位螺纹的损伤不得多于2牙,否则应换新。

(2)差速器左、右轴承孔同轴度公差为0.10mm。

(3)圆柱主动齿轮轴承(或侧盖)承孔轴线及差速器轴承孔轴线对减速器壳前端面的平行度公差:当轴线长度在200mm以上,其值为0.12mm;当轴线长度小于或等于200mm,其值为0.10mm。

(4)主减速器壳纵轴线对横轴线的垂直度公差:当纵轴线长度在300mm以上,其值为0.16mm;纵轴线长度小于或等于300mm,其值为0.12mm;纵、横轴线应位于同一平面(双曲线齿轮结构除外),其位置度公差为0.08mm。

(5)主减速器壳与侧盖的配合及圆柱主动齿轮轴承与减速器壳(或侧盖)的配合应符合原设计规定。

4)锥齿轮副的检修

(1)齿轮不应有裂纹,齿轮工作表面不得有明显斑点、剥落、缺损,否则应更换。

(2)以圆锥主动齿轮壳后轴承孔轴线为基准,前轴承承孔的径向圆跳动及各端面的端面圆跳动公差为0.06mm。圆锥从动齿轮端面对其轴线的圆跳动公差为0.10mm。圆锥主动齿轮花键与凸缘键槽的侧隙不大于0.20mm。逾限时,可酌情修理或更换。

(3)圆锥主、从动齿轮啮合齿隙为0.15~0.50mm,否则应进行调整。

(4)圆锥主动齿轮轴承预紧力应符合原设计规定或圆锥主动齿轮轴承的轴向间隙不大于0.05mm,否则应进行调整。

(5)主动圆锥齿轮:轮齿锥面的径向圆跳动公差为0.05mm;前后轴承与轴颈、轴承孔的配合应符合原厂规定;从动锥齿轮的铆钉连接应牢固可靠;用螺栓连接的,连接螺栓的紧固应符合原厂规定,紧固螺栓锁止可靠。

(6)齿轮若需更换时,必须成对更换。

5)圆柱齿轮副的检修

(1)齿轮不应有裂纹,齿轮工作表面不得有明显斑点、剥落、缺损,否则应更换。

(2)圆柱主动齿轮轴承与轴颈的配合间隙不得大于原设计规定 0.012mm。

(3)圆柱主、被动齿轮啮合齿隙为 0.15～0.70mm。逾限时应更换齿轮副。

6)差速器的检修

(1)差速器壳产生裂纹,应更换。

(2)差速器壳与行星齿轮、半轴齿轮垫片的接触面应光滑,无沟槽。如有小的沟槽,可用砂纸打磨,并更换半轴齿轮垫片。

(3)行星齿轮、半轴齿轮不得有裂纹,工作表面不得有明显斑点、脱落和缺损,否则更换。

(4)差速器壳体与轴承、差速器壳与行星齿轮轴的配合应符合原厂规定。

7)滚动轴承的检修

(1)轴承的钢球(或柱)和滚道上不得有伤痕、剥落、严重黑斑或烧损变色等缺陷,否则应更换。

(2)轴承架不得有缺口、裂纹、铆钉松动或钢球(或柱)脱出等现象,否则应更换。

(3)轮毂。

①轮毂应无裂损,轮毂各部位螺纹的损伤不得多于 2 牙,否则更换。

②轮毂与半轴凸缘及制动鼓的接合端面对轮毂内外轴承孔公共轴线的端面圆跳动公差均为 0.15mm,超值可车削修复。

③轮毂轴承孔与轴承的配合应符合原厂规定。轴承孔磨损逾限,可用刷镀或喷焊修理。

2. 主减速器的检查与调整

1)检查主减速器从动锥齿轮端面跳动量

如图 6-36 所示,检查从动锥齿轮端面跳动量,最大跳动量为 0.07mm。如果超过最大值,就应更换从动锥齿轮。

2)检查主减速器齿轮的齿侧间隙

如图 6-37 所示,将百分表触头顶靠在从动锥齿轮的齿面上,前后转动从动锥齿轮,从百分表上可以读得齿侧间隙。齿侧间隙应为 0.13～0.18mm,如果超过这个范围,就应调整差速器壳两侧轴承的预紧度或进行修理。

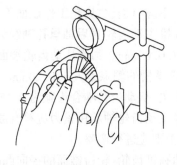

图 6-36 检查主减速器从动锥齿轮端面跳动量　　图 6-37 检查主减速器齿轮的齿侧间隙

3)检查半轴齿轮的齿侧间隙

如图 6-38 所示,将百分表触头顶在半轴齿轮的齿面上,将一行星齿轮固定,用手指来回轻轻地转动半轴齿轮,即可从百分表上读得齿侧间隙。标准间隙为 0.50～0.20mm,如果间隙不当,就可选择不同厚度的推力垫片进行调整,两侧推力垫片厚度应相等。

4)测量主动锥齿轮轴承的预紧度

如图6-39所示,用扭力计转动主动锥齿轮轴,当转矩为0.59~0.98N·m时轴开始转动,轴承预紧度为合适。

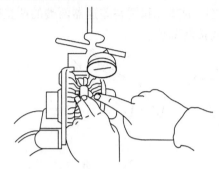

图6-38 检查半轴齿轮的齿侧间隙

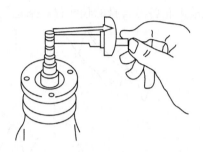

图6-39 测量主动锥齿轮轴承的预紧度

主减速器的调整包括主、从动圆锥齿轮轴承预紧度的调整(含差速器轴承预紧度的调整);主、从动圆锥齿轮啮合印痕和啮合间隙等调整等项目。由于主减速器的调整质量是决定主减速器圆锥齿轮副使用寿命的关键。因此,在进行调整作业时,必须遵守主减速器的调整规则:先调整轴承的预紧度,再调整啮合印痕,最后调整啮合间隙;主、从动圆锥齿轮轴承的预紧度必须按原厂规定的数值和方法进行调整与检查,在主减速器调整过程中,轴承的预紧度不得变更,始终都应符合原厂规定值;在保证啮合印痕合格的前提下,调整啮合间隙,且啮合印痕、啮合间隙和啮合间隙的变化量都必须符合技术条件,否则成对更换齿轮副。

调整差速器壳轴承预紧度,其方法是:

(1)拧紧轴承盖螺栓,直至轴承盖弹性垫片受到一定压力为止。

(2)用专用工具(SST:09504—00011)拧紧调整螺母,如图6-40所示,直到主、从动锥齿轮齿侧间隙为0.2mm。

(3)用专用工具拧紧位于主动锥齿轮一侧的调整螺母,检查主、从动锥齿轮的齿侧间隙。如果在拧紧从动锥齿轮时导致齿侧间隙变化,就应放松调整螺母,直到齿侧间隙消除为止。

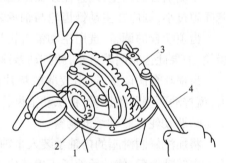

图6-40 测量差速器壳轴承预紧度
1-主减速器壳;2-调整螺母;3-轴承壳;4-专用工具

(4)将百分表装在从动锥齿轮一侧轴承盖的附近,拧松另一侧的调整螺母。拧紧调整螺母,直到百分表指针开始摆动为止。

将调整螺母再拧紧1~1.5个圆孔位置(1/16~1/10圈)。用百分表检查主、从动齿轮齿侧间隙,如果间隙没在0.13~0.18mm,就需要等量地拧动左、右两个高速螺母进行调整,即一侧调整螺母拧松多少,另一侧调整螺母拧紧多少。

以78N·m的力矩拧紧轴承盖螺栓。再检查齿侧间隙,并用扭力计测量主动锥齿轮轴承紧度,预紧度应为0.39~0.59N·m。

5)检查主、从动锥齿轮的啮合印迹

(1)在从动锥齿轮三个或四个不同位置的轮齿上涂以红铅油。

(2)用手握住主减速器凸缘,朝两个不同方向转动从动锥齿轮。

(3)检查啮合印迹的情况,如图6-41所示。图中注释3的啮合印迹为正确的接触部位,并且轮齿正、反面的啮合印迹应该一样。对于不正确的啮合印迹,可通过移动主、从动齿轮进行调整,也就是通过增减主动锥齿轮与后轴承之间的垫片和调整差速器两端的调整螺母,使主、从动齿轮各沿自身的轴线移动来达到正常的接触部位。

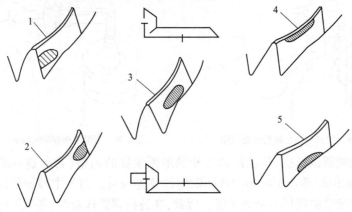

图6-41 从动锥齿轮的啮合印迹情况
1-大端啮合;2-小端啮合;3-正确啮合;4-齿顶啮合;5-齿根啮合

大端啮合的调整:调整差速器两端的调整螺母,使从动锥齿轮离开主动锥齿轮。若此齿侧间隙增大,则可增加主动锥齿轮与后轴承之间垫片的厚度,使主动锥齿轮内移。

小端啮合的调整:调整差速器两端的调整螺母,使从动锥齿轮接近主动锥齿轮。若此齿侧间隙过小,则应在主动锥齿轮与轴承之间选用较薄的垫片,使主动锥齿轮向外移。

齿顶啮合的调整:选用主动锥齿轮与后轴承之间较厚的垫片,使主动锥齿轮靠近从动锥齿轮,如果此齿轮间隙过小,就拧动差速器两侧调整螺母,将从动锥齿轮向外移动。

齿根啮合的调整,选用较薄的垫片,使主动锥齿轮离开从动锥齿轮。如果齿侧间隙过大,就拧动两侧调整螺母,将从动锥齿轮向内移。

6)驱动轮轮毂轴承的调整

将加注好润滑脂的内轴承装入半轴套管上,装入轮毂和外轴承,边拧调整螺母边正反两个方向转动轮毂,使轴承滚子正确就位。以规定力矩拧紧调整螺母,并将螺母按规定退回一定角度。然后装上油封和锁紧垫圈,并使调整螺母上的销子穿入锁紧垫圈的孔内。最后将锁紧螺母以规定力矩拧紧。调整后,轮毂应能自由旋转,而无明显的轴向松动和摆动现象。

三、评价与反馈

1. 自我评价

(1)通过本学习任务的学习,你是否已经知道以下问题:

①驱动桥功用有哪些?

②驱动桥类型有哪些?

③主减速器、差速器的结构包括哪些部分?

④驱动桥的检修内容有哪些?如何检修?

(2)实训操作完成情况如何?

(3)通过本学习任务的学习,你认为自己的知识和技能还有哪些需要加强?

学生签名:_____ _____年___月___日

2.小组评价(表6-1)

小组评价表　　　　　　　　　　　　　表6-1

序号	评价项目	是否达到要求	记　录
1	着装是否符合要求		
2	是否能合理规范使用仪器和设备		
3	是否按照安全和规范流程操作		
4	是否遵守实训场地的规章制度		
5	是否能保持实训场地、工具设备整洁		
6	是否具有团队协作精神		

参与评价的学生签名:_____ _____年___月___日

3.教师评价

教师签名:_____ _____年___月___日

四、技能考核标准(表6-2)

技能考核标准表　　　　　　　　　　　　表6-2

序号	检修项目	检修内容	评价标准(每项累计扣分不超过配分)	配分	得分
1	作业安全/6S	作业安全	出现安全事故终止此项目抽查,成绩记零分	20	
		职业素养/6S	1.着装不规范每处扣3分,扣完为止 2.作业中没有及时清洁、整理工量具、清扫场地,每次扣2分,扣完为止 3.垃圾未分类回收,每次扣1分 4.竣工后未清理考核场地,扣2分 5.出现工具设备损伤、身体擦伤或碰伤等,每次扣2分,扣完为止 6.不服从考官、出言不逊,每次扣3分		
2	手册使用	检修前翻至相关页面	检修前未进行维修手册查询每次扣2分,扣完为止	5	
3	检查驱动轴	固定驱动轴总成	没有将维修手册翻到相应的页码扣2分	4	
			没有使用铝板或台钳固定扣2分		
		检查内外球节工作状态	转动平滑	轴向松动没有检查扣2分	4	
				径向松动没有检查扣2分		

续上表

序号	检修项目	检修内容	评价标准(每项累计扣分不超过配分)	配分	得分
4	内侧球节	清洁球节总成	没有清洁扣2分	2	
		拆卸内侧球节	1. 没有使用铜棒多个位置敲击扣3分 2. 敲击滚子扣3分 3. 在内侧球节和外侧球节轴上没有画上记号扣3分（不能用冲子冲记号）	9	
		拆卸内侧卡环	工具或方法错误扣2分	2	
		拆卸三脚头球节总成	没有在三角头球节和外侧球节轴上画上标记扣2分（不能用冲子冲记号）	2	
		拆卸内侧防尘罩	不能正确拆卸内侧防尘罩扣2分	2	
		拆卸卡箍	不能正确拆卸卡箍扣2分	2	
5	驱动轴缓冲器	拆卸驱动轴缓冲器	不能正确拆卸驱动轴缓冲器扣2分	2	
6	外侧球节	拆卸外侧球节防尘罩	不能正确拆卸外侧球节防尘罩扣2分	2	
		清洁总成(口述)	口述正确、口齿清晰	2	
		更换卡环	1. 没有更换新卡环扣1分 2. 卡环安装方法错误扣2分	3	
		涂抹润滑脂（口述）	涂润滑脂	3	
			口述正确、口齿清晰		
		安装新外侧球节防尘罩	没有用胶带保护内球节轴的花键齿扣2分	6	
			在此过程涂抹润滑脂时,涂至球节安装表面扣2分		
			护套安装不到位扣2分		
		安装卡箍	卡箍安装方法错误扣2分	2	
7	安装缓冲器	安装缓冲器	检查缓冲器外缘到球节外缘距离 A，$A=432.4mm\pm2.0mm$，没有检查或测量错误扣3分	3	
8	安装内侧球节	安装新的内侧球节防尘罩	没有更换新件或安装方法错误扣2分	2	
		安装卡箍	卡箍安装不到位扣2分	2	
		安装三脚头球节总成	没有对准记号扣2分	2	
		安装新的卡环	没有更换新件或安装方法错误扣2分	2	
		涂抹润滑脂（口述）	润滑脂量99~109g,涂抹过多或过少扣2分	2	
		安装内球节总成	没有对准记号扣2分	2	
		用夹箍紧固防尘套	没有紧固扣2分	2	
9	检查	检查安装效果	转动平滑	4	
			轴向松动没有检查扣2分		
			径向松动没有检查扣2分		
		清洁及整理	清洁到位	2	

续上表

序号	检修项目	检修内容	评价标准(每项累计扣分不超过配分)	配分	得分
10	工单填写	确认检测步骤完成情况及检修结果填写	工单填写情况酌情扣分	5	
		总分		100	

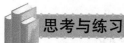

思考与练习

(一) 填空题

1. 半轴的支承形式分为_____和_____两种。半轴的一端与_____相连,另一端与_____相连。

2. 驱动桥壳可分为_____和_____两种类型。驱动桥主要由桥壳_____、_____、_____和_____组成。

3. 主动锥齿轮的支撑方式有_____和_____两种。

(二) 选择题

1. 上坡时后桥发响,则为齿轮啮合间( )。
   A. 过小　　B. 过大　　C. 过大或过小

2. 虽然传动轴旋转但汽车不能起动,则说明故障发生在后桥。顶起后桥,转动一个后轮时,若传动轴不转,另一后轮反转,说明圆锥从动齿轮铆钉( )。
   A. 部分切断　　B. 全部切断　　C. 拉长

3. 汽车转弯行驶时,差速器中的行星齿轮( )。
   A. 只有自转,没有公转　　B. 既有自转,又有公转

(三) 判断题

行星齿轮式差速器总是把它所得到的转矩,不均匀地分配给左、右半轴齿轮。　( )

(四) 简答题

1. 驱动桥的功用是什么?它由哪几部分组成?其动力是如何传递的?
2. 驱动桥有哪些类型?各自特点是什么?
3. 桑塔纳轿车单级主减速器的构造是怎样的?有哪些调整项目?
4. 何谓双曲面齿轮传动主减速器?有何特点?
5. 汽车双级主减速器有何特点?
6. 驱动桥中为什么要设差速器?
7. 画简图并叙述行星锥齿轮差速器的工作原理。
8. 防滑差速器有哪些类型?
9. 试述强制锁止差速器的工作原理。
10. 常用的半轴支承形式有哪些?分析其受力情况。

(五) 计算题

已知轮边减速器太阳轮齿数为17,内齿圈齿数为43,求它的减速比为多少?

单元七　四轮驱动系统构造与检修

学习任务　四轮驱动系统构造与检修

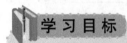

☞ **知识目标**
1. 能叙述四轮驱动系统的功用和类型；
2. 能叙述四轮驱动系统的基本结构；
3. 能分析四轮驱动系统的基本工作原理。

☞ **技能目标**
能查阅维修资料，借助常用及专用工具，对四轮驱动系统各主要部件进行检修。

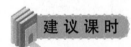

4 课时。

一、理论知识准备

为了改善汽车在越野时或在泥泞、雪地中行驶时的驱动条件，越野汽车可将四个车轮全部作为驱动轮。一些高性能的轿车也装备了四轮驱动来改进汽车的操纵性能。对于四轮驱动系统，发动机动力可以流向四个车轮，在道路不好的情况下行驶，可以极快地增加汽车的牵引力，同时在汽车转弯时能改善操纵性能，使动力作用在路面的四个车轮上。

1. 四轮驱动汽车的驱动形式

如图 7-1 所示，四轮驱动（4WD）汽车可分为前置后驱、前置前驱和后置后驱等几种驱动形式。

2. 四轮驱动系统的分类

1）短时四轮驱动系统

短时四轮驱动系统又称为分时四轮驱动系统，也称为"四轮驱动（Four Wheel Drive，4WD）"，即驾驶员根据路面情况，通过操纵拉杆或开关，接通或断开分动器来切换两轮驱动或四轮驱动模式，如图 7-2a）所示。

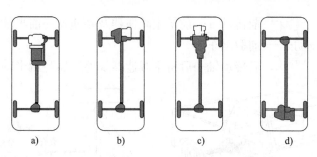

图 7-1 四轮驱动汽车的驱动形式

a) 前置后驱汽车；b) 前置前驱汽车（发动机横置）；c) 前置前驱汽车（发动机纵置）；d) 后置后驱汽车

短时四轮驱动系统的优点是在公路上行驶使用两轮驱动，提高了车辆使用的经济性；当遇到雨雪路况时，使用四轮驱动，增强了车辆的附着力和操控性，提高了汽车的行驶能力。

短时四轮驱动系统是一般越野汽车或四驱 SUV 最常见的驱动模式，一般为后轮驱动。例如：切诺基越野车、三菱帕杰罗汽车、丰田陆地巡洋舰等汽车。

2) 常时四轮驱动系统

常时四轮驱动系统又称为全时四轮驱动系统，也称为"全轮驱动（All Wheel Drive，AWD）"，即不需人工操作，汽车总是处于四轮驱动状态；行驶时，将发动机输出转矩按 50∶50 设定在前后轮上，使前后车轮保持等量转矩的驱动模式，如图 7-2b) 所示。

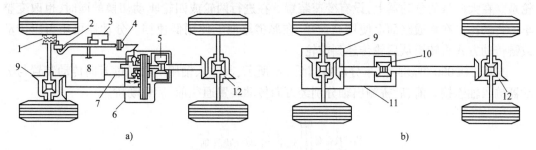

图 7-2 短时四轮驱动与常时四轮驱动的区别

a) 短时四轮驱动；b) 常时四轮驱动

1-前桥离合器；2、4-真空马达；3-开关；5-带离合器组件的差速器；6-分动器；7-变速器；8-2WD 和 4WD 选择器；9-前驱动桥；10-轴间差速器；11-变速驱动桥；12-后驱动桥

常时四轮驱动系统的优点是具有良好的驾驶操控性和行驶性，可减少轮胎的磨损；其缺点是燃油消耗高，经济性不好。

常时四轮驱动系统是一种公路驾驶系统，主要是提高公路驾驶性和全天候性，而不是越野性。例如：本田 CR-V、奥迪 A6L 等。

3. 四轮驱动系统的组成与工作原理

典型载货汽车或通用的四轮驱动汽车传动系如图 7-3 所示，由前置发动机、变速器（手动或自动）、两个传动轴（前和后）、前桥和后桥（轴）以及分动器组成。分动器有一电子开关或操纵杆，驾驶员用其选择控制分动器，将动力传至四个车轮、两个车轮或不传递至任何一个车轮。为了改善汽车的驱动条件，许多分动器均设有高低挡。

BJ2021 型越野汽车的四轮驱动系统如图 7-4 所示，由离合器、变速器、分动器、万向传动装置、驱动桥等部分组成，其动力传递路线如下：

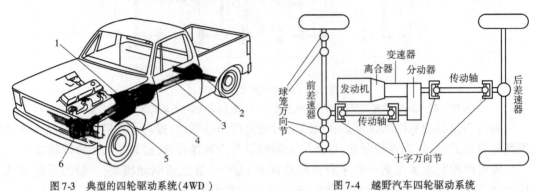

图 7-3 典型的四轮驱动系统(4WD)
1-变速器;2-后桥总成;3-后传动轴;4-分动器;5-前传动轴;
6-前驱动桥

图 7-4 越野汽车四轮驱动系统

1)分动器

分动器又称为分动齿轮箱或分动箱,其作用是把变速器传递来的动力分配给前、后驱动轮系。在大多数的分动器上,设有变速装置。在进行两轮或四轮驱动切换的同时,也改变整车的传动比。在普通路面上使用高速挡,在恶劣路面上使用低速挡。分动器可用齿轮传动或链传动方式将转矩从后轮传递到前轮。

东风 EQ2080 型越野汽车分动器如图 7-5 所示,其输入轴用凸缘通过万向传动装置与分动器输入轴连接。前、后桥输出轴分别经万向传动装置通往前、后驱动桥。

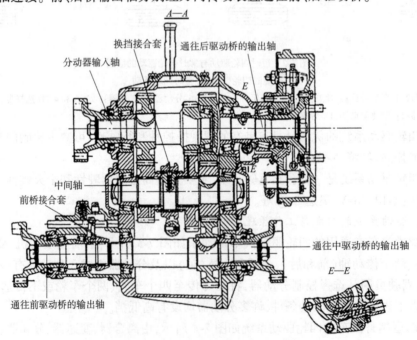

图 7-5 东风 EQ2080 型越野汽车分动器

由于分动器在挂入低挡工作时的输出转矩较大,为了避免后桥超负荷,必须使前桥参加驱动,让前轮分担一部分载荷。因此,要求分动器操纵机构必须保证:若非先挂上前桥,则不得挂入低速挡;若非先退出低速挡,则不能摘下前桥。上述要求是由分动器的互锁装置来实现的。

下面介绍一种常用的球销式互锁装置,如图7-6所示。

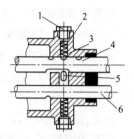

在两根拨叉轴之间装有互锁销5,图示位置前桥未接合,由于互锁销5的锁止作用,换挡拨叉轴4只能向右移动,挂入高速挡,而不能向左移动挂低挡。因而保证了未挂前桥不能挂低速挡的要求。当将前桥接合拨叉轴6向右移动挂上前桥后,轴6上方的凹槽对准了互锁销,轴4便可向左移动将互锁销从轴4的长凹槽中挤出而推入轴6的凹槽中,从而可以挂入低速挡。同时,轴6便被锁住而不能摘下前桥。只有将轴4向右移动至空挡或高挡位置时,互锁销5又伸入到轴4的长凹槽中,才能移动轴6摘下前桥。这就满足了摘下前桥之前必须先退出低速挡的要求。

图7-6 分动器球销式互锁装置
1-螺塞;2-弹簧;3-钢球;4-高低挡拨叉轴;5-互锁销;6-前桥接合拨叉轴

切诺基4WD轻型越野汽车的231分动器结构,如图7-7所示。它采用了行星齿轮减速机构,并且在前、后输出轴13和8之间传递动力时采用链条传动,接通前桥时使用了锁环式同步器。

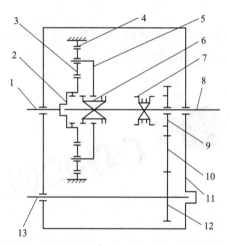

图7-7 切诺基4WD轻型越野汽车231分动器
1-输入轴;2-输入轴齿轮(太阳轮);3-行星齿轮;4-齿圈;5-行星架;6-行星齿轮接合套;7-锁环式同步器接合套;8-通往后驱动桥的后输出轴;9-主动链轮;10-传动链;11-壳体;12-从动链轮;13-通往前驱动桥的前输出轴

将接合套6左移,使其左端接合齿圈与输入轴1的太阳轮2的内齿圈接合,分动器挂入直接挡(高速挡,传动比为1)。动力由输入轴经太阳轮、接合套6直接传给后输出轴8,此时前输出轴13不输出动力,为高速挡两轮驱动工况(挡位符号用2H表示)。

在上述情况下,将同步器接合套7右移与链轮9接合,动力从后输出轴8经接合套7、主动链轮9、传动链10、从动链轮12,传到前输出轴,此时为高速挡四轮驱动工况(用4H表示)。

当接合套6右移,其左端接合齿圈与行星架5的内齿圈接合时,动力由输入轴经太阳轮、行星齿轮3、行星架、接合套6传到后输出轴;同时,动力通过传动链传给前输出轴。此时,为低速挡(传动比为 2.72)四轮驱动工况(用 4L 表示)。

为了改善润滑,在分动器后壳体的后输出轴孔处装设了转子式油泵。后输出轴驱动油泵将润滑油加压并通过后输出轴的中心油道连续不断地送到接合套、齿轮等润滑部位。

2)驱动桥上的锁毂装置

四轮驱动的越野汽车,当行驶在平直道路上时,驾驶员通常不使用前轮驱动,即使分动器处于空挡位置,以提高车辆的行驶速度和降低轮胎的磨耗。但此时的前驱动传动机构(内外半轴、差速器、万向节、传动轴以及分动器齿轮)在前轮的带动下会做不传递动力的空转,当车辆加速时会增加动力的消耗和零件的磨损,车辆在制动时的冲击将使传动件产生变形和噪声。

为此,越野汽车的转向驱动桥上加装了特殊的锁毂装置,使转向驱动桥的传动机构在分动器空挡的情况下,也不做无谓的转动,借以提高车辆的经济性和降低车辆的传动噪声,并延长传动件的使用寿命。例如,北京吉普、丰田陆地巡洋舰(LAND CRUISER)等汽车装备的自由轮轴套,北京切诺基 213 驱动桥上的半轴离合器、三菱帕杰罗汽车上的自由离合器装置等,均能实现上述功能。目前,自由轮轴套装置在国内生产的四轮驱动越野汽车上的应用较为普遍。

(1)自由轮轴套。

自由轮轴套又称为前驱动车轮手控离合器或轮边手控离合器,有些维修手册中也称作锁定毂。

自由轮轴套位于转向驱动桥与车轮之间,停车时手控操纵自由轮轴套,可以切断轮毂与传动半轴的动力联系。典型的自由轮轴套结构如图 7-8 所示。

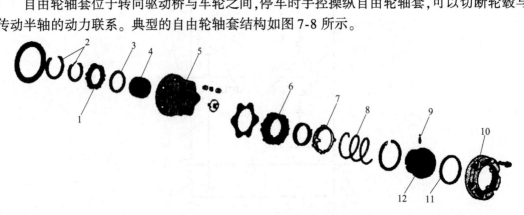

图 7-8　陆地巡洋舰自由轮轴套分解图

1-自由轮轴套环;2-卡环;3-隔圈;4-内轴套;5-自由轮轴套本体;6-离合器;7-棘轮掣子;8-弹簧;9-钢球和弹簧;10-自由轮轴套盖;11-密封件;12-手动控制盘

如图 7-9 所示,手动控制盘有两个位置可以选择:锁定(LOCK)位置和脱离锁定(FREE)位置。当转动手动控制盘至锁定位置时,轮毂与半轴被锁定,从而一起转动;当转动手动控制盘至自由运转位置时,半轴并不转动,车轮在毂的轴承上自由运转,而不带动差速器、前传动轴等发生转动。

自由轮轴套的工作过程如图 7-10 所示,通过手动控制盘施加或释放离合器上的弹簧力进行控制。当手动控制盘处于锁定位置时,弹簧力使离合器与和半轴相连的内轴套相连,即把半轴和轮毂接合。在脱离锁定位置时,离合器与内轴套分离,车轮将在轴承上自由旋转。

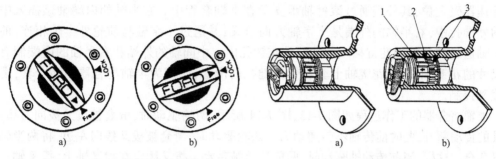

图 7-9 手动控制盘的旋钮位置
a)自由运转位置;b)锁定位置

图 7-10 自由轮轴套的工作过程
a)锁定;b)自由
1-内离合器环;2-压力弹簧;3-半轴套环

(2)半轴离合器。

北京切诺基 BJ2021 是越野型四轮驱动的轻型汽车,因此其前、后桥均为驱动桥,故前、后桥均装有主减速器和差速器,都有车轮传动半轴,但为了使车辆在两轮行驶时获得更好的行驶性和节约燃料,前桥半轴设有半轴离合器。

北京切诺基前桥结构如图 7-11 所示,其桥壳形式与后桥基本相同,主要差别在于前桥右半轴套管中部装有半轴离合器(也称分离器),如图 7-12 所示,所以右半轴套管分成两段,主传动装置以及差速器与半轴的连接方式等基本结构与后桥相同。

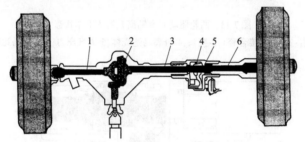

图 7-11 切诺基前驱动桥
1-左半轴;2-减速器被动齿轮;3-中间轴;4-半轴离合器;5-桥壳;6-右半轴

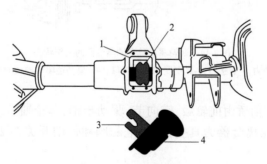

图 7-12 半轴离合器
1-换挡控制;2-滑套;3-拨叉;4-换挡电机

前桥半轴分为右半轴、左半轴、中间轴三段,其中左半轴内端与差速器壳左侧相连,中间轴的内端与差速器壳右侧相连。为了对中间轴进行轴向定位,中间轴的内端有一卡圈与差速器壳定位,其外端通过滚针轴承支承在半轴套管中。右半轴的内端轴颈插入中间轴的外端孔中,右半轴的外端是十字轴万向节叉,并通过十字轴与前轮外半轴相连,前轮外半轴通过其外端的花键插入前轮毂的花键孔内。中间轴的外端和右半轴的内端制有相同尺寸的花键轴段,在花键轴上套着带花键孔的滑套,此即为半轴离合器的啮合套,滑套被拨叉控制。

半轴离合器的工作过程如图 7-13、图 7-14 所示,两轮驱动时,滑套被拨叉拨向右边,两半轴的传动断开,此时前传轴不传递动力。四轮驱动时,滑套被拨叉拨向左边,将两半轴花键段套合。这样,当前传动轴驱动时,两前轮就被带动。拨叉固定在拨叉轴上,拨叉轴一端固定在膜片式压差驱动器(称为分离马达)的可轴向移动的膜片组件上,另一端滑套在与分离马达连接的半轴离合器盖孔中,盖(半轴离合器壳体)被螺栓固定在前桥壳上。

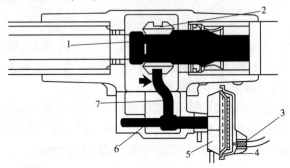

图 7-13 两轮驱动时半轴离合器的工作状态
1-中间轴花键齿;2-滑套(接合套);3-接头;4-分离马达壳体;5-大气压力;6-分离马达驱动轴;7-拨叉

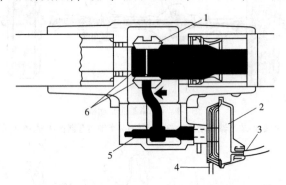

图 7-14 四轮驱动时半轴离合器的工作状态
1-滑套;2-大气压力;3-前接口;4-真空度加到后接口;5-分离马达驱动轴;6-两轴花键齿被套合

(3)自由轮离合器。

三菱帕杰罗汽车的前桥由前轮毂、转向节、驱动半轴、车轮轴承、球头、前差速器和自由轮离合器组成。自由轮离合器为真空控制,电磁阀和促动开关在 2WD 和 4WD 之间传递动力。

4.全轮驱动系统

1)全轮驱动系统的组成

典型的全轮驱动系统如图 7-15 所示,由发动机、变速器、轴间差速器、传动轴及前后驱动桥组成。

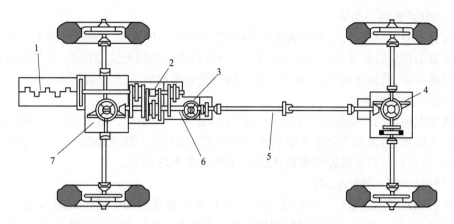

图 7-15 典型的全轮驱动系统

1-发动机；2-五速手动变速器；3-轴间差速器；4-后桥总成；5-传动轴；6-变速器第二轴；7-前桥总成

在全轮驱动系统中，驾驶员不能在 2WD 或 4WD 之间选择。这种系统始终把发动机的大部分转矩等值传递到四个车轮，使汽车在滑溜和冰雪路面上有更好的控制性。全轮驱动装置是为增加车辆在不良或滑溜路面上的牵引力而设计的。因此，全轮驱动车型不适用于越野行驶，适用于在公路和低于正常行驶条件(非越野)以下的路面上行驶。

全轮驱动系统通过把大部分发动机动力传递到有最大附着力的驱动桥上，从而产生最大的控制。大多数全轮驱动设计采用一个轴间差速器来分流前、后桥之间的动力。在某些设计上，轴间差速器可自动锁定，或者由驾驶员用开关手动锁定。全轮驱动系统也可使用黏液耦合器来使驱动桥的速度产生变化。

2) 轴间差速器

(1) 轴间差速器的功用。

在全轮驱动汽车上，除了上述两个差速器之外，在前、后传动轴之间还布置一个轴间差速器，如图 7-16 所示。轴间差速器位于前轮和后轮之间，又具有差动功能，因而又叫作中间差速器。轴间差速器的功用是可使前、后驱动桥之间产生速度差的机构，防止因前、后轮速度不同而使轮胎产生跳跃或拖曳。对于四轮驱动的汽车，装有轴间差速器还可以防止分动器的损坏。

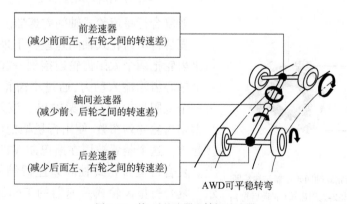

图 7-16 前、后差速器和轴间差速器

（2）轴间差速器的类型。

差速器有两种结构形式，即锥齿轮式轴间差速器和行星齿轮式轴间差速器。锥齿轮式轴间差速器的前后轮驱动转矩比为50∶50。行星齿轮式轴间差速器的前、后轮驱动转矩分配比是可选择的，例如选为60∶40等。某些轴间差速器和前、后差速器完全相同。

①锥齿轮轴间差速器。

锥齿轮差速器的结构如图7-17所示，其工作原理十分简单。当左右车轮转速相同时，行星齿轮不转动，差速器的齿轮托架和两个半轴齿轮以相同的转速旋转。当左、右车轮发生转速差时，行星齿轮被迫做旋转运动，吸收左右两车轮的转速差。

②双行星齿轮式轴间差速器。

常用的轴间差速器是行星齿轮差速器。行星齿轮差速器的中间是太阳齿轮；行星齿轮又称小齿轮，分布在太阳齿轮四周并围绕太阳齿轮旋转，并与太阳齿轮啮合；最外层是一个内圈有齿的齿圈，齿圈也和行星齿轮相啮合。

行星齿轮有多种形式。切诺基NV249、三菱GTO等汽车上，采用的轴间差速器小齿轮很有特色，它是由两个小齿轮为一组的结构，所以又叫双行星齿轮式轴间差速器。这种轴间差速器的结构，如图7-18所示。在差速器壳体的内表面上加工出齿来，壳体本身即为齿环。中间布置有中心齿轮，在中心齿轮和齿环之间安装两个小齿轮为一组的行星齿轮，中心齿轮和前输出轴连接在一起，固定行星齿轮。

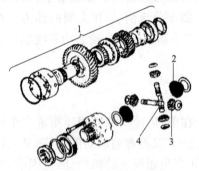

图7-17 锥齿轮轴间差速器
1-主减速器齿圈；2-半轴齿轮；3-行星齿轮；
4-行星齿轮轴

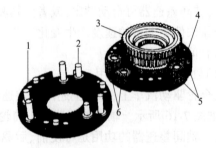

图7-18 双行星齿轮式轴间差速器
1-前行星架；2-小齿轮销；3-输出轴和链齿轮；
4-后行星架；5、6-行星齿轮

③复合行星齿轮式轴间差速器。

复合行星齿轮式轴间差速器不采用齿圈，而使用行星齿轮把两个太阳齿轮连接到一起的结构方式，从一个中心齿轮输入动力，通过小齿轮中介，使动力从另一个太阳齿轮和行星架输出。该差速器采用了两个太阳齿轮并列布置，使用行星架把两个太阳齿轮连接起来。这个装置被用在斯巴尔VTD四轮驱动系统上。复合行星齿轮式轴间差速器结构，如图7-19所示。复合行星齿轮式差速器的工作原理和双行星齿轮式差速器相同，在此不再赘述。

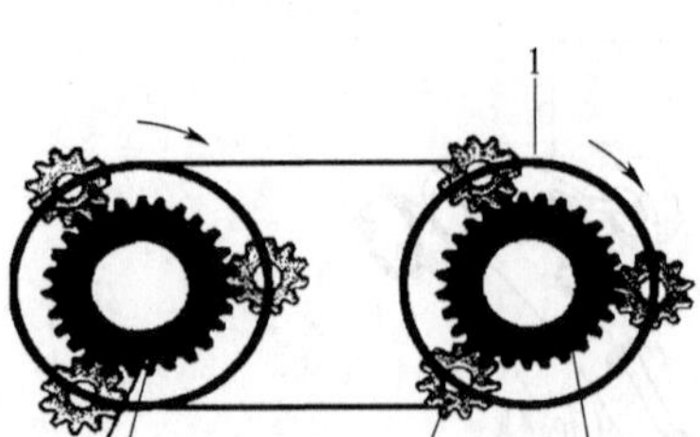

图7-19 复合行星齿轮式轴间差速器结构简图
1-行星架（驱动前轮）；2-太阳齿轮（驱动后轮）；
3-行星齿轮；4-太阳齿轮（输入动力）

3）黏性离合器

（1）黏性离合器的功用。

汽车在转向时，左、右两个半轴转速不同，但通过差速器仍能把发动机输出的转矩均等地分配给左、右两个车轮。可是，如果一侧车轮被抬起脱离地面或单轮驶到了冰雪，由于没有摩擦力，结果只能使该侧车轮空转，则该车轮产生出的驱动力几乎为0，另一侧着地的车轮也失去了驱动力。这样将使汽车抛锚。

为了解决这个问题，必须在差速器上布置差动限制装置，或装用差速器锁死装置。一般将差速器差动限制装置分为两大类。其一为转矩感应式差动限制装置，它的工作原理是，差动限制装置能感应到差速器的差动转矩，当差动转矩过大时，自动地限制差速器的差动。其二为转速差感应式差动限制装置，它的工作原理是，差动限制装置能感知到差速器的差动速度，当差动速度较大时，自动地限制差速器的差动。前一种主要是多片摩擦离合器和转矩敏感式差速器等，后一种主要是黏性离合器。

黏性离合器（也称黏性联轴器）利用液体的黏性来限制差速器的差动，应用于三菱、本田等四轮驱动汽车上，如图7-20所示。

（2）黏性离合器的结构。

黏性离合器的结构如图7-21所示，由一个内装两组薄圆钢盘、充满黏稠液体的圆筒组成。一组圆盘连于前车轮，另一组与后车轮连接，如图7-22所示。

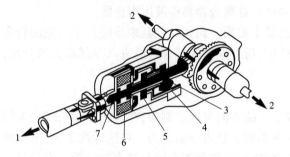

图7-20 本田适时四轮驱动系用黏性离合器
1-前车轮；2-后车轮；3-后油泵；4-液压回路；5-前油泵；
6-多片离合器；7-内轴

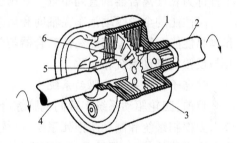

图7-21 黏性离合器结构图
1-外盘；2-输出轴；3-壳体；4-输入轴；5-毂；
6-内盘

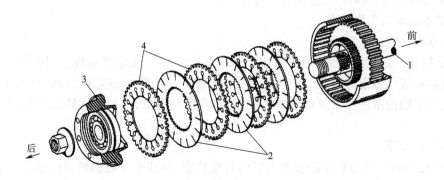

图7-22 黏液耦合器的分解图
1-输入；2-内盘；3-输出；4-外盘

黏性离合器的最外层是壳体，壳体内表面上加工出花键，用于固定外盘，每两个外板之间有一个隔环，使各外板保持相等的间隙。黏性离合器的外盘则通过外花键齿与黏性离合器壳的内花键套合。黏性离合器的中心是内轴，在壳内带有密封的滚动轴承上旋转。在内轴外表面上加工出花键，很多内盘装在内轴上，并能沿花键做轴向滑动。安装时使内外盘间隔排列。盘的数目和尺寸由所设计的黏液耦合器的转矩传送能力决定。

壳体内充满黏性很高的液体，多使用硅油，因为硅油高温黏性稳定性好。同时，为了充分发挥黏性离合器的驼峰现象，在装置内保留一部分空气。

4）黏性离合器的工作原理

当一个车桥要求更大转矩时，两组圆盘之间就有更大的相对滑动，黏液温升也更大，液体变得更黏稠。这样，转矩根据驱动桥的实际需要被分流。前、后桥通过黏性离合器里黏性的硅油连接而非机械刚性连接，它允许两桥之间存在转速差。

黏性离合器有多种布置方式，一般情况下在后差速器和轴间差速器内使用黏性离合器。例如，三菱汽车在差速器内部布置了一个并列的黏性离合器，利用黏性离合器的黏性阻力抑制差速器的差动。还有些车型的黏性离合器被布置在后差速器的壳体内，当左、右后轮出现转速差时根据左右后轮转速差分配转矩。

另外，还有一种方法是取消中间差速器，例如本田适时四轮驱动系，利用黏性离合器把前、后驱动轮系直接连接起来。这样，前、后驱动轮系和黏性离合器成串联布置，一般将这种布置称为黏性离合器的直列布置。本田公司将黏性离合器称作液压离合器。

高性能的全轮驱动汽车在轴间和后差速器中使用一黏性离合器来改进处于高速的转弯和操纵性能。轴间差速器黏性离合器与开式前、后差速器的组合可改进汽车制动力的分配，并与反锁定制动系统相一致。

5. 电子控制式四轮驱动系统

目前，四轮驱动系统多数向电脑综合控制系统方向发展。例如，在四轮驱动系统上采用牵引力控制系统和制动防抱死系统，以优化整车的驱动力和制动力。在这种汽车上，电脑对汽车和道路的状态、驾驶员的意图进行综合判断，综合控制汽车的驱动力和制动。发动机的驱动转矩通过分动器分配到前、后轮，这种车辆是前、后轮同时驱动的，它在冰雪易滑路面与沙面路面、坡路等需要较大驱动力的行驶条件下，可把驱动力分配到前、后轮上，因此能减少轮胎与路面的滑移，提高行驶稳定性与通过性。

1）基本组成与工作原理

（1）基本组成。

电子控制式四轮驱动系统结构如图 7-23 所示，由前、后轮驱动装置，传感器，电控单元，分动器和液压装置等组成。在前、后轮之间布置一个湿式多片离合器，在汽车行驶过程中，使用电脑控制液压系统的液压，以适应汽车的行驶状态，将驱动转矩分配到前、后车轮上去。

（2）工作原理。

汽车在行驶时，传感器不断检测汽车的行驶状态，即四个车轮的转速传感器、汽车的前后左右加速度传感器、发动机转速传感器。此外，利用转向盘转向角传感器、加速踏板开度传感器不断地判断驾驶员的驾驶意图，按预先给定的程序进行综合控制。

单元七　四轮驱动系统构造与检修

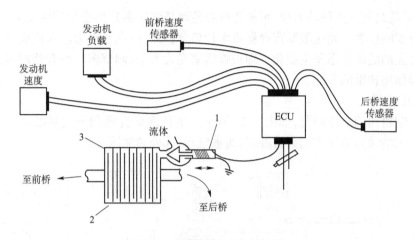

图 7-23　电子控制式四轮驱动系统
1-负载螺线管；2-多盘离合器组件；3-轴间差速器

ECU 接收来自传感器的信号，并控制在负载循环(也称跳动循环)上运行的螺线管，从而控制接合分动器离合器的液流。负载螺线管的脉动非常迅速地循环开、关，这种循环产生一种受控的分离状况。结果，分动器离合器的运行犹如一个轴间差速器，使得动力从 95% 前轮驱动和 5% 后轮驱动分流至 50% 前轮驱动和 50% 后轮驱动。这种动力分流发生得相当迅速，以致驾驶员意识不到此情况。

2) 典型电子控制式四轮驱动系统

下面介绍典型的带有液压多片式离合器差速限制机构的电子控制式四轮驱动系统。

(1) 构造。

该系统结构如图 7-24 所示，在前轮和后轮的驱动轴中间设有轴间差速器，可实现正常的四轮驱动行驶。在轴间差速器上，装有多片离合器与液力耦合差速限制机构。差速限制机构根据轴间差速器对前后轮输出转矩产生的回转差动作，可使向前、后轮分配的转矩发生相应变化。并且，通过电脑判断不同行驶条件下的差动限制量，以控制电磁阀通断的方式，调节液压活塞的动作液压。由设置在驾驶席的 4WD 控制开关，选择差速限制状态的"ON"与"OFF"。

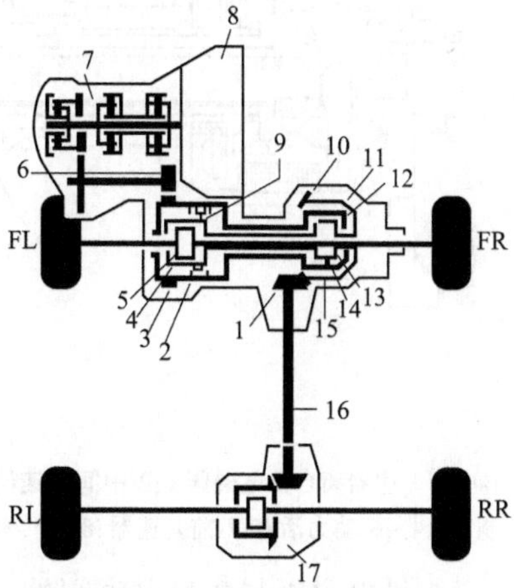

动力传递路线为：来自发动机的转矩经变速器后，从主动小齿轮到齿圈，由轴间差速器分配到前后传动轴，再通过前后差速器分别传递到左右轮。

可以看出，轴间差速器的作用是把变速器输出的动力均等地分配到前后传动轴，且在车辆转弯时，吸收前后传动轴的回转差值。其左侧齿轮通过主传动齿轮壳、主传动齿轮、从动齿轮，把动力传递到后差速器。其右侧齿轮通过前差速器壳，把动力传递到前差速器。

图 7-24　电子控制式四轮驱动系统
1-主传动从动齿轮；2-环齿壳体；3-环齿；4-前差速器壳；5-前差速器小齿轮；6-主动小齿轮；7-变速器；8-变矩器；9-差速限制离合器；10-主传动主动齿轮；11-主传动齿轮壳；12-中间差速器壳；13-右侧齿轮；14-中间差速器小齿轮；15-左侧齿轮；16-传动轴；17-后差速器

当前、后轮之间发生回转差值,可根据该差值调节液压多片离合器的随动力,实现对前、后轮转矩分配的控制。差速限制离合器由多片离合器片、压盘与动力活塞构成,可使齿轮壳与前差速器壳的随动状态发生变化。即根据活塞受力大小,调节多片离合器的压紧力,实现对前差速器作用转矩的分配。

(2)液压控制。

差速限制机构的液压回路,如图 7-25 所示。主传递离合器调节阀是油路压力调节阀,当 1 号换挡阀的动力液压作用到Ⓔ处时,阀被推动,Ⓐ处的油压升高。

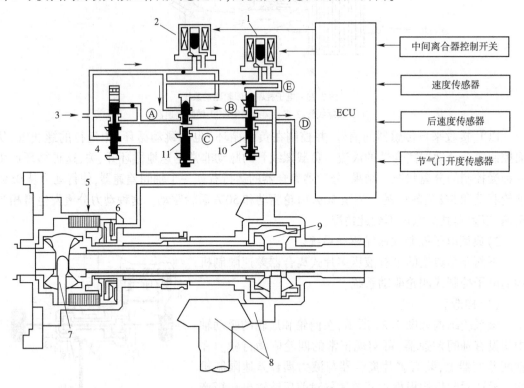

图 7-25 液压回路工作原理图

1-中间差速器离合器电磁阀1;2-中间差速器离合器电磁阀2;3-动力油液;4-主传动离合器调节阀;5-中间差速器差速限制离合器;6-动力活塞;7-前差速器;8-主传动齿轮;9-中间差速器;10-低速换挡阀1;11-低速换挡阀2

1 号电磁阀与 2 号电磁阀处于 OFF 状态时,1 号换挡阀出油孔关闭,不能推动活塞,差速限制离合器处于非动作状态;1 号电磁阀与 2 号电磁阀处于 ON 状态时,1 号换挡阀与 2 号换挡阀上方的液压分别释放,阀被弹簧顶起。此时,油液沿图中箭头方向流向Ⓓ处,使活塞处于随动状态;只有当 1 号电磁阀处于 ON 状态时,油液经Ⓐ、Ⓑ、Ⓒ,作用到活塞处。此时,由于油压较低,离合器随动力弱。当 2 号电磁阀处于 ON 状态时,油压经Ⓐ、Ⓒ、Ⓓ,作用到活塞处。此时,油压受到反馈作用,稍有上升。

(3)电子控制。

此系统通过 4WD 控制开关选择差速限制的状态,当左前轮打滑时,把开关置于 AUTO 位置,可自动限制轴间差速器的回转差速,把与差速限制力相应的驱动力分配到后差速器。这样,车辆驶出泥泞或冰雪路面时后轮不会打滑。开关处于 OFF 状态时,轴间差速器不受差速限制,前差速器与轴间差速器进行差速回转,驱动力不传递到左前轮以外。这种状态用于牵引行驶、装备应急轮胎等场合。

如图7-26所示,电子控制系统根据节气门开度、车速和变速器挡位,调节差速限制离合器的压盘作用力。在Ⓐ区起步控制时,在一挡、低速等打开节气门状态下,调整随动油压,提高易滑路面的起步性能;在Ⓑ区滑移控制时,如果前、后轮转速差超过 2~3km/h 时,调整随动液压,实现最多差速限制;在Ⓒ区正常控制时,调整随动液压,减小差速限制,防止发生转弯行驶中的舵轮难以回转现象。

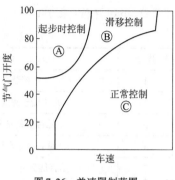

图 7-26 差速限制范围

二、任务实施

四轮驱动系统的检修主要包括齿轮油的检查、分动器、传动轴、万向节和驱动桥的检修,传动轴、万向节和驱动桥的检修已在前面介绍过了,故这里主要介绍分动器的检修。

1)齿轮油的检查

大多数的分动器在壳体一侧都有一个齿轮油位螺塞,用于检查齿轮油位。和手动变速器一样,油位必须在油位螺塞开口的下边缘。有些分动器使用自动变速器油(ATF),其他的使用齿轮油,但通常情况下必须一直使用制造商规定的润滑油。前驱动桥通常采用与后驱动桥相同的齿轮油,齿轮油检查方法也与后驱动桥相同。

若分动器中的齿轮油脏污或变质应放掉,并更换新的、符合规定的齿轮油至合适的高度。有些分动器上装有放油螺塞,更换齿轮油较为方便。

2)分动器的检修

分动器的检修包括就车修理和离车修理。其检修方法由于分动器不同而不同,如有些分动器的修理仅限于前、后输出轴密封的更换。而有些分动器由真空控制换挡,可以进行就车检查、修理和调整。还有些分动器采用电子换挡,其换挡总成上的开关、传感器和换挡操纵装置可以就车进行检查和修理。由于区别较大,建议参考相关车型的维修手册进行检修,这里不再介绍。

三、评价与反馈

1. 自我评价

(1)通过本学习任务的学习,你是否已经知道以下问题:

①四轮驱动系统功用有哪些?

②四轮驱动系统类型有哪些?

③四轮驱动系统结构包括哪几部分?

④四轮驱动系统的检修内容有哪些?如何检修?

(2)实训操作完成情况如何?

(3)通过本学习任务的学习,你认为自己的知识和技能还有哪些需要加强?

学生签名:_____ ____年___月___日

2. 小组评价(表 7-1)

小组评价表　　　　　　　　　　　　　表 7-1

序号	评价项目	是否达到要求	记　　录
1	着装是否符合要求		
2	是否能合理规范使用仪器和设备		
3	是否按照安全和规范流程操作		
4	是否遵守实训场地的规章制度		
5	是否能保持实训场地、工具设备整洁		
6	是否具有团队协作精神		

参与评价的学生签名：_____　_____年___月___日

3. 教师评价

_____

_____

教师签名：_____　_____年___月___日

四、技能考核标准(表 7-2)

技能考核标准表　　　　　　　　　　　　表 7-2

序号	检修项目	检修内容	评价标准	配分	得分
1	作业安全/6S	安全文明作业	出现安全事故终止此项目抽查，成绩记零分 1. 着装不规范每处扣 3 分，扣完为止 2. 作业中没有及时清洁、整理工量具、清扫场地，每次扣 2 分，扣完为止 3. 垃圾未分类回收，每次扣 1 分 4. 竣工后未清理考核场地，扣 2 分 5. 出现工具设备损伤、身体擦伤或碰伤等，每次扣 2 分，扣完为止 6. 不服从考官、出言不逊，每次扣 3 分	20	
2	分动器的拆装	维修手册使用	查阅维修手册获取规定值不正确，每错一个扣 2 分（根据工单填写评分）	10	
		拆卸壳体	1. 工具选用不正确扣 5 分 2. 拆卸顺序错误每次扣 5 分	10	
		拆卸操纵机构	1. 工具选用不正确扣 5 分 2. 拆卸顺序错误每次扣 5 分	10	
		拆卸输入轴	1. 工具选用不正确扣 5 分 2. 拆卸顺序错误每次扣 5 分	10	
		拆卸输出轴	1. 工具选用不正确扣 5 分 2. 拆卸顺序错误每次扣 5 分	10	
		装配	1. 工具选用不正确扣 5 分 2. 装配顺序错误每次扣 5 分	20	

序号	检修项目	检修内容	评价标准	配分	得分
3	维修结论		1. 没有零件维修检测结果此项记零分 2. 修理建议不合理扣3分 3. 单次扣完为止,不负分	10	
			总分	100	

(一) 填空题

电子控制的四轮驱动/全轮驱动系统由_____、_____和_____组成。

(二) 简答题

1. 何谓四轮驱动和全轮驱动?各有什么特点?
2. 分动器的作用是什么?简述其工作原理。
3. 在某些四轮驱动的汽车上,为什么采用锁止毂?
4. 黏性耦合器的作用是什么?
5. 电子控制四轮驱动/全轮驱动系统由哪几部分组成?它们是如何工作的?

单元八　巡航系统构造与检修

学习任务　巡航控制系统构造与检修

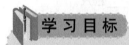

☞ 知识目标

1. 能叙述汽车巡航控制系统的作用及工作原理；
2. 能叙述汽车巡航控制系统的基本结构；
3. 能叙述汽车巡航控制系统的使用方法及使用注意事项。

☞ 技能目标

1. 能对汽车巡航控制系统进行正确操作；
2. 能查阅维修资料，借助常用及专用工具，对汽车巡航控制系统各主要部件进行检修。

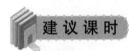

4 课时。

一、理论知识准备

1. 巡航控制系统的作用

汽车巡航控制系统英文为 Cruise Control System（CCS），是现代汽车的一种舒适装备。根据其特点，又可称为恒速控制系统、车速控制系统或巡航控制系统等。

设置巡航控制系统，驾驶员可以将车速设定在一个固定的速度上，车辆将准确地按照所设定的速度行驶，驾驶员可以不必踩踏加速踏板，从而大大减轻长途驾车的疲劳，同时匀速行驶也可以减少燃油的消耗。

巡航控制系统的主要优点是：无论由于风力和道路坡度变化，引起汽车的行驶阻力怎样变化，只要在发动机功率允许范围内，汽车的行驶速度便可保持不变。

2. 巡航控制系统的工作原理

在汽车巡航控制系统中，电子控制装置可根据行驶阻力的变化，自动调节发动机节气门开度,使行驶车速保持恒定。巡航控制系统的方框图,如图 8-1 所示。

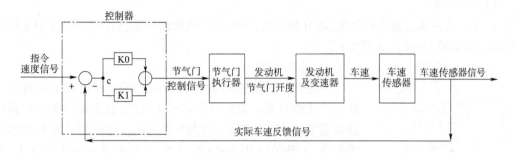

图 8-1　巡航控制系统方框图

控制器有两个输入信号,一个是驾驶员设定的指令速度信号,另一个是实际车速的反馈信号。电子控制器检测这两个输入信号之间的误差后,产生一个送至节气门执行器的节气门控制信号。节气门执行器根据所接收的控制信号调节发动机节气门开度以修正电子控制器所检测到的误差,从而使车速保持恒定。实际车速由车速传感器测得并转换成与车速成正比的电信号反馈至电子控制器。作为巡航控制系统核心部件的控制器,采用一种叫作比例积分控制(简称 PI 控制)的电子控制装置。节气门控制信号实际上由两部分叠加而成。线性放大部件 KP 提供一个与误差信号 e 成正比的控制信号,而积分放大器 K1 则设置一条斜率可调整的输出控制线,用来将这一段时间内的车速误差降为零。这实际上并不能真正使车速误差降低到零,而是使其保持在一定的误差范围内,因为当车速误差为零时,行驶阻力的微小变化都将引起节气门开度的变化,容易产生游车。

3. 巡航控制系统的基本组成

如图 8-2 所示为现代汽车巡航控制系统的基本结构示意图。巡航控制系统主要由指令开关、传感器、巡航控制系统 ECU 和节气门执行器四部分组成。各种开关与 ECU 被配置在车室内;执行元件、真空泵则配置在发动机舱内,执行元件的控制线缆与加速踏板相连接。

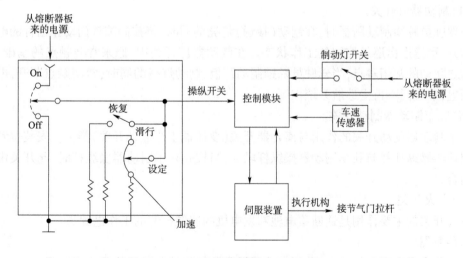

图 8-2　巡航控制系统的基本结构示意图

4. 巡航控制系统组成元件的结构及作用

1）指令开关

指令开关主要包括主控开关、离合器开关、变速器空挡起动开关、制动器开关（包括驻车制动器）和电源开关（点火开关）等。

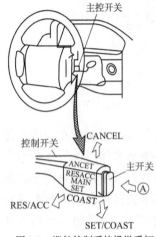

图 8-3　巡航控制系统操纵手柄

（1）主控开关。

主控开关控制巡航系统的起动、关闭、控制调节巡航工作状态。主控开关一般为组合式开关，安装在方便驾驶员操作的转向盘下方或其他部位，如图 8-3 所示。它由主开关和控制开关组成，主开关（CRUISE ON-OFF）为巡航系统的电源开关，按下此按钮时，仪表板上的巡航控制系统的 CRUISE ON-OFF 指示灯亮，表示巡航控制系统可转入运行状态；再按一下，则按钮弹起，指示灯灭，巡航控制系统处于关闭状态。控制开关一般有三个开关、五种控制功能。即设置/减速开关（SET/COAST）、恢复/加速开关（RES/ACC）和取消开关（CANCEL）。将控制开关手柄朝不同方向扳动，可完成巡航速度设定、加速、减速、取消和恢复等控制功能。

（2）离合器开关（仅对安装手动变速器车辆）。

当汽车在巡航状态下行驶，出现驾驶员干预，如变换变速器挡位、制动等情况，驾驶员踩踏离合器踏板，离合器开关即由断开变为闭合，离合器开关的闭合，使电控单元立即自动关闭巡航工作状态。离合器开关装在驾驶室离合器踏板的上部，靠驾驶员踩踏离合器踏板的机械动作，使其闭合。

（3）变速器空挡起动开关（仅对安装自动变速器车辆）。

变速器空挡起动开关的作用与离合器开关类似。空挡起动开关的安装位置紧靠变速器操纵杆，并与变速器操纵杆联动，当变速器操纵杆置于空挡时，空挡起动开关由断开变成闭合。

（4）制动器灯开关。

当驾驶员踩踏制动踏板时，在制动（接通）灯亮的同时，将控制节气门动作摇臂的电磁离合器断开，迅速退出巡航控制的工作状态。在制动灯开关中，原来常开触点的基础上，增加了与之联动的常闭触点，当驾驶员踩踏制动踏板、制动灯亮的同时，常闭触点断开，电磁离合器断电，节气门不再受巡航系统控制。

（5）驻车制动器制动开关。

驻车制动器制动开关的作用与离合器开关（变速器空当起动开关）类似。安装位置紧靠驻车制动器操纵杆并与驻车制动器操纵杆联动，当拉起驻车制动器操纵杆时，此开关由断开变为闭合。

（6）点火开关。

点火开关的主要作用是通断蓄电池和发电机的巡航控制的工作电源。

2）传感器

传感器主要有车速传感器、节气门传感器和节气门控制摇臂位置传感器等。

(1) 车速传感器。

车速传感器通常和车速里程表驱动装置相连。如果车速表是电子式的,车速表传感器给出的信号可直接用作巡航控制系统的反馈信号,因而不必为巡航控制系统另外设置传感器。具有非电子式车速表的汽车,巡航系统设有专用车速传感器,一般安装在汽车变速器输出轴上。车速传感器有光电式、霍尔感应式、磁阻式等多种结构形式。最简单且最常用的是磁阻式,其结构如图8-4所示。

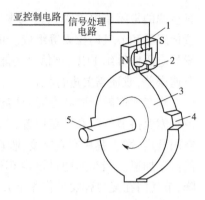

图8-4 磁阻式车速传感器结构图
1-传感线圈;2-磁铁;3-钢盘;4-凸齿;
5-变速器输出轴

带凸齿的钢制圆盘安装在变速器输出轴上并随输出轴一起转动,当凸齿位于磁铁两极之间时,由于钢的导磁性能远高于空气隙,磁回路磁阻突然减小,从而在传感线圈中产生一高的脉冲电压信号。而变速器输出轴每转一周,四个凸齿各通过传感线圈一次。因此,信号处理电路计数一分钟内传感线圈中的电压脉冲数并除以4就可得到以转/分表示的变速器输出轴转速。

(2) 节气门传感器。

节气门传感器对电控单元提供一个与节气门位置成比例变化的电信号。节气门传感器与发动机电控的传感器共用。

(3) 节气门控制摇臂传感器。

节气门控制摇臂传感器是巡航控制系统专用的传感器。其结构及电路简图如图8-5所示,它为电控单元提供节气门控制摇臂位置的电信号,目前应用较多的是滑线电位计式。当节气门控制摇臂转动时,电位计随之转动,便输出一个与控制摇臂位置成比例变化的、连续变化的电信号。

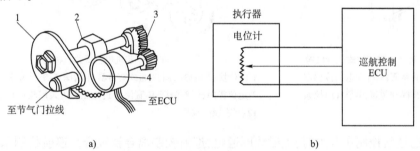

图8-5 节气门控制摇臂传感器
a) 结构图;b) 电路图
1-控制摇臂;2-主减速器;3-电位计主动齿轮;4-电位计

3) 执行器

执行器是将巡航控制系统ECU输出的电流或电压信号转变为机械运动,进而控制节气门的开度,最终达到控制车速的目的。目前使用的执行器有两种类型,一种是真空电磁膜片式执行机构;另一种是步进电机式执行机构。前者由负压操纵节气门,后者由步进电机操纵节气门。

(1) 真空电磁膜片式执行机构。

真空电磁膜片式执行机构,如图8-6所示。它由真空驱动膜片、真空阀(让膜片室连接真空源的常闭型电磁阀)、空气阀(让膜片室通至大气的常开型空气电磁阀)、可变电感式位置传感器和节气门拉索等组成。可变电感式位置传感器的作用是提供一组不间断的伺服位置的电压信号给 ECU，该信号还能与车速信号进行连续的比较，以确定恒速装置是否校正了车速误差，或还需要进行校正。

汽车在巡航行驶状态时，真空电磁阀与空气电磁阀均关闭，膜片室内真空度恒定。膜片及拉索保持节气门在一定位置，车速恒定。如果车速低于设定速度，电控单元发出指令使真空阀开启，增大膜片室真空度，吸动膜片及拉索克服节气门复位弹簧弹力，增大节气门开度，使汽车加速。当车速超过设定车速时，电控单元发出指令使空气阀打开，膜片室真空度下降，节气门在复位弹簧的作用下开度减小，使汽车减速。解除巡航控制时，真空阀关闭，空气阀打开，膜片与大气相通。

(2) 步进电机式执行机构。

步进电机式执行机构，如图 8-7 所示。它采用直流永磁式双向步进电机，通过改变电机的电流方向就可改变电机的运动方向，由于输入电流是一个十分之几秒的短路电流脉冲，同时节气门每次只能转动一个很小的角度，从而能保证节气门平顺而准确地开启或关闭。

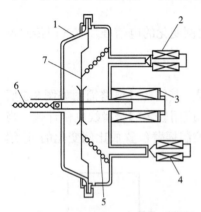

图 8-6 真空电磁膜片式执行机构
1-外壳；2-真空阀；3-可变电感传感器；
4-空气阀；5-膜片弹簧；6-节气门拉索；
7-膜片

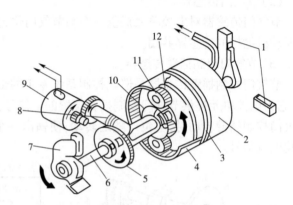

图 8-7 步进电机式执行机构
1-限位块；2-电磁线圈；3-盘式离合器；4-齿圈；5-蜗形齿轮；6-驱动轮；
7-定位操纵杆；8-蜗杆；9-直流步进电机；10-太阳轮；11-行星齿轮；
12-定速控制拉板

当接通巡航控制主开关时，电磁线圈通电，巡航控制离合器吸合。巡航控制系统开始起作用，再由两个限值块相配合，使巡航控制系统在规定的车速范围内起作用。定位操纵杆与节气门相连，用来控制节气门开度。巡航控制 ECU 输出电压控制直流步进电机的运动，通过蜗杆蜗轮系统控制定位操纵杆的转角，从而控制节气门开度。

4) 巡航控制系统 ECU

巡航控制系统 ECU 是巡航控制系统的核心，它将来自制动踏板、车速传感器和操纵开关的信号，经处理后控制伺服装置，继而控制执行机构动作，以调节节气门开度。

5) 电子巡航控制系统的安全装置

为了确保行车安全，巡航控制系统的控制器电路中设有多重安全装置，一旦以下所列的任一项动作发生，巡航控制器都会立即停止工作，同时直接使执行元件的工作停止。

(1)踏下制动踏板或拉动驻车制动器。
(2)踏下离合器踏板或扳动自动变速器操纵杆。
(3)关掉主开关或打开取消开关。
(4)车速下降超过原设定车速 20km/h。
(5)关掉电源。

5. 巡航控制系统的使用方法

1)设定巡航速度

为确保行车安全,巡航控制系统的低速控制点一般为 40km/h,也就是说车速低于 40km/h 时巡航系统不工作。设定巡航速度的方法是:第一,开启巡航控制系统,按下 CRUISE ON-OFF 按钮,踩下加速踏板,使车辆加速。第二,当车速达到人为设定值时,将巡航控制系统控制开关手柄置于 SET/COAST 方位并释放(图 8-3),这时汽车便进入自动行驶状态,驾驶员可将加速踏板松开,巡航控制系统会根据汽车行驶时阻力的变化,自动调节节气门的开度,使车速保持在设定的范围内。若驾驶员想加速,如需超越前方的车辆时,只要踩下加速踏板即可。超车完毕后,再抬起加速踏板,汽车便又恢复到已设定的巡航速度行驶。

2)取消设定巡航速度

需取消已设定的巡航速度时,有几种方法可供选择:第一,将巡航控制系统控制开关手柄置于 CANCEL 方位并释放(图 8-3);第二,踩下制动踏板使汽车减速;第三,装备 MT(手动变速器)的汽车,踩下离合器踏板即可;装备 AT(自动变速器)的汽车,将换挡操纵杆置于空挡。

当汽车的行驶速度低于 40km/h,则设定的巡航速度自动取消;而如汽车减速后车速比设定的巡航车速低时,巡航控制系统也将自动停止工作。

此外,汽车行驶时设定的巡航速度如不是由上述原因而自动取消,或仪表板上的巡航控制 CRUISE ON-OFF 开关指示灯出现闪烁现象,则表明系统出现故障。

3)设定装备 AT(自动变速器)的汽车加速

将巡航控制系统操纵手柄置于 RES/ACC 方位并保持手柄不动(图 8-3),此时车速将逐渐加快,当车速达到要重新设定的巡航速度时释放手柄。这种加速的方法与前面所述设定巡航速度的操作方法相比,所用的时间较长。

4)设定装备 AT(自动变速器)的汽车减速

将巡航控制系统的操纵手柄置于 SET/COAST 的方位并保持手柄不动(图 8-3),此时车速将逐渐减慢,当车速降至所要求的设定速度时释放操纵手柄。这种减速方法与踩制动踏板减速相比,减速度要小。

5)恢复到原来设定的巡航速度

将巡航控制系统操纵手柄置于 RES/ACC 方位(图 8-3),汽车可恢复到原设定的速度做巡航行驶。除非车速已降至 40km/h 以下或低于设定速度的差值在 16km/h 以上时,巡航控制系统自动停止工作。

6. 巡航控制系统使用注意事项

巡航控制系统在使用中应注意以下几个问题:

(1)为了让汽车获得最佳控制,遇交通拥堵的场合,或在雨、冰、雪等湿滑路面上行驶及遇上大风天气时,不要使用巡航控制系统。

(2)为了避免巡航控制系统误工作,在不使用巡航控制系统时,务必使巡航控制系统的控制开关(CRUISE ON—OFF)处于关闭状态。

(3)若在陡坡上使用巡航控制系统时,则会引起发动机转速变化过大,所以此时最好不要使用巡航控制系统。下坡驾驶中,须避免将车辆加速。如果车辆的实际行驶速度较设定的正常行车速度高出太多,则可省略巡航控制装置,然后将变速器换成低挡,利用发动机制动使车速得到控制。

(4)汽车巡航行驶时,对于装备 MT(手动变速器)的汽车,切记不能在未踩下离合器踏板的前提下就将变速杆移置空挡,以免造成发动机转速骤然升高。

(5)使用巡航控制系统时,要注意观察仪表板上的指示灯"CRUISE"是否闪烁发亮,若闪烁则表明巡航控制系统是在故障状态。发现故障状态时,应停止使用巡航控制系统,待排除故障后再使用巡航控制。

二、任务实施

1. 巡航控制系统主要部件检修

1)巡航控制系统的路试检查

为确认巡航控制系统的工作是否正常,可进行路试检验。路试检验的项目和方法见表 8-1。

巡航控制系统路试检验的项目和方法　　表 8-1

路 试 项 目	正 常 情 况
试验车速在 40km/h 以上,使巡航控制开关接通,按下设置开关一次并立即释放,右脚离开加速踏板	汽车能保持所设定的车速
一直压按着设置开关,至车速降低 7~8km/h,释放设置开关	若试验车速在 40km/h 以上,按压设置开关超过 1s,便会出现车速下降,并使巡航控制系统在新设置的较低车速下恒速工作
一直压按着复位开关,至车速增加 7~8km/h,释放复位开关	汽车能加速,并使巡航控制系统在新设置的较高车速下恒速工作
轻轻踩下制动踏板	巡航控制系统脱开,节气门回至怠速位置
按压或抬起复位开关一次并立即释放	车速增加并能保持原设置车速
按压或抬起复位开关一次并立即释放	车速增加 1.6km/h 并能保持新设置车速
按压或抬起设置开关一次并立即释放	车速减少 1.6km/h 并能保持新设置车速
恒速主开关断开	巡航控制系统脱开,节气门回至怠速位置

2)巡航控制系统的检修

在进行故障诊断之前,应先对执行机构的连接情况进行检查,检查执行机构与节气门的连接杆件是否变形或连接松动;巡航控制系统各连接导线是否有绝缘损坏、裸露或折断;巡航控制系统安装是否正确,插头是否连接可靠等。经确认上述外部部件都良好时,才能对巡航控制系统进行检修(以皇冠轿车为例)。

(1)主开关的检测。

①小心地将主开关撬出仪表板,断开主开关 5 针插头。

②导通性检查。按表 8-2 所示,检查开关在接通或断开位置时端子 3、4 之间的导通性。

③若连线端子间不导通,则应更换主开关。

主开关端子间的导通性 表8-2

端子号	3	4
主开关断开	○	○
主开关接通	○—————○	

④电阻检查。测量主开关插接器中2、4端子电阻,电阻值如表8-3所示。

主开关电路电阻 表8-3

开关位置	3	RES/ACC	SET/COAS	CANCEL
电阻(Ω)	∞	约68	约198	约148

(2)离合器开关检测。

①断开离合器开关上的插头。

②拆下离合器开关。

③按表8-4检查1、2端子间的导通性。

④如有必要,可更换开关或调节离合器踏板高度。

检查离合器开关各端子间的导通性 表8-4

端子号	1	2
踩下离合器踏板	○	○
抬脚离合器踏板	○—————○	

(3)制动开关检测。

①断开制动开关上的4针插头。

②拆下制动开关。

③按表8-5检查各端子的导通性。

④如有必要,可更换开关或调节制动踏板高度。

检查制动开关各端子的导通性 表8-5

端子号	1	2
踩下离合器踏板	○—————○	
抬脚离合器踏板	○	○

(4)执行器检测。

执行器的检查如图8-8所示。

①电磁离合器的检查。

电磁离合器应接通,用手应能平滑地转动执行器摇臂,当电源正极接执行器插接器5端子、负极接4端子时,电磁离合器应接通。

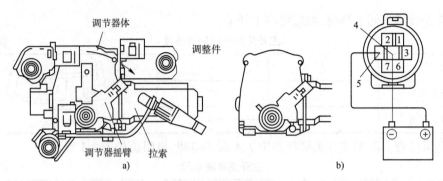

图 8-8 执行器的检查
a)执行器；b)执行插接器

②电机的检查。

a. 当电磁离合器接通时,6 端子接电源正极、7 端子接电源负极,摇臂可移动到开的位置。当摇臂全开到垂直位置,电机应断开,停止转动。

b. 当电磁离合器接通时,6 端子接电源正极、7 端子接电源负极,摇臂可移动到关闭位置。当摇臂全关时,电机应停止转动。

③电位器检查。

如图 8-7b)所示,测量 1、3 端子电阻为 1.6~2.4kΩ;当摇臂从关闭转至全开时,2、3 端子电阻为 1.2~2.4kΩ。

三、评价与反馈

1. 自我评价

(1)通过本学习任务的学习,你是否已经知道以下问题:

①巡航控制系统功用有哪些?

②巡航控制系统类型有哪些?

③巡航控制系统结构包括哪几部分?

④巡航控制系统的检修内容有哪些?如何检修?

(2)实训操作完成情况如何?

(3)通过本学习任务的学习,你认为自己的知识和技能还有哪些需要加强?

学生签名:_____ ____年___月___日

2. 小组评价(表8-6)

小组评价表　　　　　　　　　　表8-6

序号	评价项目	是否达到要求	记录
1	着装是否符合要求		
2	是否能合理规范使用仪器和设备		
3	是否按照安全和规范流程操作		
4	是否遵守实训场地的规章制度		
5	是否能保持实训场地、工具设备整洁		
6	是否具有团队协作精神		

参与评价的学生签名:_____ ____年___月___日

3. 教师评价

教师签名：_____ _____年___月___日

四、技能考核标准（表8-7）

技能考核标准表　　　　　　　　　　　　　　　　　　　　表8-7

序号	检修项目	检修内容	评价标准	配分	得分
1	作业安全/6S	安全文明作业	出现安全事故终止此项目抽查，成绩记零分 1. 着装不规范每处扣3分，扣完为止 2. 作业中没有及时清洁、整理工量具、清扫场地，每次扣2分，扣完为止 3. 垃圾未分类回收，每次扣1分 4. 竣工后未清理考核场地，扣2分 5. 出现工具设备损伤、身体擦伤或碰伤等，每次扣2分，扣完为止 6. 不服从考官、出言不逊，每次扣3分	20	
2	巡航控制系统的检修	维修手册使用	查阅维修手册获取规定值不正确，每错一个扣2分（根据工单填写评分）	10	
		主开关导通性检查的检测	1. 检查方法不正确扣5分 2. 读数错误扣5分	10	
		主开关电阻检查的检测	1. 检查方法不正确扣5分 2. 读数错误扣5分	10	
		离合器开关检测	1. 检查方法不正确扣5分 2. 未检查扣10分	10	
		制动开关检测	1. 检查方法不正确扣5分 2. 未检查扣10分	10	
		电磁离合器的检查	1. 检查方法不正确扣5分 2. 未检查扣10分	10	
		电机的检查	1. 检查方法不正确扣5分 2. 未检查扣10分	10	
3		维修结论	1. 没有零件维修检测结果此项记零分 2. 修理建议不合理扣3分 3. 单次扣完为止，不负分	10	
			总分	100	

思考与练习

（一）填空题

1. 汽车巡航控制系统英文为_____（缩写为_____），是现代汽车的一种舒适装备。
2. 巡航控制系统主要由_____、_____、_____和_____四部分组成。

(二)选择题

当汽车的行驶速度低于(　　)km/h,则设定的巡航速度将自动取消。

A. 20　　　　B. 40　　　　C. 60

(三)简答题

1. 什么是巡航控制系统？它的主要作用是什么？
2. 巡航控制系统的工作原理是什么？
3. 巡航控制系统有哪些主要组成部分？各有什么作用？
4. 巡航控制系统如何使用？有哪些注意事项？
5. 如何检查与检修巡航控制系统的常见故障？

单元九　行驶系统构造与检修

学习任务1　认识行驶系统

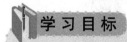 学习目标

☞ 知识目标
1. 能叙述汽车行驶系统的分类及组成；
2. 能正确叙述行驶系统的功用。

☞ 技能目标
能通过行驶系统受力分析，判断各种力对行驶系统状态的影响。

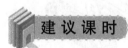 建议课时

1课时。

一、理论知识准备

1. 汽车行驶系统的分类及组成

汽车行驶系统的基本类型主要有轮式、履带式、半履带式、车轮—履带式等几种。汽车行驶在比较坚实的道路上，其行驶系统中直接与路面接触的部分是车轮，这种行驶系统称为轮式行驶系统，这样的汽车便是轮式汽车。行驶系统中直接与路面接触的部分是履带的汽车称为履带式汽车。行驶系统中直接与路面接触的部分既有车轮又有履带的汽车称为半履带式汽车或车轮—履带式汽车。应用较多的是轮式汽车行驶系统。水陆两用汽车除具有一般轮式汽车的行驶系统外，还备有一套能在水中航行的行驶机构。

轮式汽车行驶系统一般由车架、车桥、车轮和悬架等部分组成，如图9-1所示。车架是全车的装配基体，将整个汽车连接成一整体；车轮安装在

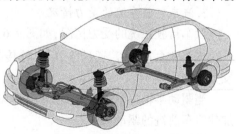

图9-1　轮式行驶系的组成

车桥上,支承着车桥与汽车;悬架把车架与车桥连接在一起,以减少汽车在行驶中受到的各种冲击与振动。此外,在一些特殊使用条件下还会选用拱形或椭圆形轮胎。美国最早制成了采用8个椭圆形轮胎的汽车,如图9-2所示。

半履带式汽车,如图9-3所示。其结构特点是前桥装有车轮或滑橇,用来实现转向,后桥装有履带,以减少对地面的单位压力,控制汽车下陷,同时也加强了附着作用,提高了汽车的通过能力。

图9-2 椭圆形轮胎的汽车

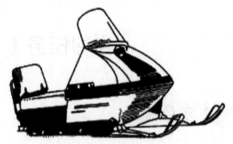

图9-3 半履带式汽车

全履带式汽车,如图9-4所示。其结构特点是前、后桥都装有履带。

车轮—履带式汽车,如图9-5所示。其结构特点是有可以互换使用的车轮和履带。

图9-4 全履带式汽车

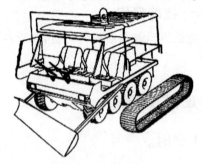

图9-5 车轮—履带式汽车

2. 汽车行驶系统的功用

(1)通过驱动车轮与路面之间的附着作用,使传动系统传来的力矩变为汽车行驶的驱动力矩。

(2)支承汽车总质量,传递路面作用于车轮上的各种力及力矩。

(3)缓和冲击、衰减振动,保证汽车的行驶平顺性以及与转向系统配合保证汽车的操纵稳定性。

3. 汽车行驶系统的受力情况

汽车行驶系统的受力情况,如图9-6所示。其中,r_k为驱动轮半径。

汽车的总重力G_a通过前、后车轮传到地面,引起地面分别作用于前轮和后轮上的垂直反力Z_1和Z_2。

当驱动半轴将驱动力矩M_k传到驱动轮时,通过车轮与路面的附着作用,路面向汽车施加使汽车前进的驱动力F_1。

由于驱动力作用在驱动轮与地面接触处,此力对车轮中心产生的反力矩$F_1 \times r_k$使汽车前部具有向上抬起的趋势,从而使得前轮上的垂直载荷减小,后轮上的垂直载荷增加。汽车突然加速行驶时,这种作用尤其明显。

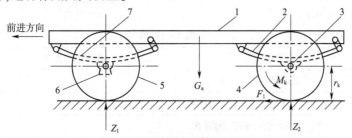

图 9-6　轮式行驶系统的受力简析

1-车架;2-后悬架;3-驱动桥;4-后轮;5-前轮;6-从动桥;7-前悬架

当汽车制动时,由制动力引起的反力矩使汽车前部有向下俯倾的趋势,从而使得后轮垂直载荷减小而前轮垂直载荷增加。紧急制动时,这种作用更加明显。

汽车在弯道或弓度较大的路面上行驶时,由于离心力或汽车质量在横向坡道上的分力作用,使汽车有侧向滑动的趋势,路面将产生阻止车轮侧滑的侧向力,此力由行驶系统来传递和承受。

汽车在前进过程中,还受到车轮与地面作用产生的滚动阻力 F_f、空气阻力 F_a 及加速阻力 F_j,坡度阻力 F_i 等的作用。

二、任务实施

1. 准备工作

(1)准备发动机前置后轮驱动车辆一辆。

(2)准备发动机前置前轮驱动车辆一辆。

(3)准备发动机后置后轮驱动车辆一辆。

(4)准备全轮驱动车辆一辆。

2. 操作步骤

(1)将所有车辆举升至合适的高度。

(2)找到行驶系统各部件。

(3)对比不同驱动形式车辆行驶系统。

(4)降下所有车辆。

(5)5S 作业。

三、评价与反馈

1. 自我评价

(1)通过本学习任务的学习,你是否已经知道以下问题:

①汽车行驶系统的分类及组成是什么?

②行驶系统的功用有哪些?

③汽车行驶系统的受力情况如何分析?

(2)实训操作完成情况如何?

(3)通过本学习任务的学习,你认为自己的知识和技能还有哪些需要加强?

学生签名:_____ _____年___月___日

2. 小组评价(表9-1)

小组评价表　　　　　　　　　　　　　表9-1

序号	评价项目	是否达到要求	记　录
1	着装是否符合要求		
2	是否能合理规范使用仪器和设备		
3	是否按照安全和规范流程操作		
4	是否遵守实训场地的规章制度		
5	是否能保持实训场地、工具设备整洁		
6	是否具有团队协作精神		

参与评价的学生签名:_____ _____年___月___日

3. 教师评价

_____

_____

教师签名:_____ _____年___月___日

四、技能考核标准(表9-2)

技能考核标准表　　　　　　　　　　　　　表9-2

序号	操作内容	配分	评分标准	得分
1	能区别行驶系统的分类及组成	40	达到操作标准	
2	能叙述行驶系统的功用	40	达到操作标准	
3	工具仪器设备归还、清洁场地	20	符合5S要求	
	总分	100		

学习任务2　车架构造与检修

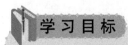

学习目标

☞ **知识目标**

1. 能叙述车架的功用、要求;
2. 能叙述车架的类型、构造。

☞ **技能目标**

能查阅维修资料,借助常用及专用工具,对车架进行检修。

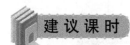

建议课时

2课时。

一、理论知识准备

1. 车架的功用及要求

1）车架的功用

汽车车架俗称"大梁"，它是跨接在前、后桥上的桥梁式结构，是整个汽车的基础。其上安装有发动机、变速器、传动轴、前后悬架、车身等总成及部件。

车架的功用就是支承、连接汽车的各总成，使各总成在汽车复杂多变的行驶过程中有正确的相对位置，并承受来自车内外的各种载荷。

2）车架的要求

车架的结构形式应满足如下要求：

(1) 车架的质量应尽可能小。

(2) 车架应具有足够的强度和适合的刚度。

(3) 对于轿车和客车的车架，其结构应简单，并有利于降低汽车的质量和获得较大的转向角，以此提高汽车行驶的稳定性和机动性。

(4) 车架应布置得离地面近一些，以便汽车重心位置降低，有利于提高汽车的行驶稳定性。

2. 车架的类型及特点

现代汽车绝大多数都安装有独立的车架，只有部分轿车和大客车的车身同时兼起车架作用，这种车身称为承载式车身（也可称为无梁式车架）。

目前，汽车车架根据其结构形式可分为边梁式、中梁式和综合式三种类型。

1）边梁式车架

边梁式车架由两根位于两边的纵梁和若干根横梁组成。通常用铆接或焊接将纵梁和横梁连接成坚固的刚件构架。纵梁常用低碳合金钢板冲压而成，断面一般为槽形，也有的制成Z字形或箱形断面。根据车型不同及总成结构布置的要求，纵梁可以制成在水平面内或纵向垂直平面内弯曲的形状，以及等断面或不等断面的。横梁的设置不仅需要车架具有扭转刚度和承受一定的纵向载荷，还需要承担连接汽车上的各主要部件及总成的任务。因此，横梁的数量、结构形式在纵梁上的布置应满足汽车总体布置的需要和对车架刚度、强度的要求。如图9-7所示为解放CA1092型汽车车架，它是由两根纵梁和八根横梁铆接而成的。

某些越野汽车在车架纵梁前端两侧安装有加长梁，便于在加长梁前端安装绞盘装置和专用的保险杠。在未安装有加长梁的纵梁上，其前端两侧备有一组冲孔，以便在需要加装绞盘等装置时，可紧固左、右加长梁。

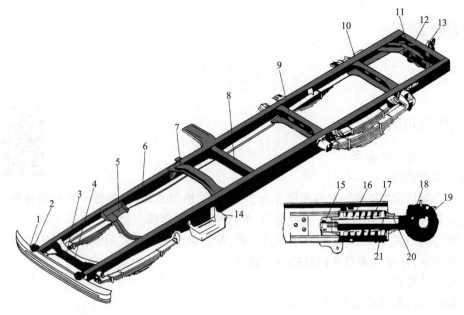

图9-7 边梁式车架

1-保险杠；2-挂钩；3-前横梁；4-发动机前悬置横梁；5-发动机后悬支架及横梁；6-纵梁；7-驾驶室后悬置横梁；8-第四横梁；9-后钢板弹簧前支架横梁；10-后钢板弹簧后支架横梁；11-角撑横梁组件；12-后横梁；13-拖钩；14-蓄电池托架；15-螺母；16、21-衬套；17-弹簧；18-锁块；19-锁扣；20-托钩

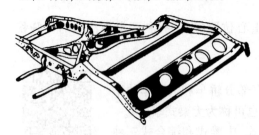

图9-8 汽车(X形)车架

为了保证汽车在高速行驶时的稳定性，应使其重心高度尽量降低，为此，着手将车架的位置降低。同时，为不影响前轮在转向时的转角空间和悬架变形时汽车的跳动，将车架的前端做得比较窄，后端局部向上弯曲。横梁大多采用X形，以提高车架的扭转刚度，如图9-8所示。

车架纵梁通常是用槽钢制成的，大型货车的两根梁纵一般平行布置。中轻型货车、轿车和大客车的纵梁大多数如图9-9所示。轿车和大型客车的车架，在前、后车桥上面有较大弯曲度，保证了汽车重心和地板均较低，既提高了行驶稳定性，又方便了乘客的上下车。

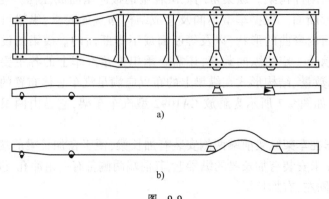

图 9-9

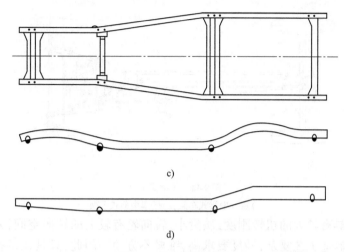

图 9-9 车架的结构形式

a)大型货车车架;b)大型客车车架;c)轿车车架;d)轻型货车车架

车架纵梁剖面形状如图 9-10 所示,在应力很大的地方通常采用图中的图 9-10b)、c)所示的剖面形状来加强。有些汽车车架为了使车架局部得以加强,可以装上加强板或在某处的槽形断面内嵌入板件。

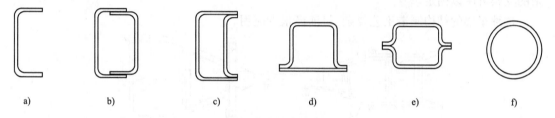

图 9-10 车架纵梁的剖面形状

a)槽形;b)叠槽形 1;c)叠槽形 2;d)礼帽箱形;e)对接箱形;f)管形口

2)中梁式车架

中梁式车架主要是由一根位于中央贯穿前后的纵梁和若干根横向悬伸托架组成,故也称为脊骨式车架,如图 9-11 所示。中梁的断面可以做成管形或箱形,传动轴从中梁内穿过,主减速器通常固定在其尾端并形成断开式驱动桥。中梁前端悬伸托架用以安装发动机,中梁中后端悬伸托架(图中未画出)则用来布置车身及其他总成。

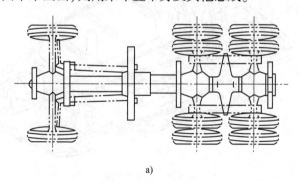

a)

图 9-11

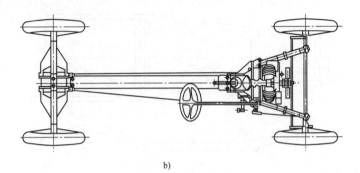

b)

图 9-11 中梁式车架

a)货车中梁式车架；b)轿车中梁式车架

中梁式车架具有较大的扭转刚度，质量小，转向轮有较大的转向空间，并且支架位置很低等优点。但其制造工艺复杂，精度要求高，维修不方便。因此，只是在某些轿车和货车上被采用。

3) 综合式车架

综合式车架是综合边梁式车架和中梁式车架的结构特点形成的，如图 9-12 所示。这种车架的纵梁前段是边梁式的，用以安装发动机、后驱动桥和悬架装置；中后部是中梁，悬伸出来的支架可用以固定车身。

这种车架的结构制造工艺复杂，目前已很少应用。

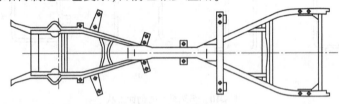

图 9-12 综合式车架

4) 无梁式车架

无梁式车架是用车身兼做车架，所有总成和零部件都安装在车身上，全部作用力都由车身承受，故这种车身又被称为承载式车身，如图 9-13 所示。

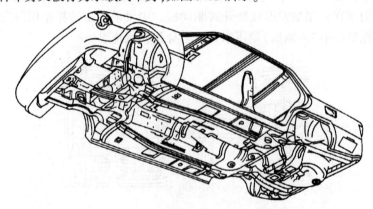

图 9-13 无梁式车架

目前，无梁式车架大多用在轿车和部分客车上，如上海桑塔纳轿车。

3. 车架的检修

下面以边梁式车架为例,介绍车架的检修方法。车架通常在汽车大修时进行修理,修理前应清理旧涂层。轿车车架检修的先进设备已经同车身的整形合并,兼容车架和车身两种检修功能,由电脑控制完成。但国内多数企业仍采用对角线法及常规的拉、压器具检修车架,按照检验、校正、重铆及断裂修理的基本顺序进行。

由于结构设计不合理和使用不合理等原因,车架常见的损伤形式有变形、裂纹、腐蚀和连接松旷等。

1) 车架变形的检修

双桥汽车的平行边梁式车架,以钢板弹簧支座上钢板销孔的轴线为基准,构成三个矩形框,如图9-14所示。测量每个矩形框两条对角线的长度差及其位置度误差来判断车架在垂直方向和水平方向上的变形。

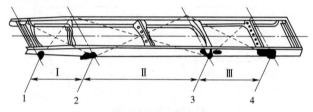

图9-14 对角线矩形分段
1-前钢板弹簧前支座;2-前钢板弹簧后支座;3-后钢板弹簧前支座;4-后钢板弹簧后支座

这种划分矩形框的办法俗称为"三段法"。其优点除了定位精度高、测量准确外,还可提高前、后桥的平行度和轴距的准确性。

(1)检修车架变形的准备。

①左、右同名钢板弹簧支座上的钢板销孔同轴度误差不大于2mm,否则应先进行校正。

②车架宽度公差为 -3 ~ +4mm。

③纵梁上翼面与腹面的直线度允许误差为1000mm长度上不大于3mm,纵梁全长直线度误差不大于1‰。

④纵梁腹面对于上翼面的垂直度公差为腹面高度的1‰。

(2)两对角线的技术条件。

①用细钢丝做对角线,并用专用工具牵引,如图9-15所示。

②两对角线长度差不得大于5mm,否则表示车架有水平扭曲。

③两对角线交叉,其位置度误差不得大于2mm。否则,表示车架垂直方向上发生翘曲变形。车架变形后,应进行校正。待校正合格后再进行修理,以减小校正应力。

2) 车架裂纹的焊修

车架的焊修宜选用成本低的快捷焊接法,但必须严格焊接工艺,否则将会影响焊接质量。步骤如下:

(1)认真清洁除锈,必须彻底清除接头两侧的旧漆层。

(2)在裂纹两端打止裂口,开坡口。

(3)选用碱性的低氢焊条。

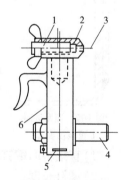

图9-15 对角线牵具
1-拉紧螺栓;2-牵头;3-钢丝;4-可张式芯轴;5-水准管;6-支架

(4) 采用直流电源,大电流。

(5) 电源反接。

(6) 多层多道焊。采用多层多道焊有利于获得良好的效果,同时用锤击降低应力,可适当降低焊速,以防止产生淬硬组织,配合大电流可提高生产效率。

(7) 在环境温度低于 0℃ 条件下焊接,接头周围应预热至 100℃。

3) 车架补块的应用

补块挖补法宜用于修理车架产生的腐蚀和纵梁腹面上的短裂纹,翼面和腹面过渡处的贯通性裂纹。

常用的补块有椭圆形和三角形,可从旧车架上割取。椭圆形补块用于修补覆面上的裂纹,三角形补块用于修补贯通性裂纹,如图 9-16 所示。

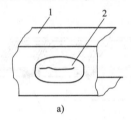 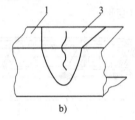

图 9-16 补块的应用
a) 椭圆形补块; b) 三角形补块
1—纵梁; 2—补孔; 3—补块

补孔采用氧—乙炔气割,割口要求光洁,补块与补孔间隙为 2~2.5mm。补块镶入补孔后,采用分段减应焊法,按车架焊接规范进行焊接。

4) 覆板的应用

覆板紧贴在纵梁外侧的上翼面和腹面上,用于加强纵梁完全断裂或接近完全断裂处,以加强纵梁局部的强度,与纵梁铆接或焊接。对使用覆板的要求是:

(1) 覆板长度为 400~600mm,只能覆焊一层,禁止焊多层,以防止局部刚度过大,影响纵梁的弹性。

(2) 使用覆板后,不得形成新的危险断面。

(3) 覆板翼面与腹面的过渡处和纵梁上翼面与腹面的过渡处不能贴合,覆板边缘较纵梁边缘小 5mm,如图 9-17 所示。

(4) 只覆上翼面和腹面,不得覆下翼面。

(5) 腹面端面尖角处不得有裂纹。

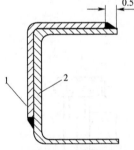

图 9-17 覆断截面
1—覆板; 2—纵梁

5) 车架的铆接

车架纵、横梁连接铆钉松动后,将影响车架的刚度和弹性。车架修理时,应去掉松动的铆钉,重铆新铆钉。具体要求如下:

(1) 直接将旧铆钉的直径扩大 0.5~1mm,更换加大的新铆钉。

(2) 铆钉长度:

$$L = 1.1\sum\delta + 1.4d$$

式中:L——铆钉的长度;

$\sum\delta$——板料总厚度;

d——铆钉的直径。

(3)铆钉质量:

①铆接头的飞边不大于3mm。

②铆接头与板料缝隙不大于0.1mm。

③钢板弹簧座、拖车钩支座等铆成后,允许与板料局部有缝隙,但不得大于0.3mm。

4. 承载式车身的检查

1)检查车身在垂直方向上是否翘曲变形

(1)选择车身底部两处没有明显变形的位置,挂上两个中心量规。

(2)在第一步两个中心量规的间隔处放置另外两个中心量规。

(3)站在远处观察四个中心量规横臂的端部是否在同一条直线上。若四个量规的端部在同一条直线上(图9-18),说明车身在基准面上;若它们不在同一条直线上(图9-19),说明车身底部前端偏离了基准面,应予以校正和修复。

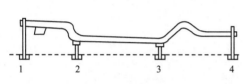

图9-18 车身底部没有翘曲　　　　图9-19 车身底部前端翘曲

2)检查车身对应于中心面是否发生了偏移

(1)将四个中心量规挂在车身底部的相应位置。

(2)将其中两个中心量规挂在没有发生变形的位置,并使这两个中心量规的中心销对齐。

(3)在怀疑有变形的位置悬挂其他两个中心量规。

(4)通过观察四个量规的中心销是否同心,从而确定车身的中心面是否正确,如图9-20所示。

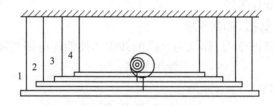

图9-20 观察四个量规的观测孔是否同心

3)检查车身整体结构是否有变形

(1)将两个量规挂在经检验为水平的汽车中部,若这两个量规能保持相互平行,说明车身在中部没有发生扭转变形。

(2)将另两个量规分别挂在车身前、后位置,分别观察车身前部和后部的零平面是否与中部量规重合。

(3)若能重合,则说明车身前、后部都是水平的,否则车身前、后部发生了形变,如图9-21所示。

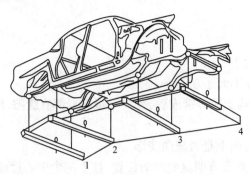

图 9-21　车身前部零平面发生了倾斜

二、任务实施

1. 准备工作

(1) 准备车架实验台 2 台。

(2) 准备车架检修工量具 2 套。

2. 操作步骤

(1) 车架变形的检修。

(2) 车架裂纹的焊修。

(3) 车架补块。

(4) 车架的铆接。

(5) 5S 作业。

三、评价与反馈

1. 自我评价

(1) 通过本学习任务的学习,你是否已经知道以下问题:

① 车架的功用、要求是什么?

② 车架的类型、构造有哪些?

③ 车架检修内容有哪些,如何检修?

(2) 通过本学习任务的学习,你认为自己的知识和技能还有哪些需要加强?

学生签名:_____　_____年___月___日

2. 小组评价(表 9-3)

小组评价表　　　　　　　表 9-3

序号	评价项目	是否达到要求	记录
1	着装是否符合要求		
2	是否能合理规范使用仪器和设备		
3	是否按照安全和规范流程操作		
4	是否遵守实训场地的规章制度		
5	是否能保持实训场地、工具设备整洁		
6	是否具有团队协作精神		

参与评价的学生签名:_____　_____年___月___日

3. 教师评价

_____

_____

教师签名：_____ _____年___月___日

四、技能考核标准（表9-4）

技能考核标准表　　　　　　　　　　　　　表9-4

序号	操作内容	配分	评分标准	得分
1	车架变形的检修	20	达到操作标准	
2	车架裂纹的焊修	20	达到操作标准	
3	车架补块	15	达到操作标准	
4	车架覆板	15	达到操作标准	
5	车架的铆接	15	达到操作标准	
6	工具仪器设备归还、清洁场地	15	符合5S要求	
	总分	100		

学习任务3　车桥构造与检修

知识目标
1. 能叙述车桥的功用、类型；
2. 能叙述车轮定位的概念、车轮定位的内容及作用。

技能目标
能查阅维修资料，借助常用及专用工具，对车桥进行检修。

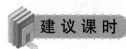

3 课时。

一、理论知识准备

1. 车桥的功用及分类

1）车桥的功用

汽车车桥又称为车轴。它是通过悬架（或承载式车身）相连接，两端安装车轮。其作用是传递车架(或承载式车身)与车轮之间的各种作用力及力矩。

2)车桥的分类

车桥的结构形式与悬架结构以及传动系统的布置形式有关。

(1)车桥按悬架结构形式的不同,可分为非断开式和断开式两种。当采用非独立悬架时,车桥中部是刚性的实心和空心(管状)梁,这种车桥即称为非断开式;断开式车桥的中部是活动关节式结构,与独立悬架配合使用。

(2)车桥按其作用的不同,又可分为转向桥、驱动桥、转向驱动桥和支持桥四种类型。其中,转向桥和支持桥都属于从动桥。一般货车前桥多为转向桥,后桥或中、后两桥为驱动桥,越野汽车的前桥为转向驱动桥,挂车的车桥为支持桥。

只起支承作用的车桥即称为支持桥,它除了不能转向外,其他功能和结构与转向桥基本相同。

2. 转向桥

1)转向桥功用

(1)通过转向节可使车轮偏转一定角度,以实现汽车的转向。

(2)承受一定的载荷。转向桥既承受垂直载荷,同时也承受纵向力和侧向力以及其力矩,因此,转向桥必须有足够的强度和刚度。

(3)应具有正确的定位角度与合适的转向角。

(4)在车轮转向的过程中,应尽可能地减小内部部件之间的摩擦力,以使汽车转向轻便。同时,保证方向的稳定性。

2)转向桥的构造

转向桥既可以与独立悬架配合使用,也可以与非独立悬架配合。汽车上非独立悬架转向桥的结构大体是相同的,主要由前梁、转向节、转向主销等几部分组成。断开式转向桥的作用与非断开式转向桥的作用基本上一样,有所不同的是断开式转向桥与独立悬架匹配。图 9-22 所示为迈腾 B7L 轿车的转向桥与前悬架,其转向桥为活动关节式结构。

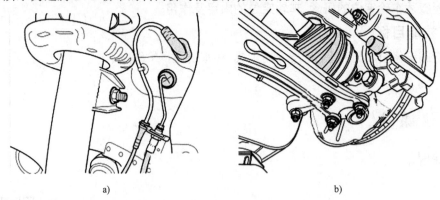

图 9-22　迈腾 B7L 轿车的转向桥与前悬架
a)前悬架;b)转向桥

独立悬架部分的下摆臂轴与车架横梁做铰链连接,下球头销与转向节相连接。悬架中采用弹性元件的螺旋弹簧和双向作用筒式减振器并联安装,加速了振动的衰减,以提高行驶平顺性。下摆臂与下球头销是可拆卸的。转向节与车轮轮毂的连接形式与其他转向桥的连接形式相似。

如图9-23所示为一种客车的前转向桥和悬架。纵向与横向推力杆外端与转向节铰接,内端与车架铰接,承担来自车轮的力并且传给车架。

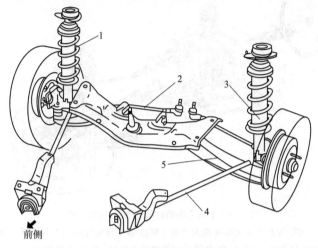

图9-23 客车前转向桥和悬架
1-螺旋弹簧;2-横向推力杆;3-减振器;4-纵向推力杆;5-下悬臂

3. 转向驱动桥

发动机前置前轮驱动和全轮驱动的汽车,它们的前桥既作为转向桥,又兼起驱动桥的作用,这种类型的车桥被称为转向驱动桥。如图9-24所示为转向驱动桥的示意图,它既具有主减速器6、差速器7和半轴,也有一般转向桥所具有的转向节、轮毂13和主销2等。但为了保证其既能转向又能驱动的需求,因此与车轮相连的半轴必须分成两段:内半轴8(与差速器7相连)和外半轴12(与轮毂9相连)之间用等速万向节10相连接。另外,主销2也同样分成上、下两段,固定在万向节的球形支座4上,转向节轴颈11制成中空的,以便外半轴12通过。为了防止转向与驱动之间产生运动干涉,主销的轴线必须通过万向节的中心。

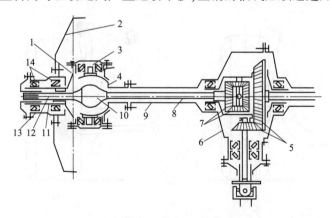

图9-24 转向驱动桥
1-转向节壳体;2-主销;3-主销轴承;4-球形支座;5-主减速器;6-主减速器壳;7-差速器;8-内半轴;9-半轴套管;10-万向节;11-转向节轴颈;12-外半轴;13-轮毂;14-轮毂轴承

如图9-25所示为上海桑塔纳轿车前转向驱动桥总成。动力经主减速器和差速器(图中主减速器和差速器未画出来)至左、右两半轴(传动轴)和左、右内等角速万向节,到左、右外等角速万向节,再到左、右外半轴凸缘,最后经轮毂带动驱动车轮转动。

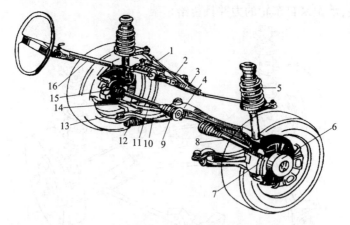

图9-25 上海桑塔纳轿车前桥(转向驱动桥)

1-横拉杆;2-转向减振器;3-齿轮齿条式转向器;4-橡胶金属支架;5-减振器支柱;6-外半轴凸缘;7-制动钳;8-右半轴;9-内等角速万向节;10-发动机支架;11-横向稳定杆;12-悬架后端的橡胶金属轴;13-悬架摆臂;14-左半轴;15-外等角速万向节;16-转向柱

当转动转向盘时,通过齿轮齿条式转向器3和横拉杆1带动转向车轮偏转,实现转向。

4. 转向轮定位

为了保证汽车在直线行驶过程中的稳定性和操纵的轻便性,减轻轮胎和其他机件的磨损,转向轮、转向节和前轴三者与车架的安装应保持一定的相对位置关系,这种安装位置关系称为转向车轮定位,也被称为前轮定位。

对于两端装有主销的转向桥,当汽车转向时,转向车轮会围绕主销轴线偏转,如图9-26a)所示。但是在大多数断开式转向桥中没有主销,而是采用上、下球头销代替主销,上、下球头销球头中心的连心线相当于主销轴线,如图9-26b)所示。

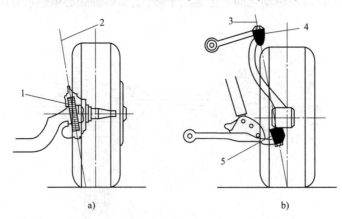

图9-26 主销的不同形式

a)有主销轴;b)无主销轴

1、3-转向轴线;2-转向主销;4-上球头;5-下球头

转向轮定位包括前轮外倾、主销后倾、主销内倾和前轮前束四个参数。

1)主销后倾

主销装在前轴上,其上端稍向后倾斜,这种现象被称为主销后倾。向后倾斜为正后倾、向前倾斜为负后倾。在纵向垂直平面内,主销轴线与垂线之间的夹角叫作主销后倾角,如图9-27所示。

主销后倾的作用:

(1)使得前轮自动回正,有助于提高汽车的方向稳定性。

(2)转弯完成后,帮助前轮回到直线行驶位置。

(3)弥补路面不平对汽车的方向稳定性的影响。

若主销后倾角过大,会造成转向困难、路面冲击过大及前轮摆动。而主销后倾角过小,则在高速行驶时会造成漂移、摆振和方向稳定性不好等问题。

主销正后倾有利于提高汽车方向的稳定性,同时也增加了转向阻力。这些增加的转向阻力可以通过动力转向来克服。只有机械转向系统的汽车,一般采用很小的主销后倾或主销负后倾。在一些新型的轿车上,采用主销负后倾角是必要的。

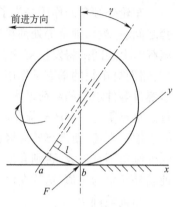

图9-27 主销后倾角

2)主销内倾

主销装置在前轴上,其上端稍向内倾斜,这种现象被称为主销内倾。在垂直于汽车支承平面的横向平面内,主销轴线与汽车支承平面垂线之间的夹角叫作主销内倾角,如图9-28所示。

主销内倾的作用:可以防止前轮外倾角过大;减小转向阻力臂,使得转向轻便;提高操纵稳定性;减轻轮胎磨损;提高方向的稳定性;使得汽车重量的分配更为接近轮胎与路面的接触区。

3)车轮外倾

转向轮装置在转向节上,其平面上方稍向外倾斜,这种现象被称为车轮外倾。车轮旋转平面与垂直于车辆支承面的纵向平面之间的夹角叫作车轮外倾角,如图9-29所示。

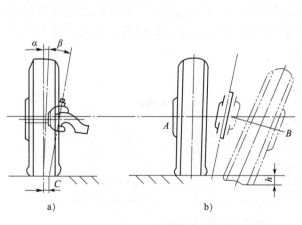

图9-28 主销内倾角
a)主销内倾角;b)主销内倾角作用示意图

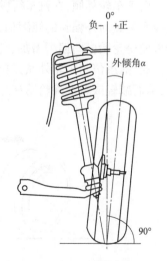

图9-29 车轮外倾角

车轮外倾角的作用是为了提高车轮工作的安全性和转向操纵的轻便性。由于主销与衬套之间、轮毂与轴承等处都存在着装配间隙,如果空车时车轮的安装正好垂直于路面,则在满载时上述间隙将发生变化,车桥也会因承载而变形,从而引起车轮向内倾斜。车轮内倾后,路面对车轮的垂直反作用力便会产生一个沿转向节轴颈向外的分力,使得外轴承及其锁紧螺母等件承受的载荷增大,降低了它们的使用寿命,严重时会损坏锁紧螺母而使车轮脱落。当预留有一定的外倾角时,就可防止上述不良影响。车轮外倾与主销内倾相配合可进一步缩短距离,使汽车转向轻便。另外,车轮有一定的外倾角也可以与拱形路面适应。但车轮外倾角不宜过大,否则会使轮胎产生偏磨损。通常,前轮外倾角为1°左右。也有的汽车其前轮外倾角为负值,这样在汽车转向时可以避免车身过分倾斜。

4)前轮前束

车轮安装在车桥上,两前轮的中心平面不平行,其前端稍向内侧收束,这种现象叫作前轮前束。两前车轮后端的距离 A 大于前端 B,它们的差值即为前束值,如图9-30所示。

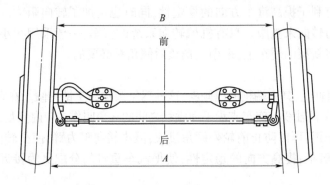

图9-30 前轮前束

前轮前束的作用是减小或者消除汽车前进过程中因车轮外倾和纵向阻力致使车轮前端向外滚开所造成的滑移。

由于车轮外倾,在汽车行驶时,两个车轮的滚动类似于两个锥体的滚动,其轨迹不再是直线而是做向外偏斜的纯滚动,如图9-31所示,只能是向外侧滚动的同时向内侧横向滑动,结果使得轮胎横向偏磨增加,轮毂轴承载荷增大。有了前束,车轮滚动的轨迹是向内侧偏斜,只要前束值与车轮外倾角配合适当,就可使得齿轮每一瞬间滚动方向接近于向着正前方,从而减轻或者消除轮胎和零件磨损。

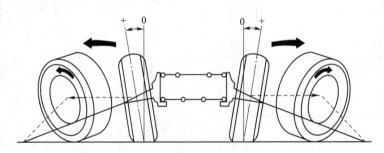

图9-31 车轮外倾产生的车轮运动

几种国产汽车的车轮定位参数,如表9-5所示。

几种国产汽车的车轮定位参数　　　　　　　　　表 9-5

车　　型	主销后倾角	主销内倾角	车轮外倾角	前束值(mm)
桑塔纳	50′±30′	14°12′	-30′±20	-1~3
捷达	1°30′±20′		30′±20′	0°±10′
神龙富康	1°30′±40′	10°45′±40′	0°±40′	0~2
奥迪	1°10′	14°12′	-30′±20′	0.5~1

5．四轮定位

随着道路条件的改善，现代轿车的行驶速度愈来愈快，现在有许多高档轿车设置四轮定位，不仅要求前轮定位，还需要有后轮定位。其原因是对前轮驱动汽车和独立后悬架汽车而言，如果后轮定位不当，即使前轮定位良好，仍然会有不良的操纵性和轮胎早期磨损。为了防止高速行驶时汽车出现的"激转"及自动转向现象，在结构设计上应确保汽车具有不足转向特性。汽车后轮具有一定程度的外倾角和前束可使后轮获得合适的侧偏角，提高高速行驶的操纵稳定性。

1）后轮外倾角

像前轮外倾角一样，后轮外倾角也对轮胎磨损和操纵性有影响。理想状态是四个车轮的运动外倾角均为零，这样轮胎和路面接触良好，从而得到最佳的牵引性能和操纵性能。

车轮外倾角不是静态的，它随悬架的上下移动而变化。车辆加载后悬架下沉就会引起车轮外倾角改变。

为了对载荷进行补偿，采用独立后悬架的大多数车辆常有一个较小的正后轮外倾角。滑柱筒破坏或错位、滑柱弯曲、上控制臂衬套破坏、上控制臂弯曲、弹簧压缩或悬架过载都会使后轮外倾角产生变成负外倾角的趋势。转向节弯曲、下控制臂弯曲会使后轮外倾角过大。后轮驱动车辆在转矩过大、严重超载或道路损坏的情况下，即使是刚性的后桥壳也会变弯。

2）后轮前束

如同前轮前束一样，后轮前束也是后轮定位的一个重要项目。如果前束不当，后轮轮胎也会被擦伤，另外还会引起转向不稳定及降低制动效能（对于防抱死制动系统，此点尤其重要）。像后轮外倾角一样，后轮前束也不是一个静态量。悬架摇动和反弹时后轮前束就要起变化，滚动阻力和发动机转矩对后轮前束也有影响。

对于前驱动车辆：前驱动轮宜为前束，后从动轮宜为负前束。

后驱动车辆则相反：前轮宜为负前束，独立悬架的后驱动轮应尽可能为前束。

如果后轮前束不符合技术要求，那么就要影响轮胎磨损和转向稳定性，其影响程度与前轮前束相同。前束测量值在规定范围内，并不意味着车轮一定正确定位，尤其对后轮前束测量值来说更是如此。如果一侧后轮前端向内偏斜量与另一侧后轮前端向外偏斜量相等，虽然前束值在规定的范围内，但由于后轮与车纵轴线不平行，车辆还会跑偏。

3）驱动力作用线

如果两后轮相互平行且与整车平行，那么驱动力作用线将垂直于后轴并与车辆纵轴线重合。但如果一个或两个后轮前端偏里或偏外，或者一个车轮相对于另一个略为后缩，驱动作用线就要偏离中心线,从而产生了一个驱动力偏离角并使车辆朝与偏离角相反方向偏行。例如,驱动力作用线偏右时,汽车向左侧跑偏。

驱动力偏离角的出现,使得车辆在冰、雪或湿路面上的方向稳定性变差。在车辆制动或急剧加速时它有时会使车辆跑偏。用于转向控制的前轮要克服后轮的这种作用,从而使轮胎磨损加剧。

只有消除驱动力偏离角才能解决上述问题。通过重新设置后轮前束,可使驱动力作用线回中。在大多数前驱动车辆上,这一点容易做到,可以采用厂家提供的前束调整方法,也可在后轮转向节和后轴间放置前束/车轮外倾角垫片,或者使用偏心轴套组。而由于后轮驱动车辆具有整体式后桥,后轮前束的调整就不那么容易。有时因制造或撞车会造成车的底板或车梁位位置不正确。如果没有在碰撞修理中牵拉底盘,将控制臂恢复到正确或恢复弹性悬架的正确几何特性,那么只有通过试用某种偏置纵臂轴套及配用的螺旋弹簧或者改变悬架吊耳或钢板弹簧或 U 形螺栓的位置来予以校正。

如果后轮前束难以改变,另一种最佳做法是根据后轴驱动力作用线而不是车辆纵轴线调整前轮定位。这样做的话,转向盘不在正中位置时可消除车辆跑偏现象,但不会消除后轮尾随现象。

四轮定位仪中存储了大量轿车车型四轮定位的资料,检测时四轮定位仪先测量出汽车此时的四轮定位参数,然后四轮定位仪自动与相应车型的存储值对比,计算出偏差值,维修人员按照定位仪的提示进行修正就可以恢复原状了。当然,四轮定位的关键是对前轮进行定位,这对保持汽车的驾驶稳定性、乘坐舒适性和减轻轮胎磨损十分重要。

4)包容角

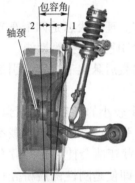

图 9-32 包容角
1-主销内倾角;2-车轮外倾角

从汽车正前看,主销的轴线和车轮的轴线之间的夹角就称为包容角,如图 9-32 所示。它在数值上等于主销的内倾角和轮胎的外倾角之和。

6. 四轮定位仪检测方法

四轮定位仪可检测的项目包括前轮前束、前轮外倾角、主销后倾角、主销内倾角、后轮前束、后轮外倾角、推力角等。下面以电脑式四轮定位仪为例说明四轮定位仪的使用方法,如图 9-33 所示。

1)检测前准备

(1)把汽车开上举升平台,托住车轮,举升至大约 0.5m(第一次举升)。

(2)托住车身下部合适位置,利用二次举升设备举升车辆至车轮能自由转动(第二次举升)的位置。

(3)拆下各车轮,检查轮胎磨损情况,要求各轮胎磨损基本一致。

(4)检查轮胎气压,使其符合标准值。

(5)先进行车轮动平衡检查,动平衡完成后,将车轮装回车上。

(6)检查车身高度,检查车身 4 个角的高度和减振器技术状况,如车身不平应先调平,同时检查转向系统和悬架是否松旷,如松旷则应先紧固或更换零件。

2）检测步骤

（1）把传感器卡具安装在轮辋上，再把传感器安装到卡具上，并按使用说明书的规定调整，如图9-34所示。

图9-33　四轮定位仪

图9-34　卡具及传感器

（2）打开电脑主机进入测试程序，输入被测汽车的车型和生产年份。

（3）进行轮辋偏位补偿，转向盘位于直驶位置。使每个车轮旋转一周，即可把轮辋变形误差输入电脑。

（4）降下第二次举升量，使车轮落到平台上，把汽车前部和后部向下压动4~5次，使各部位落到实处。用制动锁压下制动踏板，使汽车处于制动状态。

（5）将转向盘左转至电脑显示"OK"，输入左转角度数；然后将转向盘右转至电脑显示"OK"，输入右转角度数。

（6）将转向盘回正，电脑显示出后轮的前束及外倾角数值。调正转向盘，并用转向盘锁锁止转向盘，使之不能转动。

（7）将安装在4个车轮上的传感器的水平仪调到水平线上，此时电脑显示出转向轮的主销后倾角、主销内倾角、转向轮外倾角和前束的数值。电脑将比较各测量数值，得出"无偏差""在允许范围内"或"超出允许范围"的结论。若"超出允许范围"，按电脑提示的调整方法进行针对性调整。

（8）再次检测，将转向轮左右转动，看屏幕上数值有无变化，若有变化应重新调整。

（9）拆下传感器和卡具，进行路试，检查四轮定位调整的效果。

7．车桥的检查与调整

1）转向节、前轴的检查与调整

（1）检视转向节轴端螺纹与螺母的配合情况，同时应检查转向节有无损伤或裂纹。检查裂纹最好使用电磁或超声波探伤仪。无该设备时，可采用铜锤敲击法进行检查。

（2）检查转向节主销与衬套的配合间隙。该间隙一般不能超过0.15~0.20mm。一般不解体的检查方法是：将车轮顶起，在前轴上夹持一个百分表，使其触针水平抵住制动底板下部，此时将百分表调到零位。然后放下被顶起的车轮，使其着地，此时百分表中读数的一半就是转向节主销与衬套的配合间隙值。

（3）检查转向节与前轴的轴向间隙。转向节与前轴的轴向间隙可通过在转向节与前轴间增减调整垫片的方法进行调整。

(4)前轴变形检验。前轴变形检验可用试棒和角尺法、拉线法、检验仪等。

2)前轮最大转向角的检查和调整

将前轮转向角调到最大的目的是获得最小转弯半径,以保证汽车具有良好的通过性能。

在没有仪器的情况下,可用简易方法进行检查。

(1)检查方法。

①将前桥顶起,使前轮处于直线位置。

②左、右轮胎下面垫一块木板和白纸(固定在木板上),将木尺紧靠轮胎外边缘,用铅笔在纸上划出车轮平行的直线,再把转向盘向右转到底,划出第二条线,然后用量角器测量出右转向角。

③用同样的方法检查左轮的左转向角。

(2)调整方法。

转向角不符合规定时,可旋出或旋入转向节上的转向角限位螺栓,或转动转向节壳上的一个调整螺栓进行调整,调整完毕后,必须旋紧锁紧螺母。

转向角最简易的检查调整方法是:将转向盘向左或向右打到底,前轮胎不与翼子板、钢板、直拉杆等机件碰擦,并有 8~10mm 的距离为合适。各种车辆不同的转向角,应能既能保证转向的灵活性,又能保证轮胎不与其他机件碰擦。

(3)前轮轮毂轴承的调整。

车轮应能灵活地在轮毂轴承上旋转而无卡滞,轴向松动量不能过大或过小。过大,是由于车轮轮毂轴承间隙过大或转向节衬套磨损产生的;轴向松动量过小,会使车轮旋转卡滞发热。检查时,应先调整车轮轮毂轴承间隙。

用千斤顶将车轮顶起,拆去前轮毂盖,扳开锁片,拧下锁止螺母,取下锁片与锁止垫圈。如东风 EQ1091 型汽车,可用 147~196N·m(15~20kgf·m)的力矩拧紧调整螺母,同时向前、后两方向转动车轮,使轴承的圆锥形滚柱正确地坐于轴承圈的锥面上。然后,反方向旋松调整螺母 1~2 个锁紧垫片的孔位,使调整螺母上的止动销与销环上的邻近孔相重合,再装上锁紧垫圈与锁紧螺母。按与拆装相反的顺序装复零件,拧紧并用锁片锁住螺母。汽车行驶一段路程后,用手摸试前轮毂,如有过热现象,需要重新调整前轮轮毂轴承的松紧度。

二、任务实施

1. 准备工作

(1)准备需检测的车辆 2 台。

(2)准备四轮定位仪 2 台,专用举升机、气压表。

2. 操作步骤

(1)车辆外观、胎压检查。

(2)车辆驶入举升机进行四轮定位检测。

(3)检测结束,驶出车辆,关闭电源开关。

(4)5S 作业。

三、评价与反馈

1. 自我评价

(1)通过本学习任务的学习,你是否已经知道以下问题:

①车桥的功用、类型有哪些?

②车轮定位的概念、车轮定位的内容及作用是什么?

③车桥检修内容有哪些?如何检修?

(2)实训操作完成情况如何?

(3)通过本学习任务的学习,你认为自己的知识和技能还有哪些需要加强?

学生签名:_____ _____年___月___日

2. 小组评价(表9-6)

小 组 评 价 表   表9-6

序号	评价项目	是否达到要求	记　　录
1	着装是否符合要求		
2	是否能合理规范使用仪器和设备		
3	是否按照安全和规范流程操作		
4	是否遵守实训场地的规章制度		
5	是否能保持实训场地、工具设备整洁		
6	是否具有团队协作精神		

参与评价的学生签名:_____ _____年___月___日

3. 教师评价

_____

_____

教师签名:_____ _____年___月___日

四、技能考核标准(表9-7)

技能考核标准表   表9-7

序号	考核项目	评价标准(每项累计扣分不超过配分)	配分	得分
1	作业安全	1. 出现工具设备损伤、身体擦伤或碰伤等,酌情扣分 2. 出现安全事故记零分	10	
2	5S与职业素养	1. 着装不规范扣5分 2. 作业中没有及时清洁、整理工量具、清扫场地,扣5分	10	
3	维修手册使用	根据工单填写情况对照维修手册标准值评分。每查错一个数据扣1分	5	
4	检查准备	将车辆升至合适高度	5	

续上表

序号	考核项目	评价标准(每项累计扣分不超过配分)	配分	得分
5	基本检查	1. 胎压 2. 车轮与轮胎 3. 车轮转向节 4. 横拉杆球头 5. 前悬架下控制臂球头 6. 前悬架下控制臂轴承 7. 前减振器与弹簧 8. 前平衡杆与连杆 9. 将车辆升至合适高度检查前束 10. 检查前束参数	30	
6	前轮前束的调整	1. 对正转向盘并固定在定位 2. 松开横拉杆端固定螺母 3. 拆下转向齿轮防尘罩固定夹 4. 顺时针或逆时针以相等的转动量转动横拉杆来调整前束设定 5. 拧紧横拉杆端部固定螺母 6. 安装转向齿轮防尘罩固定夹 7. 检查前束参数	30	
7	维修结论	根据考生工单评分	10	
	总分		100	

学习任务 4 车轮和轮胎构造与维护

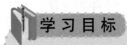

知识目标

1. 能叙述车轮的功用、组成、类型及结构;
2. 能叙述轮辋的类型、结构及国产轮辋规格的表示方法;
3. 能叙述轮胎的功用、结构及轮胎规格的表示方法。

技能目标

1. 能对车轮与轮胎进行拆装、检查和换位;
2. 能对车轮与轮胎进行动平衡检测;
3. 能正确利用轮胎拆装机拆装轮胎;
4. 能查阅维修资料,借助常用及专用工具,对车轮与轮胎进行检修。

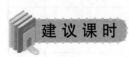

4 课时。

一、理论知识准备

1. 车轮的作用、组成及类型

1）车轮的功用

车轮是汽车行驶系统中的重要组成部分，位于车身与路面之间，其主要功用是：

(1) 支撑汽车和装载质量。

(2) 传递汽车与路面之间的各种力和力矩。

(3) 缓冲车轮受路面颠簸时引起的振动。

(4) 保持汽车的行驶方向。

2）车轮的组成

车轮是由轮毂、轮辋和轮辐三部分组成的。

3）车轮的分类

根据轮辐的结构不同，可将车轮分为辐板式和辐条式。根据轮辋形式不同，又可分为组装轮辋式、可调式、对开式和可反装式车轮。根据车轮材质的不同，又有铝合金、镁合金和钢车轮之分。

按照轮辋和辐板连接形式，车轮可分为组合式结构和整体式结构。组合式结构是将轮辋与辐板用焊接或铆接的方式进行连接；而整体式结构是将轮辋与辐板用铸造成型或锻造成型的方式进行连接。前者主要用于钢制车轮，后者则用于合金制车轮。

(1) 辐板式车轮。

辐板式车轮由挡圈1、轮辋3、辐板2和气门嘴伸出口4组成，如图9-35所示。轮辋3与辐板2是通过焊接方式连接成一体的，辐板2通过中心孔和周围分布的螺栓孔安装在轮毂上。为了便于在安装时车轮与轮毂中心重合，辐板2上的螺栓孔和螺栓及紧固螺母的端面部加工有定位曲面（凸面或凹面）。另外，为了减小车轮的质量，便于制动毂（盘）散热、拆装，还在辐板的外边缘制成几个通孔，如图9-36所示。

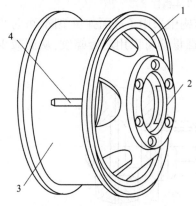 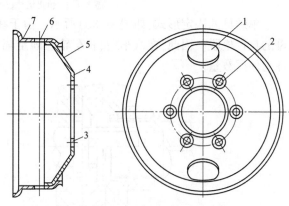

图9-35　辐板式车轮　　　　　　　　　　图9-36　辐板式车轮
1-挡圈；2-辐板；3-轮辋；4-气门嘴伸出口　　　1、5-辐板孔；2、3-螺栓孔；4-辐板；6-气门嘴伸出口；7-轮辋

由于货车后轴负荷比前轴大得多，为了使后轮轮胎不致过载，后桥通常装用双式车轮，如图9-37所示。在采用这种双螺母固定形式，如图9-38a)所示。为了防止汽车在行驶中固

定辐板的螺母自行松脱,故在汽车两侧车轮上的辐板固定螺栓一般采用旋向不同的螺纹,左侧用左旋螺纹,右侧用右旋螺纹。在一些载货汽车上,后桥双式车轮采用。

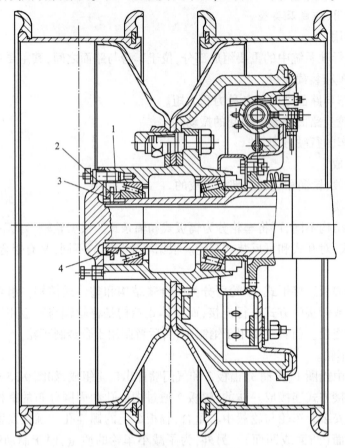

图9-37　载货汽车双式车轮
1-调整螺母;2-锁止垫片;3-锁紧螺母;4-销钉

单螺母的固定形式,如图9-38b)所示。由于在该结构中采用了球面弹簧垫圈,可防止螺母的自行松脱。因此,在汽车左、右车轮上固定辐板的螺母均可以用右旋螺纹,从而减少零件的使用数量。

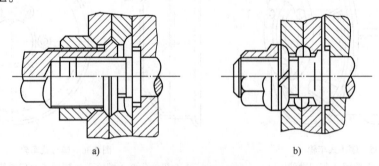

图9-38　双式车轮辐板的固定
a)双螺母固定形式;b)单螺母固定形式

目前,在轿车和货车上广泛采用辐板式车轮。

(2) 辐条式车轮。

现在还有的汽车采用的是将轮辋和轮盘组装在一起的辐条式车轮。辐条可用铸造件或钢丝制成。铸造辐条通常被用于装载质量大的重型汽车上,而钢丝辐条主要被用于极少数追求独特的车辆上。铸造辐条式车轮的轮辐是与轮毂6铸成一体的辐条4,轮辋3用螺栓2和特殊形状的衬块3固定在辐条4上,为了使轮辋与辐条的中心重合,在两者接合处都应制有相应的配合锥面,如图9-39所示。

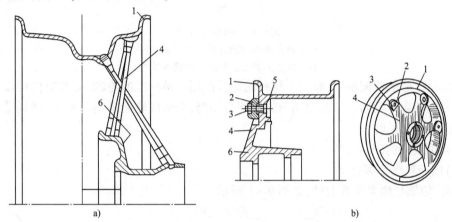

图9-39 辐条式车轮
1-轮辋;2-衬块;3-螺栓;4-辐条;5-配合锥面;6-轮毂

2. 轮辋的类型及规格代号

1) 轮辋的类型

按照轮辋结构的特点不同,轮辋可以分为深槽式、平底式和对开式(可拆式)等三种形式。

(1) 深槽式轮辋。

这种轮辋是一整体轮辋,主要用于轿车及轻型的越野汽车上。它有带肩的凸缘,用以安放外胎的胎圈,为了方便外胎的拆装,将轮辋的断面中部制成深凹槽。肩部一般以5°±1°的倾斜度向中央倾斜。倾斜部分的最大直径即称为轮胎胎圈与轮辋的着合直径,如图9-40a)所示。深槽轮辋的结构简单,刚度大,质量较小,对于小尺寸弹性较大的轮胎最适宜,但是尺寸较大、较硬的轮胎则很难装进这样的整体轮辋中。

(2) 平底式轮辋。

这种轮辋的结构形式很多,是我国货车常用的一种形式。挡圈是整体并用一个开口锁圈来防止挡圈脱出。在安装轮胎时,先将轮胎套在轮辋上,后套上挡圈,并将它向内推,直至越过轮辋上的环形槽,再将开口的弹簧锁圈嵌入环形槽内。东风EQ1090E和解放CA1091型汽车都是采用的此种轮辋,见图9-40b)。

(3) 对开式轮辋。

这种轮辋由内外两部分组成。它的内外轮辋的宽度可以相等,也可不相等,两者用螺栓连成一体。在拆装轮胎时,拆卸螺栓上的螺母即可。挡圈是可拆卸的。也有的没有挡圈,与内轮辋制成一体的轮缘有代替挡圈的作用,故内轮辋与辐板焊接在一起。东风EQ2080汽车采用的就是这种形式的轮辋,见图9-40c)。

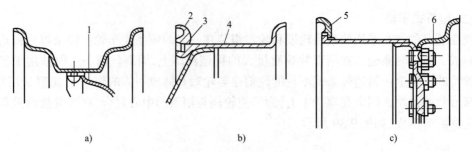

图 9-40 轮辋断面形式
a) 深槽轮辋; b) 平底轮辋; c) 对开式轮辋
1-轮辐; 2、5-挡圈; 3-锁圈; 4-轮辋; 6-螺栓

轮辋是轮胎的装配基础，原则上每种轮胎只配用一种标准的轮辋，必要时也可以用于标识轮辋相近的容许轮胎。如果轮辋与轮胎配合不当，会造成轮胎早期的损坏，特别是使用过容的轮辋装配轮胎时。

2) 轮辋规格的表示方法

（1）国产轮辋轮廓类型。

目前，轮辋轮廓类型有七种，如图 9-41 所示。

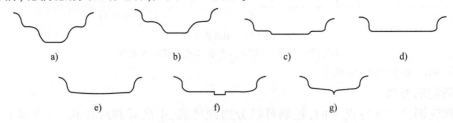

图 9-41 轮辋轮廓类型及代号
a) 深槽轮辋; b) 深槽宽轮辋; c) 半深槽轮辋; d) 平底轮辋; e) 平底宽轮辋; f) 全斜底轮辋; g) 对开式轮辋

（2）轮辋规格代号。

国产轮辋规格用一组数字、符号和字母表示。分为五部分，各部分含义如图 9-42 所示。

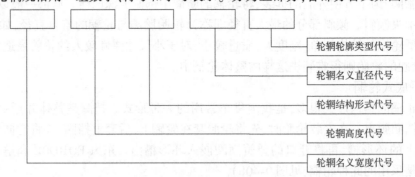

图 9-42 国产轮辋规格各部分含义

①轮辋名义宽度和轮辋名义直径：它们大多以英寸表示，通常取两位小数（如果新设计轮胎以毫米表示时，轮辋也用毫米数值表示）。

②轮辋高度代号：用一个或者几个拉丁字母表示，如表 9-8 所示。有些类型的轮辋（平底宽轮辋），其名义宽度代号也代表了轮缘高度，不再用字母表示。

轮辋轮缘高度代号　　　　　　　　　　　　　　　　　　　表9-8

代号	B	C	D	E	F	G	H	J
尺寸	13.80	15.88	17.45	19.81	22.23	27.94	33.73	17.27
代号	K	L	P	R	S	T	V	W
尺寸	19.26	21.59	25.40	28.58	33.33	38.10	44.45	50.80

③辋结构形式代号：按照主要零件和组成，轮辋的结构形式可以分为一件式轮辋、二件式轮辋、三件式轮辋、四件式轮辋和五件式轮辋。符号"×"表示一件式轮辋，符号"—"表示两件或者两件以上的多件式轮辋。

④轮辋名义直径代号：以数字表示，单位为英寸（当以毫米表示时，要求轮胎与轮辋的单位一致）。

⑤轮辋轮廓类型代号：其表示方法如表9-9所示。

轮辋轮廓类型代号　　　　　　　　　　　　　　　　　　　表9-9

轮廓代号	深槽	深槽宽	半深槽	平底	平底宽	全斜底	对开式
代号	DC	WDC	SDC	FB	WFB	TB	DT

例如：北京 BJ2020 型汽车轮辋为 4.50E×16，表明该轮辋名义宽度为 4.5in，名义直径为 16in，轮辋高度代号为 E 的一件式深槽轮辋。对于平底宽轮辋，只有表示轮辋名义宽度和名义直径的数字，而没有表示轮辋高度的拉丁字母代号，如解放 CA1091 型汽车轮辋规格为 6.5-20。

3. 轮胎的作用、类型及标记方法

1) 轮胎的作用

轮胎安装在轮辋上，直接与路面接触，它的功用是：

(1) 与悬架共同来缓和汽车行驶时所受到的冲击，并衰减由此而产生的振动，以保证汽车有良好的乘坐舒适性和行驶平顺性。

(2) 保证车轮和路面有良好的附着性，以提高汽车的牵引性、制动性和通过性。

(3) 承受车辆的全部重量。

因此，轮胎必须具有适宜的弹性和承受载荷的能力。同时，在其与路面直接接触的胎面部分，应该采用能增强附着作用的花纹。

2) 轮胎的结构

轮胎主要由胎冠、胎肩、胎侧、胎体（包括缓冲层和帘布层）和胎圈等几部分组成，如图9-43所示。

(1) 胎冠。

胎冠是指外胎两胎肩夹的中间部位，包括胎面、缓冲层（或带束层）和帘布层等。

①胎面是指胎冠最外层与路面接触带有花纹的外胎胶层。作用是保护胎体，防止早期磨损和损伤。

②缓冲层是指斜交轮胎胎面和胎体之间的胶布层。作用是缓和并吸收部分路面对轮胎的冲击。

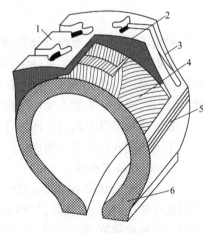

图9-43　轮胎结构

1-胎冠；2-缓冲层；3-胎肩；4-帘布层；5-胎侧；6-胎圈

③带束层是指在子午线轮胎和带束斜交轮胎的胎面基部下,沿胎面中心线圆周方向箍紧胎体的材料层。作用是增强轮胎的周向刚度和倾向刚度,并承受胎面大部分的应力。

④帘布层是指胎体中由覆胶平行帘线组成的布层,它是胎体的骨架,用以支撑外胎的各部分。

(2)胎肩。

胎肩是较厚的胎冠与较薄的胎侧间的过渡部分,通常制有花纹,以便散热。

(3)胎侧。

胎侧是指胎肩到胎圈之间的胎体侧壁部位上的橡胶层。作用是保护胎体,并承受侧向力。

(4)胎体。

胎体是由一层或数层帘布与胎圈组成整体的充气轮胎的受力结构。斜交轮胎的胎体帘线彼此交叉排列,子午线的胎体帘线互相平行。

(5)胎圈。

胎圈是指轮胎安装在轮辋上的部分,由钢丝圈、帘布层和胎圈包布等组成。作用是防止轮胎脱离轮辋。

3)轮胎的类型

根据轮胎的花纹可分为:普通花纹胎、越野花纹胎和混合花纹胎,如图9-44所示。

  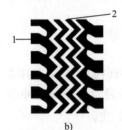 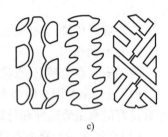

a) b) c)

图9-44 胎面花纹

a)普通花纹;b)混合花纹;c)越野花纹

1—横向花纹;2—纵向线花纹

根据轮胎胎体帘布层可分为:斜交轮胎和子午线轮胎。

根据轮胎的充气压力可分为:高压胎(0.5~0.7MPa)、低压胎(0.15~0.45MPa)和超低压胎(0.15MPa);低压胎弹性好、断面宽、接地面积大、壁薄散热好、提高了汽车行驶的平顺性、稳定性,提高了轮胎的使用寿命,因此汽车上基本使用低压胎。

根据保持空气方法的不同可分为:有内胎轮胎和无内胎轮胎。

下面介绍在汽车上应用比较广泛的普通斜交轮胎、子午线轮胎和无内胎轮胎。

(1)普通斜交轮胎。

帘布层和缓冲层各相邻层帘线交叉,且与胎面中心线呈小于90°角排列的充气轮胎为普通斜交轮胎,常称斜交轮胎,如图9-45a)所示。普通斜交轮胎是一种老式的结构轮胎,由于帘布层的斜交排列,给轮胎胎面和胎侧增加了强度,在适当充气时,会使驾驶员感到较为柔软、舒适。在接触地面时,使胎面平整,减少了扭曲。但因汽车行驶,易导致轮胎损坏,且侧向稳定性差,成本高。

(2)子午线轮胎。

这种轮胎的胎体帘布层线与胎面中心线呈90°或者接近90°角排列,帘布层分布如地球子午线,因此被称为子午线轮胎,如图9-45b)所示。子午线轮胎帘线强度得到了充分的利用,它的帘布层数小于普通斜交轮胎帘布层数,使得轮胎质量可以减小,胎体较为柔软。子午线轮胎采用了与胎面中心线夹角较小(10°～20°)的多层缓冲层,用强力较大、伸张力较小的结构帘布或钢丝帘布制造,可以承担在行驶时产生的较大的切向力。带束层像钢带一样,紧紧箍在胎体上,极大地提高胎面的刚性、驱动性及耐磨性。

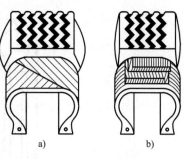

图9-45 轮胎的结构形式
a)普通斜交轮胎;b)子午线轮胎

由于子午线轮胎本身结构原因,在高速旋转时,变形慢,升温低,产生驻波的临界速度比斜交轮胎高,因而提高了行驶的安全性。

(3)无内胎轮胎。

无内胎轮胎在结构和外观上与有内胎轮胎相似,有所不同的是它没有内胎,空气直接压入外胎中,因此要求外胎与另外之间的密封性非常好。其结构如图9-46所示,无内胎轮胎的外胎内壁上附加了一层厚度为2～3mm的专门用来封气的橡胶密封层,它是用硫化的方法黏附上去的。在密封层正对着的胎面下面贴着一层用未硫化的橡胶的特殊混合物制成的自粘层。自粘层能自行地将刺穿的孔黏合,从而保证轮胎和轮辋之间的气密性;另外,气门嘴用橡胶密封垫直接固定在轮辋上,铆接轮辋和轮辐的铆钉外面涂上一层橡胶从内部塞入。

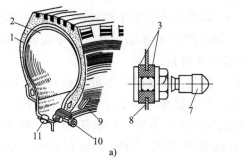 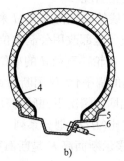

图9-46 无内胎轮胎
a)结构图;b)剖面图

1-橡胶层;2-自粘层;3-橡胶密封衬垫;4-气密层;5-密封层;6、7、10-气门嘴;8-轮辋;9-槽纹;11-铆钉

无内胎轮胎在穿孔时压力不会急剧下降,仍能继续安全行驶。无内胎轮胎中由于没有内胎,故不存在内、外胎的摩擦和夹卡而引起的损坏;可直接通过轮辋散热,所以轮胎工作温度低,使用寿命长;无内胎轮胎结构简单,质量较小。它的缺点就是材料、工艺要求高;在爆胎时,途中修理比较困难。近年来,无内胎轮胎应用非常广泛。

4)轮胎规格的表示方法

(1)轮胎的规格。

轮胎的规格可用外胎直径 D、轮辋直径 d、断面宽 B 和断面高 H 的名义尺寸代号表示,如图9-47所示。

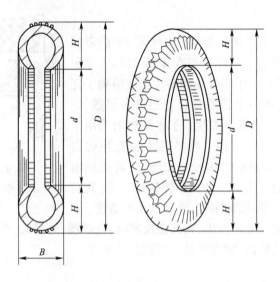

图 9-47 轮胎尺寸标记
D-外胎直径；d-胎圈内径或轮辋直径；B-轮胎断面宽度；H-轮胎断面高度

① 斜交轮胎规格。

我国轮胎的规格采用国际标准，斜交轮胎的规格用 B-d 表示。载重汽车斜交轮胎和轿车斜交轮胎的尺寸 B 和 d 均以 in 为单位。B 为轮胎名义断面宽度代号；d 为轮辋名义直径代号。例如：9.00-20 表示轮胎名义断面宽度为 9.00in，轮辋名义直径为 20in。

② 子午线轮胎规格。

国产子午线轮胎规格用 BRd 来表示，其中 R 代表子午线轮胎。国产轿车子午线轮胎断面宽 B 的单位已全部改用公制单位 mm，载货汽车轮胎断面宽 B 的单位有英制单位 in，也有公制单位 mm，而轮辋直径 d 的单位仍是用英制 in。

随着轮胎的扁平化，仅用断面宽 B 和轮辋直径 d 已经不能完全表示轮胎的规格了。即在断面宽 B 相同的情况下，断面高度面高 H 会随着不同扁平率而发生变化。轮胎按照其扁平率——高宽比（H/B）划分系列。目前，国产轿车子午线轮胎有 80、75、70、65 和 60 五个系列，数字分别表示断面高 H 是断面宽 B 的 80%、75%、70%、65% 和 60%。显然，数字越小，胎越矮，即轮胎越扁平。

子午线轮胎规格示例，如图 9-48 所示。

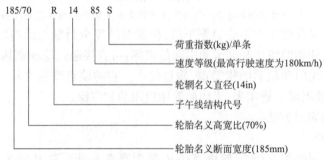

图 9-48 子午线轮胎规格

（2）荷重指数（kg）。

不同的轮胎载荷量也不同，轮胎对应的载荷量如表9-10所示。

荷重指数与载荷量对应表　　　　　　　　　　　　　　　　　表9-10

荷重指数	载荷量(kg)	荷重指数	载荷量(kg)	荷重指数	载荷量(kg)	荷重指数	载荷量(kg)
70	335	84	500	98	750	112	1120
71	345	85	515	99	775	113	1150
72	355	86	530	100	800	114	1180
73	365	87	545	101	825	115	1215
74	375	88	560	102	875	116	1250
75	387	89	580	103	850	117	1285
76	400	90	600	104	875	118	1320
77	412	91	615	105	900	119	1360
78	425	92	630	106	950	120	1400
79	437	93	650	107	975	121	1450
80	450	94	670	108	1000	122	1500
81	462	95	690	109	1030	123	1550
82	475	96	710	110	1060	124	1600
83	487	97	730	111	1090	125	1650

（3）速度等级。

近年来，汽车和轮胎的性能都有很大的提高，这就要求轮胎的速度性能和汽车的最高速度相匹配。因此，轮胎需标明其速度等级。国际标准化组织（ISO）制定的并且已被一些国家所采用的速度符号标志的特点是对各种速度均给出一个代号，如表9-5所示。该表规定的速度等级既适用于轿车轮胎，也适用于货车轮胎，但是它们表示的含义不完全相同。对于轿车轮胎，表示的是不许超过的最高速度；对于货车轮胎，表示的是随着负荷的降低可以超过的参考速度。

我国参照采用了ISO规定的速度标志。根据《轿车轮胎系列》（GB 2978—2014）规定，轿车轮胎采用表9-11中L~H, 10级速度标志符号及对应的最高行驶速度。

速　度　标　志　表　　　　　　　　　　　　　　　　　表9-11

速度标志	速度(km/h)	速度标志	速度(km/h)
A_1	5	E	70
A_1	10	F	80
A_1	15	G	90
A_1	20	H	210
A_1	25	J	100
A_1	30	K	110
A_1	35	L	120
A_1	40	M	130
B	50	N	140
C	60	P	150
D	65	Q	160

续上表

速度标志	速度(km/h)	速度标志	速度(km/h)
R	170	U	200
S	180	V	240
T	190	W	270

4. 车轮与轮胎的维护

车辆与轮胎的维护应结合车辆的维护强制执行。本节侧重讲述轮胎的维护。车辆分日常维护、一级维护和二级维护。轮胎维护的分级和周期与车辆维护相同。

1）轮胎的日常维护

日常维护包括出车前、行车中和收车后的检视。主要是检视轮胎气压和有无不正常的磨损和损伤，并及时消除造成不正常磨损和损伤的因素。轮胎日常维护的作业内容有：

（1）出车前检视。

①用气压表检查轮胎气压是否符合规定，气门嘴是否漏气，气门帽是否齐全，气门嘴是否碰擦制动鼓。

②检查轮胎螺母是否紧固，翼子板、挡泥板、货厢等有无碰擦轮胎现象，并设法消除。

③检查随车工具，如撬胎棒、千斤顶、轮胎螺母套筒扳手、气压表、手锤、挖石子钩等是否齐全。

（2）行驶中检视。

①行驶途中检视应结合途中停车、装卸等各种机会进行。停车地点应选择清洁、平坦、阴凉和不影响其他车辆通过的处所。

②检查轮胎螺母有无松动，翼子板、挡泥板、货厢等有无碰擦轮胎现象，并设法消除。

③及时发现并挖出轮胎夹石和花纹中的石子及杂物。

④检查轮胎气压，摸试轮胎温度。

⑤检查轮胎胎面及胎侧有无不正常的磨损和损伤，以及轮辋有无损伤。

（3）收车后检视。

①车场地应干燥清洁、无油污、严寒地区应扫除停车场的冰雪，以免轮胎与地面冻结。

②停车后应注意检查轮胎有无漏气现象，并查找漏气原因，予以排除。

③检查花纹并挖出夹石和花纹中的石子、杂物。

④检查轮胎螺母是否松动，备胎架装置是否牢固，以及车辆机件有无碰擦轮胎的现象。

⑤若途中换用备胎，收车后应将损坏的轮胎及时送修。如发现车辆技术状况不正常，造成轮胎不正常磨损和机械损伤，应及时查明原因，并予以排除。

2）轮胎的一级维护

（1）紧固轮胎螺母，检查气门嘴是否漏气，气门帽是否齐全。如发现损坏或缺少应立即修理或补齐。

（2）挖出夹石和花纹中的石子、杂物，如有较深伤洞应用生胶填塞。特别是子午线胎，刺伤后若不及时修补，水气进入胎体后易锈蚀钢丝帘线，造成早期损坏。

（3）检查轮胎磨损情况，如有不正常磨损或起鼓、变形等现象，应查找原因，予以排除。

（4）如需检查外胎内部，应拆卸解体，如有损伤应及时修补。

(5)检查轮胎搭配和轮辋、挡圈、锁圈是否正常。
(6)检查轮胎(包括备胎)气压,并按标准补足。
(7)检查轮胎有无与其他机件刮碰现象,备胎架是否完好、紧固。如不符合要求,应予排除。
(8)必要时(如单边偏磨严重)应进行一次轮胎换位,以保持胎面花纹磨耗均匀。
完成上述作业后,应填写维护记录。

3)轮胎的二级维护
除执行一级维护的各项作业外,还应:
(1)拆卸轮胎,按轮胎标准测量胎面花纹磨耗、周长及断面宽的变化,作为换位和搭配的依据。
(2)轮胎解体检查:
①胎冠、胎肩、胎侧及胎内有无内伤、脱层、起鼓和变形等现象。
②内胎、垫带有无咬伤、折皱现象,气门嘴、气门芯是否完好。
③轮辋、挡圈和锁圈有无变形、锈蚀,并视情涂漆。
④轮辋螺栓承孔有无过度磨损或损裂现象。
(3)排除解体检查所发现的故障后,进行装合和充气。
(4)高速车辆应进行轮胎的动平衡。
(5)按规定进行轮胎换位。
(6)发现轮胎有不正常的磨损或损坏,应查明原因,予以排除。
完成上述作业后,应填写维护记录。

4)轮胎维护操作要点
(1)充气。
①轮胎充气应按照该型汽车使用说明书上规定的标准气压执行。并在冷态时用气压表测量,若在热态时测量,应略高于标准气压,并取适当的修正值。气压表应定期校准,以保证读数准确。
②轮胎装好后,先充入少量空气。待内胎充气伸展后,再继续充至所规定的气压。
③充气前应检查气门芯与气门嘴是否配合平整,并擦净灰尘。充气后应检查是否漏气,并将气门帽旋紧。
④充入的空气不得含有水分和油雾。
⑤充气时应注意安全防护,充气开始时用手锤轻击锁圈,使其平稳嵌入轮辋槽内,以防锁圈跳出。

提示:不同的车辆,轮胎的气压值也许不同,检查时应参看相应车辆的维修手册。一般桑塔纳2000轿车前轮的胎压为0.18MPa,后轮的胎压为0.22MPa,即平时所说的前轮1.8个大气压,后轮2.2个大气压。

(2)轮胎换位。
汽车前轮承受的负荷一般低于后轮,加之公路呈一定的拱度,又是靠右边行驶,因此内外挡轮胎磨损不同。并且汽车前、后、左、右各车轮的使用条件也不同,造成全车各轮胎的变形、磨损也不同。为了使全车各轮胎负荷合理和磨损均匀,克服偏重或偏磨现象,延长使用寿命,必须对轮胎进行定期换位。

①按时换位可使轮胎磨损均匀,并可延长20%的使用寿命。应结合车辆二级维护定期换位。在路面拱度较大的地区或夏季,轮胎磨损差别较大,可适当增加换位次数。

提示:厂家一般推荐行驶8000~10000km后应将轮胎换位一次。

②常用的轮胎换位方法有交叉换位法、循环换位法、混合换位法和同轴换位法,下面主要介绍交叉换位法和循环换位法,如图9-49所示。装用普通斜交轮胎的六轮二桥汽车,常用图中的交叉换位法,并在换位的同时进行翻面。

六轮二桥交叉换位的做法是:左右两交叉,主胎(后内)换前胎,前胎换帮胎(后外),帮胎换主胎。这样,通过三次换位后,每只轮胎就可轮到一次担负内挡(主力)胎。

四轮二桥汽车,斜交胎也可采用交叉换位法,如图9-50a)所示。

子午线轮胎的旋转方向应始终不变。若反向旋转,会因钢丝帘线反向变形产生振动,使汽车平顺性变差。因此,子午线胎宜用单边换位法,如图9-50b)所示。

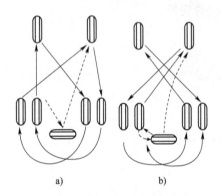

图9-49 六轮二桥汽车轮胎换位
a)循环换位;b)交叉换位

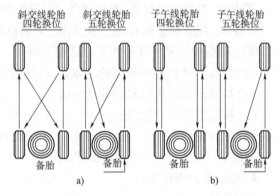

图9-50 四轮二桥汽车轮胎换位
a)交叉换位;b)单边换位

③轮胎换位后,应按所换的胎位要求,重新调整气压。

④轮胎换位后须做好记录,下次换位时仍要按上次选定的换位方法换位。

提示:同轴换位法是在用交叉换位法不能保证轮胎安装要求时(如全车轮胎的新旧程度相差太大,不能保证前轴用好胎和直径较大的轮胎装在后轮外挡)采用的方法。另外,轮胎换位可根据具体情况选择一种,但一经选定,则应始终按选定方法换位。

(3)轮胎的拆装。

目前,轿车几乎都是采用无内胎的子午线轮胎,最常见的拆装轮胎的专用设备是轮胎拆装机,如图9-51所示。

①拆装轮胎须在清洁、干燥、无油污的地面上支顶牢靠后进行。

②拆装轮胎要用专用工具,不允许用大锤敲击或其他尖锐的用具拆胎。

③外胎、内胎、垫带、轮辋必须符合规格要求,才能组装。要特别注意子午线胎胎圈部分的完好。

④内胎装入外胎前,须紧固气门嘴,以防漏气,并在外胎

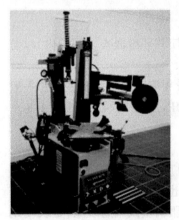

图9-51 轮胎拆装机

内部和垫带上涂上滑石粉。

⑤气门嘴应装在轮辋气门嘴孔中。胎侧有平衡标记(彩色胶片)的,标记应在与气门嘴相对的位置上,以便于平衡。轮辋上有平衡块的,应用动平衡机进行平衡调整。

⑥在安装时,应注意有向花纹轮胎滚动方向的标记。拆装子午线胎时应做记号,使安装后的子午线轮胎滚动方向保持不变。

⑦双胎并装时,应注意将两轮胎的通风洞对准,两气门嘴应互隔180°,并与制动鼓上的蹄鼓间隙检视孔呈90°角。

⑧拆装无内胎轮胎时,每次均需换上新的O形圈,O形圈要完好,并经植物油浸泡。

⑨无内胎轮胎胎冠有钢带时,应先把轮胎装在轮辋上,并充入150kPa的气压,再小心地把钢带剪断取下。

⑩新装配好的无内胎轮胎,充气时应用皂水检查轮辋与胎圈接触O形圈、气门嘴垫、气门芯等处是否漏气。

(4)车轮平衡的检测。

①车轮动不平衡检测。

汽车车轮是高速旋转元件,若其质心与旋转中心不重合,不平衡质量会在车轮旋转时产生离心力,离心力大小与不平衡质量、质心、车轮旋转中心之间的距离及车轮转速有关。

车轮转动不平衡时,车轮会跳动和偏摆振动,使轮胎偏损,相关零件损坏,特别是高速行驶的汽车,很容易造成安全事故。

②车轮动不平衡的原因。

a.质量分布不均匀,如轮胎质量差、翻新胎、补胎、胎面磨损不均匀等。

b.轮辋、制动鼓变形,或加工质量差。

c.安装位置不正确,如内胎充气嘴位置不符合安装要求。

③车轮动平衡的检验。

车轮动平衡机主要由驱动装置、转轴与支撑装置、显示与控制装置、制动装置及防护罩等组成,如图9-52所示。

具体操作步骤如下:

a.清洗被测车轮,去掉泥土、砂石,拆掉旧平衡块。

b.将轮胎气压充至规定值。

c.将车轮安装在平衡机上。

d.打开电源开关,检查指示装置指示是否正确。

e.键入轮辋直径、宽度,测出轮辋边缘到机箱之间的距离并键入。

f.放下防护罩,按下启动键,开始测量。

g.当车轮自动停转后,从指示装置读出车轮内、外动不平衡量和位置。

h.用手慢慢旋转车轮,当动平衡机指示装置发出信号时,停止转动车轮。

i.将动平衡机显示的动不平衡量按内、外位置,把平衡块置于车轮对应位置的轮辋边缘并装卡牢固。

j.重新启动动平衡机,进行动平衡试验,直至动不平衡量小于59,机器显示合格时为止;取下车轮,关闭电源,测试结束。

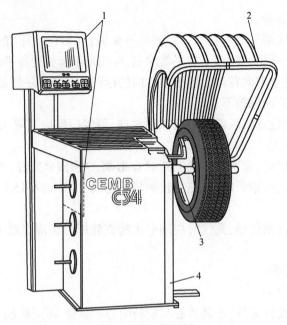

图 9-52　车轮动平衡机

1-显示与控制装置；2-车轮护罩；3-转轴；4-机箱

二、任务实施

1. 准备工作

(1) 准备需检测的车轮 2 个。

(2) 准备车轮动平衡检测仪 1 台,平衡块若干。

2. 操作步骤

(1) 清除被测车轮。

(2) 检查轮胎气压。

(3) 安装车轮进行动平衡检测。

(4) 测试结束,取下车轮,关闭电源开关。

(5) 5S 作业。

三、评价与反馈

1. 自我评价

(1) 通过本学习任务的学习,你是否已经知道以下问题：

① 车轮的功用、组成、类型及结构是什么？

② 轮辋的类型、结构及国产轮辋规格的表示方法如何？

③ 轮胎的功用、结构及轮胎规格的表示方法如何？

(2) 实训操作完成情况如何？

(3) 通过本学习任务的学习,你认为自己的知识和技能还有哪些需要加强？

学生签名：_____　_____年___月___日

2.小组评价(表9-12)

小 组 评 价 表   表9-12

序号	评价项目	是否达到要求	记　　录
1	着装是否符合要求		
2	是否能合理规范使用仪器和设备		
3	是否按照安全和规范流程操作		
4	是否遵守实训场地的规章制度		
5	是否能保持实训场地、工具设备整洁		
6	是否具有团队协作精神		

参与评价的学生签名：_____　　_____年___月___日

3.教师评价

_____

_____

教师签名：_____　　_____年___月___日

四、技能考核标准(表9-13)

技能考核标准表   表9-13

序号	考核项目	评价标准(每项累计扣分不超过配分)	配分	得分
1	作业安全	1.出现工具设备损伤、身体擦伤或碰伤等，酌情扣分 2.出现安全事故记零分	5	
2	5S与职业素养	1.着装不规范扣2分 2.作业中没有及时清洁、整理工量具、清扫场地，扣3分	5	
3	维修手册使用	根据工单填写情况对照维修手册标准值评分。每查错一个数据扣1分	5	
4	预检清洁轮胎	1.未检查设备气源、电源是否接好扣2分 2.未检查轮胎钢圈是否变形、开裂扣2分 3.未清洁轮胎扣2分	5	
5	放气	1.损坏气门芯该项记零分 2.工具使用不合理扣2分 3.气未放完直接拆卸该项记零分	5	
6	拆卸	1.未预压外胎使其与钢圈完全脱开直接下一步扣2分 2.预压位置错扣2分 3.未预压到位扣2分 4.预压操作时刮伤轮毂扣2分 5.对设备开关使用不熟悉扣2分 6.轮胎固定位置倾斜扣2分 7.拆胎头放置位置不合理扣2分 8.未锁紧固定拆胎头扣2分 9.未在钢圈与外胎边涂轮胎润滑脂扣2分 10.拆卸过程损坏外胎或轮毂酌情扣分 11.拆卸方法完全错误扣10分	30	

续上表

序号	考核项目	评价标准(每项累计扣分不超过配分)	配分	得分
7	安装	1.轮胎固定位置倾斜扣2分 2.拆胎头放置位置不合理扣5分 3.未锁紧固定拆胎头扣2分 4.未在钢圈与外胎边涂轮胎润滑脂扣2分 5.拆卸过程损坏外胎或轮毂酌情扣分 6.安装方法完全错误扣10分	30	
8	充气	1.加气前未使用高压充气筒冲压外胎使其与轮毂外边贴合扣2分 2.未充到标准胎压扣2分	5	
9	复查	1.未对轮胎进行漏气检查扣2分 2.未对轮胎进行清洁扣2分 3.未对轮胎进行动平衡测试(口述)扣3分	5	
10	维修结论	根据考生工单评分	5	
	总分		100	

学习任务5　普通悬架构造与检修

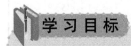

☞ 知识目标

1. 能叙述悬架系统的功用、组成和类型;
2. 能叙述弹性元件的作用和类型;
3. 能叙述双向作用筒式减振器的构造、作用原理。

☞ 技能目标

1. 能够对普通悬架系统进行拆装;
2. 能查阅维修资料,借助常用及专用工具,对普通悬架系统各主要部件进行检修。

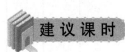

4课时。

一、理论知识准备

1.悬架的功用、组成及分类

汽车车架或车身若直接安装在车桥上,它们之间是刚性连接,则会由于道路不平而上下颠簸振动,从而使车上的乘员感到不舒服或者使货物损坏。因此,汽车上必须安装具有缓冲、减振和导向作用的悬架装置。汽车悬架是车架(或车身)与车桥(或车轮)之间的一切传力连接装置的总称,它弹性地连接车桥与车架(或车身)。

1)悬架的功用

(1)缓和在行驶中车辆由于受到不平路面引起的冲击力,保证乘坐舒适或货物完好。

(2)传递垂直、纵向、侧向力及其力矩。

(3)迅速衰减由于弹性系统引起的振动。

(4)起导向作用,使车轮按一定轨迹相对于车身运动。

2)悬架的分类

(1)按控制方式分。

按控制方式的不同,汽车悬架可分为被动悬架和主动悬架,如图9-53、图9-54所示。

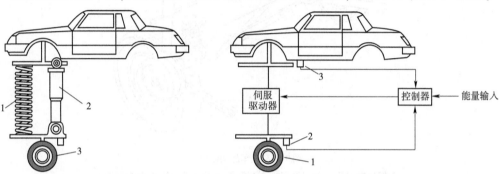

图9-53 被动悬架　　　　　　　　　图9-54 主动悬架
1-螺旋弹簧;2-液压减振器;3-轮胎　　1-轮胎;2、3-加速度传感器

传统的机械控制属于被动控制,即汽车的状态只能被动地取决于路面行驶状况和汽车的弹性元件、减振器以及导向机构等机械部件。

主动控制采用电子控制技术,它能根据路面和行驶状况,自动调节悬架刚度和阻尼,控制汽车的振动和状态,使汽车能平顺行驶。该系统通常由传感器、控制阀、执行机构和悬架系统组成。

(2)按汽车导向机构分。

按导向机构的不同,汽车悬架可分为非独立式悬架和独立式悬架,如图9-55a)、图9-55b)所示。

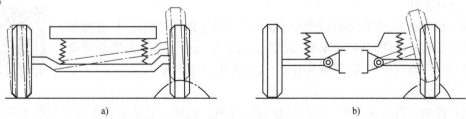

图9-55 非独立悬架与独立悬架
a)非独立悬架;b)独立悬架

非独立悬架的结构特点是汽车两侧车轮安装在一根整体式的车轴的两端,车轴是通过弹性元件与车架相连接。这种悬架当一侧车轮因道路不平而发生跳动时,必然引起另一侧车轮在汽车横向平面内摆动,故称为非独立悬架。

独立悬架的特点是两侧车轮安装在断开式的车轴两端,每段车轴和车轮单独通过弹性元件与车架相连接。这种悬架两侧车轮可单独跳动,相互不影响,故称为独立悬架。

3)悬架的组成

悬架一般由弹性元件、导向装置、减振器和横向稳定杆等组成,如图9-56所示。

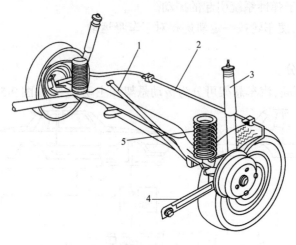

图9-56 汽车悬架组成
1-横向推力杆;2-横向稳定杆;3-减振器;4-纵向推力杆;5-弹性元件

弹性元件使车架(或车身)与车桥(或车轮)之间实现弹性连接,用来承受并传递垂直载荷,缓和由不平路面、紧急制动、加速和转弯引起的冲击或车身位置的变化。

减振器用来衰减由于弹性系统引起的振动,很多汽车在悬架中设有专门的减振器。

导向机构是用来使车轮(尤其是转向轮)按一定运动轨迹相对于车身运动,同时起传递力的作用。若钢板弹簧作为弹性元件时,因它本身兼有导向作用,故可不另设导向机构。

在多数的轿车和客车上,为了防止车身在转向等情况下发生过大的横向倾斜,在悬架中还设有横向稳定杆,用以提高侧倾的刚度,使汽车具有不足转向特性,从而改善汽车的操纵稳定性和行驶的平顺性。

2. 弹性元件

为了缓和冲击,在汽车行驶系中,除了采用弹性充气轮胎之外,在悬架中还必须安装有弹性元件,使车架(或车身)之间做弹性连接。悬架通常采用的弹性元件有钢板弹簧、螺旋弹簧、空气弹簧和油气弹簧等。

1)钢板弹簧

钢板弹簧是汽车悬架中应用最广泛的一种弹性元件。它是由若干片等宽但不等长、曲率半径不同、厚度相等或不等的弹簧钢片叠合在一起组成的一根近似等强度的弹性梁,其一般构造如图9-57所示。

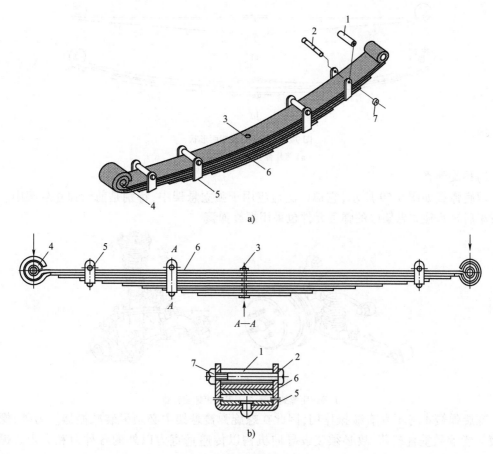

图9-57 钢板弹簧
a)对称式钢板弹簧;b)非对称式钢板弹簧
1-套管;2-螺栓;3-中心螺栓;4-卷耳;5-弹簧夹;6-钢板弹簧;7-螺母

钢板弹簧的第一片(最长的一片)称为主片,它两端弯成卷耳,内装青铜或者塑料、橡胶、粉末冶金制成的衬套,以便用弹簧销与固定在车架上的支架或者吊耳做铰链连接。钢板弹簧的中部一般用U形螺栓固定在车桥上。

中心螺栓用来连接各弹簧片,并且保证装配时各片的相对位置。中心螺栓距两端卷耳中心的距离可以相等,也可以不相等。相等的称为对称式钢板弹簧,如图9-57a)所示;不相等的称为非对称式钢板弹簧,如图9-57b)所示,非对称式钢板弹簧可以改善弹簧的受力状况,不仅提高了其疲劳强度,而且还可节约金属材料。

钢板弹簧在载荷作用下变形,各片之间相对滑动而产生摩擦,可使车架的振动衰减,因此可以不设置减振器。为了防止片与片之间的干摩擦,各片之间应涂上较稠的石墨润滑脂进行润滑,并做定期维护。此外,钢板弹簧本身还起导向装置的作用,可不必再单独设置导向装置,因此其结构简单。所以,一些高级轿车的后悬架也采用钢板弹簧作为弹性元件。目前,一些汽车采用变厚度的单片或两至三片的钢板弹簧,这可减小片与片之间的干摩擦,同时也可减小质量,如图9-58所示。

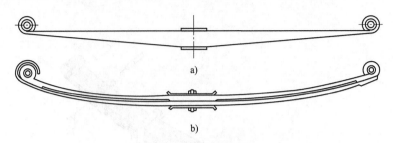

图 9-58 钢板弹簧端面形状
a)单片弹簧;b)少片弹簧

2)螺旋弹簧

螺旋弹簧如图 9-59 所示,它被广泛地应用于独立悬架中,特别是前轮独立悬架中。有的轿车后轮非独立悬架中的弹性元件也采用螺旋弹簧。

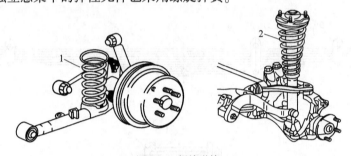

图 9-59 螺旋弹簧
1-等螺距螺旋弹簧;2-不等螺距螺旋弹簧

螺旋弹簧本身不具有减振作用,因此在螺旋弹簧悬架中必须另装减振器。另外,螺旋弹簧只能承受垂直载荷,故必须装设导向机构以传递垂直力以外的各种力和力矩。螺旋弹簧用弹簧钢棒料卷制而成,可以做成等螺距或变螺距。前者刚度不变,后者刚度是可变的。

螺旋弹簧与钢板弹簧相比,具有不需润滑、防污性强、占用纵向空间小和弹簧本身质量小等优点,因而被广泛应用于现代轿车上。螺旋弹簧只能承受垂直载荷,用它做弹性元件的悬架须装设导向装置。另外,在螺旋弹簧变形时,不产生摩擦力,故在其悬架中必须安装有减振器,用于减轻由于冲击而产生的振动。

3)扭杆弹簧

扭杆弹簧用铬钒或硅锰合金弹簧钢制成,具有扭曲刚性。扭杆断面通常为圆形,少数是矩形或管状。为了保护扭杆表面,可在其上涂上环氧树脂,并包一层玻璃纤维,然后再涂一层环氧树脂,最后涂上沥青和防锈油漆,用以防磨蚀和损坏表面,从而提高扭杆弹簧的使用寿命。

如图 9-60 所示,扭杆一端固定于车架上,另一端与悬架控制臂连接。当车轮上下跳动时,摆臂便绕着扭杆轴线摆动,使得扭杆产生扭转弹性变形,借以保证车轮与车架之间的弹性连接。

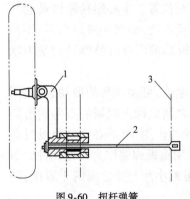

图 9-60 扭杆弹簧
1-摆臂;2-杆;3-车架

扭杆弹簧在制造时,经热处理后施加一定方向的扭转力矩载荷,使它有一个永久变形,从而具有一定的预应力,用以提高弹性极限。在安装时,扭转的方向应与所预加的应力方向相一致。因此,在左、右扭杆上要做有标记,安装时不能互换。否则,将使扭杆弹簧的实际工作应力加大,而使之寿命缩短。

扭杆弹簧与钢板弹簧相比,质量较小,不需润滑,维护维修简便。扭杆弹簧还可以节省纵向空间,适用于小型车和厢式车的悬架系统。扭杆弹簧悬架与螺旋弹簧悬架一样,须装设导向装置和减振器。

4)气体弹簧

气体弹簧主要有空气弹簧和油气弹簧两种。气体弹簧是以空气做弹性介质,即在一个密闭的容器内装入压缩空气(0.5～1MPa),利用气体的可压缩性实现弹簧的作用。当作用在弹簧上的载荷增加时,容器内的定量气体受压缩,气压升高,则弹簧的刚度增大。反之,当载荷减小,弹簧内气压下降,刚度减小,故它具有较理想的可变刚度特性。

(1)空气弹簧。

空气弹簧是利用压缩空气作为弹簧的。按照压缩空气所用的容器不同,可分为囊式和膜式两种形式,如图9-61所示。

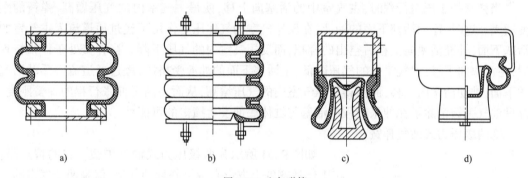

图9-61 空气弹簧
a)、b)囊式空气弹簧;c)、d)膜式空气弹簧

囊式空气弹簧是由夹有帘线的橡胶气囊和密闭在其中的压缩空气组成。气囊的内层用气密性好的橡胶制成,而外层则是用耐油橡胶制成。气囊通常做成两节,节与节之间围有钢质腰环,使得中间部分不致有径向扩张,并且防止两节之间相互摩擦。气囊的上、下盖将气囊密封。膜式空气气囊的密闭气囊由橡胶膜片和金属制件组成。与囊式相比,其特性曲线比较理想,因其刚度较囊式小,车身自然自动频率较低;且尺寸较小,在车上便于布置,故多用在轿车上。

(2)油气弹簧。

油气弹簧以惰性气体(氮气)作为弹性介质,而用油液作为传力介质。它一般由气体弹簧和相当于液力减振器的液压缸所组成。

油气弹簧的形式根据结构不同可分为单气室、双气室(带反压气室)以及两级压力式等三种。

①单气室油气弹簧。

单气室油气弹簧又可以分为油气分隔式和油气不分隔式两种,如图9-62所示。前者可以防止油液乳化,并且便于充气。

②双气室油气弹簧。

双气室油气弹簧比单气室油气弹簧多一个作用力方向相反的反压气室及一个浮动活塞,如图9-63所示。

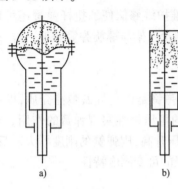

图9-62 单气式油气弹簧
a)油气分隔式;b)油气不分隔式

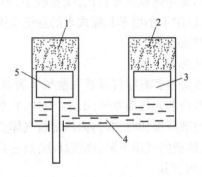

图9-63 双气式油气弹簧
1-主气室;2-反压气室;3-浮动活塞;4-通道;5-主活塞

当弹簧处于压缩行程时,主气室中的活塞向上移,使得主气室内的气压增高,弹簧的刚度增大。这时,浮动活塞下面的油液,在反压气室的气体压力作用下经过通道流入主气室的活塞下面,补充活塞向上移后空出的容积,而反压气室内的气压下降。当弹簧处于伸张行程时,主活塞向下移,主气室内的气压降低,主活塞下面的油液受挤压,经过通道流回浮动活塞的下面,推动活塞向上移,而使得反压气室内的气压增高,从而提高了伸张行程的弹簧刚度。此种油气弹簧消除了在伸张行程中活塞与缸体底部发生撞击的可能性。

③两级压力式油气弹簧。

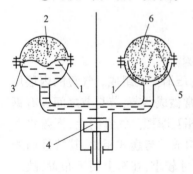

图9-64 两级压力式油气弹簧
1-橡胶油气隔膜;2-主气室;3-第一级压力缸;4-工作活塞;5-第二级压力缸;6-补偿气室

如图9-64所示为两级压力式油气弹簧。它的特点是:在工作活塞的上方设有两个并列的气室,但是两个气室的工作压力不同。主气室内的气压与单气室油气弹簧的气室压力相接近,而补偿气室内的气压较为高。所以,两个气室不同时参加工作。其作用相当于钢板弹簧的主簧与副簧的作用。当弹簧载荷较小时,主气室先进行工作,其中的气压随着载荷的增加而逐渐升高。当油气弹簧所承受的载荷增加到使主气室的气压稍超过补偿气室内的气压时,则补偿气室进行工作。这时,如果弹簧上的载荷继续增加,补偿气室和主气室就共同工作。这种结构使得弹簧刚度的变化更加符合悬架性能的要求。从而可以保证汽车空载和满载时悬架系统有大致相等的自然振动频率。

3.减振器

1)概述

为加速汽车车架和车身振动的衰减,改善汽车行驶的平顺性,在大多数汽车的悬架系统内都装有减振器。减振器和弹性元件是并联安装的,如图9-65所示。

汽车悬架系统中广泛采用液力减振器。当车架与车桥相对运动时,使工作油液经窄小孔隙流动,产生阻尼力,从而将车身振动能量消耗在工作油液温升上。由于当液体在高压下流经窄小孔隙时,不仅液体与孔隙壁间有摩擦力,而且液体分子之间也要产生摩擦力,故液压减振器阻尼力的大小一般是与车身振动速度成正比的。同时,其也与油液的黏度、孔道的多少、孔道截面积的大小和阀门弹簧的软硬等因素有关。

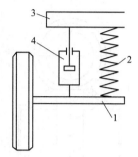

图 9-65　减振器与弹性元件的相互位置
1-车桥；2-弹性元件；3-车架；4-减振器

减振器的阻尼力愈大,振动消除得愈快,但却也会使并联弹性元件的作用不能充分发挥。此外,过大的阻尼力还可能导致减振器连接零件及车架损坏。为了解决弹性元件与减振器之间的这一问题,减振器必须满足如下的要求:

(1)在悬架压缩行程中(车桥和车架相互靠近),减振器阻尼力较小,以便充分发挥弹性元件的弹性作用,缓和冲击。此时,弹性元件起主要作用。

(2)在悬架伸张行程中(车桥和车架相互远离),减振器阻尼力应较大,以迅速减振。此时,减振器起主要作用。

(3)当车架(或车轮)与车桥间的相对运动速度过大时,要求减振器能自动加大液流量,使阻尼力始终保持在一定限度之内,以避免车架(或车身)承受过大的冲击载荷。

在汽车悬架系统中,广泛采用的液力减振器是筒式减振器。在压缩和伸张行程中均能起减振作用减振器称为双向作用筒式减振器。另一种减振器只能在伸张行程内起减振作用,被称为单向作用式减振器。目前,汽车上广泛采用双向作用筒式减振器。

2)双向作用筒式减振器

如图 9-66 所示,双向作用筒式减振器上连车架、下连车桥,有三个同心钢筒,最外面的是防尘罩 10,中间的是储油缸筒 5,最里面的是工作缸筒 2。工作缸筒中的活塞 3 固定在与防尘罩制成一体的活塞杆 1 上,活塞上有伸张阀 4 和流通阀 8,在工作缸筒的下端支座上有压缩阀 6 和补偿阀 7。流通阀和补偿阀的弹簧均很软,压缩阀和伸张阀的弹簧均很硬。

双向作用筒式减振器工作过程及工作原理如下:

压缩行程时,车桥靠近车架(或车身),减振器压缩,活塞下移,活塞下方腔室容积减小,油压升高,将流通阀顶开进入活塞上方腔室。由于活塞杆占用上腔部分容积,因而上腔室增加的容积小于下腔室减小的容积,于是部分不能进入上腔室的油液打开压缩阀,流回储油缸。利用油液与孔之间的摩擦来衰减振动,车身在剧烈振动时,下腔室油压剧增,压缩阀的开口增大,这样油压和阻尼力不会过大,可使弹性元件的缓冲作用得到充分发挥。

伸张行程时,车桥远离车架(或车身),减振器受拉伸,活塞上移,活塞上方腔室油压升高,推开伸张阀流回活塞下方腔室。由于活塞杆的存在,使上腔室减小的容积小于下腔室增加的容积,储油缸中的油液在真空度的作用下流经补偿阀进入下腔室来补偿。因为伸张阀的弹簧刚度和预紧力大于压缩阀,并且伸张行程的通道截面比压缩行程的通道截面小,故伸张行程产生的阻尼力大于压缩行程产生的阻尼力,从而达到迅速减振。

4. 横向稳定杆

现代轿车悬架很软,即固有频率很低。汽车在高速行驶转弯时,车身会产生较大的侧向倾斜和侧向角振动。为了提高悬架的侧倾角刚度、减小侧倾,常在悬架中加设横向稳定杆,如图9-67所示。

由弹簧钢制成的横向稳定杆(杆)呈U形,安装在汽车紧靠悬架的前端或后端(有的轿车前、后都安装有横向稳定杆)。稳定杆的中部自由支撑在两个固定于车架上的橡胶套筒内,而橡胶套筒固定在车架上,稳定杆两侧纵向部分的末端通过支杆与悬架下摆臂上的弹簧支座相连接。

当车身受到振动而两侧悬架变形相同时,横向稳定杆在橡胶套管内自由转动,此时横向稳定杆不起作用。当两侧悬架变形不等,车身相对路面发生倾斜时,弹性的稳定杆产生扭转内力矩阻碍悬架弹簧的变形,从而减小车身的侧向倾斜和侧向角振动。即车架的一侧向弹簧下支座移动,稳定杆的同侧末端就会相对车架向上抬起,另一侧车架则会远离弹簧座,相应一侧横向稳定杆的末端应会相对车架下移。与此同时,横向稳定杆中部对于车架没有相对运动,而稳定杆两边的纵向部分以不同方向偏转,故稳定杆被扭转。具有弹性的稳定杆抵抗扭转内力矩阻碍了悬架弹簧的变形,因此减小了车身的横向倾斜和横向角振动。横向稳定杆还可以起平衡两侧车轮载荷的作用。

5. 非独立悬架

非独立悬架因其结构简单,工作可靠,被广泛应用于货车的前、后悬架,国产微型车基本采用钢板式非独立悬架。现代轿车很少采用或者仅后悬架采用非独立悬架。

按照所采用的弹性元件不同,非独立悬架可分为钢板弹簧式、螺栓弹簧式和空气弹簧式。其中,最为常见的是钢板弹簧式非独立悬架,也有部分采用的是螺栓弹簧式非独立悬架。

1)钢板弹簧式非独立悬架

非独立悬架采用钢板弹簧作为弹性组件,通常是将钢板弹簧纵向布置,故又被称为纵置板簧式非独立悬架。悬架中部用两个U形螺栓将钢板弹簧固定在汽车车桥上,悬架前端是固定铰链,也称为固定吊耳。由钢板弹簧销钉将钢板弹簧前端卷耳部与钢板弹簧前支架连接在一起,为了减轻磨损,前端卷耳孔中装有减磨衬套。后端卷耳是通过钢板弹簧吊耳销与后端吊耳和吊架相连接的,后端可自由摆动,形成活动吊耳,从而保证了弹簧变形时两卷耳中心线间的距离是变化的,如图9-68所示。也有的后端固定,但是第一片钢板弹簧平直,在支架内滑动,第二片端头作成弯角,防止在跳动时脱出,如图9-69所示。

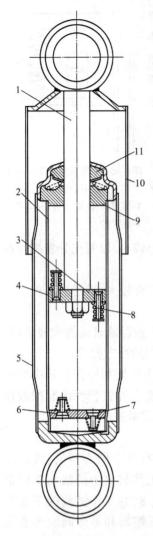

图9-66 双向作用筒式减振器的基本组成

1-活塞杆;2-工作缸筒;3-活塞;4-伸张阀;5-储油缸筒;6-压缩阀;7-补偿阀;8-流通阀;9-导向座;10-防尘罩;11-油封

单元九 行驶系统构造与检修

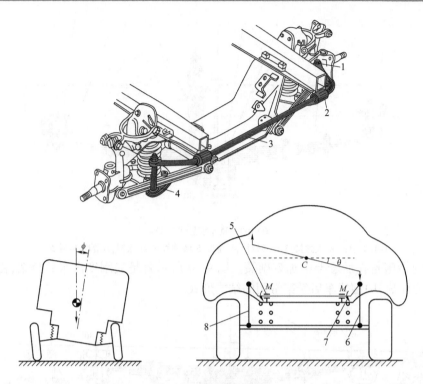

图9-67 横向稳定杆结构
1-支杆；2、5-套筒；3-横向稳定杆；4-弹簧支座；6-右连接臂；7-扭杆；8-左连接臂

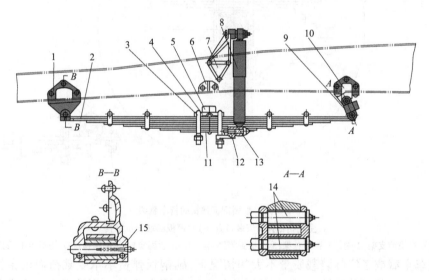

图9-68 货车前悬架（一）
1-钢板弹簧前支架；2-钢板弹簧前端；3-U形螺栓；4-盖板；5-缓冲块；6-限位块；7-减振器支架；8-减振器；9-吊耳；10-吊耳支架；11-中心螺栓；12-减振器下支架；13-减振器连接销；14-前板簧吊耳销；15-钢板弹簧销

货车后悬架所受的载荷因为汽车行驶时实际装载质量不同而会在很大范围内变化，因而为了保持车身自然振动频率不变或变化很小，悬架刚度应该是可变的，且变化幅度应较前悬架为大。

265

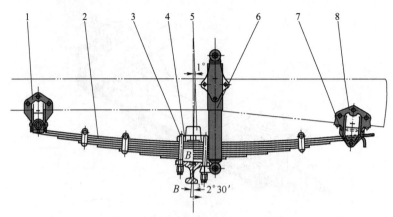

图9-69 货车前悬架(二)

1-前支架;2-钢板弹簧;3-U形螺栓;4-盖板;5-缓冲块;6-减振器;7-滑块;8-后支架

通常的措施是在后悬架中加装副簧。图9-70所示就是变刚度汽车后悬架,由主、副钢板弹簧叠合而成,中型货车后悬架常用的结构形式。

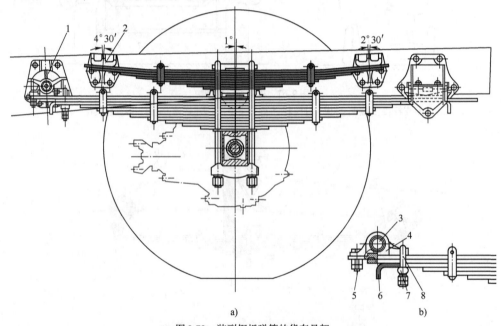

图9-70 装副钢板弹簧的货车悬架

a)主副钢板弹簧安装位置;b)主钢板前端支承结构

1-钢板弹簧前支架;2-副钢板弹簧托架;3-钢板弹簧销;4-吊耳;5-紧固螺栓;6-钢板弹簧;7-压板;8-U形螺栓

在汽车空载或者实际装载质量不大的情况下,副钢板弹簧不承受载荷而由主钢板弹簧独立工作。在重载或载满情况下,车架相对车桥下移,使得车架上副簧滑板式支座与副簧接触,即主、副簧共同参加工作,一起承受载荷而使悬架刚度增大,以保证车身振动频率不致因载荷增大而变化过大。这种结构形式的悬架刚度虽然可变化,但是变化得很突然,对汽车行驶平稳性不利。

为了改善汽车行驶的平顺性,有些轻型货车(南京依维柯)的后悬架将副钢板弹簧加装在主钢板弹簧下,成为渐变刚度的钢板弹簧。主簧由五片较薄的钢板弹簧片组成,副簧由五片较厚的钢板弹簧片组成,用中心螺栓将其固定在一起。在小载荷的情况下,就只由主簧起作用,而当载荷增大到一定值时,副簧开始与主簧接触,悬架刚度提高,弹簧特性变为非线性的。当副簧全部参加工作后,弹簧特性又变成线性的。如图9-71所示,这类悬架的特点是副簧逐渐随载荷增加而参加工作,因悬架刚度逐渐变化,从而提高了汽车行驶平顺性。

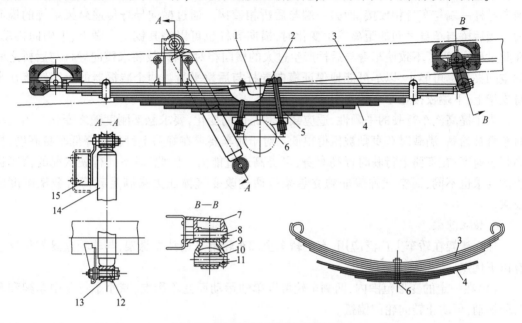

图9-71 装渐变刚度副钢板弹簧的悬架
1-缓冲块;2-上盖板;3-主钢板弹簧;4-副钢板弹簧;5-U形螺栓;6-中心螺栓;7-支架;8-吊耳销;9-吊耳;10-尼龙衬套;11-钢板弹簧销;12-减振器下轴销;13-橡胶衬套;14-筒式减振器;15-减振器支架

2)螺旋式非独立弹簧

如图9-72所示为典型的螺旋弹簧非独立后悬架。螺旋弹簧非独立悬架一般只用作轿车的后悬架。由于使用螺旋弹簧作为弹性元件,只能承受垂直载荷,因此此悬架系统中只需安装导向装置和减振器。

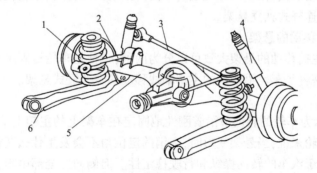

图9-72 螺旋弹簧非独立悬架结构
1-螺旋弹簧;2-纵向上推力杆;3-横向导杆;4-减振器;5-后桥;6-纵向下推力杆

螺旋弹簧套在减振器的外面,其上端安装在车身上的支座中,下端安装在纵向下推力杆上。由于螺旋弹簧只能承受垂直载荷,故必须设置导向装置来承受并传递纵向力和横向力。

导向装置包括纵向推力杆和横向导杆。两根纵向下推力杆和两根纵向上推力杆的一端均与车身相连接,而另一端均与后桥相铰接。通过纵向上、下推力杆传递牵引力、制动力等纵向力及其力矩。当车轮在不平路面上行驶而上下跳动致使后桥与车身之间的距离发生变化时,纵向上、下推力杆可以绕其与车身的铰支点做上、下纵向摆动,以控制后桥的运动规律。横向导杆一端与车身相铰接,而另一端与后桥相铰接。通过横向导杆传递悬架系统的横向力。当后桥与车身之间的距离发生变化时,横向导杆也可以绕其铰支点做上、下横向摆动。在此过程中,为了不致使车身与后桥产生过大的横向相对位移,故要求横向导杆与后桥之间的空间夹角尽可能小,以尽可能地保证横向导杆与后桥平行。两个减振器的上端铰接在车身支架上,下端铰接在车桥的支架上。

为了提高汽车行驶的平顺性,适应载荷和路面的变化,要求悬架刚度随之变化。当空车时车身被抬高,满载时车身则被压得很低。对于轿车要求在好路上行驶时降低车身高度,提高行驶速度;在坏路上行驶时提高车身,可提高通过能力。因此,对不同行驶状况的汽车提出的要求也不同,而空气弹簧非独立悬架可通过改变气体压力来满足载荷对悬架刚度的要求。

6. 独立悬架

独立悬架在轿车上广泛应用,有些轿车全部车轮都采用独立悬架,与非独立悬架相比它有以下优点:

(1)在一定的变形范围内,两侧车轮可以单独运动而互不影响,减小了行驶中车架和车身的振动,可防止转向轮的偏摆。

(2)汽车的非簧载质量小(指不由弹性元件支承的质量),悬架受到的冲击载荷小,行驶的平顺性好。

(3)配用断开式车桥,可降低汽车的重心,提高车辆高速行驶的稳定性。

但是,独立悬架的结构复杂、成本高、维修不便,且在车轮跳动时轮距(或轴距)会发生变化,使轮胎与路面之间产生滑动摩擦,导致轮胎磨损严重。

独立悬架按车轮的运动方式分为五种类型:车轮沿主销轴线移动的烛式和麦弗逊式、车轮在横向平面内摆动的横臂式、车轮在纵向平面内摆动的纵臂式、车轮在汽车的斜向平面内摆动的斜臂式和多连杆式独立悬架。

1)车轮沿主销移动的悬架

目前,车轮沿主销移动的悬架大致可以分为两种,一种是车轮沿固定不动的主销轴线移动的烛式悬架,另一种是车轮沿摆动的主销轴线移动的麦弗逊式悬架。

(1)烛式悬架。

如图 9-73 所示为车轮的转向节沿着刚性地固定在车架上的主销上下移动的烛式悬架。这种悬架对于转向轮来说,当悬架变形时,主销的定位角不会发生什么变化,仅轮距、轴距稍有变化。所以有利于汽车的转向操纵和行驶稳定性。但侧向力全部由套在主销上的长套筒和主销承受,则套筒与主销之间的摩擦阻力大,磨损严重。因此,这种悬架目前很少采用。

(2)麦弗逊式悬架。

麦弗逊式悬架也称为滑柱连杆式悬架,它由滑动立柱和横摆臂组成,如图 9-74 所示。这种结构可以看作是烛式悬架的改进型,由于增加了横摆臂从而改善了滑动立柱的受力状况。

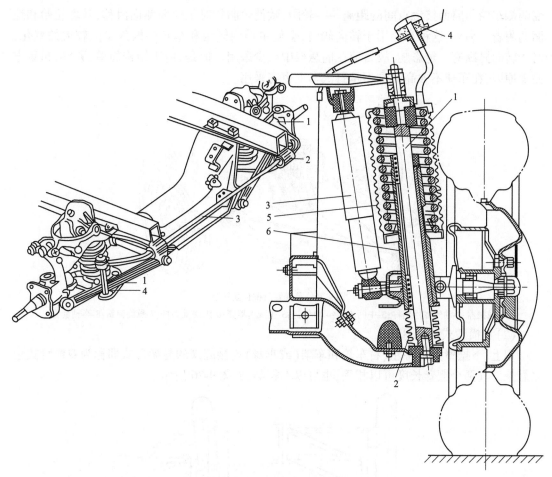

图 9-73 烛式独立悬架
1-主销；2、5-防尘罩；3-减振器；4-通气管；6-套筒

采用这种悬架的优点是：汽车前端空间大，有利于发动机的布置，并且可以降低整车的重心；由于减振器在车厢上的安装点位置较高，在制造中易于保证主销定位角的位置精度。此外，因滑柱中摩擦阻力较大，会影响汽车的平顺性。为了减少作用于滑柱的附加弯矩产生的摩擦，通常把螺旋弹簧和滑柱的中心设计为不重合而偏离一个角度，也有的将减振器导向座和活塞的摩擦表面用耐磨材料制造。

2）横臂式独立悬架

横臂式独立悬架可分为单横臂式和双横臂式两种。

（1）单横臂式。

如图 9-75 所示，单横臂式独立悬架的特点是，当悬架变形时，车轮平面将产生倾斜而改

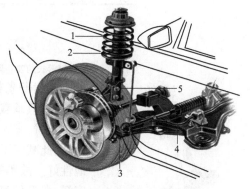

图 9-74 麦弗逊式独立悬架
1-螺旋弹簧；2-减振器；3-横摆臂；4-横向稳定器；5-转向节

变两侧车轮与路面接触点间的距离——轮距,致使轮胎相对于地面侧向滑移,破坏轮胎和地面的附着。另外,这种悬架用于转向轮时,会使主销内倾角和车轮外倾角发生较大的变化,对于转向操纵有一定影响,故目前在前悬架中很少采用。但是,由于结构简单、紧凑、布置方便等原因,在车速不太高的重型越野汽车上也有采用。

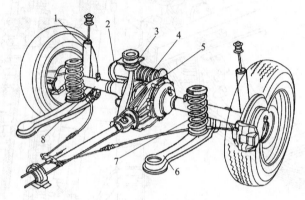

图9-75 单横臂后桥独立悬架

1-减振器;2-油气弹性组件;3-中间支承;4-单铰链;5-主减速器壳;6-纵向推力杆;7-螺旋弹簧;8-半轴套管

(2)双横臂式独立悬架。

用上、下摆臂分别将左、右车轮和车架(或车身)连接起来的悬架形式即称为双横臂式独立悬架。其两个摆臂长度可以相等,也可以不相等,如图9-76所示。

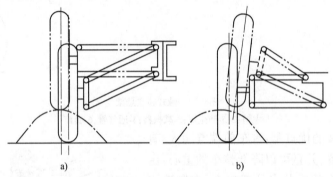

图9-76 双横臂式独立悬架

a)摆臂等长的独立悬架;b)摆臂不等长的独立悬架

图9-77 双叉臂独立悬架结构

双横臂悬架具有上、下两个摆臂,横向力由两个摇臂同时吸收,支柱只承载车身重量。因此,横向刚度大。由于上、下使用不等长摆臂,车轮在上下运动时能自动改变外倾角并且减小轮距变化,因此减轻了轮胎磨损,能够自适应路面,轮胎接地面积大,贴地性好。故不等长的双横臂式独立悬架在轿车的前轮上应用较广泛,典型代表如双叉臂独立悬架,如图9-77所示。

双叉臂独立悬架主要优点:

①上部与下部横摆臂之间间距较大,可以非常准确地引导车轮。

②具有非常良好的运动学特性(可以表现出良好的防制动俯冲特性,可以减轻起动下沉和侧倾现象,具体取决于设计情况)。

③向车身前部传递的力很小;在非驱动桥上,结构比麦弗逊式更加扁平。

这种悬架的弹性元件一般都是螺旋弹簧,但也有采用横置钢板弹簧或扭杆弹簧作为弹性元件的。如南京依维柯 S 系列轻型货车的前悬架属于不等长双横臂式扭杆弹簧独立悬架,它的结构如图 9-78 所示。车轮所受的纵向力、侧向力及其力矩由上、下横臂和上、下支撑杆承受,并传递给车架。

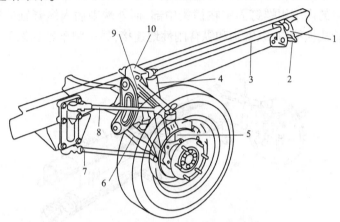

图 9-78　南京依维柯 S 系列轻型货车的前悬架

1-扭杆弹簧固定支架;2-扭杆弹簧预加载荷调整螺栓;3-扭杆弹簧;4-减振器;5-减振器上支架;6-上横臂;7-上支撑杆;8-下支撑杆;9-下横臂;10-车架

3)纵臂式独立悬架

纵臂式独立悬架有单纵臂式和双纵臂式两种。

(1)单纵臂式独立悬架。

单纵臂式独立悬架不能用于转向桥,因为在车轮跳动时主销后倾角变化很大,如图 9-79a)所示。

后桥所用的扭杆弹簧式单纵臂独立悬架如图 9-79b)所示,摆臂为一宽而薄的钢板,一端与半轴套管铰链,另一端通过套筒的花键与扭杆弹簧外端相连。扭杆弹簧装在套管中,内端固定在车架上。当车轮跳动时,摆臂绕套筒和扭杆的中心线纵向摆动,利用扭杆弹簧来缓冲。

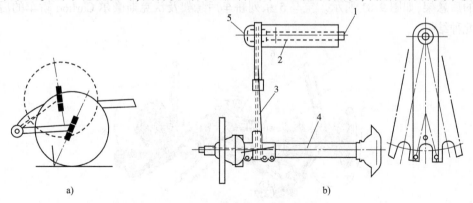

图 9-79　单纵臂式独立悬架
a)单纵臂式独立悬架;b)单纵臂纵扭杆弹簧后独立悬架
1-扭杆弹簧;2-套管;3-纵摆臂;4-半轴套管;5-套筒

(2) 双纵臂式。

双纵臂式独立悬架的两个纵摆臂长度通常做成相等,形成平行四连杆机构。这样,当车轮上下跳动时,主销后倾角保持不变,故这种形式的悬架适用于转向轮。

如图 9-80 所示为转向轮的双纵臂扭杆弹簧独立悬架。转向节和两个相等长度的纵臂为铰链连接。在车架的两根管式横梁内,装有若干层由矩形断面薄弹簧钢片叠成的扭杆弹簧。两根扭杆弹簧的内端用螺钉固定在横梁中部,而外端则插入纵臂轴的矩形孔内。纵臂轴用衬套支承在管式横梁内,纵臂轴和纵臂刚性地连接,另一侧车轮悬架与之完全相同并且对称。

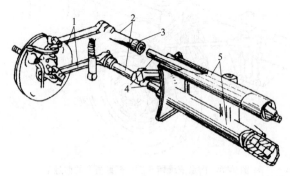

图 9-80 双纵臂式扭杆弹簧独立悬架
1-纵臂;2-纵臂轴;3-衬套;4-扭杆弹簧;5-横梁

4) 单斜臂式独立悬架

单斜臂式独立悬架是介于单横臂式独立悬架和单纵臂式独立悬架之间的一种悬架结构形式。单斜臂绕与汽车纵轴线呈一定夹角 $\theta(0°<\theta<90°)$ 的轴线摆动。选择适当的夹角 θ,可调整轮距、车轮倾角、前束等变化的大小,从而获得良好的操纵稳定性。有些单斜臂独立悬架,为了控制前束的变化,在单斜臂上装有一根辅助拉杆,称为控制前束杆。

单斜臂式独立悬架兼有单横臂式独立悬架和单纵臂式独立悬架的优点。自 20 世纪 60 年代初问世以来,单斜臂式独立悬架大多用在后轮驱动的汽车的后悬架上。例如,福特 Sierra 轿车的后悬架,如图 9-81 所示。宝马 5 系列轿车后悬架及沃克斯豪尔 Carlton 轿车的后悬架均为此种结构。

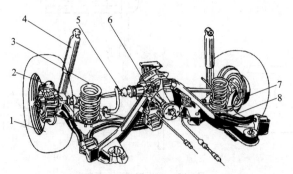

图 9-81 福特 Sierra 轿车的后悬架(单斜臂式)
1-轮胎;2-制动鼓;3-螺旋悬架;4-筒式减振器;5-半轴;6-主减速器和差速器;7-制动拉索;8-单斜臂

5) 多连杆独立悬架

多连杆独立悬架通过各种连杆配置(通常有三连杆、四连杆、五连杆),能够实现双横臂悬架的所有性能,而且在双横臂的基础上通过连杆连接轴的约束作用,使得轮胎在上下运动时前束也能相应改变,这就意味着弯道适应性更好。多连杆独立悬架如果用在前驱车的前悬架,可以在一定程度上缓解转向不足,给人以精确转向的感觉。如果用在后悬架上,能够在转向侧倾的作用下改变后轮的前束,使后轮可以在一定程度上随前轮一同转向,同时达到舒适操控目的。多连杆悬架需要占用较多的空间,无论是制造成本还是研发成本,多连杆悬架都是最高的,所以常用在中高级车的后桥上。

奥迪轿车使用的四连杆独立悬架,如图9-82所示,这种悬架对空间的要求要大于麦弗逊悬架。

四连杆悬架独立悬架有如下的特性:

(1) 极限范围远远超出个人感觉的范围。

(2) 具有理想的运动学特性和弹性运动学特性,车轮引导精确,主动安全性高。

(3) 具有理想的直线行驶稳定性。

(4) 具有理想的起动和制动俯冲补偿特性。舒适性、振动特性得到大大改善。

(5) 具有最佳的行驶和滑行舒适性。

(6) 减振器和弹簧元件不具有车桥引导功能。

图9-82 奥迪轿车四连杆独立悬架
1-支撑座;2-弹簧/减振器单元;3-上部控制臂;4-摆动轴承;5-车轮轴承/轮毂;6-支撑臂;7-副车架;8-稳定杆;9-导向臂

7. 多轴汽车的平衡悬架

多轴汽车全部车轮如果都是单独地刚性悬挂在车架上,则在不平路面上行驶时,将不能保证所有车轮同时接触地面,如图9-83a)所示。若采用弹性悬架且道路比较平坦但有凹坑时,车轮不一定出现悬空的现象,但各个车轮间垂直载荷的分配比例会有很大的变化。当垂直载荷变小甚为零时,车轮与地面的附着力也随之变小甚至等于零。转向桥出现这种情况将使汽车的操纵能力大大降低,以致失去对汽车行驶方向的控制;若驱动轮出现这种情况就会使汽车不能产生足够的牵引力。此外,一个车轮上的垂直载荷减小时,会引起其他车轮上垂直载荷的增加,严重时还会超载。

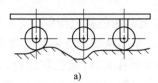
a)
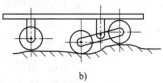
b)

图9-83 三轴汽车在不平道路上
a) 刚性连接;b) 弹性连接

若全部车轮均采用独立悬架,虽可保证所有车轮与地面有良好的接触,但却使汽车结构变复杂,尤其对于全轮驱动的多轴汽车更是如此。

为了解决这个问题,可将两个车桥(如三轴汽车的中桥和后桥)装在平衡杆的两侧,而将平衡杆与车架铰接,如图9-83b)所示。这样,当一车桥抬高时将使另一车桥降低,而始终保持所有车轮与地面良好地接触。而且,由于平衡杆两臂等长,则两个车桥上的垂直载荷在任何情况下都相等。这种能保证中、后桥车轮垂直载荷相等的悬架称为平衡悬架,三轴和四轴越野汽车普遍采用这种结构原理的平衡悬架。其中,能绕铰支点转动的平衡杆,就是纵向布置的钢板弹簧。

如图9-84所示为另一种形式的平衡悬架——摆臂式平衡悬架。这种悬架主要用于6×2的货车上。这种货车的结构特点是前桥为转向桥,中桥为驱动桥,后桥为可以升降的支持桥。当汽车在轻载荷或空载行驶时,操纵举升液压缸,可通过杠杆机构将后轮举起,使6×2汽车变为4×2汽车。这样,既可以减轻轮胎磨损和降低燃油消耗,同时又能增大驱动轮上的附着力。

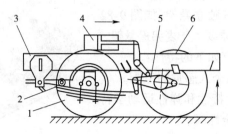

图9-84 摆臂式平衡悬架
1-驱动轮;2-钢板弹簧;3-车架;4-液压缸;5-摆臂;6-支持轮

摆臂可绕摆臂轴摆动,摆臂轴的支架在车架上,中桥(驱动桥)钢板弹簧的吊耳不与车架相连接,而是与摆臂的前端相连。摆臂的后端与汽车的后桥(支持桥)相连。这样,摆臂就相当于一个杠杆,中、后桥上垂直载荷的分配比例取决于摆臂的杠杆比及钢板弹簧前、后段长度之比。

8. 悬架的检修

1) 螺旋式减振弹簧的检查

检查弹簧的变形和损坏情况,若发现有变形或裂纹应更换。有条件时使用检测仪检查弹簧的弹性,也可简单地通过左右弹簧自由高度的比较以及与标准弹簧相比确定弹性变化,减振弹簧变软必须更换。检查发现弹簧衬垫有裂纹或磨损严重时应换新件。

检查左、右弹簧的颜色标记与负荷等级颜色的组合是否符合规定。皇冠轿车前悬架螺旋弹簧的颜色标记,如图9-85所示。型号颜色标记有两种:蓝色和红色,蓝色型号标记的弹簧安装在驾驶员一侧,红色型号标记的弹簧安装在前排乘客一侧。前螺旋弹簧技术参数,如表9-14所示。

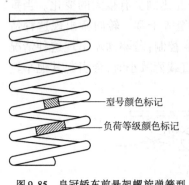

图9-85 皇冠轿车前悬架螺旋弹簧型号与负荷等级颜色标记

前螺旋弹簧弹力(kN)   表9-14

型号颜色	负荷等级颜色						
	白色	粉红色	蓝色	红色	绿色	米黄色	棕色
蓝色	6.25-6.45	6.45-6.62	6.85-7.02	6.80-6.97	6.75-6.92	6.90-7.07	7.50-7.65
红色	6.08-6.25	6.28-6.45	6.68-6.85	6.63-6.80	6.58-6.75	6.73-6.90	7.35-7.50

2)前减振器的检修

(1)手压车身法。当车辆在全负荷时(5人+80kg行李),用手在车头前部使用392~491N的力压车头,松开手后,车头起伏2~3次即停止,说明减振器完好。

(2)观察法。从外观上看,减振器不应有渗油或漏油现象,否则说明减振器已接近损坏或损坏。

(3)感觉法。汽车经过长时间行驶,停车后,用手触摸减振器外壁是否发热,如不热,说明减振器已失效。

3)上摆臂的检修

上摆臂如有变形应校正,有裂纹时可焊修,损坏严重时应更换新件。防尘套损坏或破裂时,应更换新防尘套。

摆臂衬套若破裂或严重磨损,应更换。摆臂衬套有橡胶衬套和螺栓型衬套两种,它们的更换方法不同。对于橡胶衬套,首先拆下螺塞和缓冲垫,然后用专用工具拆出旧衬套和安装新衬套(必须使用专用工具以防止摆臂变形),最后装好缓冲垫和摆臂螺塞。对于螺栓型衬套,先拆出旧衬套,在上摆臂轴和衬套的螺纹部分涂上润滑脂,然后同时拧紧两边的衬套,并保证两边衬套拧紧量相同,最后用280~320N·m的力矩紧固,拧紧后上摆臂应能平顺转动,否则重新安装。

4)下摆臂的检修

检查下摆臂,若有变形应校正,有裂纹应焊接修复,若损坏严重,则更新。衬套若损坏或磨损严重时应更换。更换衬套时,应使用专用工具借助压床压出旧衬套。压装衬套时,不允许加润滑油,而且应连衬套保持架一起更新。拆装时,应注意防止摆臂壳体变形。若摆臂轴螺纹损坏,应更换新轴。摆臂轴磨损严重时,可镀铬或堆焊修复。

5)球头销接头的检查

将球头销接头壳夹在台钳上,用手摇动球头销5次,不应感觉有卡滞或松旷。然后用扭力计以2~4s转一圈的速度转动球头销,取第5圈时的转矩值,下球头销的转矩应为0.5~2.5N·m。若不符合以上要求,应更换球头销接头。

6)检查支撑杆总成

支撑杆若有弯曲应校直,支撑杆及各零件若有严重磨损或损坏应更换或修复。

二、任务实施

1. 准备工作

(1)准备具有完整悬架系统轿车2辆。

(2)准备扭力扳手、套筒、游标卡尺、弹簧秤等常用工量具6套。

2. 操作步骤

(1)将所有车辆举升至合适的高度。

(2)拆卸与分解悬架系统。

(3)悬架系统零件检修。

(4)悬架系统安装与调整。

(5)降下所有车辆。

(6)5S作业。

三、评价与反馈

1. 自我评价

(1)通过本学习任务的学习,你是否已经知道以下问题:

①悬架系统的功用、组成和类型是什么?

②弹性元件的作用和类型有哪些?

③双向作用筒式减振器的构造、作用原理是什么?

(2)实训操作完成情况如何?

(3)通过本学习任务的学习,你认为自己的知识和技能还有哪些需要加强?

学生签名:_____ _____年___月___日

2. 小组评价(表9-15)

小组评价表　　　　　　　　　　　　　表9-15

序号	评价项目	是否达到要求	记　　录
1	着装是否符合要求		
2	是否能合理规范使用仪器和设备		
3	是否按照安全和规范流程操作		
4	是否遵守实训场地的规章制度		
5	是否能保持实训场地、工具设备整洁		
6	是否具有团队协作精神		

参与评价的学生签名:_____ _____年___月___日

3. 教师评价

_____

_____

教师签名:_____ _____年___月___日

四、技能考核标准(表9-16)

技能考核标准表　　　　　　　　　　　　表9-16

序号	考核项目	评价标准(每项累计扣分不超过配分)	配分	得分
1	作业安全	1.出现工具设备损伤、身体擦伤或碰伤等,酌情扣分 2.出现安全事故记零分	10	
2	5S与职业素养	1.着装不规范扣5分 2.作业中没有及时清洁、整理工量具、清扫场地,扣5分	10	
3	维修手册使用	根据工单填写情况对照维修手册标准值评分。每查错一个数据扣1分	5	

续上表

序号	考核项目	评价标准(每项累计扣分不超过配分)	配分	得分
4	分解前悬架弹簧减振器总成	1. 在减振器下侧的支架上安装两个螺母和一个螺栓,并将其安装到台钳上(或将减振器总成固定到弹簧压缩工具上。确信挂钩正确支撑在支柱弹簧上) 2. 用弹簧压缩专用工具压缩前螺旋弹簧 3. 拆卸前悬架支架防尘罩 4. 拆卸减振器上方螺母后拆下前支架 5. 拆卸支架防尘罩油封、上弹簧座、上弹簧隔垫 6. 松开弹簧 7. 拆卸弹簧和弹簧缓冲垫 上述操作,每做错一步扣4分。操作不规范扣10分	30	
5	检查减振器	1. 检查减振器技术状况:反复压缩和拉伸减振器活塞杆,检查操作过程中有无异常阻力和不正常响声,并记录检查结果。不会操作做扣5分,操作不规范扣2分 2. 检查减振器是否漏油,并记录检查结果,不会检查扣5分	10	
6	装配前悬架弹簧减振器总成	1. 安装下弹簧缓冲垫 2. 用弹簧压缩专用工具压缩前螺旋弹簧,把螺旋弹簧装入减振器下支座(注意应将螺旋弹簧下端紧固到弹簧下支座缺口内) 3. 安装上弹簧隔垫(注意带记号处朝向车辆外侧) 4. 安装上弹簧座(注意带记号处朝向车辆外侧) 5. 安装支架防尘罩油封、前悬架支架 6. 安装减振器活塞杆螺母,按规定力矩紧固(规定力矩查阅维修手册。参考:威驰车为33N·m) 7. 拆卸弹簧压缩专用工具,在悬架支架上涂上多用途润滑脂。装上防尘罩 上述操作,每做错一步扣4分。操作不规范扣10分	30	
7	维修结论	根据考生工单评分	5	
	总分		100	

学习任务6 电子控制悬架构造与检修

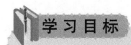

知识目标

1. 能叙述电子控制悬架系统的类型;
2. 能叙述电子控制悬架系统的结构及工作原理。

技能目标

能查阅维修资料,借助常用及专用工具,对电子控制悬架系统各部件进行检修。

建议课时

4 课时。

一、理论知识准备

1. 电子控制悬架系统的分类及组成

传统悬架结构参数不能主动地适应行驶中不断变化的路面要求,从而使悬架性能的进一步提高受到很大限制,因此人们将传统的不可调整的悬架称为被动悬架。随着现代电子控制技术的飞速发展,以微电脑为核心,对汽车悬架系统参数,包括弹簧刚度、减振器阻尼力、车身高度等的实行实时控制已经能够实现,这种悬架称为电子控制悬架。它既能使汽车的乘坐舒适性大为改善,同时又能兼顾到汽车行驶过程中的操纵稳定性。

1)电子控制悬架系统的分类

现代汽车电子控制悬架系统有多种形式。

(1)根据控制目的的不同,可分为车高控制系统、刚度控制系统、阻尼控制系统、综合控制系统等。

(2)按悬架系统结构形式不同,可分为电控空气悬架系统和电控液压悬架系统。

(3)根据控制系统有源和无源,可分为半主动悬架和主动悬架。

2)电子控制悬架系统的组成

电子控制悬架系统一般由传感器、电子控制单元和执行机构三部分组成。

传感器用来感受汽车运动状态(路况和车速及起动、加速、转向、制动等工况),并将各种状态转换为电信号输送给电控单元(ECU)。

电子控制单元对传感器输入的电信号进行综合处理,向执行机构发出控制指令。

悬架控制系统的执行机构是电磁阀、步进电机和空气压缩机。它们接受来自电子控制单元的控制指令,准确、快速和及时地作出动作反应,实现对弹簧刚度、减振器阻尼和车身高度的调节。

2. 电子控制悬架系统的结构与工作原理

1)传感器的结构与工作原理

(1)车高传感器。

车身高度传感器的作用是不断检测车身和悬架之间距离,以检测车辆高度。如图 9-86a)、d)所示,传感器由一个开口盘和四组光电传感器组成。每组光电传感器分别由发光二极管和光敏三极管组成,两者相互面对安装。传感器开口盘安装在车身上,与杠杆固定。连杆的一端与杠杆相连,而另一端与摆臂相连。当车身高度发生变化时,连杆随摆臂上下移动,从而带动杠杆和开口盘转动。

当开口盘转至如图 9-86b)所示的位置时,光敏三极管接受来自发光二极管的光线,输出一个"通"信号;当圆盘转至图 9-86c)所示的位置时,光线被开口盘挡住,信号中断。来自四组光电传感器的"通"和"断"的组合,从而检测出不同的车高信号,并将它们转换送至 ECU。

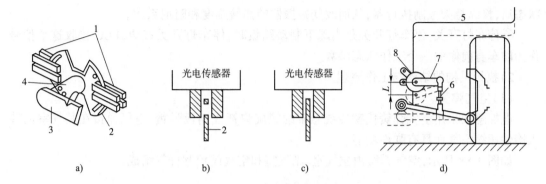

图9-86 车高传感器结构及工作原理
a)结构;b)光通;c)光断;d)安装位置
1-光电传感器;2-开口盘;3、7-杠杆;4-转轴;5-车身;6-连杆;8-传感器

(2)转向传感器。

转向传感器装在转向器上,用来检测转向时的转向角度和汽车转弯的方向,主要为转弯时提高操纵稳定性,防止侧倾,向 ECU 提供车态信号。

如图9-87所示,转向传感器由转向传感器组件和开缝盘组成。转向传感器组件有两组发光二极管和光电晶体管,两者相互面对安装,固定在转向柱管上。开缝盘固定在转向轴上,并随其转动。当开缝盘随转向轴转动时,两个光电晶体管的输出端即可进行电信号通/断变换,电控单元根据两个光电晶体管输出端电信号通/断变换的速度,检测出转向盘的转角和转速。由于两组光电晶体管电信号通/断的相位错开90°,通过判断哪组光电晶体管首先转变为"通"状态,即可检测出转向轴的转动方向。

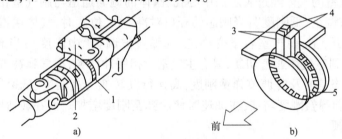

图9-87 转向传感器
a)位置图;b)信号发生器
1、5-开槽盘;2-转向传感器组件;3-发光二极管;4-光敏晶体管

(3)其他传感器和开关。

①车速传感器:车速传感器安装在车轮上,检测出转速信号,ECU 接收该信号与转向盘转动角度信号,计算出车身的侧倾程度。

②节气门开度传感器:节气门开度传感器可以间接检测汽车加速度信号。ECU 利用此信号作为防车身后坐的一个工作状态参数。

③车门传感器:车门传感器是为了防止行驶过程中车门未关闭而设置的。

④高度控制开关:高度控制开关用来选择汽车高度,ECU 检测高度控制开关的状态和相应使汽车高度升高或下降。有的车辆上还有高度控制 ON/OFF 开关,用于停止车高控制。

⑤模式选择开关:模式选择开关用来选择悬架的"软、中或硬"状态,ECU 检测到开关的

状态后,操纵悬架控制执行器,从而改变减振器的弹簧刚度和阻尼系数。

⑥停车灯开关:停车灯开关是当踩下制动踏板时,停车灯开关接通,ECU接收这个信号作为防车身前倾的一个工作状态参数。

2)执行机构的结构与工作原理

(1)空气弹簧。

电控悬架采用空气弹簧代替传统悬架的螺旋弹簧或钢板弹簧,空气弹簧在其气室内装入惰性压缩空气而具有弹性功能。

如图9-88所示,空气弹簧由主气室、副气室和空气阀控制杆等组成。

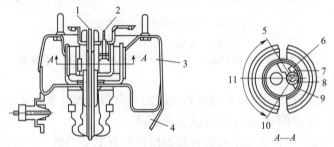

图9-88 空气弹簧刚度调节原理

1-转阀控制杆;2-空气阀控制杆;3-副气室;4-主气室;5-软位置;6-阀体;7-小通流孔;8-空气阀;9-大通流孔;10-中等位置;11-硬位置

空气弹簧刚度的调节通过弹簧刚度执行机构打开或关闭主气室和副气室的空气通道,使空气弹簧刚度分为低、中、高三种状态。当阀芯的开口对准"软"位置时,主、副室气体通道的大孔打开,主气室的气体经过阀芯的中心孔、阀体的侧面通道与副气室相通,两气室容量增加,空气弹簧被调至"低刚度";当阀芯的开口对准"中"位置时,气体通道的大孔关闭,气体通道的小孔打开,主、副气室容量变小,空气弹簧被调至"中刚度";当阀芯的开口对准"硬"位置时,主、副室气体通道切断,只有主气室承担缓冲任务,空气弹簧被调至"高刚度"。ECU根据车辆状态信号及时调节弹簧刚度,高速行驶转换为高刚度、低速行驶转换为低刚度。在制动时使前弹簧刚度增加,在加速时使后弹簧刚度增加。而在转弯时使左右弹簧刚度调节以减少侧倾。

(2)减振器。

减振器的阻尼调节采用简单的控制阀,通过在最大、中等、最小的通流面积之间的变换,改变减振液的流通快慢,达到阻尼系数的有级调节。减振器的阻尼调节原理如图9-89所示,在空气弹簧的下方,与控制杆连接的回转阀上有三个阻尼孔(油孔),回转阀外面的活塞杆上有两个阻尼孔(油孔),控制机构可以带动控制杆使回转阀旋转,从而改变阻尼孔的开闭组合,实现阻尼系数"软、中、硬"的有级转换。

当需要将阻尼系数调节为"软"状态时,控制杆带动回转阀旋转一角度使 A、B、C 三个截面的阻尼孔全部开通,减振器阻尼系数最小;若需要将阻尼系数调节为"中"状态时,控制杆带动回转阀又旋转一角度使得只有 B 截面中的小阻尼孔开通,而 A、C 两个截面中阻尼孔被关闭,减振器阻尼系数处于中间;若需要将阻尼系数调节为"硬"状态时,控制杆带动回转阀又旋转一角度使得 A、B、C 三个截面的阻尼孔全部关闭,仅靠减振器中的单向阀(D 部)产生阻尼,减振器阻尼系数为最大。

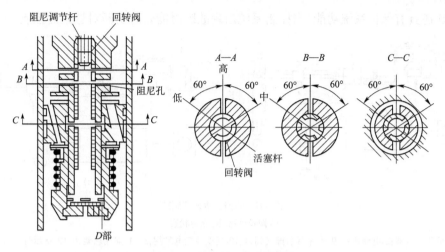

图9-89 减振器阻尼的调节原理

电控悬架ECU根据转向操作、节气门位置、速度、加速度等信号调节减振器阻尼系数的"软、中、硬",控制汽车制动、加速、急转弯时产生的汽车姿态变化,从而提高汽车的平顺性和操纵稳定性。

(3) 执行机构。

悬架控制执行机构的功用是驱动主、副气室的空气阀芯和减振器阻尼孔的回转阀转动。如图9-90所示,步进电机带动小齿轮驱动扇形齿轮转动,与扇形齿轮同轴的阻尼控制杆带动回转阀转动,使阻尼孔开闭变化,从而调节减振器阻尼;同时,阻尼调节杆驱动齿轮带动空气阀驱动齿轮和空气阀控制杆转动,随着阀芯角度的改变,悬架的刚度得到调节。

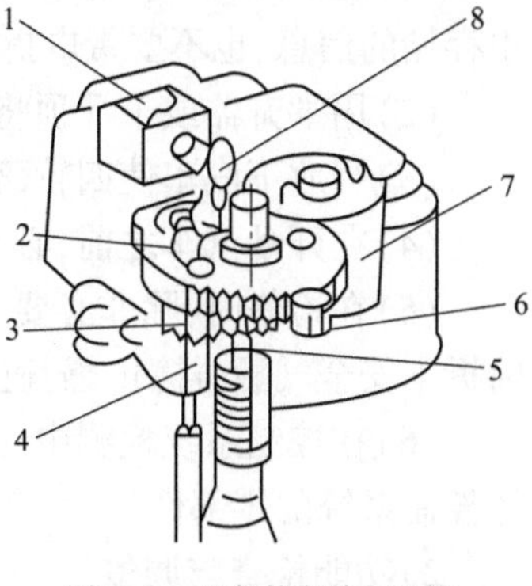

电磁线圈控制电磁制动开关松开时,制动杆处于扇形齿轮的滑槽内,扇形齿轮可转动;当电磁制动开关吸合时,制动杆往回拉,各齿轮锁止,各转阀不能转动,悬架参数保持稳定。

图9-90 悬架控制执行机构
1-电磁线圈;2-扇形齿轮;3-空气阀驱动齿轮;4-空气阀控制杆;5-阻尼控制杆;6-小齿轮;7-电机;8-制动杆

(4) 车身高度控制。

车身高度调节装置如图9-91所示,由空气压缩机、直流电机、高度控制阀、排气电磁阀、空气干燥器等组成。悬架ECU根据车高传感器送来的信号和控制模式指令,向高度控制阀发出指令。当车高需要升高时,高度控制阀打开,压缩空气进入空气弹簧的主气室,车身升高;高度控制阀关闭时,空气弹簧主气室的空气量保持不变,车身维持一定的高度不变;当车身需要降低时,压缩机停止工作,高度控制阀打开,此时排气阀也打开,悬架的主气室中的空气通过高度控制阀、管路,最后由排气阀排出,车身高度下降。

3) 电子控制单元

ECU是电控悬架系统的控制中枢。它接收各传感器传来的信号,并对这些信号进行分析、比较和判断处理,经精确计算后输出控制信号对减振器阻尼力、悬架刚度和车身高度等进行控制。

ECU具有故障自诊断功能。当出现故障时,ECU以故障代码的形式存储,并使指示灯亮。ECU还具有保护系统功能,当控制系统出现故障时能暂时切断对悬架的控制。

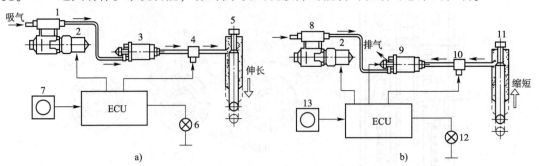

图9-91 车身高度调节原理
a)伸长状态;b)缩短状态

1、8-压缩机和调压器;2-电动机;3、9-干燥器和排气阀;4、10-高度控制电磁阀;5、11-空气悬架;6、12-指示灯;7、13-车身高度传感器

3.电子控制悬架系统的检修

1)检修时注意事项

(1)检修过程中,当点火开关在打开状态下,不要随意断开蓄电池,否则会丢失控制模块中存储的信息,也不要带电拆卸或安装控制模块及其线束插头。

(2)用举升器或千斤顶将汽车举起时,必须停止高度控制或断开蓄电池负极。

(3)当放下汽车使四轮落地时,必须将汽车下面的所有物体搬开。

(4)在开动汽车之前,必须起动发动机使汽车高度恢复到正常状态。

(5)在检修时,除非必要,一般不要触及前安全气囊碰撞传感器。若要触及,必须在维修前拆下安全气囊碰撞传感,避免影响安全气囊系统的正常工作。

(6)在控制系统检测中,必须使用生产厂家在维修手册中提到的检测工具,否则可能损坏控制系统的零部件。

2)功能检查与调整

(1)检查汽车高度。

将悬架刚度阻尼模式转换开关(LRC)拨到"NORM(标准)"位置,使汽车上下跳振几次,便于四个悬架处于稳定状态。再向前后推动汽车,使车轮处于稳定状态。

将换挡杆放在N挡位上,松开驻车制动器,起动发动机。

将高度控制开关拨到"HIGH(高)"位置,在汽车高度升高的状态下等待1min后,将高度控制开关拨回到"NORM(标准)"位置,此时汽车高度下降。在这种状态下等待1min后,再重复一次上述操作,其目的是使每个悬架处于稳定状态。

汽车前后部高度通常是测量地面到下悬架臂安装螺栓中心的距离,如不符合相应标准,可转动高度传感器连接杆螺栓进行调整。

(2)汽车高度调整。

车辆高度功能的检查,操作高度控制开关检查汽车高度的变化。

①检查轮胎气压是否符合标准(前轮230kPa,后轮250kPa)。

②测量汽车高度是否在标准范围以内,否则先调整汽车高度再进行下面的检查。

③起动发动机,将高度控制开关从"NORM"转换到"HIGH",检查高度升高10~30mm

所需时间:从拨动高度控制开关到悬架压缩机起动大约 2s、从压缩机起动到完成高度升高需要 20~40s。

④在汽车处于"HIGH"时,同样起动发动机,再将高度控制开关从"HIGH"转换到"NORM",检查高度降低 10~30mm 所需时间:从拨动高度控制开关到排气阀开始排气大约 2s、从开始排气到完成高度降低需要约 20~40s。

(3)弹簧刚度和阻尼系数调节功能的检查。

将点火开关转到 ON 位置。

方法一:按下车身前后左右使车身大幅度地上下跳动,同时将悬架刚度阻尼模式转换开关"LRC"从"NORM"变化到"SPORT(硬)"模式,确认是否感觉到悬架刚度和阻尼系数有变化。

方法二:用专用导线将 TDCL 或检查连接器端子 TC 与 E1 跨接,此时应该感觉到悬架刚度和阻尼系数变为"硬"状态。

经过上述两种方法的检查,如果没有感觉到悬架刚度和阻尼系数变为"硬"状态,则悬架刚度阻尼模式转换开关"LRC"、悬架电子控制单元 ECU、执行器存在着故障,必须进一步检查排除。

(4)溢流阀的检查。

如图 9-92 所示,打开点火开关,对接高度控制连接器的端子 1 与 7,迫使压缩机不断地工作。

等待压缩机工作一段较短时间后,检查排气阀是否排放空气,如图 9-93 所示。

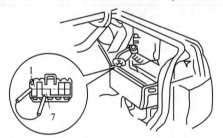

图 9-92 高度控制连接器端子连接

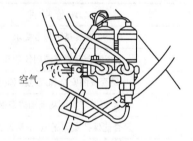

图 9-93 溢流阀放气

由于迫使压缩机工作,ECU 存储了故障代码。检查完毕后,关闭点火开关,清除故障代码。

(5)供气系统的漏气检查。

①将高度控制开关转换到"HIGH",使汽车高度升高。

②将发动机熄火。

③在供气管路和软管接头处,用肥皂水涂抹检查是否有漏气。如有漏气,须更换漏气部位的管路、接头和密封垫圈。

二、任务实施

1. 准备工作

准备电子控制悬架系统台架 2 台。

2. 操作步骤

(1)检查汽车高度。

(2)汽车高度调整。

(3)弹簧刚度和阻尼系数调节功能的检查。

(4)溢流阀的检查。

(5)供气系统的漏气检查。

(6)5S作业。

三、评价与反馈

1. 自我评价

(1)通过本学习任务的学习,你是否已经知道以下问题:

①电子控制悬架系统的类型是什么?

②电子控制悬架系统的结构及工作原理有哪些?

③电子控制悬架系统的有哪些?如何检修?

(2)实训操作完成情况如何?

(3)通过本学习任务的学习,你认为自己的知识和技能还有哪些需要加强?

学生签名:_____ _____年___月___日

2. 小组评价(表9-17)

小组评价表   表9-17

序号	评价项目	是否达到要求	记录
1	着装是否符合要求		
2	是否能合理规范使用仪器和设备		
3	是否按照安全和规范流程操作		
4	是否遵守实训场地的规章制度		
5	是否能保持实训场地、工具设备整洁		
6	是否具有团队协作精神		

参与评价的学生签名:_____ _____年___月___日

3. 教师评价

_____

_____

教师签名:_____ _____年___月___日

四、技能考核标准(表9-18)

技能考核标准表   表9-18

序号	考核项目	评价标准(每项累计扣分不超过配分)	配分	得分
1	作业安全	1.出现工具设备损伤、身体擦伤或碰伤等,酌情扣分 2.出现安全事故记零分	10	

续上表

序号	考核项目	评价标准(每项累计扣分不超过配分)	配分	得分
2	5S与职业素养	1. 着装不规范扣2分 2. 作业中没有及时清洁、整理工量具、清扫场地,扣3分	5	
3	维修手册使用	根据工单填写情况对照维修手册标准值评分。每查错一个数据扣1分	5	
4	检查汽车高度	1. 将悬架刚度阻尼模式转换开关(LRC)拨到"NORM(标准)"位置,使汽车上下跳振几次,便于四个悬架处于稳定状态。再向前后推动汽车,使车轮处于稳定状态 2. 将换挡杆放在N挡位上,松开驻车制动器,起动发动机 3. 将高度控制开关拨到"HIGH(高)"位置,在汽车高度升高的状态下等待1min后,将高度控制开关拨回到"NORM(标准)"位置,此时汽车高度下降。在这种状态下等待1min后,再重复一次上述操作,其目的是使每个悬架处于稳定状态 4. 汽车前后部高度通常是测量地面到下悬架臂安装螺栓中心的距离,如不符合相应标准,可转动高度传感器连接杆螺栓进行调整 上述操作,每做错一步扣5分。操作不规范扣3分	20	
5	汽车高度调整	1. 检查轮胎气压是否符合标准(前轮230kPa,后轮250kPa) 2. 测量汽车高度是否在标准范围以内,否则先调整汽车高度再进行下面的检查 3. 起动发动机,将高度控制开关从"NORM"转换到"HIGH",检查高度升高10～30mm所需时间;从拨动高度控制开关到悬架压缩机起动大约2s,从压缩机起动到完成高度升高需要20～40s 4. 在汽车处于"HIGH"时,同样起动发动机,再将高度控制开关从"HIGH"转换到"NORM",检查高度降低10～30mm所需时间;从拨动高度控制开关到排气阀开始排气大约2s,从开始排气到完成高度降低需要20～40s 上述操作,每做错一步扣5分,操作不规范扣3分	20	
6	弹簧刚度和阻尼系数调节功能的检查	按下车身前后左右使车身大幅度地上下跳动,同时将悬架刚度阻尼模式转换开关"LRC"从"NORM"变化到"SPORT(硬)"模式,确认是否感觉到悬架刚度和阻尼系数有变化 上述操作,做错扣10分,操作不规范扣6分	10	
7	溢流阀的检查	打开点火开关,对接高度控制连接器的端子1与7,迫使压缩机不断地工作,等待压缩机工作一段较短时间后,检查排气阀是否排放空气 上述操作,做错扣10分,操作不规范扣6分	10	
8	供气系统的漏气检查	1. 将高度控制开关转换到"HIGH",使汽车高度升高 2. 将发动机熄火 3. 在供气管路和软管接头处,用肥皂水涂抹检查是否有漏气,如有漏气,须更换漏气部位的管路、接头和密封垫圈 上述操作,每做错一步扣5分,操作不规范扣3分	15	
9	维修结论	根据考生工单评分	5	
	总分		100	

（一）填空题

1. 车轮直接与地面接触的行驶系统，称为_____行驶系统，这样的汽车称为_____汽车。
2. 轮式汽车行驶系统一般由_____、_____、_____和_____组成。
3. 车架是整个汽车的_____，汽车的绝大多数部件和总成都是通过_____来固定其位置的。
4. 车架的结构形式首先应满足_____的要求。
5. 边梁式车架由两根位于两边的_____和若干根_____组成。
6. 车桥通过_____和车架相连，两端安装_____。
7. 车桥的功用是_____。
8. 根据悬架结构的不同，车桥分为_____和_____两种，根据车轮作用的不同又分为_____、_____、_____和支持桥等四种。
9. 转向桥是利用_____使车轮可以偏转一定角度，以实现_____。
10. 转向桥主要由_____、_____、_____和_____等构成。
11. 车轮由_____、_____及它们间连接部分_____组成。
12. 按照连接部分，即轮辐的结构的不同，车轮分为_____车轮和_____车轮两种。
13. 4.50E×16(DC)型轮辋，表明该轮辋的名义直径是_____，名义宽度为_____，轮辋轮廓代号为_____的_____件式_____轮辋。
14. 轮胎的固定基础是_____。
15. 轮胎必须具有适宜的_____和_____能力。同时，在其直接与地面接触的胎面部分应具有以增强附着作用的_____。
16. 汽车轮胎按胎体结构的不同分为_____和实心轮胎，现代绝大多数汽车采用_____。
17. 汽车轮胎按胎内压力的大小，分为_____、_____、_____等三种，目前轿车、货车几乎全部采用_____。
18. 充气轮胎按胎体中帘线排列的方式的不同，分为_____、_____和_____三种。
19. 普通斜交胎的外胎由_____、_____、_____及_____组成，是外胎的骨架，用以保持外胎的形状和尺寸。
20. 胎面是外胎最外的一层，可分为_____、_____和_____三部分。
21. 悬架一般由_____、_____和_____等三部分组成。
22. 汽车悬架可分为_____和_____两大类。
23. 钢板弹簧的第一片(最长的一片)称为_____，两端弯成卷耳，包在第一片卷耳的外面，称为_____。
24. 目前，常用的副簧有_____、_____和_____等三种。
25. 减振器装在_____与_____之间。
26. 独立悬架按车轮运动形式分成_____、_____和_____等三类。

27. 横向稳定器的作用是_____。

(二) 选择题

1. 下图所示的车架属于( )。

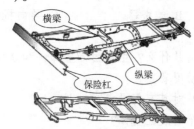

  A. 边梁式车架 B. 中梁式车架 C. 综合式车架 D. 无架式车架

2. 下图所示的车架属于( )。

  A. 边梁式车架 B. 中梁式车架 C. 综合式车架 D. 无架式车架

3. 6.5-20(WFB)型轮辋是属于( )轮辋。
  A. 一件式 B. 多件式 C. A、B均有可能 D. 无法确定

4. 7.0-20(WFB)型轮辋的名义直径是( )。
  A. 7.0mm B. 20mm C. 7.0in D. 20in

5. 有内胎的充气轮胎由( )等组成。
  A. 内胎 B. 外胎 C. 轮辋 D. 垫带

6. ( )轮胎属于子午线轮胎, ( )是低压胎。
  A. 9.00-20 B. 9.00R20 C. 9.00×20 D. 9.00-20GZ

7. 7.50-18轮胎的名义宽度为( ),轮胎的名义直径为( )。
  A. 7.50mm B. 7.50in C. 18mm D. 18in

8. ( )本身的刚度是可变的。
  A. 钢板弹簧 B. 油气弹簧 C. 扭杆弹簧 D. 气体弹簧

9. 安装( ),可使悬架的刚度成为可变的。
  A. 渐变刚度的钢板弹簧   B. 等螺距的螺旋弹簧
  C. 变螺距的螺旋弹簧   D. 扭杆弹簧

10. ( )悬架是车轮沿主销移动的悬架。
  A. 双横臂式 B. 双纵臂式 C. 烛式 D. 麦弗逊式

11. ( )悬架是车轮沿摆动的主销轴线上下移动的悬架。
  A. 双横臂式 B. 双纵臂式 C. 烛式 D. 麦弗逊式

12. 轿车通常采用( )悬架。
  A. 独立 B. 非独立 C. 平衡 D. 非平衡

13. 独立悬架与( )车桥配合。
    A. 断开式　　　　　B. 整体式　　　　　C. A、B 均可　　　　　D. A、B 均不可
14. 一般载货汽车的悬架未设( )。
    A. 弹性元件　　　　B. 减振器　　　　　C. 导向机构

(三)简答题
1. 汽车行驶系统的功用是什么？主要由哪些部件和总成组成？各起什么作用？
2. 试述汽车行驶的驱动附着条件。
3. 车架的功用是什么？对其有何要求？
4. 为什么说车架是整车的装配基体？
5. 什么是边梁式车架？为什么此种结构的车架应用广泛？
6. 中梁式车架与边梁式车架主要区别是什么？中梁式车架有什么优缺点？
7. 承载式车身的结构特点是什么？
8. 试述车架裂纹的焊修步骤。
9. 车桥有几种结构形式？各自有什么特点？
10. 车轮定位参数有哪些？各自有什么作用？
11. 为什么要实现四轮定位？与转向轮定位相比较增加了哪些内容？
12. 前束值如何测量和调整？
13. 常用轮辋形式有哪些？各适用于哪些车型？
14. 子午线轮胎和普通斜交胎相比，有什么区别？为什么子午线轮胎得到越来越广泛的应用？
15. 轮胎规格如何进行表示？
16. 轮胎常见故障有哪些？如何维修、诊断和排除？
17. 轮胎的作用是什么？
18. 为什么汽车广泛采用低压胎？
19. 为什么轮胎的表面要有花纹？
20. 轮胎表面的花纹常见的有哪几种？它们各有什么特点？各适用于哪类汽车？
21. 什么是子午线轮胎？其特点是什么？
22. 为什么要推广使用子午线轮胎？
23. 悬架的功用是什么？
24. 悬架由哪几部分构成？各部分的功用是什么？
25. 汽车悬架中减振器与弹性元件为什么要并联安装？对减振器有哪些要求？
26. 简述液力减振器的工作原理。
27. 螺旋弹簧有什么优缺点？
28. 非独立悬架和独立悬架的结构特点分别是什么？
29. 独立悬架有什么优缺点？
30. 悬架的检修内容有哪些？又有哪些常见故障？
31. 电控悬架系统常用的传感器有哪些？其作用是什么？
32. 空气悬架刚度如何实现调整？
33. 电控悬架检修的注意事项包括哪些？

单元十　转向系统构造与检修

学习任务1　机械转向系统构造与检修

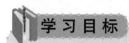 **学习目标**

☞ **知识目标**

1. 能叙述汽车转向系的基本组成及功用；
2. 能叙述汽车转向系主要参数；
3. 能叙述转向器的结构和工作原理；
4. 能叙述转向传动机构和操纵机构的结构和工作原理。

☞ **技能目标**

能查阅维修资料，借助常用及专用工具，对机械转向系统各主要部件进行检修。

 **建议课时**

4课时。

一、理论知识准备

1. 转向系统的功用、组成及分类

1）功用

汽车转向系统的功用是改变和保持汽车的行驶方向。

当汽车需要改变行驶方向时，必须使转向轮绕主销轴线偏转一定角度，直到新的行驶方向符合驾驶员的要求时，再将转向轮恢复到直线行驶位置。这种由驾驶员操纵转向轮偏转和复位的一套机构，称为汽车转向系统。

2）类型

汽车转向系统按转向能源的不同分为机械转向系和动力转向系两大类。

图10-1为机械转向系统示意图。机械转向系统以驾驶员的体力作为转向能源。汽车转向时，驾驶员转动转向盘，通过转向轴、万向节和转向传动轴，将转向力矩输入转向器。转

向器中有 1~2 级啮合传动副,具有减速增力作用。经转向器减速后的运动和增大后的力矩传到转向摇臂,再通过转向直拉杆传给固定于左转向节的转向节臂,使左转向节及装于其上的左转向轮绕主销偏转。左、右梯形臂的一端分别固定在左、右转向节上,另一端则与转向横拉杆做球铰链连接。当左转向节偏转时,经梯形臂、横拉杆和梯形臂的传递,使右转向节及装于其上的右转向轮随之绕主销同向偏转相应的角度。梯形臂以及转向横拉杆和前轴构成转向梯形,其作用是在汽车转向时,使内、外转向轮按一定的规律进行偏转。

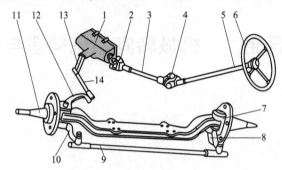

图 10-1 机械转向系统示意图

1-转向器;2-转向万向节;3-转向传动轴;4-转向万向节;5-转向轴;6-转向盘;7-右转向节;8-右梯形臂;9-转向横拉杆;10-左梯臂;11-左转向节;12-转向节臂;13-转向摇臂;14-转向直拉杆

图 10-2 为动力转向系结构示意图。动力转向系统是利用一定的动力助力方式,帮助执行转向操作的转向系统。动力转向装置一般由机械转向器、转向动力缸和转向控制阀三部分组成。

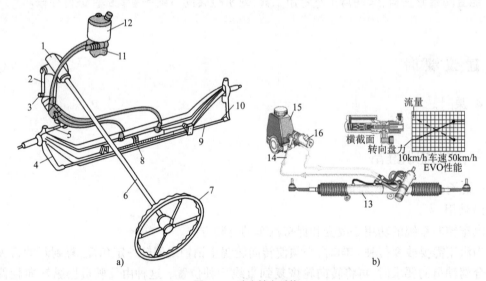

图 10-2 动力转向系统
a)动力转向系统示意图;b)动力转向系统结构简图

1-机械转向器;2-转向摇臂;3-转向直拉杆;4-左梯形臂;5-转向节;6-转向轴;7-转向盘;8-转向动力缸;9-转向横拉杆;10-右梯形臂;11-转向油泵;12-转向油罐;13-转向机;14-泵;15-储油室;16-EVO 传动器

汽车转向时,驾驶员顺时针转动转向盘,转向摇臂推动转向直拉杆后移,直拉杆的推力作用于转向节臂,并依次传到梯形臂和转向横拉杆,使之右移。与此同时,转向直拉杆还带动转向控制阀中的滑阀,使转向动缸中的右腔接通转向油泵的出油口,左腔接通回油口,于是转向动力缸的活塞所受向右的液压作用力便经活塞杆施加在横拉杆上。这样,驾驶员需要加在转向盘上的力矩,比用机械转向系统时小得多。逆时针转动转向盘时,过程与之相反。

3)组成

转向系统形式多种多样,但所有的转向系统都由转向操纵机构、转向器和转向传动机构三大部分组成。

(1)转向操纵机构的功用是操纵转向器和转向传动机构,使转向轮偏转。

(2)转向器是的功用是增大由转向盘传到转向节的力,并改变力的传动方向。

(3)转向传动机构的功用是将转向器输出的力和运动传给转向轮,使两侧转向轮偏转以实现汽车转向。

2. 对转向系统的要求

(1)转向时必须轻巧灵活,转向后车轮能自动回正。

(2)转小弯时,转向盘不必转很多圈。

(3)直向前进时,应稳定且无蛇行现象。

(4)车轮的振动及摆动不致使转向盘转动。

(5)转向时,左、右转向轮轴线的延长线和后轴的延长线应相交于一点。

(6)转向时,两轮的偏转角应符合一定的规律。

3. 转向系统主要参数

1)转向系统角传动比

转向盘的转角与同侧转向车轮偏转角的比值,称为转向系传动比,用 i_w 表示。转向系统角传动比 i_w 是转向器的角传动比 i_1 与转向传动机构角传动比 i_2 的乘积。

转向器的角传动比 i_1 等于转向盘的转角与转向摇臂摆角之比;转向传动机构角传动比 i_2 等于转向摇臂摆角与安装在转向盘同侧的转向车轮偏转角之比。显然,三者之间的关系是:

$$i_w = i_1 \times i_2$$

现代汽车结构中,转向传动机构角传动比 i_2 近似为1(一般为0.85~1.1)故有:

$$i_w \approx i_1$$

可见,转向系角传动比 i_w 主要取决于转向器角传动比 i_1。货车的 i_1 一般为16~32,轿车的 i_1 一般为12~20。

转向系角传动比 i_w 影响汽车的操纵轻便性和转向灵敏性。i_w 愈大,操纵转向盘的转向力矩便愈小,当转向盘直径一定时,驾驶员施加于转向盘上的力就小,即转向操纵愈轻便。但 i_w 不能过大,否则将导致转向操纵不够灵敏,即为了得到一定的转向轮偏转角,需增加转向盘的转动量。所以,选取 i_w 时,应适当兼顾转向操纵轻便和转向灵敏两方面的要求。

2)转向轮的运动规律

如图 10-3 所示,汽车转向时,内侧车轮和外侧车轮滚过的距离是不相等的。对于一般汽车而言,后桥左、右两侧的驱动轮由于差速器的作用,能够以不同的转速滚过不同的距离。但前桥左、右两侧的转向轮要滚过不同的距离,必然引起车轮沿路面边滚动边滑动,致使转向时的行驶阻力增大,轮胎磨损增加。为了避免这种现象,要求转向系能保证在汽车转向时,所有车轮均做纯滚动。显然,这只有在转向时,所有车轮的轴线都相交于一点方能实现。此交点称为汽车的转向中心。汽车转向时内侧转向轮偏转角 β 大于外侧转向轮偏转角 α。α 与 β 的关系是:

$$\cot\alpha = \cot\beta + B/L$$

式中:B——两侧主销轴线与地面交点之间的距离;

L——汽车轴距。

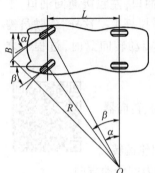

图 10-3　汽车转向示意图

这一关系是由转向梯形机构来保证的,故上式也称为转向梯形理论特性关系式。迄今为止,所有汽车转向梯形的设计实际上都只能保证在一定的车轮偏转角范围内,使两侧车轮偏转角大体上接近以上关系式。

从转向中心 O 到外侧转向轮与地面接触点的距离 R 称为汽车转弯半径。转弯半径 R 愈小,则汽车转向所需场地就愈小,汽车的机动性也愈好。当外侧转向轮偏转角达到最大值 α_{max} 时,转弯半径 R 最小。

汽车内侧转向轮的最大偏转角一般为 35°~42°。载货汽车的最小转弯半径一般为 7~13m。

3) 转向器传动效率

转向器输出功率与输入功率之比称为转向器传动效率。当功率由转向盘输入,从转向摇臂输出时,所求得的传动效率称为正传动效率;反之,转向摇臂受到道路冲击而传到转向盘的传动效率则称为逆传动效率。正、逆传动效率都很高的转向器(称为可逆式转向器),有利于汽车转向后转向轮的自动回正,但转向盘"路感"很强,也容易在坏路行驶时出现"打手"现象,所以主要应用于经常在良好路面行驶的车辆。正传动效率远大于逆传动效率的转向器(称为极限可逆式转向器),能实现汽车转向后转向轮的自动回正,只有路面冲击力很大时,方能部分地传到转向盘,其"路感"较差,主要应用于中型以上的越野汽车、工矿用自卸汽车等。

4) 转向盘自由行程

转向盘为消除转向系统各传动件之间的装配间隙、克服弹性变形所空转过的角度称为转向盘自由行程。由于转向系统各传动件之间都存在着装配间隙,而且这些间隙将随零件的磨损而增大,因此,在一定的范围内转动转向盘时,转向节并不随即同步转动,而是在消除这些间隙并克服机件的弹性形变后,才做相应的转动,即转向盘有一空转范围。

转向盘自由行程对于缓和路面冲击及避免驾驶员过于紧张是有利的,但过大的自由行程会影响转向灵敏性。所以,汽车维护中应定期检查转向盘自由行程。机动车转向盘的最大自由转动量从中间位置向左或向右均不超过 10°~15°。当零件磨损严重到转向盘自由行程超过 25°~30°时,则必须进行调整。通常是通过调整转向器传动副的啮合间隙来调整转向盘自由行程。

4. 转向器

转向器是转向系中的减速传动装置,其功用是增大由转向盘传到转向节的力,并改变力的传动方向。转向器的种类较多,一般按转向器中传动副的结构形式分为齿轮齿条式、循环球式、蜗杆曲柄指销式和蜗杆滚轮式等几种。下面主要介绍齿轮齿条式转向器和循环球式转向器。

1) 齿轮齿条式转向器

图 10-4 所示为齿轮齿条式转向器,它主要由转向器壳体、转向齿轮、转向齿条等组成。转向器通过转向器壳体的两端用螺栓固定在车身(车架)上。

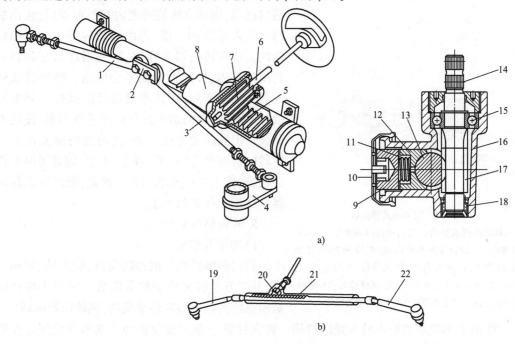

图 10-4 齿轮齿条式转向器

1、3、19、22-转向横拉杆;2-拉杆支架;4-转向节;5、21-转向齿条;6、14-齿轮轴;7、13、17、20-转向齿轮;8、16-转向器壳体;9-调整螺塞;10-罩盖;11-压簧;12-压簧垫块;15-球轴承;18-滚柱轴承

齿轮齿条式转向器结构简单;传动效率高,操纵轻便;重量轻。由于不需要转向摇臂和转向直拉杆,还可使转向传动机构得以简化。在有效地解决了逆传动效率高和实现转向器可变速比等技术问题后,这种转向器在前轮为独立悬架的中级以下轿车和轻型、微型货车上得以广泛应用,如一汽奥迪型轿车,上海桑塔纳轿车、广州标致轿车、天津夏利轿车及南京依维柯轻型货车等均采用齿轮齿条式转向器。

2) 循环球式转向器

循环球式转向器(图 10-5)是目前应用最广泛的一种转向器。与其他形式的转向器相比,循环球式转向器在结构上的主要特点是有两级传动副。第一级传动副为螺杆—螺母传动副;第二级传动副为齿条—齿扇传动副。

转向螺杆支承在两个推力球轴承上,轴承的预紧度可用调整垫片调整。在转向螺杆上松套着转向螺母。为了减少它们之间的摩擦,二者的螺纹并不直接接触,其间装有许多钢球,以实现滚动摩擦。螺杆和螺母的螺纹都加工成截面近似为半圆形的螺旋槽,二者的槽相配合即形成截面近似为圆形的螺旋管状通道。螺母侧面有两对通孔,可从此孔将钢球塞入螺旋通道内。螺母外有两根钢球导管,每根导管的两端分别插入螺母侧面的一对通孔中。

导管内也装满钢球。这样,两根导管和螺母内的螺旋通道组合成两条各自独立的封闭的钢球"流道"。当转动转向螺杆时,通过钢球将力传给转向螺母,使螺母沿螺杆轴向移动。同时,由于摩擦力的作用,所有钢球便在螺杆和螺母之间的螺旋通道内滚动,钢球在螺旋通道内绕行两周后,流出螺母而进入导管的一端,再由导管的另一端流回螺母内。故在转向器工作时,两列钢球只在各自的封闭流道内循环流动,而不会脱出。循环球式转向器传动效率高(正效率最高可达90%~95%),故操纵轻便,转向结束后自动回正能力强,使用寿命长。但其逆效率也很高,故容易将路面冲击传给转向盘而产生"打手"现象,不过,随着道路条件的改善,这个缺点并不明显。因此,循环球式转向器广泛用于各类汽车上。

5. 转向操纵机构

1) 功用及组成

转向操纵机构一般由转向盘、转向轴、转向柱管、万向节及转向传动轴等组成。它的主要作用是操纵转向器和转向传动机构,使转向轮偏转。

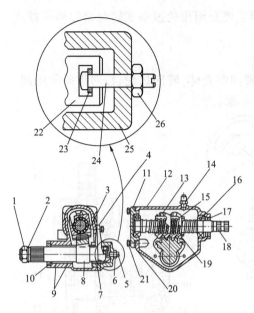

图10-5 循环球式转向器

1、6-螺母;2-弹簧垫圈;3-转向螺母;4-密封垫;5、24-调整螺钉;7、9-滚针轴承;8-齿扇轴;10、17-密封圈;11-底盖;12-壳体;13-导管夹;14-加油螺栓;15-导管;16-球轴承;18-转向螺杆;19-钢球;20-调整垫片;21-螺栓;22-齿扇轴;23-调整垫圈;25-侧盖;26-锁紧螺母

图10-6为桑塔纳轿车转向操纵机构。转向柱管中部用橡胶垫和半圆形支架固定在驾驶室前围板上,下端插入铸铁支座的孔中。支座固定在转向操纵机构支架上。

转向轴穿过转向柱管,其下端支承在支座中的圆锥滚子轴承上,上部则通过衬套支承在柱管的内壁上,其上端用螺母与转向盘相连接。转向盘上装有电喇叭按钮及相应部件。转向轴通过万向传动装置与转向器中的转向蜗杆相连。下万向节与转向传动轴用滑动花键相连接。

2) 类型及特点

为了保证驾驶员的安全,同时也为了更加舒适、可靠地操纵转向系统,现代汽车通常在转向操纵机构上增设相应的安全调节装置。这些装置主要反映在转向轴和转向柱管的结构上。为了叙述方便,下文将转向轴和转向柱管统称为转向柱。

(1) 安全式转向柱。

安全式转向柱是在转向柱上设置能量吸收装置,当汽车紧急制动或发生撞车事故时,吸收冲击能量,减轻或防止冲击对驾驶员的伤害。

安全式转向柱有可分离式安全转向操纵机构和缓冲吸能式转向操纵机构。

① 可分离式安全转向操纵机构。

上海桑塔纳轿车采用的是可分离式安全转向操纵机构(图10-7),转向轴分为上、下两段,上转向轴的下部弯曲,其端面焊有近似于半月形的凸缘盘,盘上装有两个驱动销。下转向轴的上端装有带孔凸缘。驱动销与凸缘的孔相配合,将上、下转向轴连为一体,且保持其同轴度。在仪表板下面还装有可折叠的安全装置。当汽车发生碰撞时，转向柱和转向盘受到双向压力时，驾驶员因惯性而对转向盘的压力，迫使上转向轴相对于下转向轴向下运动，并使两个驱动销迅速从凸缘的孔中退出。同时，安全装置也被压缩、折叠，在此过程中吸收冲击能量，减轻对驾驶员的伤害。

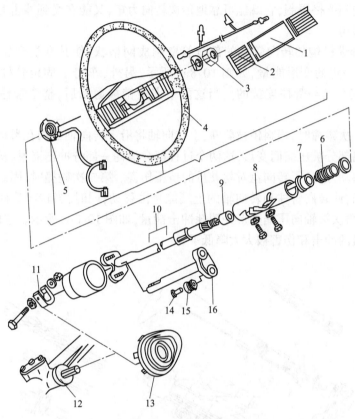

图10-6 桑塔纳轿车转向操纵机构分解图

1-大盖板；2-喇叭按钮盖板；3-转向盘柱紧固螺母；4-转向盘；5-接触环；6-压缩弹簧；7-连接圈；8-转向盘柱套管；9-轴承；10-转向盘柱上段；11-夹紧箍；12-转向器；13-转向盘柱管橡胶圈；14-减振尼龙销；15-减振橡胶圈；16-转向盘柱下段

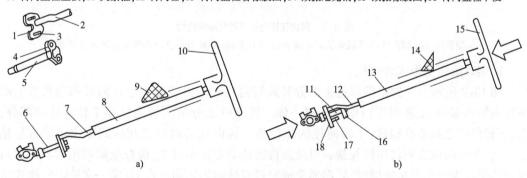

图10-7 上海桑塔纳轿车可分离式安全转向操纵机构
a) 碰撞前；b) 碰撞后

1-半月形凸缘盘；2、7、12-上转向轴；3、17-驱动轴；4、16-凸缘；5、6、11-下转向轴；8、13-转向管柱；9、14-可折叠安全元件；10、15-转向盘；18-半月形凸缘盘

②缓冲吸能式转向操纵机构。

a. 网状管柱变形式转向操纵机构。

这种转向操纵机构的转向轴分为上、下两段,如图 10-8 所示。上转向轴套装在下转向轴的内孔中,两者通过塑料销接合在一起(也有采用细花键接合的),以传递转向力矩。塑料销的传力能力受到严格限制,它既能可靠地传递转向力矩,又能在受到冲击时被剪断,因此,它起安全销的作用。

这种转向操纵机构的转向管柱的部分管壁制成网格状,使其在受到压缩时很容易轴向变形,并消耗一定的变形能量,如图 10-8a)所示,另外,车身上固定管柱的上托架也是通过两个塑料安全销与管柱连接的。当这两个安全销被剪断后,整个管柱就能前后自由移动。

当发生第一次碰撞时,塑料销被剪断,上转向轴将沿下转向轴的内孔滑动伸缩;同时,转向管柱上的网格部分被压缩而变形,这两个过程都会消耗一部分冲击能量,从而阻止了转向管柱整体向上移动,避免了转向盘对驾驶员的挤压伤害。第二次碰撞时,固定转向管柱的塑料安全销被剪断,使转向管柱和转向轴的上端能自由移动;同时,当转向管柱受到来自上端的冲击力后,会再次被轴向压缩变形并消耗冲击能量,如图 10-8b)所示。这样,由转向系统引起的对驾驶员的冲击和伤害被大大降低了。

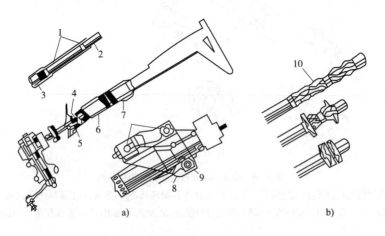

图 10-8 网状管柱变形式转向操纵机构

1-塑料销;2-上转向轴;3-下转向轴;4-凸缘盘;5-下托架;6、10-转向柱;7、9-塑料安全销;8-上托架

b. 钢球滚压变形式转向柱。

图 10-9 所示为一种用钢球连接的分开式转向柱。转向轴分为上转向轴和套在轴上的下转向轴两部分,二者用塑料销钉连成一体。转向柱也分为上转向柱和下转向柱两部分,上、下转向柱之间装有钢球,下转向柱的外径与上转向柱的内径之间的间隙比钢球直径稍小。上、下转向柱连同转向柱托架通过特制橡胶垫固定在车身上,橡胶垫则利用塑料销钉与托架连接。当汽车发生碰撞时,转向器总成对转向柱施加轴向冲击力(第一次冲击),将连接上、下转向轴的塑料销钉切断,下转向轴便套在上转向轴上向上滑动。在这一过程中,上转向轴和上转向柱的空间位置没有因冲击而上移,故可使驾驶员免受伤害。如果驾驶员的身体因惯性撞向转向盘(第二次冲击),则连接橡胶垫与转向柱托架的塑料销钉被切断,托架脱

离橡胶垫,即上转向轴和上转向柱连同转向盘、托架一起,相对于下转向轴和下转向柱向下滑动,从而减缓了对驾驶员胸部的冲击。在上述两次冲击过程中,上、下转向柱之间均产生相对滑动。因为钢球的直径稍大于上、下转向柱之间的间隙,所以滑动中带有对钢球的挤压,冲击能量就在这种边滑动边挤压的过程中被吸收。

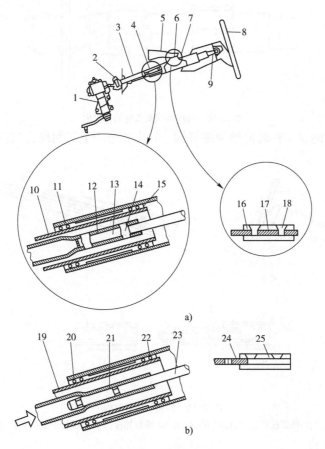

图 10-9 钢球滚压变形式转向柱
a)结构图;b)变形部件

1-转向器总成;2-挠性联轴器;3、10、19-下转向柱;4、11、20-上转向柱;5-车身;6、16、25-橡胶垫;7、17、24-转向柱托架;8-转向盘;9、13、23-上转向轴;12、21-下转向轴;14-塑料销钉;15、22-钢球;18-塑料销钉

(2)可调节式转向柱。

驾驶员不同的驾驶姿势和身材对转向盘的最佳操纵位置有不同的要求。而且,转向盘的这一位置往往会与驾驶员进出汽车的方便性发生矛盾。为此,一些汽车装设了可调节式转向柱,使驾驶员可以在一定的范围内调节转向盘位置。

转向柱调节的形式分为倾斜角度调节和轴向位置调节两种。

图 10-10 所示为转向轴倾斜角度调整机构。转向柱的上段和下段分别通过倾斜调整支架和下托架与车身相连,而且转向柱由倾斜调整支架夹持并固定。倾斜调整用的锁紧螺栓穿过调整支架上的长孔和转向柱,螺栓的左端为左旋螺纹,调整手柄即拧在该螺纹上。当向下扳动手柄时,锁紧螺栓的螺纹放松,转向柱即可以下托架上的枢轴为中心在装有螺栓的支

架长孔范围内上下移动。确定了转向管柱的合适位置后,向上扳动调整手柄,可将转向柱定位。

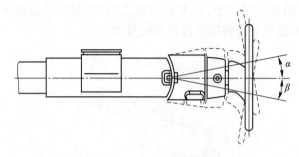

图10-10　转向轴倾斜角度调整机构

图10-11所示的是一种转向轴伸缩机构。转向轴分为上下两段,二者通过花键连接。

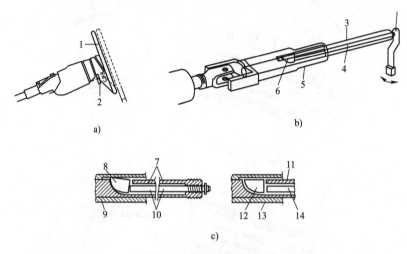

图10-11　转向轴伸缩机构

1-转向盘;2-伸缩杠杆;3、7、11-滑轴;4、10、14-锁紧螺栓;5、9、13-转向轴;6、8、12-楔形锁

6.转向传动机构

转向传动机构的功用是将转向器输出的力和运动传给转向轮,使两侧转向轮偏转以实现汽车转向。

1) 与非独立悬架配用的转向传动机构

图10-12所示为与非独立悬架配用的转向传动机构,它一般由转向摇臂、转向直拉杆、转向节臂、两个梯形臂和转向横拉杆等组成。各杆件之间都采用球形铰链连接,并设有防止松脱、缓冲吸振、自动消除磨损后的间隙等的结构措施。

当前桥仅为转向桥时,由左、右梯形臂和转向横拉杆组成的转向梯形一般布置在前桥之后,称为后置式。这种布置简单方便,且后置的横拉杆有前面的车桥做保护,可避免直接与路面障碍物相碰撞而损坏。当发动机位置较低或前桥为转向驱动桥时,往往将转向梯形布置在前桥之前,称为前置式。若转向摇臂不是在汽车纵向平面内前后摆动而是在与路面平行的平面内左右摆动,则可将转向直拉杆横向布置,并借球头销直接带动转向横拉杆,从而使左右梯形臂转动。

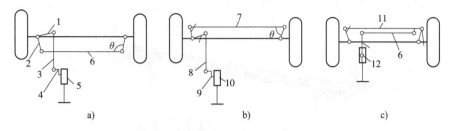

图 10-12 与非独立悬架配用的转向传动机构示意图
a) 后置式;b) 前置式(带摇臂);c) 前置式(不带摇臂)
1、7、11-转向节臂;2-梯形臂;3、8-转向直拉杆;4、9-转向摇臂;5、10、12-转向器;6-转向横拉杆

(1) 转向摇臂。

如图 10-13 所示为常见的转向摇臂结构形式。大端具有三角细花键锥形孔,用以与转向摇臂轴外端相连接,并用螺母固定;小端带有球头销,以便与转向直拉杆做空间铰链连接。转向摇臂安装后,从中间位置向两边摆动的角度应大致相等,故在把转向摇臂安装到摇臂轴上时,二者相应的角位置应正确。为此,常在摇臂大孔外端面上和摇臂轴的外端面上各刻有短线,或是在二者的花键部分上都少铣一个齿,作为装配标记。装配时应将标记对齐。

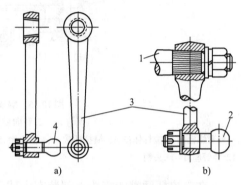

图 10-13 转向摇臂
a) 结构图;b) 安装图
1-转向摇臂轴;2、4-球头销;3-转向摇臂

(2) 转向直拉杆。

图 10-14 所示为解放 CA1092 型汽车的转向直拉杆。直拉杆体由两端扩大了的钢管制成,在扩大的端部里,装有由球头销、球头座、弹簧座、压缩弹簧和螺塞等组成的球铰链。球头销的锥形部分与转向摇臂连接,并用螺母固定;球头部分的两侧与两个球头座配合,前球头座靠在端部螺塞上。

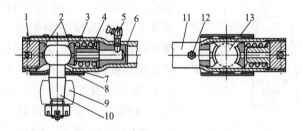

图 10-14 解放 CA1092 型转向直拉杆

1-端部螺塞;2-球头座;3-压缩弹簧;4-弹簧座;5、12-油嘴;6-座塞;7-油封垫;8-油封垫护套;9-转向摇臂;10-球头销;11-直拉杆体;13-转向节臂球头销

(3) 转向横拉杆。

图 10-15 所示为解放 CA1092 型汽车转向横拉杆。横拉杆体用钢管制成,两端切有螺纹,一端为右旋,一端为左旋,与横拉杆接头旋装连接。接头的螺纹孔壁上开有轴向切口,故具有弹性,旋装到杆体上后可用螺栓夹紧。由于横拉杆体两端是正反螺纹,因此,在旋松夹紧螺栓以后,转动横拉杆体,即可改变转向横拉杆的总长度,从而调整转向轮前束。

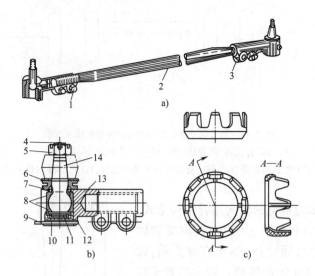

图 10-15 解放 CA1092 型汽车转向横拉杆
a) 转向横拉杆；b) 接头；c) 球头座

1-夹紧螺栓；2-横拉杆体；3、13-横拉杆接头；4-开口销；5-螺母；6-防尘垫；7-防尘罩；8-球头座；9-限位销；10-螺塞；11-弹簧；12-弹簧座；14-球头销

在横拉杆两端的接头上都装有由球头销等零件组成的球形铰链。球头销的球头部分被夹在上、下球头座内,球头座用聚甲醛制成,有较好的耐磨性。装配时,上、下球头座凹凸部分互相嵌合。弹簧通过弹簧座压向球头座,以保证两球头座与球头的紧密接触,在球头和球头座磨损时能自动消除间隙,同时还起缓冲作用。弹簧的预紧力由螺塞调整。球铰上部有防尘罩,以防止尘土侵入。球头销的尾部锥形柱与转向梯形臂连接,并用螺母固定、开口销锁紧。

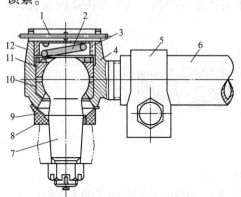

东风 EQ1090E 型汽车的转向横拉杆接头结构形式(图 10-16)与解放 CA1092 型汽车的相似。但其上、下球头座是钢制的。此外,螺孔切口(在横拉杆体上,而不在接头上)两边没有供夹紧螺栓穿入的耳孔,螺栓通过冲压制成的卡箍夹紧在杆体上,从而简化了接头的结构和制造工艺。

(4) 转向节臂和梯形臂。

如图 10-17 所示,转向直拉杆通过转向节臂与转向节相连。转向横拉杆两端经左、右梯形臂与转向节相连。转向节臂和梯形臂带锥形柱的一端与转向节锥形孔相配合,用键防止螺母松动。臂的另一端带有锥形孔,与相应的拉杆球头销锥形柱相配合,同样用螺母紧固后插入开口销将螺母锁住。

图 10-16 东风 EQ1090E 型汽车转向横拉杆接头
1-开口销；2-圆锥弹簧；3-螺塞；4-左接头；5-卡箍；6-横拉杆体；7-球头销；8-密封圈；9-防尘罩；10-下球头座；11-上球头座；12-限位套

2) 与独立悬架配用的转向传动机构

当转向轮采用独立悬架时,由于每个转向轮都需要相对于车架(或车身)做独立运动,所以转向桥必须是断开式的。与此相应,转向传动机构中的转向梯形也必须分成两段或三段,转向摇臂在平行于路面的平面中左右摆动,传递力和运动(图 10-18)。

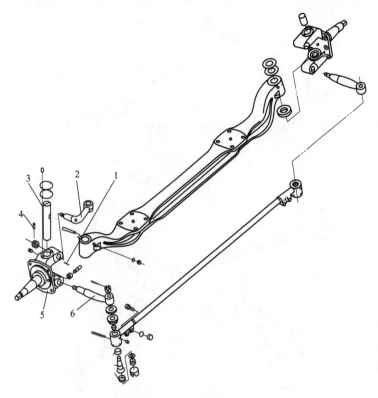

图 10-17　解放 CA1092 型汽车转向节臂和梯形臂
1-键;2-转向节臂;3-开口销;4-锁紧螺母;5-转向节;6-左转向梯形臂

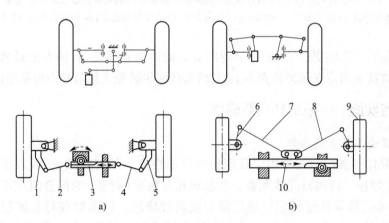

图 10-18　与独立悬架配用的转向传动机构示意图
a)后置式;b)前置式
1、6-左梯形臂;2、7-左转向横拉杆;3、10-转向器;4、8-右转向横拉杆;5、9-右梯形臂

图 10-19 所示为上海桑塔纳轿车的转向传动机构。转向齿条一端输出动力,输出端铣有平面并钻孔,用两个螺栓与转向支架连接。支架下端的两个孔分别与左、右转向横拉杆总

301

成的内端相连。横拉杆外端的球头销分别与左、右转向节臂连接。通过调节杆可以改变两根横拉杆总成的长度,以调整前束。

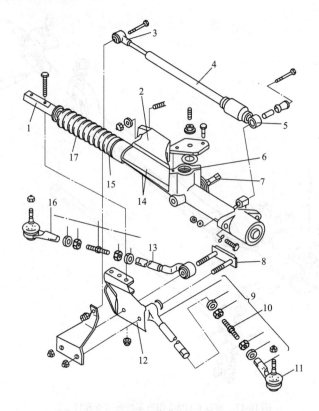

图 10-19　上海桑塔纳轿车转向器与转向横拉杆

1-齿条输出端;2-转向器壳体凸台;3-转向减振器活塞杆端;4-转向减振器;5-转向减振器缸筒端;6-压簧;7-转向齿轮轴;8-连接件;9-左横拉杆总成;10-调节杆;11-球头销;12-转向支架;13-右横拉杆总成;14-转向器壳体;15-卡箍;16-球头销;17-防尘罩

为了避免转向轮的摆振、减缓传至转向盘上的冲击和振动,转向器上还装有转向减振器。减振器缸筒端固定在转向器壳体上,其活塞杆端经减振支架与转向齿条连接。

二、任务实施——机械转向系检修

1. 转向器壳体及盖的检修

转向器壳体和盖的裂纹可用渗透探伤等方法检验。如有裂纹,一般应予更换。裂纹不大时,允许焊补。转向器壳体和盖上各轴承孔与轴承(衬套)的配合间隙不得大于原设计规定 0.02mm,轴承孔磨损后可进行镶套或刷镀修理。转向摇臂衬套磨损应更换。衬套压入的过盈量一般为 0.05～0.08mm。衬套可镗削或铰削,但应保证两孔衬套同轴。衬套与摇臂轴配合的最大间隙不得大于原设计规定 0.005mm;转向器壳体与盖整个接合面的平面度误差不得大于 0.1mm;否则,应进行修磨。转向器壳体上两蜗杆轴承孔公共轴线与两摇臂轴轴承孔公共轴线的垂直度误差应符合厂家规定要求。两轴线间的距离应符合原设计规定。

2. 转向轴及蜗杆的检修

转向轴在使用中,由于装蜗杆的根部啮合受力会产生弯曲变形,其根部的不直度超过 0.25mm,或转向轴中部的不直度大于 0.17mm 时,应进行冷压校正。转向轴中部弯曲的校正应先在转向轴内充满细砂,然后进行校正。

转向轴与蜗杆过渡处应用敲击法检视有无裂纹,以防隐蔽裂纹存在而导致严重事故。蜗杆的齿面和锥形轴颈有裂纹、疲劳剥落、磨损严重,甚至无法调整啮合间隙时,应予更换。更换蜗杆后,应将其下端轴管翻边铆紧,以保证转向轴与蜗杆牢固接合。如果蜗杆锥形轴颈部位磨损较大,可镀铬或镶配锥形套。

3. 转向摇臂轴及滚轮的检修

(1)摇臂轴与衬套的配合间隙应为 0.03~0.07mm。如有松旷感觉,将增大转向盘的游动间隙,应更换衬套。新套与座孔应有 0.06~0.62mm 的过盈配合。摇臂轴磨损超过 0.15mm 时,应修复或更换,摇臂轴弯曲应予校正。

(2)滚轮与轴承的配合间隙应为 0.04mm,应转动灵活。如有松旷感觉,将增大转向盘的游动间隙。其轴向间隙不大于 0.15mm、径向间隙不大于 0.20mm,否则应修理或更换轴承。滚轮的轴承磨损起槽应予更换,或配换加粗的滚针,并加厚推力垫圈,然后焊修滚轮两端面,以消除过大的径向和轴向间隙。滚轮如有裂纹、疲劳剥落及梯形臂磨损应更换。

(3)摇臂轴的轴颈磨损超过 0.05mm,可予镀铬修复。摇臂轴的花键齿扭曲大于 1mm 时应更换。

(4)摇臂花键孔磨损后,以致花键轴端面伸出花键孔端面时应更换。

4. 直、横拉杆的检修

(1)直拉杆的球节孔磨损扩大 2mm 时,应堆焊后加工到标准尺寸,也可另制一块有标准尺寸孔的、厚度不小于 3.5mm 的钢板焊在相应部位。直拉杆端头螺塞损坏,可重新予以攻螺纹进行修复。

(2)横拉杆球节座孔的上缘磨损,当厚度小于 2mm 时,应堆焊后进行车削修理。横拉杆的弯曲超过 2mm 时,应进行冷压校正。

(3)球头销的球面和头部单边磨损超过 1mm,应焊修或更换。球头碗磨损过大、弹簧失效、螺塞损坏,均应更换。

三、评价与反馈

1. 自我评价

(1)通过本学习任务的学习,你是否已经知道以下问题:
①转向系统功用是什么?
②转向系统类型有哪些?
③转向系统结构包括哪些部分?
④转向系统的检修内容有哪些?如何检修?
(2)实训操作完成情况如何?
(3)通过本学习任务的学习,你认为自己的知识和技能还有哪些需要加强?

学生签名:＿＿＿＿＿＿　＿＿＿＿＿年＿＿月＿＿日

2. 小组评价(表10-1)

小 组 评 价 表　　　　　　　　　　表10-1

序号	评价项目	是否达到要求	记　　录
1	着装是否符合要求		
2	是否能合理规范使用仪器和设备		
3	是否按照安全和规范流程操作		
4	是否遵守实训场地的规章制度		
5	是否能保持实训场地、工具设备整洁		
6	是否具有团队协作精神		

参与评价的学生签名：_____　_____　___年___月___日

3. 教师评价

教师签名：_____　_____　___年___月___日

四、技能考核标准(表10-2)

技能考核标准表　　　　　　　　　　表10-2

序号	检修项目	检修内容	评价标准(每项累计扣分不超过配分)	配分	得分
1	作业安全/6S	作业安全	出现安全事故终止此项目抽查,成绩记零分	20	
		职业素养/6S	1.着装不规范每处扣3分,扣完为止 2.作业中没有及时清洁、整理工量具、清扫场地,每次扣2分,扣完为止 3.垃圾未分类回收,每次扣1分 4.竣工后未清理考核场地,扣2分 5.出现工具设备损伤、身体擦伤或碰伤等,每次扣2分,扣完为止 6.不服从考官、出言不逊,每次扣3分		
2	手册使用	检修前翻至相关页面	检修前未进行维修手册查询扣每次扣2分,扣完为止	5	
3	解体	拆左右压力油管	力矩:39N·m(根据具体车型确定)	2	
		拆横拉杆	没在横拉杆与齿条接头上做一标记扣3分	6	
			拆横拉杆和锁紧螺母工具或方法错误扣3分	3	
		拆夹子、卡箍和齿条防尘罩	拆卸顺序错误扣2分	2	
		拆齿条接头和内齿垫圈	没有把内齿垫圈的卷边打开扣2分	4	
			没有用专用工具拆齿条接头扣2分	2	
		依次拆齿条导向块弹簧的锁紧螺母、压盖、弹簧、弹簧座、导向块	拆卸工具错误扣3分	5	
			拆卸时方法错误扣2分	2	

续上表

序号	检修项目	检修内容	评价标准(每项累计扣分不超过配分)	配分	得分
4	解体	拆控制阀及阀体	旋出两个螺钉时方位错误扣2分	6	
			拔出阀及阀体时有大力敲击动作扣2分	2	
			取出O形圈方法错误扣2分	2	
		拆齿条壳体端部挡块螺母	没有用专用工具拆挡块螺母扣2分	2	
		拆油封和齿条	拆出齿条时损伤到齿条壳的内壁扣2分	2	
		拆控制阀	用金属类工具打出控制阀扣2分	2	
5	检查	检验齿条	径向跳动检查方法错误扣2分	2	
			检查结果及磨损判断错误扣2分	2	
		检查壳体	维修判断表述不清扣2分	2	
		检查滚针轴承	维修判断表述不清扣2分	2	
6	组装	在需要润滑的零部件上涂机油或黄油	涂抹没有到位扣2分	2	
		装齿条	安装齿条时碰伤油封扣2分	2	
		装齿条壳体挡块	依次装入油封(方向正确)、挡块,顺序错误扣2分	2	
		把控制阀装入壳体	安装方向错误扣2分	2	
		装控制阀	没有拧到规定力矩;18N·m扣2分	2	
		装齿条导向块、弹簧、压盖	装配顺序错误扣2分	2	
		调整总预紧力	没有拧紧弹簧压盖至25N·m扣2分	8	
			没有将倒转弹簧压盖倒转30°扣2分	2	
			没有用专用工具和测力扳手测预紧力0.5~1.0N·m扣2分	2	
			如不符合要求没有调整压盖扣2分	2	
		安装齿条导向弹簧压盖锁紧螺母	没有将锁紧螺母,拧至规定力矩;69N·m,并重新检查总预紧力扣2分	2	
		装内齿垫圈和齿条接头	没有将内齿垫圈的齿嵌在齿条的槽中,并且弯折扣2分	2	
		装齿条防护罩、卡箍、夹子	装配方位错误扣2分	2	
		装横拉杆	没有对标记扣1分	1	
		装左右转向压力油管	没有拧至规定力矩;25N·m扣2分	2	
7	复查	检查安装效果	转动不平滑扣2分	2	
8	工单填写	确认检测步骤完成情况及检修结果填写	工单填写情况酌情扣分	5	
			总分	100	

学习任务2　动力转向系统构造与检修

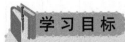

☞ **知识目标**

1. 能叙述动力转向系统的结构和工作原理；
2. 能叙述电子控制动力转向系统的结构和工作原理。

☞ **技能目标**

1. 能查阅维修资料，借助常用及专用工具，对动力转向系统各主要部件进行检修；
2. 能查阅维修资料，借助常用及专用工具，对电子控制动力转向系统进行检修。

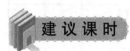

8课时。

一、理论知识准备

1. 动力转向装置的功用、组成及类型

如图10-20所示，动力转向装置是利用一定的动力助力方式，帮助执行转向操作的转向装置。动力转向装置一般由机械转向器、转向动力缸和转向控制阀、转向油泵等组成。除机械转向器外，其他各部分的作用是：

1）转向油泵

转向油泵是液压动力转向系统的动力源，其作用是将发动机产生的机械能转变为驱动转向动力缸工作的液压能，再由转向动力缸驱动转向车轮。

转向油泵除油泵本体外，通常还包括限制油泵输出油压的安全阀和调节输出油量的溢流阀等。

2）转向动力缸

转向动力缸是将转向油泵提供的液压能转变为驱动转向车轮偏转的机械力的转向助力执行元件。

3）转向控制阀

转向控制阀是在驾驶员的操纵下，控制转向动力缸输出动力大小、方向和增力快慢的控制阀。转向控制阀通常还包含一个单向阀（也叫强制转向阀），它的作用是当动力转向系统中的液压部分出现故障时，单向阀能保证驾驶员通过转向盘可以直接操纵机械式转向器工作,使汽车能继续行驶。

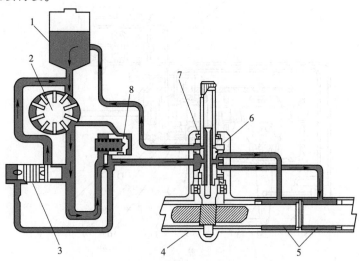

图 10-20　动力转向系工作原理示意图

1-储液罐;2-叶片泵;3-流量控制阀;4-齿轮齿条式转向器;5-动力缸;6-导阀;7-回转式导阀机构;8-辅助阀

　　动力转向装置按动力介质的不同分为气压式、液压式两种。气压式动力转向装置工作压力较低,结构尺寸较大,主要用于前轴质量为 3～7t 并采用气压制动的货车和客车。液压动力转向装置工作压力高,部件尺寸小,工作无噪声,广泛应用于各种货车和轿车。

　　动力转向器有常压式和常流式两种。常压式的优点是有储能器积蓄液压能,可以使用流量较小的转向油泵,而且还可以在油泵不工作时保持一定转向助力能力。常流式的优点则是结构简单,油泵寿命长,泄漏少,而且消耗功率也比较少,使用广泛。

　　2. 液压动力转向装置的工作原理

　　1) 液压常流滑阀式动力转向装置的工作原理

　　如图 10-21 所示,汽车直线行驶时,滑阀在复位弹簧的作用下保持在中间位置。转向控制阀内各环槽相通,自油泵输送出来的油液进入阀体环槽 A 之后,经环槽 B 和 C 分别流入动力缸的 R 腔和 L 腔,同时又经环槽 D 和 E 进入回油管道流回油罐。这时,滑阀与阀体各环槽槽肩之间的间隙大小相等,油路通畅,动力缸因其左、右两腔油压相等而不起加力作用。油泵泵出的油液仅需克服管道阻力流回油罐,故油泵负荷很小,整个系统处于低油压状态。

　　汽车右转向时,驾驶员通过转向盘使转向螺杆向右转动。开始时,由于转向车轮的偏转阻力很大,转向螺母暂时保持不动,而具有左旋螺纹的转向螺杆却在转向螺母的轴向反作用力推动下向右轴向移动,同时带动滑阀压缩复位弹簧向右轴向移动,消除左端间隙 h。此时,环槽 C 与 E 之间、A 与 B 之间的油路通道被滑阀和阀体的相应槽肩封闭。而环槽 A 与 C 之间的油路通道增大,油泵送来的油液自环槽 A 经 C 流入动力缸的 L 腔,形成高压油区。而动力缸 R 腔的油液则经环槽 B、D 及回油管流回油罐,R 腔成为低压油区。在压力差作用下,动力缸的活塞向右移动,并通过活塞杆使转向摇臂逆时针转动,从而起转向加力作用。当这一力与驾驶员通过转向器传给摇臂的力合在一起,足以克服转向阻力时,转向螺母也就随着螺杆的转动而向左轴向移动,并通过转向直拉杆带动转向车轮向右偏转,由于动力缸 L 腔的油压很高,汽车转向主要靠活塞的推力,所以驾驶员作用于转向盘上的力就大大减小。

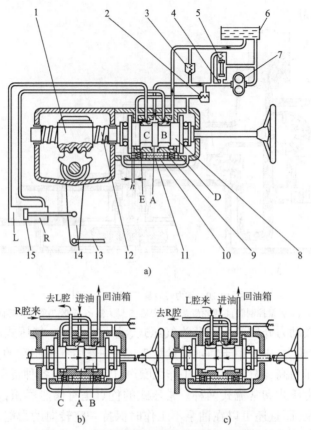

图 10-21 液压长流滑阀式动力转向装置工作原理图
a) 直线行驶状态; b) 左转时; c) 右转时

1-转向螺母; 2-单向阀; 3-安全阀; 4-量孔; 5-溢流阀; 6-转向油罐; 7-转向油泵; 8-滑阀; 9-反作用柱塞; 10-滑阀复位弹簧; 11-阀体; 12-转向螺杆; 13-转向直拉杆; 14-转向摇臂; 15-转向动力缸

由上述可见,动力转向装置能使转向轮的偏转角随转向盘转角的增大而增大,转向盘保持不动而转向轮的偏转角也保持不动,即具有"随动"作用。动力缸活塞上的作用力用来克服转向轮的回正力矩,使转向轮的偏转角维持不动,这就是转向的维持过程。如转向轮进一步偏转,则需继续转动转向盘,重复上述全部过程。

松开转向盘,如果不能自动回正,将增加驾驶员的劳动强度。所以,松开转向盘,转向轮及转向盘应能自动回到直线行驶位置。

其作用原理是:松开转向盘,滑阀在复位弹簧和反作用柱塞上的油压的作用下回到中间位置,动力缸停止工作。转向轮在前轮定位产生的回正力矩的作用下自动回正,通过转向螺母带动转向螺杆反向转动,使转向盘回到直线行驶位置。如果滑阀不能回到中间位置,汽车将在行驶中自动跑偏。

在对装的反作用柱塞的内端,复位弹簧所在的空间,转向过程中总是与动力缸高压油腔相通。此油压与转向阻力成正比,作用在柱塞的内端。转向时,要使滑阀移动,驾驶员作用在转向盘上的力,不仅要克服转向器内的摩擦阻力和复位弹簧的张力,而且还要克服作用在柱塞上的油液压力。所以,转向阻力增大,油液压力也增大,驾驶员施于转向盘上的力也必须增大,使驾驶员感觉到转向阻力的变化情况。这种作用就是"路感"。

2）液压常流转阀式动力转向装置的工作原理

液压常流转阀式动力转向装置的工作原理，如图10-22所示。

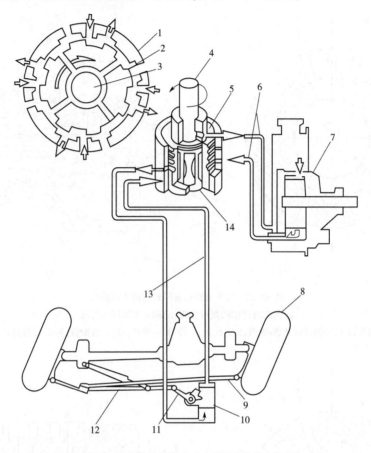

图10-22 液压常流转阀式动力转向装置的工作原理

1、14-阀芯；2、5-阀体；3、4-转向齿轮轴；6、13-油管；7-转向油泵；8-车轮；9-转向拉杆；10-动力缸；11-转向摇臂；12-转向横拉杆

当汽车直线行驶时，转阀处于中间位置，如图10-23所示。工作油液从转向器壳体的进油孔流到阀体的中间油环槽中，经过其槽底的通孔进入阀体和阀芯之间时阀芯处于中间位置。进入的油液分别通过阀体和阀芯纵槽和槽肩形成的两边相等的间隙，再通过阀芯的纵槽以及阀体的径向孔流向阀体外圆上、下油环槽，通过壳体油道流到动力缸的左转向动力腔L和右转向动力腔R。流入阀体内腔的油液在通过阀芯纵槽流向阀体上油环槽的同时，通过阀芯槽肩上的径向油孔流到转向螺杆和输入轴之间的空隙中，从回油口经油管回到油罐中去，形成常流式油液循环。此时，上、下腔油压相等且很小，齿条—活塞既没有受到转向螺杆的轴向推力，也没有受到上、下腔因压力差造成的轴向推力。齿条—活塞处于中间位置，动力转向器不工作。

左转向时，向左转动转向盘，短轴逆时针转动，通过下端轴销带动阀芯同步转动，同时弹性扭杆也通过轴盖、阀体上的销子带动阀体转动，阀体通过缺口和销子带动螺杆旋转，但由于转向阻力的存在，促使扭杆发生弹性扭转，造成阀体转动角度小于阀芯的转动角度，两者产生相对角位移，如图10-24所示，造成通下腔的进油缝隙减小（或关闭），回油缝隙增大，油压降低；上腔正相反，油压升高，上、下动力腔产生油压差，齿条—活塞在油压差的作用下移动，产生助力作用。

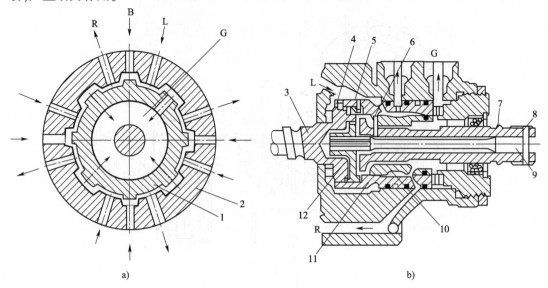

图 10-23　汽车直线行驶时转阀的工作情况
a) 阀芯与阀体的相对位置；b) 阀芯中的油流情况

1、10-阀芯；2、11-阀体；3-转向螺杆；4、6、8-锁销；5-定位销；7-短轴；9-扭杆；12-下端轴盖；R-接右转向动力缸；L-接左转向动力缸；B-接转向油泵

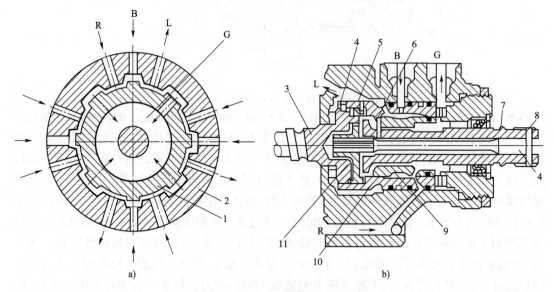

图 10-24　汽车左转向时转阀的工作情况
a) 阀芯与阀体的相对位置；b) 阀芯中的油流情况

1、9-阀芯；2、10-阀体；3-转向螺杆；4、6、8-锁销；5-定位销；7-短轴；11-下端轴盖；R-接右转向动力缸；L-接左转向动力缸；B-接转向油泵

当转向盘转动后停在某一位置，阀体随转向螺杆在液力和扭杆弹力的作用下，沿转向盘转动方向旋转一个角度，使之与滑阀的相对角位移量减小，上、下动力缸油压差减小，但

仍有一定的助力作用,使助力转矩与车轮的回正力矩相平衡,车轮即维持在某一转角位置上。

复位过程:转向后需回正时,驾驶员放松转向盘,阀芯在弹性扭杆作用下回到中间位置,失去了助力作用,转向轮在回正力矩的作用下自动复位。若驾驶员同时回转转向盘,则转向助力器助力帮助车轮回正。

自动回正:当汽车直线行驶偶遇外界阻力使转向轮发生偏转时,阻力矩通过转向传动机构、转向螺杆、螺杆与阀体的锁定销作用在阀体上,使之与阀芯之间产生相对角位移,动力缸上、下腔油压不等,产生与转向轮转向相反的助力作用,转向轮迅速回正,保证了汽车直线行驶的稳定性。

当液压助力装置失效后,失去方向控制是非常危险的,所以,一旦液压助力装置失效,该助力转向器将变成机械转向器,此时动力传递路线与齿轮齿条式机械转向系统完全一致。

3. 动力转向器

1) 滑阀整体式动力转向器

图 10-25 所示为滑阀整体式动力转向装置,其中机械转向器、转向动力缸和转向控制阀三者组装在一起,构成整体式动力转向器。

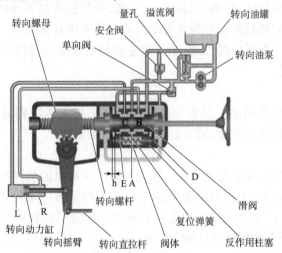

图 10-25　汽车滑阀整体式动力转向器工作原理图

机械转向器部分属于循环球—齿条齿扇式。其转向螺杆前端与齿轮箱从动圆锥齿轮用花键连接。转向器壳体同时也是转向动力缸的缸体。转向螺母装在动力缸活塞中部的通槽中。转向螺杆的前端通过齿轮支于转向器前盖中的轴承上,其凸缘盘外圆用向心滚针轴承支承,凸缘盘的两侧还各有一个推力滚子轴承。以螺纹旋装在转向器前盖中的调整座可用来调节轴承的预紧度。

2) 转阀整体式动力转向器

图 10-26 所示为转阀整体式动力转向器。这种动力转向器由齿轮齿条机械转向器、转阀式转向控制阀和转向动力缸三部分组成。

(1) 机械转向器。

采用齿轮齿条式机械转向器。

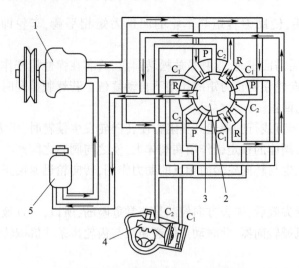

图 10-26 汽车转阀整体式动力转向器
1-转向液压泵;2-转阀阀杆;3-阀体;4-转向动力缸和转向齿轮;5-储油箱

(2)转向控制阀。

转向控制阀主要由阀体、转阀、短轴组件(短轴、弹性扭杆和下端轴盖等)及密封圈、轴承等零件组成。整个转向控制阀组件滑装在动力转向器壳体右端孔内。

阀体和阀芯上开有相对应的油道,动力缸左腔和右腔分别与阀体上相对应的两油道相连,阀上还开有回油道。

(3)转向动力缸。

转向动力缸为双向作用型。其作用是利用油压来扩大传送到转向传动机构上的转向力。动力缸缸体即为转向器壳体、动力缸活塞即为齿条活塞。

4. 动力转向油泵

转向油泵是动力转向装置的动力源。转向油泵将发动机的机械能变为驱动转向动力缸工作的液压能,再由转向动力缸输出受控制的转向力,驱动转向车轮转向。转向油泵有齿轮式转向油泵(图 10-27)、叶片式转向油泵(图 10-28)和转子式转向油泵(图 10-29)三种类型。目前,最常用的是双作用叶片式转向油泵。

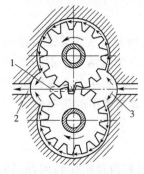

图 10-27 齿轮式转向油泵
1-卸荷槽;2-出油口;3-进油口

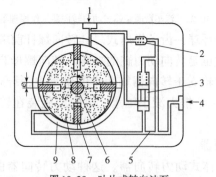

图 10-28 叶片式转向油泵
1-进油孔;2-安全阀;3-溢流阀;4-出油孔;5-节流孔;6-转子轴;7-叶片;8-转子;9-定子

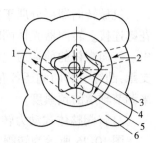

图 10-29 转子式转向油泵
1-出油口;2-进油口;3-主动轴;4-内转子;5-外转子;6-油泵壳体

图 10-30 所示为双作用叶片泵结构。转子通过花键安装在油泵驱动轴上。驱动轴的外端装有带轮,由发动机通过带驱动油泵工作。转子上均匀地开有十个径向叶片槽,矩形叶片能在槽内径向滑动。当转子高速旋转时,由于离心力的作用,叶片的顶端会紧贴在定子的内表面上。为使叶片紧压在定子内表面上,在转子叶片槽内端设有台肩,使叶片位于槽内时,其根部始终留有一个小油腔,配油盘朝向转子的侧面上的腰形通孔和腰形槽与各个小油腔相通,从而使压油腔内的高压油经上述孔和槽始终充满叶片槽的底部。

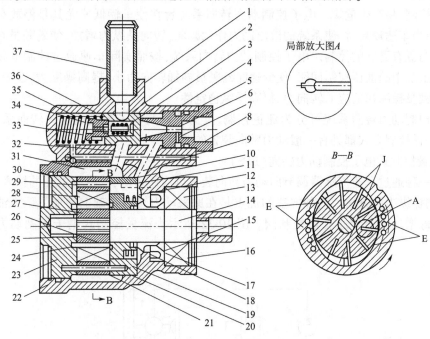

图 10-30 双作用叶片式转向油泵

1-壳体;2-溢流阀;3-安全阀;4-出油管接头;5、10、18、22-O 形密封圈;6-节流孔;7-感压小孔;8-横向油道;9-出油道;11、20-定位销;12-配油盘压紧弹簧;13-轴承;14-驱动轴;15-骨架油封;16-卡圈;17-隔套;19-右配油盘;21-定子;23-左配油盘;24、26-环形油槽;25-滚针轴承;27-转子;28-叶片;29-定子轴向通孔;30-挡圈;31-进油腔;32-进油槽;33-螺塞;34-钢球;35-溢流阀弹簧;36-安全阀弹簧;37-进油道;A-转子叶片槽内端;J-吸油凹槽;E-压油凹槽

在转子和定子的两个侧面各有一配油盘 19 和 23,转子的宽度稍小于定子的宽度,以免转子卡死。两个配油盘和定子一起装在壳体内,不能相对移动或转动。配油盘与转子相对的端面上各开有对称布置的腰形槽,与进油口相连的两腰形槽为吸油口,与出油口相连的两腰形槽为压油口。定子的内侧端面轮廓近似于椭圆形,由两个不等半径的圆弧和过渡曲线组成,这样使得转子、定子、叶片和配油盘之间形成若干个封闭的工作腔,其容积随转子旋转由小变大,由大变小,如此往复变化。

双作用叶片泵工作原理,如图 10-31 所示。驱动轴上压有一个皮带轮并由曲轴皮带轮通过皮带驱动转向油泵。当转子顺时针旋转时,叶片在离心力的作用下紧

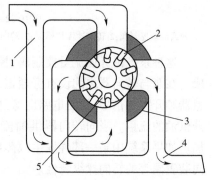

图 10-31 双作用叶片泵工作原理
1-进油口;2-叶片;3-定子;4-出油口;5-转子

贴在定子的内表面上,工作容积开始由小变大,从吸油口吸进油液,而后工作容积由大变小。压缩油液时,经压油口向外供油。再转180°,又完成一次吸、压油过程。由于转子每旋转一周,每个工作腔都各自吸、压油两次,故将这种形式的叶片泵称为双作用叶片泵。

5. 电子控制动力转向系统构造及工作原理

如前所述,动力转向系统可以利用较小的转向盘操纵力使车辆转弯。但在低速时为了省力而规定一定工作压力,如转向比不变,则在高速时,由于转向操纵力减小,使驾驶员失去对车辆的控制,易产生危险。电子控制动力转向系统旨在使车辆低速尤其是停放车辆时转向轻便,而当车速较高时,使系统的液压助力作用减弱,转向操纵力增加,使驾驶员在高速行驶时对转向盘有更好的控制。电子控制动力转向系统,按照实际车速通过控制电磁阀改变动力转向系统中的油压控制回路,使低速时驾驶员施加转向力小,提高操纵力;在中高速时,施加与驾驶员操纵相适应的转向力,提高操纵稳定性。

电子控制动力转向系统可分为流量控制、反力控制与电子控制电动式转向系统三种。其中,每一种控制方式都具有一般动力转向装置的功能。

1)流量控制式电子控制动力转向(EPS)

这是一种通过车速传感器调节向动力转向装置供应压力油,改变压力油的输入、输出流量,以控制操纵力的方法。这种方法的优点是在原来动力转向基础上增加了压力油流量控制功能。即增加一个旁通流量控制阀。图10-32所示为流量控制式电子控制动力转向示意图。

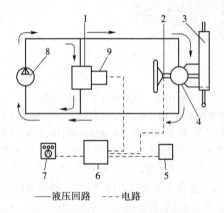

图10-32 流量控制式电子控制动力转向系统

1-旁通流量控制阀;2-转向速度传感器;3-转向器;4-控制阀;5-速度传感器;6-控制器;7-选择开关;8-液压泵;9-电磁线圈

这种系统由旁通流量控制阀、控制电路、车速传感器、转向盘角速度传感器、控制开关组成。在泵与转向器之间设有旁通道,在旁通管路中又设有旁通流量控制阀,按照来自车速传感器和开关的信号,控制电路向旁通流量控制阀供应电流,控制旁通流量,从而调整向转向器供油的流量。当向转向器供油流量减少时,转向器控制阀的灵敏度下降,转向操纵力增加。如果系统中某一部件发生故障时,安全保险装置可确保与一般动力转向装置或手动转向装置同等的转向操纵特性。

图10-33所示为旁通流量控制阀结构示意图。在阀体内有主滑阀和稳压滑阀,主滑阀前端与电磁线圈的柱塞连接,由调节螺钉调节旁通流量。主滑阀与电磁线圈的推力成

正比,可改变前端主孔的开口面积。稳压滑阀用于防止由于作用在动力转向装置的负荷变动而引起的主孔前后压差变动,以便能经常保持一定压差。由此,能随主孔开口面积变化控制旁通流量。当主孔前后压差偏离设定值时,即从左侧作用于稳压滑阀的挤压力 F_1 与从右侧来的挤压力 F_2 不平衡时,则稳压滑阀一直移动到规定的压力差为止,以调整向主滑阀供应的流量。旁通流量由主滑阀的开口面积决定,当主滑阀全开时,旁通流量为零,高速时则全关闭。

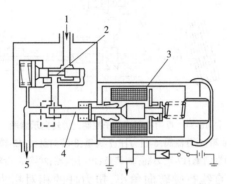

图 10-33　旁通流量控制阀结构示意图
1-流入机油;2-稳压滑阀;3-电磁线圈;4-主滑阀;5-旁通机油

流量控制式电子控制动力转向系统结构简单。但是当流向动力转向机构的液压油降低到极限值时,转向控制部分的弹性刚度下降到接近转向刚度,所以在低供给区域内对于快速转向会产生压力油不足。由于响应性降低,必须在折中范围内设定操纵力的变化特性,从而减少了操纵力选择的自由度。

2) 反力控制式电子控制动力转向

图 10-34 所示为动力转向的全部构成和工作过程。图中未标出 ECU 的详细部分,仅使用了作为 ECU 输入信号的车速信号。扭力杆的上端与控制阀轴连接,下端部与小齿轮轴通过销子连接。扭力杆上部由销子与转阀连接,转向盘则与控制阀轴和转向轴连接。所以,转向盘的操纵力通过扭力杆及控制阀轴的作用被传向小齿轮轴。当扭力杆发出扭力时,转子阀便绕控制轴做相对旋转,并改变与各个通道口的连通状态,以便控制向动力缸左室和右室的油液流量。当高压作用于油压反作用室时,柱塞强制压住控制阀轴,这时,在扭力杆上即使发生扭力,柱塞压力作用也会限制控制阀轴与转子阀之间的相对旋转。分流阀的作用是把来自油泵的压力油向转子阀一侧和电磁阀一侧进行分流。根据车速与转向要求,改变转子阀一侧与电磁阀一侧的油压,以确保向电磁阀一侧供应稳定的压力油。电磁阀的节流面积随通电电流的开/关占空比而变化。当线圈电流大时,滑阀被吸引,阀的节流面积增大,油箱排出的油量增加。

当车辆低速时,由于电磁线圈的通电电流大,利用分流阀进行分流的压力油通过电磁阀重新回流到油箱中。所以,作用于柱塞的背压(油压反作用室压力)降低,于是柱塞推动控制阀轴的力变小,利用转向盘操纵力增大扭力杆扭力。转子阀被固定在小齿轮轴上,控制阀按照扭力杆的扭转角做相对的旋转,连接两个阀的通道口,使油泵油压作用于动力缸的右室(或左室),动力活塞向左(向右)运动,从而增加了转向操纵力。

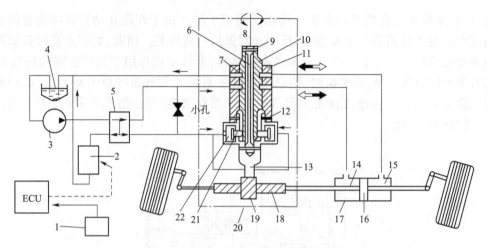

图 10-34 反力控制式电子控制动力转向示意图

1-车速传感器；2-电磁阀；3-油泵；4-油箱；5-分流阀；6-扭力杆；7-通道；8-转向盘；9、12-销子；10-控制阀轴；11-转阀；13-小齿轮轴；14-左油室；15-右油室；16-动力缸活塞；17-动力缸；18-齿条；19-小齿轮；20-转向齿轮箱；21-柱塞；22-油压反作用室

在汽车中高速行驶时，直线行驶转向角小，扭力杆的相对扭力也比较小，转子阀与控制阀的连通通道的开度响应减小，转子阀一侧的油压升高。由于分流阀的作用，电磁阀一侧的油量增加。随车速增加，线圈电流变小，电磁阀的节流开度随之变小。而作用在油压反作用室的反压力增加，柱塞推开控制阀轴压力也变大，增加了驾驶员手的操纵力，使其具有良好的转向手感。

在汽车中高速转向行驶时，即从有油压反力的中高速直线行驶状态转向时，扭力杆扭转角变小，转阀与控制阀的连通口开度减小，在转阀一侧的油压进一步升高，于是，压力油从固定孔向油压反作用室供应，从分流阀向油压反作用室供应的压力油与从固定孔流出的压力油一起增加对柱塞的推压力，使转向操纵力随转向角线性增加，所以在高速时能获得稳定的转向手感。

3) 电子控制电动式转向系统

图 10-35 所示为汽车电子控制动力转向系统。这种系统不再使用液压装置，完全依靠电动机实现动力转向，使得结构更加紧凑。

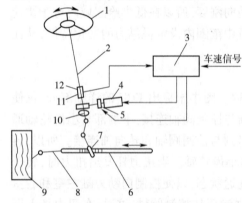

图 10-35 汽车电子控制动力转向系统的组成

1-转向盘；2-转向轴；3-电子控制器；4-助力电动机；5-电磁离合器；6-转向齿条；7-转向齿轮；8-横拉杆；9-轮胎；10-输出轴；11-扭力杆；12-转矩传感器

二、任务实施

1. 动力转向系的检修

1) 流量控制阀的检修

(1) 流量控制阀的机械故障。检查流量控制阀凹槽边缘有无磨损、毛刺及其他损坏；检查转向泵壳体流量控制阀阀孔有无刮伤和磨损；将流量控制阀装入泵壳体内，检查进出移动是否平滑，有无卡滞现象，若不能平滑移动或有其他机械损伤，应更换转向泵总成。

(2) 流量控制阀密封性故障。将软管接至流量控制阀一端,将流量控制阀浸入装有液压油的容器内,并从软管中吹入压缩空气。如果压缩空气压力低于98kPa时,流量控制阀中有气泡冒出,则说明流量控制阀有泄漏。此时,可对流量控制阀进行分解,并彻底清洗,用压缩空气吹干后重新组装进行再次密封性测试。

2) 驱动轴的检修

(1) 检查驱动轴是否磨损、弯曲,有无裂纹或其他损伤。如驱动轴磨损严重或弯曲变形或损坏,应予以更换。

(2) 检查驱动轴上的滚子轴承,缓慢转动外座,如果感觉有间隙或转动不顺畅,应更换轴承。更换轴承时应使用压力机或专用工具。

(3) 检查转向泵叶片磨损情况,如果叶片磨损严重或有表面划伤,应更换转向泵总成。

(4) 检查转向泵壳体和盖是否有裂纹、破损或变形,检查壳体轴承座孔、流量控制阀座孔、辅助阀座孔是否有磨损、刮伤或其他损伤,如果有上述缺陷,应更换转向泵总成。

(5) 检查转子与侧盘接触面是否平整,不允许有任何裂缝和划痕,否则应更换转向泵总成。

2. 电子控制动力转向系统检修

以三菱"米尼卡"微型汽车使用的 EPS 为例,说明电子控制动力转向装置的检修方法。

1) 转向力矩传感器的检查

(1) 检测转向力矩传感器线圈电阻。从转向器总成上拔开力矩传感器插接器,其端子排列如图10-36b)所示。测量转向力矩传感器3号与5号端子之间、8号与10号端子之间的电阻标准值应为(2.18 ± 0.66)kΩ。若不符合要求,则为转向力矩传感器异常。

(2) 检测转向力矩传感器电压。用万用表直流电压挡测量上述各端子之间的电压,将转盘置于中间位置,测得电压约2.5V为良好,4.7V以上为断路,0.3V以下为短路。

2) 电磁离合器的检查

从转向机上断开电磁离合器插接器,其端子排列参见图10-36b)。将蓄电池的正极接到1号端子上,蓄电池的负极与6号端子相接,在接通与断开6号端子的瞬间,离合器应有工作声音。若没有声音,表明电磁离合器有故障,应更换转向器总成。

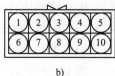

a)   b)   c)

图10-36 EPS各部件插接器端子排列

a) 电动机插接器;b) 转向力矩传感器与电磁离合器;c) 车速传感器

3) 直流电动机的检查

从转向器上断开电动机插接器,其端子排列如图10-36a)所示。给电动机加上蓄电池电压时,电动机应有转动声音。若没有声音,应更换转向器总成。

4) 车速传感器的检查

(1) 检查车速传感器转动情况。从变速器上拆下车速传感器,用手转动车速传感器的转子,检查其能否顺利转动,若有卡滞应予更换。

(2)检测车速传感器电阻。拨开车速传感器插接器,其端子排列如图10-36c)所示。测量车速传感器插接器1号与2号端子之间、4号与5号端子之间的电阻值,其值等于(165±20)Ω为良好。若与上述不符,则必须更换车速传感器。

三、学习拓展

1. 四轮转向系统构造

1)概述

四轮转向的功能主要是确保车辆具有良好的操纵性与稳定性,即有效控制车辆横向的运动特性,以充分保证车辆的操纵稳定性。当车辆转弯时,惯性使汽车向前行驶,而转向输入却要改变行驶方向。由于汽车对转向的瞬时抵抗,便产生了轮胎的侧偏角。一般两轮转向汽车转向时,向汽车的车身横向侧偏角比较大。

当汽车低速转弯时会发生内轮差,导致后轮卷入与转向半径增加,而且当超过一定速度时,为了与离心力平衡,在轮胎处会产生横向偏离角,从而也使车身横向偏离角发生变化。转向性能随车速、转向角、路面状态的变化而变化,车速越高,操纵稳定性越差。四轮转向可以显著提高车辆转向性能,即横向运动性能。综上所述,四轮转向系统具有以下优点:

(1)转向能力强:车辆在高速行驶时以及在湿滑路面上的转向特性更加稳定和可控。

(2)转向响应快:在整个车速变化范围内,车辆对转向输入的响应更迅速、更准确。

(3)直线行驶稳定性好:在高速工况下车辆的直线行驶稳定性有所提高,路面不平度和侧风对车辆行驶稳定性影响减小。

(4)低速机动性好:低速时,后轮朝前轮偏转方向的反向偏转,使车辆转弯半径大大减小,因而更容易操纵。

目前,四轮转向系统有三种类型:机械式、液压式和电子控制液压式。

2)机械式四轮转向系统

在机械式四轮转向系统中,采用了两个转向器,分别用于前、后轮偏转。两个转向器之间用一根双曲轴连接。采用的转向传动机构为常规型。该系统的核心是双曲轴,该轴从前转向器延伸到后转向器,最后端是一偏心轴。装配在偏心轴的偏置销与装配在行星齿轮上的偏置销相啮合,如图10-37所示。

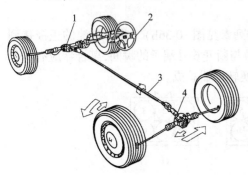

图10-37 机械式四轮转向系
1-后轮转向取力齿轮箱;2-转向盘;3-后轮转向传动轴;4-后轮转向器

行星齿轮和内齿圈相啮合,内齿圈固定于转向器壳体上。这样,行星齿轮可以转动,内齿圈不能动。行星齿轮上的偏心销插在滑块的孔中。滑块与行程杆连成一体。

转向盘转动120°,行星齿轮转动,带动滑块和行程杆沿前轮偏转方向移动。后轮相应偏转1.5°~15°。进一步转动转向盘,使转角超过120°,由于双曲轴作用和行星齿轮的转动,后轮开始回正。继续转动转向盘,转角大约为230°时,后轮处于中立位置。再转动转向盘,将使后轮朝前轮偏转方向的反向偏转。后轮能达到的最大反向偏转角大约为5.3°。

3）液压式四轮转向系统

液压式四轮转向系统后轮的偏转方向始终与前轮偏转方向相同，且后轮的偏转角不大于1.5°。系统没有采用电子传感器、计算机控制和先进的传动机构。当车速超过50km/h时，系统才起作用。倒车时系统不起作用，如图10-38所示。在后车架上装有双作用液压缸来偏转车轮。该液压缸的压力油来自后转向油泵，后转向油泵由差速器驱动。只有在前轮转向时，后轮油泵才工作。转动转向盘时，前轮转向油泵将压力油送入前动力转向装置的旋转阀中，再导通入前轮转向动力缸内，前轮便朝相应方向偏转。油液的压力随同转向盘转动状况而改变。转向盘转速越高、转角越大，油液压力就越高。

控制阀的供油压力与上述油液压力相同。当控制阀内滑阀在压力油的作用下移动时，来自后转向油泵的油液经滑阀进入后转向动力缸，从而推动后轮偏转。

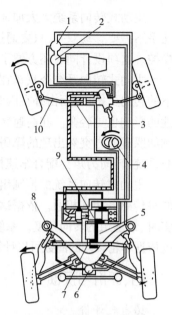

图10-38 液压式四轮转向系统
1-油箱；2-前转向油泵；3-前转向动力缸；4-转向盘；5-后转向动力缸；6-后转向油泵；7-后转向活塞；8-后转向臂；9-控制阀；10-前转向臂

4）电子控制液压式四轮转向系统的组成及结构

如图10-39所示，该系统主要由转向盘、转向油泵、前动力转向器、后轮转向传动轴、车速传感器、电子控制单元、后轮转向系统组成。

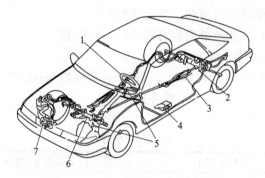

图10-39 电子控制液压式四轮转向系统
1-转向盘；2-后轮转向系统；3-后轮转向传动轴；4-电子控制器；5-车速传感器；6-前动力转向器；7-转向油泵

2. 主动转向系统构造

传统的转向系统，不论车速快慢，都采用18∶1的固定传动比，这表示转向盘转动18°，车轮转动1°。而主动式转向系统的传动比则在一定的范围内，从静止状态的10∶1到高速时的20∶1。也就是说，当转向盘转动半圈（180°）时，车速若低，车轮就转动18°，车速若高，则车轮只转动不足9°。

主动转向系统是在转向盘系统中装置了一套根据车速调整转向传动的变速器。这个系统包含了一个拳头大小的行星齿轮，以及两根输入轴。其中，一根输入轴连接到方向盘，另一根则通过螺旋齿轮，由电动机进行控制。当车速较低时，控制电动机与转向管柱呈同方向转动，以增加转向角度；而当高速行驶时，控制电动机反方向转动，从而减小转向角度。

主动式转向系统大大加强了行车安全性。驾驶员在连续过弯时仍能保持理想坐姿,且几乎不需要移动双手,只要通过转向盘上触手可及的多功能开关及 SMG 换挡手柄即可完成操控。这项设计同时还方便了停车。

主动式转向系统令汽车在高速公路上的行驶更加轻松。这是因为该系统能够降低高速下的转向灵敏度,而由外在因素所造成的转向盘振动,比如行驶在崎岖路面上,对方向稳定性的影响也更轻微。在高速转弯时,转向变得更简单、更平顺。即使面对突发的转向动作,例如躲避前方突然出现的障碍物,系统动作依然很平顺自然。此外,搭配原有的转向动力伺服系统,转向力矩会配合车速提供更多的动力,以避免转向盘失控。

主动式转向系统的控制组件与发动机的电子零件、动态稳定控制系统(DSC)和两只偏航率传感器相连相通。依据这些系统提供的信息,它以平均每秒 100 次的运算速度,提供最实时、最理想的转向角度。系统通过测量转向角度,可以掌握驾驶员的意图。动态稳定控制系统依据车轮转动的圈数可以计算出车速,而偏航率传感器则可随时监控车辆垂直轴的稳定性。

四、评价与反馈

1. 自我评价

(1)通过本学习任务的学习,你是否已经知道以下问题:

①动力转向系统的结构和工作原理是什么?

②电子控制动力转向系统的结构和工作原理是什么?

③转向控制阀结构包括哪些部分?

④动力转向系统检修内容有哪些?如何检修?

⑤电子控制动力转向系统检修内容有哪些?如何检修?

(2)实训操作完成情况如何?

(3)通过本学习任务的学习,你认为自己的知识和技能还有哪些需要加强?

学生签名:_____　_____年____月____日

2. 小组评价(表 10-3)

小组评价表　　　　　　　　　　　表 10-3

序号	评价项目	是否达到要求	记　　录
1	着装是否符合要求		
2	是否能合理规范使用仪器和设备		
3	是否按照安全和规范流程操作		
4	是否遵守实训场地的规章制度		
5	是否能保持实训场地、工具设备整洁		
6	是否具有团队协作精神		

参与评价的学生签名:_____　_____年____月____日

3. 教师评价

_____

_____

教师签名:_____　_____年____月____日

五、技能考核标准（表10-4）

技能考核标准表　　　　　表10-4

序号	考核项目	检修内容	评价标准（每项累计扣分不超过配分）	配分	得分
1	作业安全/6S	作业安全	出现安全事故终止此项目抽查，成绩记零分	20	
		职业素养/6S	1. 着装不规范每处扣3分，扣完为止 2. 作业中没有及时清洁、整理工量具、清扫场地，每次扣2分，扣完为止 3. 垃圾未分类回收，每次扣1分 4. 竣工后未清理考核场地，扣2分 5. 出现工具设备损伤、身体擦伤或碰伤等，每次扣2分，扣完为止 6. 不服从考官、出言不逊，每次扣3分		
2	工具使用	检测量具选用合理	未合理选用酌情扣分	2.5	
		检测量具使用规范	未合理使用酌情扣分	2.5	
3	手册使用	检修前翻至相关页面	检修前未进行维修手册查询扣每次2分，扣完为止	5	
4	解体前检查	检查油液泄漏	未做或未报扣完	2.5	
		检查皮带轮损坏	未做或未报扣完	2.5	
5	分解	拆卸带轮	未做或未报扣完	2.5	
		拆卸后端盖	未做或未报扣完	2.5	
		拆下转子及叶片	未做或未报扣完	2.5	
		拆下偏心环	未做或未报扣完	2.5	
		拆卸前端盘	未做或未报扣完	2.5	
		拆下驱动轴	未做或未报扣完	2.5	
		拆下油封	未做或未报扣完	2.5	
		拆下接头和带弹簧的流量控制阀	未做或未报扣完	2.5	
6	检查	驱动轴轴承	未做或未报扣完	2.5	
		前后壳连接表面对齐	未做或未报扣完	2.5	
		偏心环	未做或未报扣完	2.5	
		前端盖	未做或未报扣完	2.5	
		后端盖	未做或未报扣完	2.5	
		转子	未做或未报扣完	2.5	
		叶片	未做或未报扣完	2.5	

续上表

序号	考核项目	检修内容	评价标准（每项累计扣分不超过配分）	配分	得分
7	安装	安装流量控制阀	未做或未报扣完	2.5	
		安装油封	未做或未报扣完	2.5	
		安装泵轴	未做或未报扣完	2.5	
		安装前端盘	未做或未报扣完	2.5	
		安装偏心环	未做或未报扣完	2.5	
		安装转子及叶片	未做或未报扣完	2.5	
		安装后端盖	未做或未报扣完	2.5	
		安装皮带轮子	未做或未报扣完	2.5	
8	复查	检查安装效果	未做或未报扣完	2.5	
9	工单填写	确认检测步骤完成情况及检修结果填写	工单填写情况酌情扣分	5	
总分				100	

思考与练习

（一）填空题

1. 转动转向盘要以较大幅度方能控制转向,主要是各部间隙_____或_____。
2. 汽车行驶中,左右转弯时轻重不同,若是动力转向,则故障多是由于_____所致,应更换_____。
3. 液压式动力转向所用的高压油是_____所带动的_____供给的。
4. 液压式动力转向加力器主要由_____和_____组成。
5. 转向系是由_____和_____两大部分构成。

（二）选择题

1. 汽车转弯时,前轴左、右两侧车轮的转角应该(　　)。
   A. 相等　　　　B. 不等　　　　C. 相差90°
2. 外轮转角相等时,汽车轴距越短,最小转弯半径(　　)。
   A. 越大　　　　B. 越小　　　　C. 越不确定
3. 在安装汽车转向垂臂时,应注意使其从中间位置向两边摆动的摆角(　　)。
   A. 相同　　　　B. 左大右小　　C. 右大左小
4. 动力转向的汽车在行驶时,慢转转向盘情况良好,急转向时感到沉重,这种故障多是由于供油量(　　)所致。
   A. 过大　　　　B. 不足　　　　C. 过大或不足
5. 采用常流式液动力转向系统的汽车,不转向时,系统内的工作油是(　　)。
   A. 高压油　　　B. 低压油　　　C. 没有压力
6. 转向盘的自由行程最大不超过(　　)。
   A. 15°　　　　B. 30°　　　　C. 35°

(三)判断题

1. 转向垂臂摆角与转向节臂带动的转向轮偏转角之比,叫转向器角传动比。（   ）
2. 汽车转向横拉杆大部分装在前桥后方,这种机构称为前置转向梯形机构。（   ）
3. 转向器角传动比值越大,转向操纵越轻便,转向灵敏度越高。（   ）
4. 转向盘自由行程过小容易造成转向盘抖动,该故障常在车速达到 40km/h 左右时出现。（   ）
5. 检查转向节有无裂纹的最好方法是用电磁和超声波探伤仪,无该设备时,可用铜锤敲击法进行检查。（   ）
6. 汽车在转弯时,内转向轮和外转向轮滚过的距离是不相等的。（   ）
7. 当转向轮为独立悬架时,转向桥、横拉杆必须是整体式。（   ）
8. 汽车转向横拉杆大部分装在前桥后方,这种机构称为前置转向梯形机构。（   ）
9. 最小转弯半径同汽车前轮的最大转向角有关,转向角大,转弯半径就大。（   ）

(四)简答题

1. 转向盘的自由行程是什么？它的大小对汽车转向操纵有何影响？
2. 四轮转向系统有什么优点？
3. 为什么微型及轻型货车和轿车上广泛采用齿轮齿条式转向器？

单元十一　制动系统构造与检修

学习任务1　人力制动系统构造与检修

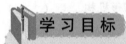

☞ 知识目标

1. 能叙述制动系统的组成及功用；
2. 能叙述制动系统的工作原理；
3. 能叙述鼓式和盘式车轮制动器的结构和工作原理；
4. 能叙述制动主缸、制动轮缸的结构和工作原理。

☞ 技能目标

能查阅维修资料，借助常用及专用工具，对鼓式和盘式车轮制动器进行检修。

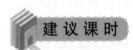

4 课时。

一、理论知识准备

1. 制动系统的功用、组成及类型

1）制动系统的功用

为了提高汽车运行效率，要求汽车具有较高的平均行驶速度。但行驶的道路条件或交通情况是很复杂的，所以需要对汽车的行驶速度加以控制。如汽车在弯道和不平道路行驶或会车时，必须降低车速，特别是在遇到障碍物或是有妨碍安全行驶的情况下，更需要在尽可能短的距离内将车速降到很低甚至停车。

汽车下长坡时，在重力作用下，汽车不断加速，为避免危险，应当将车速限制在一定的安全值以内，并保持相对稳定。对已停驶（特别是在坡道上停驶）的汽车，应使之可靠地停留原地不动，防止滑溜，需要制动。

因此，汽车制动系统的功用是：根据需要使汽车减速或在最短距离内停车；下坡行驶时限制车速;保证汽车可靠停放。

2) 制动系统的基本组成

为实现汽车制动系统的作用,现代汽车上一般设有以下几套独立的制动系统。

(1) 行车制动系统。用于使行驶中的车辆减速或停车,制动器安装在全部的车轮上,通常由驾驶员用脚操纵。

(2) 驻车制动系统。用于使停驶的汽车驻留原地,通常由驾驶员用手操纵。

(3) 应急制动、安全制动和辅助制动系统。应急制动装置是用独立的管路控制车轮的制动器作为备用系统。其作用是在行车制动装置失效的情况下保证汽车仍能实现减速或停车。

安全制动装置是当制动气压不足时起制动作用,使车辆无法行驶。

辅助制动装置是为下长坡时减轻行车制动器的磨损而设置,其中利用发动机排气制动应用最广。

汽车上设置有彼此独立的制动系统,它们起作用的时刻不同,但它们的组成却是相似的。它们一般有以下四个组成部分:

(1) 供能装置。包括供给、调节制动所需能量以及改善传能介质状态的各种部件,如气压制动系中的空气压缩机等。

(2) 控制装置。包括产生制动动作和控制制动效果的各种部件,如制动踏板等。

(3) 传动装置。将驾驶员或其他动力源的作用力传到制动器,同时控制制动器的工作,从而获得所需的制动力矩。它包括将制动能量传输到制动器的各个部件,如制动主缸、制动轮缸等。

(4) 制动器。制动器是产生阻碍车辆的运动或运动趋势的力的部件。

较为完善的制动系统还包括制动力调节装置以及报警装置、压力保护装置等。

3) 制动系统的类型

制动系统有不同的分类方法,按使用目的分类可分为行车制动系统、辅助制动系统和驻车制动系统;按使用能源分类可分为人力制动系置、伺服制动系统和动力制动系统;按传动装置的布置分类可分为单回路制动系统和双回路制动系统。

2. 对制动系统的要求

为了保证汽车在安全的条件下发挥其高速行驶的能力,制动系统必须满足下列要求:

1) 具有良好的制动性能

评价汽车制动性能的指标一般有:制动距离、制动减速度、制动力和制动时间。

2) 操纵轻便

操纵制动系统所需的力不应过大,对于重型汽车,这一点极为重要。

3) 制动稳定性好

制动时,前、后车轮制动力分配应合理,左、右车轮上的制动力应基本相等,以免制动时汽车甩尾或跑偏。

4) 制动平顺性好

制动力既能迅速、平稳地增加,又能迅速、彻底地解除。

5) 散热性好

连续制动时,摩擦片的抗热衰退能力要强;水湿后恢复速度要快,磨损后制动蹄摩擦片与制动鼓的间隙应能调整。

3. 制动装置的结构与工作原理

以一定速度行驶的汽车具有一定的动能,要使它按需要减速或停车,路面必须对汽车车轮产生一个阻止汽车行驶的力——制动力,这个力的方向与汽车行驶的方向相反。事实上,制动力就是将汽车的动能强制地转化成其他形式的能量,通常是转化为热能,最终扩散于周围大气中。

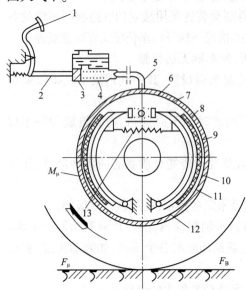

图 11-1　制动系统的组成及工作原理
1-制动踏板；2-推杆；3-主缸活塞；4-制动主缸；5-油管；6-制动轮缸；7-轮缸活塞；8-制动鼓；9-摩擦片；10-制动蹄；11-制动底板；12-支承销；13-制动蹄复位弹簧

1) 制动装置的结构

制动装置由制动器和制动传动机构两部分组成。

如图 11-1 所示为一行车制动装置。它由车轮制动器和液压制动传动装置两部分组成。车轮制动器由旋转部分、固定部分和张开机构组成。旋转部分是制动鼓,它固定在轮毂上并随车轮一起旋转。固定部分主要包括制动蹄和制动底板等。制动蹄上铆有摩擦片,制动蹄下端套在支承销,上端用复位弹簧拉紧压靠在轮缸的活塞上。支承销、轮缸都固定在制动底板上。制动底板用螺钉与转向节凸缘(前桥)或桥壳凸缘(后桥)固定在一起。制动蹄靠液压轮缸使其张开。不制动时,制动鼓的内圆柱面与摩擦片之间留有间隙,使制动鼓可以随车轮一起旋转。

液压制动传动机构主要由制动主缸、制动轮缸、制动踏板、推杆和管路等组成。

2) 制动装置的工作原理

制动时,驾驶员踩下制动踏板,推杆便推动主缸活塞,迫使制动油液经管路进入轮缸,推动轮缸活塞克服弹簧的拉力,使制动蹄绕销转动向外张开,消除制动蹄与制动鼓之间的间隙后压紧在制动鼓上。这样,制动蹄摩擦片对旋转着的制动鼓就产生一个摩擦力矩 M_μ,摩擦力矩 M_μ 方向与车轮旋转方向相反,大小取决于轮缸的张开力、摩擦系数及制动鼓和制动蹄的尺寸。制动鼓将摩擦力矩 M_μ 传到车轮后,由于车轮与路面的附着作用,车轮即对路面作用一个向前的周缘力 F_μ。同时,路面也会给车轮一个向后的反作用力,这个反作用力就是车轮受到的制动力 F_B。各车轮制动力之和就是汽车受到的总制动力。在制动力作用下使汽车减速,直至停车。

放松制动踏板,在复位弹簧作用下,制动蹄与制动鼓的间隙又得以恢复,从而解除制动。

4. 鼓式车轮制动器

制动器的旋转元件固装在车轮上,制动力矩直接作用于车轮上的制动器称为车轮制动器。车轮制动器分为鼓式和盘式两大类,二者都是利用固定元件与旋转元件工作表面的摩擦而产生制动力矩,均属于摩擦式制动器。但鼓式制动器摩擦副中的旋转元件为制动鼓,其内圆柱面为工作表面；盘式制动器摩擦副中的旋转元件为圆盘状的制动盘,以端面为工作表面。

鼓式车轮制动器多为内张双蹄式。

按张开装置的形式不同,鼓式车轮制动器可分为以液压轮缸作为制动蹄张开装置的轮缸式制动器和以凸轮作为张开装置的凸轮式制动器。按制动时两制动蹄对制动鼓作用的径向力是否平衡,鼓式车轮制动器又可分为简单非平衡式、平衡式和自增力式制动器。

1)轮缸式制动器

(1)简单非平衡式制动器。

简单非平衡式制动器结构特点是两制动蹄的支承点都位于蹄的一端,两支承点与张开力作用点的布置都是轴对称式,轮缸中两活塞的直径相等。

图11-2为简单非平衡式制动器受力图。制动时,轮缸内油压升高,推动活塞向两端移动。因两活塞直径相等,故对两制动蹄施加大小相等的张开力P,使蹄分别绕各自的支承销向外转动,直至摩擦片压靠到制动鼓内圆工作面上。与此同时,制动鼓对两制动蹄分别作用有法向反力Y_1、Y_2,以及相应的切向反力即摩擦力X_1、X_2。为简化起见,假设这些反力都集中作用于摩擦片的中央。如果车轮按逆时针方向旋转,则前制动蹄所受的摩擦力X_1和后制动蹄所受的摩擦力X_2的方向相反。摩擦力X_1绕支承销产生的力矩与该

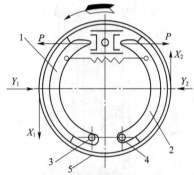

图11-2 简单非平衡式制动器受力分析图
1-前制动蹄;2-后制动蹄;3、4-支承销;5-制动鼓

蹄张开力P绕支承销产生的力矩方向相同,因而摩擦力X_1作用的结果是使前制动蹄对制动鼓的压紧力增大,从而使该蹄所产生的制动(摩擦)力矩增大,即具有"助势"作用,故称为助势蹄,也称为领蹄或紧蹄,摩擦力X_2则有使制动蹄离开制动鼓的倾向,使蹄对鼓的压紧力减小,从而使该蹄的制动力矩减小,具有"减势"作用,故称为减势蹄,也称为从蹄或松蹄。

由上述可见,虽然前、后两蹄所受张开力P相等,但因摩擦力X_1、X_2所起的作用相反,且轮缸两活塞又是浮动的,结果使两蹄所受到制动鼓的法向反力却不相等,即$Y_1 > Y_2$,相应地摩擦力$X_1 > X_2$,故两制动蹄对制动鼓作用的制动力矩不相等。通常,助势蹄的制动力矩为减势蹄的2~2.5倍。

由于制动蹄对制动鼓施加的法向力(数值上分别等于Y_1和Y_2)不相等,二者不能相互抵消,其差值使轮毂轴承受附加载荷,故称这种制动器为非平衡式制动器。

倒车制动时,由于制动鼓旋转方向(即摩擦力方向)的改变,使前制动蹄变为减势蹄,后制动蹄变为助势蹄,但整个制动器的制动效能还是同前进制动时一样,这个特点称为制动器的制动效能"对称"。

图11-3为汽车的后轮制动器,即为简单非平衡式制动器。

作为旋转部分的制动鼓,用耐磨的灰铸铁制成,它以鼓盘中部的制口和端面定位,并用螺栓固定在车轮轮毂的凸缘上,随同车轮旋转。

固定部分为制动底板和制动蹄。冲压成型的制动底板用螺栓与后驱动桥壳上的凸缘连接(前轮制动器的制动底板则与前桥转向节的门缘连接)。制动底板外缘的翻边扣在制动鼓

的敞口端,并有一定的缝隙,从而在不妨碍制动鼓转动的情况下减少泥水和灰尘的侵入,使摩擦表面保持干净。前、后两制动蹄用钢板焊接而成 T 形截面,蹄腹板下端孔分别与支承销上的偏心轴颈做间隙配合,上端顶靠在轮缸的活塞顶块上。制动蹄的外圆面上,用埋头铝铆钉铆接着一般用石棉纤维及其他物质混合压制成的摩擦片,铆钉头顶端埋入深度约为新摩擦片厚度的一半。为了提高摩擦片的利用率,有的轻型车采用树脂胶黏结剂将摩擦片与制动蹄黏结。

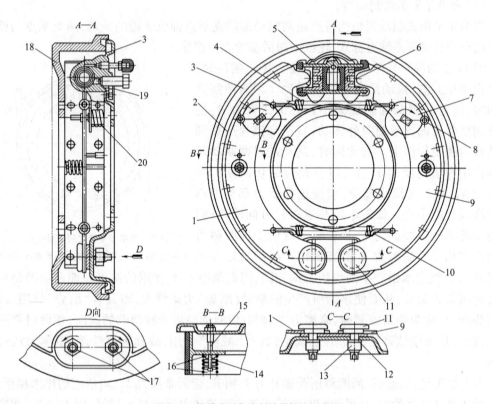

图 11-3 简单非平衡式制动器结构示意图

1-前制动蹄;2-摩擦片;3-制动底板;4、10-复位弹簧;5-轮缸活塞;6-活塞顶块;7-调整凸轮;8-锁销;9-后制动蹄;11-支承销;12-弹簧垫圈;13-螺母;14-限位弹簧;15-制动蹄限位杆;16-弹簧座;17-标记;18-制动鼓;19-制动轮缸;20-凸轮压簧

张开机构是轮缸,用螺钉固定在制动底板上。顶块与活塞压合为一体,制动蹄腹板的上端松嵌入顶块的直槽中,制动蹄靠活塞在轮缸内的位移来张开,两个活塞的直径相同,故液压张开机构使两个蹄片张开的推力始终相等。在连续制动时,制动鼓产生的高温对轮缸的热辐射较大,严重时会使制动液汽化而导致制动效果变差。为此,有些轮缸的外面装有一个隔热罩。

定位调整机构用以保持和调整制动蹄和鼓正确的相对位置。制动底板上装有两个调整凸轮,用压紧弹簧使凸轮固定在相应位置上。调整凸轮的工作表面由许多首尾相连的内凹圆弧槽组成,两制动蹄由复位弹簧拉紧,并以焊接在腹板上的锁销靠紧在凸轮工作面的某一圆弧槽中,这样可更好地保持凸轮的正确位置和制动器间隙。限位杆用螺纹旋装在制动底板上,弹簧的拉杆穿过制动底板和制动蹄腹板上的大孔将弹簧压缩,使制动蹄的腹板紧靠在限位杆的端部,以防止制动蹄轴向窜动。制动蹄有两处调整部位:转动调整凸轮可使蹄内外摆动,制动器间隙有上大下小的规律变化,有利于恢复合理的间隙;转动偏心的支承销,可使蹄上下、内外运动,不仅可改变制动间隙,而且还可使摩擦副的实际工作区域发生变化,有利于蹄、鼓全面贴合。在支承销 11 尾端面上制有标记,用以指明偏心轴颈轴线的偏移方向。

(2)平衡式制动器。

平衡式制动器又分为单向助势平衡式和双向助势平衡式两种。

若只在前进制动时两蹄为助势蹄,倒车制动时两蹄均为减势蹄的制动器,称为单向助势平衡式制动器;在前进和倒车制动时两蹄都为助势蹄的制动器,称为双向助势平衡式制动器。

① 单向助势平衡式制动器。

单向助势平衡式制动器的结构如图 11-4 所示,其结构特点是:两制动蹄各用一个单向活塞制动轮缸,且前后制动蹄与其轮缸、调整凸轮零件在制动底板上的布置是中心对称的,两轮缸用油管连接。其性能特点是:前进制动时两蹄均为"领蹄",有较强的增力,倒车制动时两蹄均为"从蹄",制动力较小。

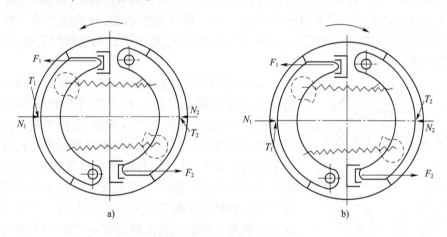

图 11-4　单向助势平衡式车轮制动器受力分析示意图
a)前进制动时;b)倒车制动时

② 双向助势平衡式制动器。

双向助势平衡式制动器的结构如图 11-5 所示,其结构特点是:制动蹄、制动轮缸、复位弹簧均为成对对称布置,两制动蹄的两端采用浮式支承,且支点在径向位置浮动,用复位弹簧拉紧。其性能特点是:汽车前进或倒车中制动时,两个制动蹄均为"领蹄",均有较强的增力,制动效果好,摩擦片磨损均匀。

(3)自增力式制动器。

自增力式制动器可分为单向和双向两种。

① 单向自增力式制动器的结构,如图 11-6 所示。制动蹄 1 和制动蹄 5 的下端分别浮支在浮动的顶杆两端。制动器只在上方有一个支承销不制动时,两蹄上端均靠各自的复位弹簧拉靠在支承销上。

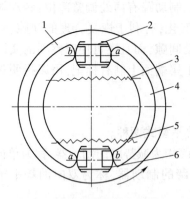

图 11-5 双向助势平衡式车轮制动器结构示意图
1-制动底板；2-制动轮缸；3-复位弹簧；4-制动蹄；
5-复位弹簧；6-制动轮缸

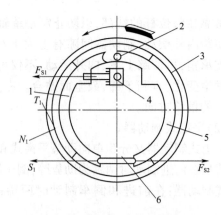

图 11-6 单向自增力式制动器示意图
1-第一制动蹄；2-支承销；3-制动鼓；4-轮缸；5-第二制动蹄；6-顶杆

单向自增力式制动器的工作过程是：汽车前进制动时，单活塞式轮缸将促动力 F_{S1} 加于第一制动蹄，使其上端离开支承销，整个制动蹄绕顶杆左端支承点旋转，并压靠在制动鼓上。显然，第一制动蹄是领蹄，并且在促动力 F_{S1}、法向合力 N_1、切向（摩擦）合力 T_1 和沿顶杆轴线方向的力 S_1 作用下处于平衡状态。由于顶杆是浮动的，自然成为第二制动蹄的促动装置，而将与力 S_1 大小相等、方向相反的促动力 F_{S2} 施于第二制动蹄的下端，故第二制动蹄也是领蹄。

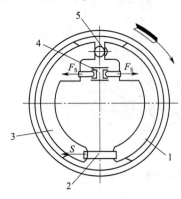

图 11-7 双向自增力式制动器示意图
1-前制动蹄；2-顶杆；3-后制动蹄；4-轮缸；
5-支承销

②双向自增力式制动器的结构，如图 11-7 所示。前进制动时，两制动蹄在促动力 F_S 的作用下张开压向制动鼓，此时两制动蹄的上端均离开支承销，沿图中箭头方向旋转的制动鼓对两蹄产生摩擦力矩，带动两蹄沿旋转方向转过一个不大的角度，直到后制动蹄又顶靠到支承销上为止。此时，前制动蹄为"领蹄"，但其支承为浮动的推杆。制动鼓作用在前制动蹄的摩擦力和法向力的一部分对推杆形成一个推力 S，推杆又将此推力完全传到后制动蹄的下端。后制动蹄在推力 S 的作用下也形成"领蹄"，并在轮缸液压促动力 F_S 的共同作用下进一步压紧制动鼓。推力 S 比促动力 F_S 大得多，从而使后制动蹄产生的制动力矩比前制动蹄更大。

倒车制动时，两个制动蹄以支承销的另一面为支点，作用过程相反，作用原理相同，故称这种制动器为双向自增力式制动器。

双向自增力式制动器的结构：制动蹄的上端两侧铆有夹板，用弹簧将夹板拉靠在支承销上，两制动蹄下端由拉紧弹簧拉靠在可调推杆两端直槽的底平面上。两个带弹簧的限位杆用来控制制动蹄的轴向位置。轮缸处于支承销稍下的位置上。

制动器间隙可借改变推杆的工作长度来调整。调整螺钉的中部有带齿的圆盘，螺钉的右端拧入推杆体的螺孔中，左端的圆柱体插入推杆套的孔中。拨动带齿调整螺钉，即可改变推杆的工作长度。由于调整螺钉带齿圆盘顶弯了拉紧弹簧，弹簧即对带齿圆盘产生向下压力,从而对调整螺钉起锁止作用。

南京依维柯轻型汽车、北京切诺基吉普车及丰田皇冠轿车的后轮制动器均采用双向自增力式制动器。

综上所述,简单非平衡式制动器虽然制动效能较低,但有结构简单、制造成本低、制动效能受摩擦系数的影响相对较小、制动较平顺等优点。所以使用仍较广泛。

平衡式制动器在制动效能的高低及稳定性、制动平顺性等方面都介于两者之间。其特有的优点是具有两个对称的轮缸,最宜布置双回路制动系统。

2) 凸轮式制动器

目前,气压传动的制动器一般采用凸轮式机械张开装置。这种制动器除了用凸轮作为张开装置外,其余部分结构与液压传动的简单非平衡式制动器大致相同。以凸轮为张开装置的双向自增力式制动器只宜用作中央制动器。

图 11-8 为东风 EQ1090E 型汽车的凸轮式前轮制动器。其前、后两制动蹄用可锻铸铁制成,均以下端支承孔与支承销的偏心轴颈间隙配合,并用挡板及锁销轴向限位。不制动时,由复位弹簧把制动蹄上端支承面拉靠到制动凸轮轴的凸轮上,凸轮与轴制成一体,多为中碳钢,其表面经高频淬火处理。制动凸轮轴通过支座固定在制动底板上,其尾部花键轴插入制动调整臂 8 的花键孔中。为了减少凸轮轴与支座之间的摩擦,在支座的两端装有青铜衬套或粉末冶金衬套,并有润滑油嘴可定期进行润滑。在衬套外端装有密封垫圈,并用推力垫和调整垫片限制和调整凸轮轴的轴向窜动量。

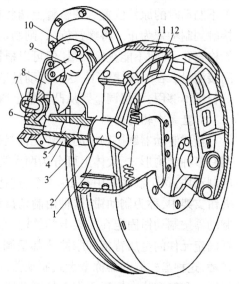

图 11-8 凸轮式前轮制动器
1、12-制动蹄;2-制动凸轮;3-制动底板;4-支架;5-制动凸轮轴;6-蜗轮;7-蜗杆;8-制动调整臂;9-连接叉;10-制动气室;11-复位弹簧

制动时,制动调整臂在制动气室的推动力,带动制动凸轮轴转动,凸轮便迫使两制动蹄张开并压靠在制动鼓上,产生制动作用。由于凸轮的工作表面轮廓中心对称,且凸轮只能绕固定的轴线转动而不能移动,故当凸轮转过一定的角度时,两蹄张开的位移是相等的。在蹄与鼓之间摩擦力的作用下。前蹄(助势蹄)力图离开制动凸轮,而后蹄(减势蹄)却更加靠紧制动凸轮,造成凸轮对助势蹄的张开力小于减势蹄。从而使两蹄所受到的制动鼓的法向反力近似相等,使两蹄的制动力矩也近似相等。正因这种制动器结构上不是中心对称,两蹄作用于制动鼓的法向等效合力虽然大小近似相等,但其作用线存在一不大的夹角而不在一直线上,不可能相互平衡,故这种制动器仍是非平衡式的。

凸轮式车轮制动器的间隙可根据需要进行局部或全面调整。局部调整时利用制动调整臂来改变制动凸轮轴的原始角位置。在制动调整臂体和两侧盖所包围的空腔内装有调整蜗轮和调整蜗杆。单线的调整蜗杆借细花键套装在蜗杆轴上,调整蜗轮以内花键与制动凸轮轴的外花键相啮合。转动蜗杆轴,即可在制动调整臂与制动气室推杆相对位置不变的情况下,通过蜗轮使制动凸轮轴转过一定角度,从而改变制动凸轮的原始角位置。蜗杆轴一端的轴颈上,沿周向有六个均布的凹坑,当蜗杆每转到有一个凹坑对准位于调整臂孔中的锁止球时,锁止球便在压紧弹簧5的作用下嵌入凹坑,使蜗杆轴不能自行转动。

这类制动器由于是用一个凸轮的转动同时调整两个蹄的间隙,二者很难达到一致。因此,凸轮轴支座和制动底板的相对位置应能进行微量调整。通常是使固定支座和底板的孔径都稍大于固定螺杆的直径,松开固定螺母可使支座和凸轮轴线相对于制动底板做任一方向的移动,以保证制动凸轮、制动蹄、制动鼓之间的正确位置,使两制动蹄与制动鼓的间隙一致。

有的制动器为了简化调整内容,支承销不带偏心轴颈,制动器间隙调整仅靠改变制动凸轮轴的原始角位置。国产黄河 JN1181C13 型汽车制动器即采用这种结构形式。与制动气室推杆连接的制动臂松套在制动凸轮轴上,而调整臂则用花键与制动凸轮轴连接。制动臂处于不制动时的原始位置。调整臂上端装有调整螺钉,调整臂由复位弹簧拉向制动臂,到螺钉接触到制动臂为止。将螺钉旋入,则制动器间隙减小,反之则增大。这种制动器的制动鼓上无检查孔,间隙不能直接测量,但可以根据为消除制动器间隙所需的制动臂上端的摆动量来间接测量。在一般情况下,这一摆动量应为 15~35mm。调整时,若发现调整螺钉的螺纹部分长度不够用,可将调整臂从凸轮轴上取下,转过一个花键齿,再装复调整。

5. 盘式车轮制动器

盘式制动器摩擦副中的旋转元件是以端面工作的金属圆盘,称为制动盘。其固定元件则有多种结构形式,大体上可分为两大类:一类是工作面积不大的摩擦块与其金属背板组成的制动块,每个制动器中有 2~4 个,这些制动块及其张开装置都装在横跨在制动盘两侧的夹钳支架中,称为制动钳,这种由制动盘和制动钳组成的制动器称为钳盘式制动器。钳盘式制动器按制动钳固定在支架上的结构形式又可分为定钳盘式和浮钳盘式两种。另一类制动器固定元件的金属背板和摩擦块都呈圆盘形,因而其制动盘的全部工作面可同时与摩擦块接触,这种盘式制动器称全盘式制动器。钳盘式制动器过去只用作中央制动器,但目前被各级轿车和轻型货车广泛用作车轮制动器。全盘式制动器只被少数汽车(主要是重型汽车)采用为车轮制动器。

1) 定钳盘式制动器

定钳盘式车轮制动器的基本结构:旋转元件是固定在车轮上,以端面为工作表面,用合金铸铁制成的制动盘。固定的摩擦元件是面积不大的制动块总成。制动钳的钳形支架通过螺栓与转向节(前桥)或桥壳(后桥)固装,并用调整垫片控制制动钳与制动盘之间的相对位置。另外,还有防尘护罩等件。

图 11-9 为定钳盘式制动器。制动时,制动油液被压入内、外两液压缸中,在液压作用下两活塞带动两侧制动块做相向移动压紧制动盘,产生摩擦力矩。在活塞移动过程中,矩形橡胶密封圈的刃边在活塞摩擦力的作用下随活塞移动而产生微量的弹性变形。解除制动时,活塞和制动块依靠密封圈的弹力和弹簧的弹力复位。由于矩形密封圈的刃边变形量很小,在不制动时,摩擦块与制动盘之间的间隙每边都只有 0.1mm 左右,以保证解除制动。制动盘受热膨胀时,厚度方面只有微小的变化。故不会发生"拖滞"现象。但盘式制动器不能使用受热易膨胀的醇类制动油液,要求使用特制的合成型制动液。

若摩擦块与制动盘的间隙因磨损加大,制动时活塞密封圈变形达到极限后,活塞仍可在液压作用下,克服密封圈的摩擦力,继续移动,直到摩擦块压紧制动盘为止。但解除制动时,矩形密封圈所能将活塞推回的距离同摩擦块磨损之前是相同的,即摩擦块与制动盘间隙仍保持标准值。由此可见,矩形密封圈能兼起活塞复位弹簧和自动调整制动器间隙的作用。

定钳盘式制动器在丰田皇冠轿车前轮上的安装情况:制动盘用五个螺钉固定在前轮毂上,制动钳则用两个螺钉固定在前桥转向节上。在转向节凸缘上还用四个螺栓固定着用钢板冲压制成的制动器护罩,护罩上焊有加强盘及制动油管支架。调整垫片用以调整制动钳的支足部分与制动盘的距离,使其不小于一定值。

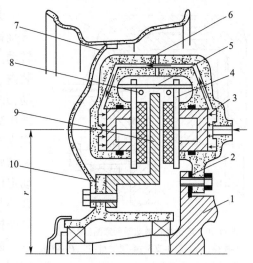

图 11-9 定钳盘式制动器基本结构图
1-转向节或桥壳凸沿;2-调整垫片;3-活塞;4-制动块;
5-导向支承销;6-钳体;7-轮盘;8-复位弹簧;9-制动盘;
10-轮毂凸沿;r-制动盘摩擦半径

制动钳的构造:制动钳的钳体由内、外两半组成,并用四个螺钉连接。制动盘伸入制动钳内的两个制动块之间。制动块由摩擦块和钢质背板黏结而成,并通过两根固定在壳体内的导向销悬装在壳体上,可沿导向销轴向移动。消音软弹簧使两制动块分开,压靠着活塞的消音压圈。内、外两侧钳体实际上各为一个液压缸缸体,其中各有一个活塞。缸壁上有梯形截面的环槽,其中嵌有矩形截面的橡胶密封圈。钳体内有油道,将内、外两侧制动轮缸接通,内轮缸油道上方装有放气螺塞。

制动时为避免产生噪声,在活塞与制动块底板之间还设置消音片、消音压圈和粉末冶金制成的消音垫圈。

制动时,活塞在液压作用下移向制动盘,并通过消音垫圈和消音压圈将固定的制动块压向旋转着的制动盘,起制动作用。这时,矩形橡胶密封圈产生微量的弹性变形。解除制动时,活塞连同消音垫圈和消音压圈在密封圈的弹力作用下复位,直至密封圈变形完全消失为止。

2) 浮钳盘式制动器

图 11-10 为浮钳盘式制动器。浮钳盘式制动器与定钳盘式的不同之处在于:制动钳体可以相对于制动盘做轴向滑动,而且制动液压缸只装在制动盘的内侧,数目只有定钳盘式的一半,而外侧的制动块则固装在钳体上。制动时液压作用力 P_1 推动活塞,使内侧制动块压靠制动盘,同时钳体上受到的反力可使钳体连同固装在其上的外侧制动块靠到盘的另一侧面上,直到两侧制动块受力均等为止。与定钳盘式相比,浮钳盘式的优点是:它的外侧无液压件,单侧的液压缸结构不需要跨越制动盘的油道,故不仅轴向和径向尺寸小,能够布置得更接近车轮轮毂,而且不易产生气阻。此外,浮钳盘式制动器在兼作行车和驻车制动器的情况下,不用加装驻车制动钳,只需在行车制动钳液压缸附近加一些用以推动液压缸活塞的驻车制动机械传动零件即可。因此,现在浮钳盘式制动器已逐渐取代定钳盘式制动器。浮钳盘式制动器的缺点是刚度较差,摩擦块易产生偏磨损。

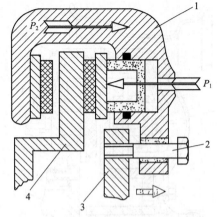

图11-10 浮钳盘式制动器示意图（滑销式）
1-钳体；2-滑销；3-支架；4-制动盘；P_1、P_2-液压作用力和反作用力

上海桑塔纳轿车浮钳盘式前轮制动器的制动盘用合金铸铁制成，用两只螺栓固装在轮毂上，随轮毂一起转动。固定支架上有两根导轨，通过两根特制弹簧安装内、外摩擦块，内、外摩擦块可沿导轨做轴向平行移动，并通过导轨将制动力传到固定支架上。带有制动液压缸的浮动支架，用两只内六角螺栓弹性连接在固定支架上，并可沿塑料导管和橡胶套做轴向移动和微量的转动，其轴向移动能使内、外摩擦块对制动盘做浮动定位，而微量转动可起到一定的缓冲作用。浮动支架还与固定支架上的导轨接触，起辅助支撑作用。内、外摩擦片分别安装于活塞和浮动支架上。

制动时，活塞在制动液压作用下，推动内摩擦块压向制动盘的内端面。由于制动盘不能轴向移动，所以当液压进一步上升时，液压反力推动缸体和浮动支架并带动外摩擦片压向制动盘的外端面，从而实现制动。橡胶油封在活塞移动时变形，解除制动时便回复原状，使活塞复位。

北京切诺基吉普车的前制动器也是浮钳盘式制动器。

3）盘式制动器的特点

盘式制动器与鼓式制动器相比较，有以下优点：

（1）制动盘暴露在空气中，散热能力强。特别是采用通风式制动盘，空气可以流经内部，加强散热。

（2）浸水后制动效能降低较少，而且只需经一两次制动即可恢复正常。

（3）制动时的平顺性好。由于无摩擦助势作用，产生的制动力矩仅与液压缸液压力成比例，制动过程中，制动力矩增长比鼓式缓和。同时，制动器效能受摩擦系数的影响较小，即效能较稳定。

（4）制动盘沿厚度方向的热膨胀量极小，不会像制动鼓的热膨胀那样使制动器间隙明显增加而导致制动踏板行程过大。此外，也便于装设间隙自调装置。

（5）结构简单，摩擦块拆装更换容易，因而维修方便。

盘式制动器的缺点是：

（1）因制动时无助势作用，故要求管路液压力比鼓式制动器的高，一般需在液压传动装置中加装制动加力装置和采用较大缸径的液压缸。

（2）由于盘式制动器活塞的复位能力差，且轮缸活塞的断面积大，制动器间隙又较小，故在液压系统中不能留有残余压力。

（3）防污性能差，制动块摩擦面积小，磨损较快。

（4）兼用于驻车制动时，需要加装的驻车制动传动装置较鼓式制动器复杂，因而在后轮上的应用受到限制。

6.液压式制动传动装置主要部件的构造及工作原理

液压式制动传动装置是利用特制油液作为传力介质，将驾驶员施于制动踏板上的力放大后传至制动器，推动制动蹄产生制动作用。

双管路液压制动传动装置是利用彼此独立的双腔制动主缸,通过两套独立管路,分别控制两桥或三桥的车轮制动器。其特点是若其中一套管路发生故障而失效时,另一套管路仍能继续起制动作用,从而提高了汽车制动的可靠性和行车安全性。

1) 双管路制动传动装置的布置形式

双管路的布置应力求当一套管路发生故障而失效时,只引起制动效能的降低,但其前、后桥制动力分配的比值最好不变,以保持汽车良好的操纵性和稳定性。双管路的布置方案在各型汽车上各不相同,可归纳为如下几种:

(1) 前、后独立式(图 11-11):前轴制动器与后轴制动器各有一套管路。这种布置形式最为简单,可与单轮缸鼓式制动器配合使用。是发动机前置、后轮驱动式汽车广泛采用的一种布置形式,如南京依维柯汽车、东风标致轿车等。其缺点是当一套管路失效时,前、后桥制动力分配的比值被破坏。

(2) 交叉(X)型(图 11-12):一轴的一侧车轮制动器与另一轴对侧车轮制动器同属一个管路。在任一管路失效时,剩余总制动力都能保持正常值的 50%,且前、后桥制动力分配比值保持不变,有利于提高制动稳定性。这种布置形式多用于发动机前置、前轮驱动的轿车上,如上海桑塔纳、东风雪铁龙、天津夏利轿车等。

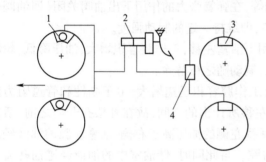

图 11-11 前、后独立方式双回路液压制动系示意图
1-盘式制动器;2-双腔制动主缸;3-单缸鼓式制动器;4-制动力调节器

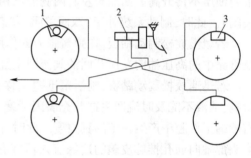

图 11-12 交叉型双回路液压制动系示意图
1-盘式制动器;2-双腔制动主缸;3-单缸鼓式制动器

2) 主要部件结构及工作原理

(1) 制动主缸。

制动主缸的作用是将踏板输入的机械能转换成液压能。

图 11-13 所示为液压式制动主缸。制动主缸的基本结构:主缸体用铸铁制成,其上开有进油孔和补偿孔,储油罐中的制动油液经此两个孔与主缸相通。缸体内装有活塞,其头部沿周向均匀制有若干个轴向通孔。推杆经一系列传力杆件与制动踏板相连,其半球形端头伸入活塞背面的凹部。复位弹簧压住皮碗,并将活塞推靠在最左端,同时还使回油阀紧压住缸体上的阀座。回油阀为带金属托片的橡胶环,其中央的出油孔被带弹簧的出油阀密封。

不制动时,活塞与皮碗正好位于进油孔和补偿孔之间,活塞两侧腔室均充满了制动油液。

踩下制动踏板时,推杆推动活塞和皮碗右移,到皮碗遮盖住补偿孔后,活塞右侧的工作腔即被封闭,腔内开始建立油压。油压稍有升高,即足以克服弹簧的预紧力而推开出油阀,将制动液压入轮缸。

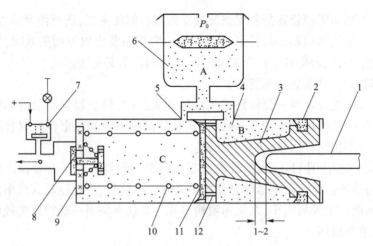

图11-13 液压式制动主缸原理图

1-推杆;2-密封圈;3-活塞;4-进油孔;5-补偿孔;6-储油室;7-油压制动开关;8-出油阀;9-回油阀座;10-复位弹簧;11-皮碗;12-轴向孔;A-储油室;B-补油室;C-压力室;P_0-大气压力

若驾驶员保持踩下的制动踏板于某位置不动,即活塞右移到某位置不动,则工作腔及轮缸内油压不再升高。回油阀左右两侧油压相等,在弹簧张力的作用下出油阀关闭(回油阀也关闭)。此时,制动系统处于"双阀关闭"状态,即维持一定的制动强度。

若缓慢放松制动踏板,在弹簧张力的作用下活塞左移,工作腔容积增大,油压降低,轮缸及管路中的高压油向左压开回油阀流回主缸,制动随之被解除。

若迅速放松制动踏板,则活塞迅速左移,工作腔容积迅速增大,由于黏性和管道阻力的影响,油液不能及时流回主缸并充满因活塞左移所让出的空间,故在补偿孔开启之前,活塞右侧的工作腔中产生一定的真空度。此时,活塞左侧的油压高于右侧,活塞左腔的油液经活塞头部轴向通孔推翻皮碗的边缘流入活塞右腔。与此同时,储油室中的油液经进油孔流入活塞左腔。活塞完全复位后,补偿孔已开启,由管路继续流回主缸的多余油液即可经孔流回储油室。当制动器间隙过大或液压系统渗入空气,致使制动踏板踩到极限位置仍感制动力不足时,可迅速放松制动踏板并随即再踩下,如此反复几次,使压入管路中的油液增多、油压升高,以进一步加大制动力。

不制动时,推杆球头端与活塞之间应保留有一定间隙,以保证活塞在弹簧的作用下完全回复最左端位置,使皮碗不致堵住孔。制动时,为了消除这一间隙所需的踏板行程,称为制动踏板自由行程。推杆左端用螺纹与其他制动杆相连,转动杆可改变其工作长度,从而调整制动踏板自由行程。

双管路液压制动传动装置中的制动主缸一般采用串联式双腔制动主缸。它是利用一个缸体,装入两个活塞,形成两个彼此独立的工作腔,分别和各自的管路连接,每套管路分别有单独的储油室。当共用一个储油室时,罐中需装隔板,以免一管路漏油,而影响另一管路正常工作,双腔制动主缸结构如图11-14所示。

串联式双腔制动主缸的构造:主缸内装有两个活塞,主活塞右端凹陷部与推杆相靠并留有一定间隙。前活塞位于缸筒的中间部位,把主缸内腔分隔为两个工作腔(前腔B和后腔A)。两工作腔分别与前、后两套液压管路相通。每套管路的工作腔又分别通过补偿孔及进油孔与各自的储油罐相通。前活塞两端都承受弹簧力,但前弹簧的张力大于后弹簧,故主缸不工作时,前活塞被推靠在限位螺钉上,以保持前活塞正确的初始位置。前活塞后端的两个皮圈为两工作腔的活动隔墙,两皮圈的刃口方向相反,以便两腔都建立油压并保证密封。组装在一起的出油阀和回油阀安装在主缸两腔的一侧。

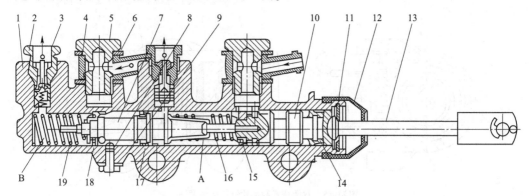

图 11-14 双腔制动主缸结构示意图

1-缸体;2-出油管接头;3-嘴式出油阀;4-进油管接头;5-空心螺栓;6-密封垫;7-前活塞;8-限位螺钉;9-密封垫;10-后活塞;11-挡板;12-护罩;13-推杆;14-后活塞密封圈;15-后活塞皮圈;16-后活塞复位弹簧;17-前活塞密封圈;18-前活塞皮圈;19-前活塞复位弹簧;B、A-前、后压力室

当踩下制动踏板时,推杆推动主活塞左移至皮圈掩盖住补偿孔之后,后工作腔中油压即升高。油液一方面通过后出油阀流入后制动管路;另一方面和后弹簧共同作用推动前活塞左移,使前工作腔油压升高,油液推开前出油阀流入前制动管路。于是,两制动管路在等压下对汽车制动。

若与前腔连接的制动管路因损坏而漏油,则在踩下制动踏板时只有后工作腔 A 中能建立油压,而前工作腔 B 中无油压。此时,在油压差作用下,前活塞被迅速左推,直到其左端抵靠到堵塞为止。此后,后工作腔 A 中的油压方能上升到制动所需的数值。

若与后腔连接的制动管路损坏而漏油,则在踩下制动踏板时,开始只是主活塞左移,因后工作腔 A 中不能建立油压,所以油液不能推动前活塞。但在主活塞直接顶触前活塞时,推杆的作用力便能推动前活塞左移,使前工作腔 B 建立必要的油压而产生制动。

由此可见,双管路液压系统中任何一套管路泄漏时,另一套仍能工作,只是制动踏板行程增大,汽车的制动距离增长,制动效能降低。

(2)制动轮缸。

制动轮缸的作用是把油液压力转变为轮缸活塞的推力,推动制动蹄压靠在制动鼓上,产生制动作用。制动轮缸有双活塞式和单活塞式两种。

上海桑塔纳轿车后制动器轮缸都采用双活塞式轮缸,图 11-15 为双活塞式制动轮缸。其结构为:铸铁制成的缸体用螺栓固定在制动底板上,缸内装有两个铝合金活塞,两个刃口相对的密封皮碗利用弹簧压靠在活塞上,保证皮碗与活塞、活塞外端顶块与制动蹄的紧密接触,并保持两皮碗间的进油孔畅通。缸体两端装有防护罩,可防止尘土及泥水的侵入,以免活塞和轮缸生锈卡住。在轮缸体上方还装有放气螺塞,以便放出液压系统中的空气。

单活塞式制动轮缸用于单向助势平衡式车轮制动器,如北京 BJ2020N 型汽车前轮制动器。缸体内装有一个铝制活塞和一个顶块,活塞上有环槽,用于安装橡胶皮圈,以免油液泄漏。放气阀的中部制有螺纹,尾部有密封锥面,平时应旋紧压靠在阀座上。与阀尾密封锥面相连的圆柱面两侧有径向孔,与阀中心的轴向孔道相通。橡胶护罩用于防止泥沙进入阀中心的轴向孔道。

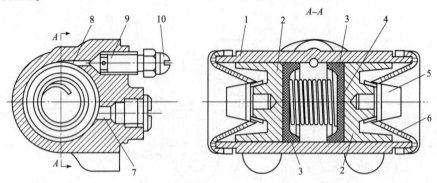

图 11-15 双活塞式制动轮缸结构示意图
1-缸体;2-活塞;3-皮碗;4-弹簧;5-顶块;6-防护罩;7-进油孔;8-放气孔;9-放气螺塞;10-防护螺钉

二、任务实施

1. 鼓式制动器的检修(以后轮制动器为例)

(1)测量后制动鼓内径(图 11-16)。如果制动鼓有刮痕或磨损,应将它车削到最大内径。

(2)测量制动蹄摩擦片的厚度(图 11-17),标准厚度:4.0mm,最小厚度:1.0mm。

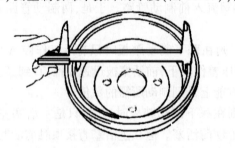 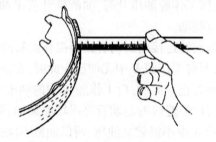

图 11-16 测量后制动鼓内径　　　图 11-17 测量制动蹄摩擦片的厚度

如果制动蹄摩擦片小于最小厚度或出现单边不均匀磨损,则应更换摩擦片。

(3)检查摩擦片与制动鼓的接触状况(图 11-18),根据需要更换制动蹄摩擦片或车削制动鼓的内表面。

(4)检查制动轮缸的锈蚀或损坏情况。

(5)检查背板的受腐蚀或损坏情况。

2. 盘式制动器的检修

(1)测量摩擦块的厚度。

检查方法如图 11-19 所示,若摩擦块厚度小于使用限度或磨损不均,则应更换。

(2)检查制动盘。

制动盘的检查内容:是否有深度擦伤、翘曲变形。检查方法:在制动盘与摩擦块的接触面上沿圆周方向检测六个点的厚度,可用千分尺进行测量(图 11-20)。如果厚度的最大差值超过 0.013mm,则此制动盘需重新加工。更换制动盘时,同一轴两个制动盘必须同时更换,以确保两轮产生的制动力相等。桑塔纳轿车制动盘标准厚度,如表 11-1 所示。

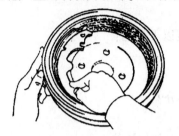

图 11-18　检查摩擦片与制动鼓的接触状况

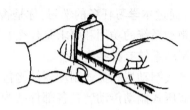

图 11-19　摩擦块厚度检测

桑塔纳轿车制动盘标准厚度　　　　　　表 11-1

制　动　盘	标准厚度(mm)	使用限度(mm)
桑塔纳 YP 制动盘	10	8
桑塔纳 JV 制动盘	12	10

(3) 检查制动盘端面圆跳动量。

修理时,应同时检查测量制动盘端面圆跳动量,若误差大于 0.06mm,应予以更换。测量制动盘端面圆跳动量方法如图 11-21 所示。

图 11-20　制动盘厚度的检测

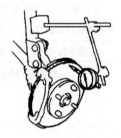

图 11-21　制动盘端面圆跳动量的检测

3. 制动主缸的检修

(1) 检查主缸缸孔的磨损情况,可将活塞放在主缸中,用厚薄规来检查活塞与缸孔之间的间隙。如果间隙过大(大于 0.15mm),必须更换主缸总成。由于主缸的工作特点,活塞的前端比后端磨损大,缸孔的内半部比外半部磨损大。因此,在测量配合间隙时,应把活塞倒过来放入缸孔内,在磨损最大处用厚薄规测量。

(2) 主缸缸孔壁面必须光滑、无锈蚀。壁面如有轻微的擦伤和斑点,可使用细砂布磨光,不可使用砂纸研磨。如刻痕较深,应更换主缸。

(3) 检查储液罐是否损坏、老化,检查过滤网是否阻塞,除去聚集的沉积物。

(4) 检查储液罐盖:检查储液罐盖通气孔是否阻塞,应使其畅通;检查浮标是否能自由地上下移动,如果不能,则更换储液罐盖总成;检查制动液位开关功能,将浮标置于下降位置和上升位置,测量端子之间的导通性;当浮标上升时,应为不导通。当浮标下降时,应为导通。

(5) 更换橡胶护圈、推杆密封圈、卡簧、初级活塞、次级活塞及其皮碗。

三、评价与反馈

1. 自我评价

(1) 通过本学习任务的学习,你是否已经知道以下问题:
①制动系统的功用和要求是什么?
②制动系统有哪些类型?
③鼓式制动器和盘式制动器结构包括哪些部分?
④液压式制动传动装置各部件结构如何?
⑤鼓式制动器和盘式制动器检修内容有哪些?如何检修?

(2) 实训操作完成情况如何?

(3) 通过本学习任务的学习,你认为自己的知识和技能还有哪些需要加强?

学生签名:_____ _____年___月___日

2. 小组评价(表 11-2)

小组评价表 表 11-2

序号	评价项目	是否达到要求	记录
1	着装是否符合要求		
2	是否能合理规范使用仪器和设备		
3	是否按照安全和规范流程操作		
4	是否遵守实训场地的规章制度		
5	是否能保持实训场地、工具设备整洁		
6	是否具有团队协作精神		

参与评价的学生签名:_____ _____年___月___日

3. 教师评价

_____

_____

教师签名:_____ _____年___月___日

四、技能考核标准(表 11-3)

技能考核标准表 表 11-3

序号	检修项目	检修内容	评价标准(每项累计扣分不超过配分)	配分	得分
1	作业安全/6S	作业安全	出现安全事故终止此项目抽查,成绩记零分	20	
		职业素养/6S	1. 着装不规范每处扣3分,扣完为止 2. 作业中没有及时清洁、整理工量具、清扫场地,每次扣2分,扣完为止 3. 垃圾未分类回收,每次扣1分 4. 竣工后未清理考核场地,扣2分 5. 出现工具设备损伤、身体擦伤或碰伤等,每次扣2分,扣完为止 6. 不服从考官、出言不逊,每次扣3分		

续上表

序号	检修项目	检修内容	评价标准(每项累计扣分不超过配分)		配分	得分
2	手册使用	检修前翻至相关页面	检修前未进行维修手册查询每次扣2分,扣完为止		5	
3	制动鼓拆卸	拆卸制动鼓	没有在制动鼓、后轮毂轴的凸缘上做上装配标记扣3分		6	
			按照情况,没有使用维修螺钉或调整蹄鼓方法进行拆卸扣3分			
4	制动鼓清洁	清洁制动鼓	没有用制动清洁剂清洁、清洁到位扣2分		2	
5	制动鼓检查	检查制动鼓内径	根据维修手册,量具使用规范	测量方法不正确扣2分	4	
				测量数据不正确扣2分		
		维修判断	作出错误维修判断扣2分		2	
6	制动蹄摩擦片拆卸	使用SST分离驻车制动蹄上张紧弹簧	SST使用方法不正确扣2分		2	
		使用SST分离左侧定位支柱	SST使用方法不正确扣2分		2	
		拆下驻车制动拉索	损坏驻车制动拉索扣2分		2	
		拆卸O形垫片和驻车制动蹄拉杆	没有说明更换O形垫片扣2分		2	
7	制动蹄摩擦片检查	检查制动蹄摩擦片厚度	正确使用量具	测量部位不对扣2分	4	
				测量数据不准确扣2分		
		维修判断	根据维修手册进行判断	摩擦片厚度标准1.0mm,标准4.0mm	2	
		检查制动蹄鼓与制动蹄摩擦片接合	检查方法不正确扣2分		2	
		维修判断	维修判断正确	按照维修手册要求极限	2	
8	安装	涂抹高温润滑脂	涂抹位置不正确扣2分	制动背板与制动蹄接合处	4	
			润滑脂过量扣2分			
		安装驻车制动蹄拉杆附件	没有说明更换O形垫片扣2分		2	
		安装驻车制动拉索	损坏驻车制动拉索扣2分		2	
		用SST安装制动蹄、销、摩擦片定位弹簧	SST使用方法不正确扣2分		2	
		用SST安装摩擦片定位弹簧帽	SST使用方法不正确扣2分		2	
		安装制动自动调整拉杆	调节到最短距离,清洁并涂抹润滑油		2	

续上表

序号	检修项目	检修内容	评价标准（每项累计扣分不超过配分）		配分	得分
8	安装	安装驻车制动蹄支柱	小心不要损坏制动轮缸防尘套		2	
		检查制动蹄摩擦片安装情况	没有检查扣2分		2	
		测量蹄鼓之间的制动蹄间隙	正确使用量具	测量方法不正确扣2分	4	
				测量数据不准确扣2分，标准0.6mm		
9	调整制动蹄摩擦片间隙	临时装两螺母	没有安装扣2分		2	
		调整及安装孔塞	没有调整扣2分		2	
		安装制动鼓	没有按照装配标记正确安装扣3分		3	
10	复查	检查制动拖滞	没有检查扣2分		2	
		检查驻车制动拉杆行程	没有检查或检查方法不正确扣3分		3	
		对制动鼓安装进行复查	没有检查或检查方法不正确扣2分		2	
		整理			2	
11	工单填写	确认检测步骤完成情况及检修结果填写	工单填写情况酌情扣分		5	
		总分			100	

学习任务2　气压制动系统构造与检修

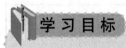

知识目标

1. 能叙述气压制动传动装置的组成和管路布置；
2. 能叙述气压制动传动装置主要部件的构造及工作原理。

技能目标

能查阅维修资料，借助常用及专用工具，对气压制动传动装置主要部件进行检修。

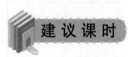

2课时。

一、理论知识准备

气压制动传动装置是利用压缩空气作为动力源的动力制动装置。制动时,驾驶员通过控制制动踏板的行程,便可控制制动气压的大小,得到不同的制动强度。其特点是:制动操纵省力、制动强度大、踏板行程小;但需要消耗发动机的动力;制动粗暴而且结构比较复杂。因此,一般在重型和部分中型汽车上采用。

气压制动传动装置的组成与布置形式随车型而异,但总的工作原理相同。管路的布置形式也分为单管路和双管路两种。

1.双管路气压制动传动装置的组成和管路布置

双管路气压传动装置是利用一个双腔(或三腔)的制动控制阀、两个或三个储气筒,组成两套彼此独立的管路,分别控制两桥(或三桥)的制动器。汽车双管路制动传动装置,如图11-22所示。

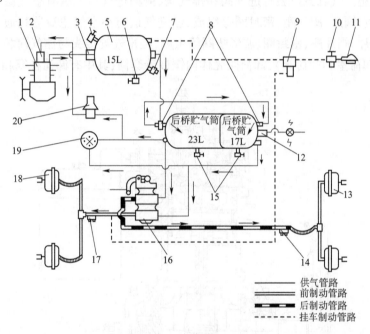

图11-22　汽车双管路制动传动装置

1-空气压缩机;2-卸荷阀;3-单向阀;4-取气阀;5-湿储气筒;6、15-油水放出阀;7-安全阀;8-单向阀;9-挂车制动控制阀;10-分离开关;11-连接头;12-气压过低报警开关;13-后轮制动气室;14、17-制动灯开关;16-双腔串联制动控制阀;18-前轮制动气室;19-双针气压表;20-调压器

由发动机驱动的活塞式空气压缩机将压缩空气经单向阀压入湿储气筒,筒上装有安全阀和供其他系统使用的压缩空气放气阀。压缩空气在湿储气筒内冷却并进行油水分离,然后进入主储气筒的前、后腔。主储气筒的前腔与制动控制阀的上腔相连,以控制后轮制动,同时通过三通管与气压表及气压调节器相连;储气筒后腔与制动控制阀的下腔相连,以控制前轮制动,并通过三通管与气压表相连。气压表为双指针式,上指针指示储气筒前腔气压;下指针指示储气筒后腔气压。以上为供气管路,管中常存有压缩空气,储气筒最高气压为0.83MPa。

当驾驶员踩下制动踏板时,拉杆带动制动控制阀拉臂摆动,使阀工作。储气筒前腔的压缩空气经阀的上腔进入后制动气室,使后轮制动;同时,储气筒后腔的压缩空气通过阀下腔进入前制动气室,使前轮制动。当放松制动踏板时,制动控制阀使各制动气室通大气,以解除制动。

2. 气压制动传动装置主要部件的构造及工作原理

1) 空气压缩机和调压阀

空气压缩机一般固定在发动机汽缸的一侧,多由发动机通过传动带或齿轮来驱动,有的采用凸轮轴直接驱动。空气压缩机按缸数可分为单缸(用于东风 EQ1090E 型汽车)和双缸(用于解放 CA1091 型汽车)两种,其工作原理相同。

图 11-23 所示为汽车采用的单缸风冷式空气压缩机。铸铁制成的缸体下端用螺栓紧固在曲轴箱上,缸体外表面铸有三道环形散热片。铝制气缸盖用螺栓紧固于气缸体上端面,其间装有密封缸垫。气缸盖内装有进气阀和排气阀,侧面进气口上装有空气滤清器。进气阀由导向座、弹簧、阀片、阀片座、密封圈等组成,经进气道与小空气滤清器相通。排气阀由导向座、弹簧、阀片、阀片座、密封圈、波形垫圈等组成,经排气管接头与储气筒相通。阀上方设有卸荷装置(卸荷室和卸荷阀),卸荷阀壳体内镶嵌着套筒,其中有卸荷柱塞和弹簧。

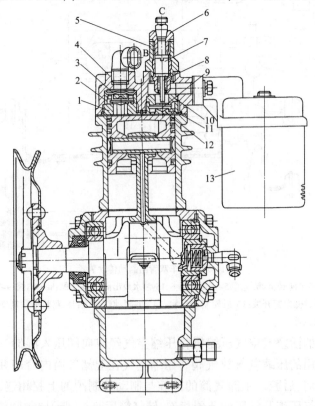

图 11-23 汽车空气压缩机

1-出气阀座;2-出气阀门导向座;3-出气阀门;4-汽缸盖;5-卸荷装置壳体;6-定位塞;7-卸荷柱塞;8-柱塞弹簧;9-进气阀门;10-进气阀座;11-进气阀弹簧;12-进气阀门导向座;13-空气滤清器;A-进气口(图中未示出);B-排气口;C-调压阀控制压力输入口

曲轴用两个球轴承支承在曲轴箱座孔内,前端伸出并固装着带轮。前轴颈和前轴承之间有油封,以防漏油。曲轴后端中心制成一圆孔,是空气压缩机润滑油的入口,在孔内装有弹簧及杯形油堵,油堵右端面有润滑油节流孔。弹簧的两端轴向伸出部分分别插入曲轴内孔和杯形油堵相应小孔中,带动油堵随曲轴一起旋转。弹簧又使油堵右端面压靠在后轴承盖中央的端面上,起端面油封作用,防止润滑油大量泄入曲轴箱影响发动机及空气压缩机的正常油压。曲轴箱底部有回油管接头使润滑油流回发动机油底壳。

空气压缩机工作时,活塞下行,气缸内形成一定真空度,迫使进气阀克服弹簧的张力离开阀座,外界的空气即经空气滤清器、进气道、进气阀被吸入气缸,活塞下行至下止点附近时,随着活塞移动速度的降低。其真空度也逐渐减小,当减到不能克服弹簧的张力时,进气阀被弹簧压靠在阀座上,切断进气通路。活塞上行时,缸内空气即被压缩,压力升高,当压力升高到足以克服排气阀弹簧的张力与排气室内压缩空气的压力之和时,压缩空气即压开排气阀,经排气室和气管道送至湿储气筒。当储气筒内的气压达到规定值(0.7~0.74MPa)后,调压机构即使卸荷阀压开进气阀,使空气压缩机与大气相通,不再泵气。

图 11-24 所示为汽车调压阀,其作用是调节储气筒中压缩空气的压力,使之保持在规定的压力范围内,同时使空气压缩机能卸荷空转,减少发动机的功率损失。

调压阀壳体上装有两个带滤芯的管接头,分别与空气压缩机上的卸荷室和储气筒相通。膜片及弹簧下座等机件用螺母紧固在一起,膜片的外缘被夹持在盖与壳体之间,构成膜片上、下两腔室。膜片上腔室经上盖上的小孔与大气相通,而下腔室经气体通道及管接头用气管与储气筒相通,调压弹簧上端通过上弹簧座支承于调压螺钉上;下端通过弹簧下座使膜片组件紧靠在壳体的环形凸肩上。空心管外圆柱面的中段与壳体的中心导向孔滑动配合,其间有密封圈。空心管的中心孔经上部的径向孔与膜片的下腔室相通,壳体下端腔室内装有排气阀及其压紧弹簧,并经孔且与大气相通。调节阀调节气压值可通过旋转盖1上的调压螺钉,改变调压弹簧的预紧力予以调整。

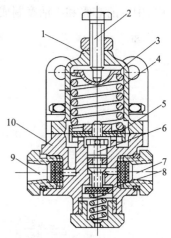

图 11-24 与储气筒并联的调压器
1-盖;2-调压螺钉;3-弹簧座;4-调压弹簧;5-膜片;6-空心管;7-接卸荷室管接头;8-排气阀;9-接储气筒;10-壳体

当储气筒内气压未达到规定值时,膜片下腔气压较低,不足以克服调压弹簧的预紧力,膜片连同空心管及排气阀被调压弹簧压到下极限位置,调压阀不起作用,此时由储气筒至卸荷室的通路被隔断,卸荷室与大气相通,卸荷阀杆在最高位置,进气阀处于密封状态,空气压缩机对储气筒正常充气。

当储气筒气压升高到 0.7~0.74MPa 时,膜片下方气压作用力即克服调压弹簧的预紧力而推动膜片向上拱曲,使空心管和排气阀随之上移,到排气阀压靠阀座而关闭,切断卸荷室与大气通路,并且空心管下端面也离开排气阀,出现相应的间隙。于是,储气筒中的压缩空气便沿图中箭头所标明的路线充入空气压缩机的卸荷室,迫使卸荷柱塞下移,使进气阀门开启。这时气缸与大气相通,空气压缩机卸荷空转,湿储气筒内气体压力也不再升高。

随着储气筒内的压缩空气不断消耗,调压阀膜片下面气压降低,膜片和空心管即在调压弹簧的作用下相应下移,当气压为 0.56～0.6MPa 时,空心管下端将排气阀打开。卸荷室与储气筒的通路被切断,而与大气相通,卸荷室的压缩空气即排入大气。卸荷阀在其弹簧的作用下升高,进气阀又恢复正常,空气压缩机恢复对储气筒充气。

2) 制动控制阀

制动控制阀的作用是控制从储气筒充入制动气室和挂车制动控制阀的压缩空气量,从而控制制动气室中的工作气压,并有渐进变化的随动作用,即保证制动气室的气压与制动踏板行程有一定的比例关系。

图 11-25 所示为汽车制动控制阀。它由上盖、上阀体、中阀体和下阀体等组成,并用螺钉连接在一起,其间装有密封垫。中阀体上的通气 A 和 B 分别接后桥储气筒和后桥制动气室;下阀体上的通气口 A 和 B 分别接前桥储气筒和前桥制动气室。上、下活塞与壳体间装有密封圈。下活塞由大小两个活塞套装在一起,小活塞对大活塞能进行单向分离。上腔阀门滑动地套装在芯管上,其外圆有密封隔套。下腔阀门滑动地套在有密封圈的下阀体中心孔中,中空的芯管和小活塞制成一体。

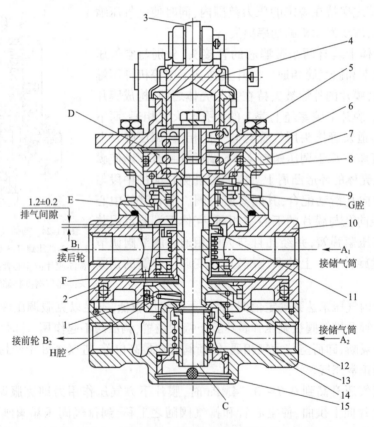

图 11-25 汽车制动控制阀

1-下腔小活塞复位弹簧;2-下腔大活塞;3-滚轮;4-推杆;5-平衡弹簧;6-上盖;7-上阀体;8-上腔活塞;9-上腔活塞复位弹簧;10-中阀体;11-上腔阀门;12-下腔小活塞;13-下阀体;14-下腔阀门;15-防尘片;A_1、A_2-进气口;B_1、B_2-出气口;C-排气口;D-上腔排气口;E、F-通气孔制动时，驾驶员将制动踏板踩下一定距离，通过滚轮、推杆使平衡弹簧及上腔活塞向下移动，消除排气间隙（上腔阀门至上腔活塞之间）而推开上腔阀门。此时，从储气筒来的压缩空气经进气口 A_1、阀门与中阀体上的进气阀座间的进气间隙进入 G 腔，并经出气口 B_1 进入后制动气室，使后轮制动。与此同时，进入 G 腔的压缩空气通过通气孔 F，进入大活塞及下腔小活塞的上方，使其下移推开下腔阀门，此时从前桥储气筒来的压缩空气经下腔阀门与下体的阀座之间形成的进气间隙进入 H 腔，并经出气口 B_2 充入前制动气室，使前轮制动。

当制动踏板保持在某一位置（即维持制动状态）时，压缩空气在进入 G 腔的同时由通气孔 E 进入上腔活塞的下方，并推动上腔活塞上移，使 G 腔中的气压作用力与复位弹簧的张力之和与平衡弹簧的压紧力相平衡。与此同时，H 腔中的气压作用力与下腔复位弹簧的张力之和与下腔活塞上方的气压作用力相平衡，此时上腔阀门和下腔阀门均关闭，G 和 H 腔中的气压保持稳定状态，即为制动阀的平衡位置。

若驾驶员感到制动强度不足，可将制动踏板再踩下一些，此时上腔阀门和下腔阀门又重新开启，使中阀体的 G 腔和下阀体的 H 腔以及制动气室进一步充气，直至 G 腔中气压又一次达到与下衡弹簧的压力平衡，而 H 腔中的压缩空气对下腔活塞向上的压力重新与下腔活塞上方的压缩空气对下腔活塞向下作用的压力相平衡。在此新的平衡状态下，制动气室所保持的稳定压力比以前更高，同时，平衡弹簧的压缩量和踏板力也比以前更大。

当放松制动踏板时，操纵摇臂复位，芯管上移，平衡弹簧恢复到原来装配长度，上腔活塞上移到使下端与上腔阀门之间形成排气间隙。后制动气室的压缩空气经 G 腔排气间隙和其下面的排气口 C 排入大气；与此同时，下腔大活塞及下腔小活塞受复位弹簧张力的作用而上升，使下腔阀门与下阀体的阀座接触，从而关闭储气筒与前制动气室的通路；另一方面，由于下腔大活塞及下腔小活塞的上移，使小活塞的下端与下腔阀门之间也形成排气间隙，前制动气室的压缩空气经 H 腔排气间隙以及下腔阀门和排气口 C 排入大气中。

若前桥管路失效，控制阀的上腔室仍能按上述方式工作，因此后桥控制管路照常工作。当后桥管路失效时，由于下腔室的下活塞上方建立不起控制气压而无法动作，上腔平衡弹簧将通过上活塞推动小活塞及芯管使小活塞与大活塞单向地分离而下移，推开下阀门使前桥控制管路建立制动气压，并利用小活塞和平衡弹簧的张力相互平衡起随动作用。

为了消除上活塞与上阀门间的排气间隙（图示 $1.2\mathrm{mm} \pm 0.2\mathrm{mm}$）所踩下的踏板行程，称为制动踏板自由行程。排气间隙亦可进行调整。

3）制动气室

膜片式制动气室，如图 11-26 所示。制动气室的作用是把储气筒经过控制阀送来的压缩空气的压力转变为转动凸轮的机械力。汽车制动气室由两个具有梯形断面的卡箍将冲压的外壳、盖和橡胶膜片紧固在一起。盖和膜片之间为工作腔，用橡胶软管与制动阀接出的钢管相连，膜片右方通大气。弹簧通过焊接在推杆上的支撑盘将膜片推至左极限位置，推杆的外端借连接叉与制动器的制动调整臂相连。

当踩下制动踏板，压缩空气自制动阀充入制动气室的工作腔，使膜片向右拱曲，将推杆推出，使制动调整臂和制动凸轮转动而实现制动。放松制动踏板，工作腔则经制动阀的排气口通大气，膜片与推杆都在复位弹簧作用下复位而解除制动。

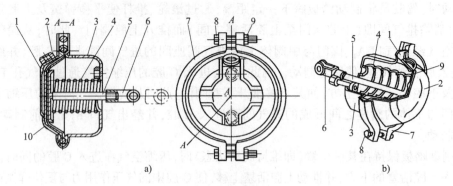

图 11-26 膜片式制动气室
a) 结构图；b) 轴测图
1-橡胶膜片；2-盖；3-壳体；4-弹簧；5-推杆；6-连接叉；7-卡箍；8-螺栓；9-螺母；10-支承盘

二、任务实施——气压制动系统主要零部件的检修

1) 空气压缩机的检修

空气压缩机工作时，不应有过量的润滑油窜入储气筒。检查空气压缩机时，应详细检查活塞与活塞环的磨损、后盖与油堵的密封、回油管是否畅通以及连杆大端与曲轴的轴向间隙等，根据发现的问题进行维修。

2) 制动控制阀的检修

制动控制阀在使用中最常见的损伤是密封不良、零件运动不灵活或调整不当等。检修制动控制阀时可重点检查阀门与壳体接触的工作面是否有压伤痕迹；活塞上下运动是否灵活；制动阀上部挺杆运动是否灵活；橡胶零件是否老化和有无裂纹。

3) 制动气室的检修

(1) 膜片如有裂纹、变形或老化等情况，应予以更换。

(2) 弹簧发现明显的变形或严重锈蚀，应予以更换。

(3) 左、右制动气室的弹簧张力应致，不合规定时，应予以调整。

三、评价与反馈

1. 自我评价

(1) 通过本学习任务的学习，你是否已经知道以下问题：

①气压制动传动装置的组成和管路布置是什么？

②气压制动传动装置主要部件的构造有哪些？

③制动控制阀原理是什么？

④制动气室结构包括哪些部分？

⑤气压制动系统主要零部件检修内容有哪些？如何检修？

(2) 实训操作完成情况如何？

(3) 通过本学习任务的学习，你认为自己的知识和技能还有哪些需要加强？

学生签名：_____　_____年____月____日

2. 小组评价（表11-4）

小组评价表 表11-4

序号	评价项目	是否达到要求	记　　录
1	着装是否符合要求		
2	是否能合理规范使用仪器和设备		
3	是否按照安全和规范流程操作		
4	是否遵守实训场地的规章制度		
5	是否能保持实训场地、工具设备整洁		
6	是否具有团队协作精神		

参与评价的学生签名：_____　　_____年___月___日

3. 教师评价

_____

_____

教师签名：_____　　_____年___月___日

四、技能考核标准（表11-5）

技能考核标准表 表11-5

序号	检修项目	检修内容	评价标准	配分	得分
1	作业安全/6S	安全文明作业	出现安全事故终止此项目抽查，成绩记零分 1. 着装不规范每处扣3分，扣完为止 2. 作业中没有及时清洁、整理工量具、清扫场地，每次扣2分，扣完为止 3. 垃圾未分类回收，每次扣1分 4. 竣工后未清理考核场地，扣2分 5. 出现工具设备损伤、身体擦伤或碰伤等，每次扣2分，扣完为止 6. 不服从考官、出言不逊，每次扣3分	20	
2	气压制动系统的检修	维修手册使用	查阅维修手册获取规定值不正确，每错一个扣2分（根据工单填写评分）	10	
		空气压缩机的检修	1. 工具选择错误扣5分 2. 漏检一项扣5分	20	
		制动控制阀的检修	1. 工具选择错误扣5分 2. 漏检一项扣5分	20	
		制动气室的检修	1. 工具选择错误扣5分 2. 漏检一项扣5分	20	
3	维修结论		1. 没有零件维修检测结果此项记零分 2. 修理建议不合理扣3分 3. 单次扣完为止，不负分	10	
	总分			100	

学习任务3　伺服制动系统构造与检修

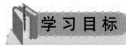

学习目标

☞ 知识目标
1. 能叙述真空液压制动传动装置的构造及工作原理；
2. 能叙述真空助力式制动传动装置的构造及工作原理。

☞ 技能目标
能查阅维修资料，借助常用及专用工具，对伺服制动系主要零部件进行检修。

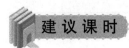

2 课时。

一、理论知识准备

1. 真空液压制动传动装置

在普通的液压制动系统中，加装真空加力装置，可以减轻驾驶员施加于制动踏板上的力，增加车轮制动力，达到操纵轻便、制动可靠的目的。真空加力装置是利用发动机工作时在进气管中形成的真空度（或利用真空泵）为动力源的制动传动装置。它可分为增压式和助力式两种形式。增压式是通过增压器将制动主缸的液压进一步增加，增压器装在主缸之后；助力式是通过助力器来帮助制动踏板对制动主缸产生推力，助力器装在制动踏板与主缸之间。

跃进 NJ1061A 型汽车装用真空增压器的液压制动传动装置比普通液压制动传动装置多了一套真空增压系统，其中包括：由发动机进气管（真空源）、真空单向阀、真空筒组成的供能装置；作为控制装置的控制阀；作为传动装置的加力气室及辅助缸。

发动机工作时，在进气歧管中真空度的作用下，真空筒中的空气经真空单向阀被吸入发动机，因而筒中也具有一定的真空度，作为制动加力的力源（柴油发动机因进气管的真空度不高，需另装一真空泵作为真空源）。单向阀的作用是：当进气管（或真空泵）的真空度高于真空筒的真空度时，单向阀被吸开，将真空筒及加力气室内的空气抽出；当发动机熄火或因工况变化以致使进气管的真空度低于真空筒的真空度时，单向阀即关闭，以保持真空筒及加力气室的真空度。

踩下制动踏板时，制动主缸输出的制动油液首先进入辅助缸，由此一方面传入前、后制动轮缸，另一方面又作为控制压力输入控制阀，使真空加力气室起作用，这样气室输出的力与主缸传来的液压一同作用于辅助缸活塞上，使辅助缸输送至轮缸的液压变得远高于主缸液压。

图 11-27 所示为真空增压器的结构及工作情况。

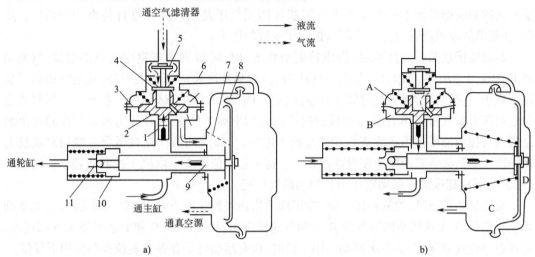

图 11-27 真空增压器的结构及工作情况
a) 结构; b) 作用原理

1-控制阀活塞; 2-膜片座; 3-控制阀膜片; 4-真空阀; 5-空气阀; 6-通气管; 7-复位弹簧; 8-伺服气室膜片; 9-推杆; 10-辅助缸活塞; 11-球阀; A、B、C、D-气室

国产 66-Ⅳ 型真空增压器由加力气室、辅助缸和控制阀三部分组成。

加力气室：是把进气管（或真空泵）产生的真空度与大气压力的压力差，转变为机械推力的总成。壳体和是钢板冲压件，前壳体用螺钉与辅助缸体的后端相连，其间有连接块和密封垫圈。膜片的外缘装在用卡箍夹紧的壳体和之间，中部经托盘等件与推杆紧固在一起，不制动时膜片在复位弹簧作用下处于最右端位置。膜片的左腔 C 有孔管经单向阀与发动机的进气管相通，经由辅助缸体中的孔道与控制阀下气室 B 相通；其右腔室经通气管通至控制阀上腔 A。

辅助缸：把低压油变成高压油的装置。装有皮圈的活塞把辅助缸体分成两部分：左腔经出油管接头通向前、后制动轮缸；右腔经进油接头通向制动主缸的出油口。活塞的中部有小孔而保持左、右腔在不制动时连通，加力气室不工作时复位弹簧使活塞靠在活塞限位座的右极限位置。前端嵌装球阀的推杆用来推动活塞移动，杆的后端与加力气室膜片连接。密封圈起密封和导向作用。

控制阀：是控制加力气室起作用的随动控制机构。膜片的中部紧固在膜片座上，装有皮圈的控制活塞与座固装在一起，活塞处于与辅助缸右腔相通的孔中。真空阀和空气阀刚性地连接在一起，阀门弹簧在不制动时使空气阀关闭，膜片复位弹簧则使膜片保持在真空阀开启的下方位置。膜片座中央有孔槽使气室 A 和气室 B 相通，因此，不制动时四个气室 A、B、C 和 D 相通而且有相等的真空度。

踩下制动踏板时，主缸中的制动液即被压入辅助缸，因此时球阀还是开启的，故液压油经活塞上的孔进入各制动轮缸，轮缸液压即等于主缸液压。与此同时，液压还作用在控制阀活塞上，并通过膜片座压缩弹簧，使真空阀的开度逐渐减小，直至关闭，气室 A 和 B 即隔绝，这时的控制液压还不足以使空气阀开启，膜片还未开始工作，即所谓增压滞后。

随着控制液压升高，液压使膜片座继续升起，压缩阀门弹簧打开空气阀，由空气滤清器进入的空气即进入气室 A 和 D。此时，气室 B 和 C 的真空度仍保持原值不变，在 D、C 两气室压力差作用下,膜片带动推杆左移,使球阀关闭。这样,制动主缸便与辅助缸左腔隔绝,辅助缸内的油液即增加了一个由加力气室膜片两侧气压差造成并经推杆传来的推动力。所以,在辅助缸左腔及各轮缸中的压力远高于主缸的压力。

制动踏板在某一位置不动(即维持制动状态)时,随着进入气室空气量的增加,气室 A 和 B 的压力差加大,对膜片产生向下的压力,因而膜片座及活塞随之下移,使空气阀的开度逐渐减小,直至落座关闭,此时处于真空阀、空气阀都关闭的"双阀关闭"状态。油压对活塞向上的压力与气室 A、B 压力差造成的向下压力相平衡。气室 D、C 压力差作用在膜片上的总推力与控制油压作用在活塞右端的总推力之和,与高压油液作用在活塞左端的总阻抗力相平衡。辅助缸活塞即保持相对稳定状态。这一稳定值的大小取决于控制活塞下面的油压(主缸油压),即取决于制动踏板力和制动踏板行程。

放松制动踏板时,控制油压下降,控制阀活塞连同膜片座下移,使空气阀关闭,而真空阀开启。于是 D、A 两气室的空气经 B、C 两气室被吸出,从而 A、B、C 和 D 各气室又互相连通,都具有一定真空度,以备下次制动之用。此时,所有运动件都在各自复位弹簧作用下复位。

当真空增压器失效或真空管路无真空度(发动机熄火)时,推杆及活塞不会动作,辅助缸中的球阀将永远开启,保持制动主缸和轮缸之间的油路畅通。这样,整个系统与普通液压制动传动机构一样工作,但所需的踏板力要大得多。

2. 真空助力式液压制动传动装置

图 11-28 所示为轿车双管路真空助力式液压制动传动装置。串联双腔制动主缸的前腔通向左前轮制动器的轮缸,并经感载比例阀通向右后轮制动器的轮缸。主缸的后腔通向右前轮制动器的轮缸,并经阀通向左后轮制动器轮缸。加力气室和控制阀组成一个整体部件,称为真空助力器。制动主缸直接装在加力气室的前端,真空单向阀装在加力气室上,真空加力气室工作时产生的推力,也同制动踏板力一样直接作用在制动主缸的活塞推杆上。

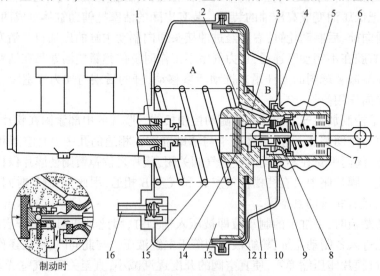

图 11-28 真空助力器结构图

1-推杆;2-空气阀;3-真空通道;4-真空阀座;5-复位弹簧;6-制动踏板推杆;7-空气滤芯;8-橡胶阀门;9-空气阀座;10-通气道;11-伺服气室后腔;12-膜片座;13-伺服气室前腔;14-橡胶反作用盘;15-膜片复位弹簧;16-真空口和单向阀

上海桑塔纳和一汽奥迪轿车所用的真空助力器,加力气室用螺栓固定在车身的前围板上,并借调整叉与制动踏板机构连接,气室的前腔经真空单向阀通向发动机进气管。外界空气过滤环和毛毡过滤环滤清后进入加力气室的后腔。

塑料制膜片座内有通道 A 连通加力气室前腔和控制阀腔,通道 B 连通加力气室后腔和控制阀。带有密封套的橡胶阀门与在座上加工出来的阀座组成真空阀,又与控制阀柱塞的大气阀座组成大气阀。柱塞借推杆的球头铰接。

未踩下制动踏板时(图 11-29),弹簧将推杆连同柱塞推至右极限位置(即真空阀开启),阀门则被弹簧压靠在大气阀座上(即大气阀关闭位置)。加力气室前、后两腔经通道 A、控制阀腔和通道 B 互相连通,并与大气隔绝。发动机运转后,真空单向阀被吸开,加力气室左、右两腔内都有一定的真空度。

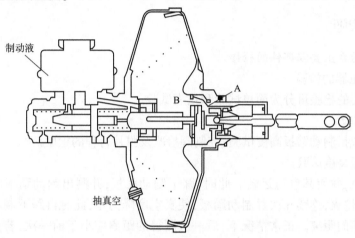

图 11-29 真空助力器处于非工作状态

刚踩下制动踏板时,加力气室尚未起作用,膜片座固定不动,来自踏板机构的控制力可以推动推杆和柱塞相对于膜片座右移。当柱塞与橡胶反作用盘之间的间隙消除后,控制力便经反作用盘传给制动主缸推杆,如图 11-30 所示。

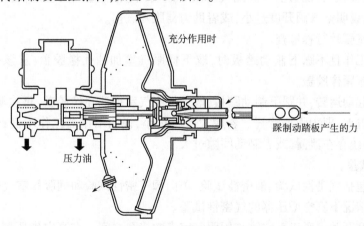

图 11-30 真空助力器处于工作状态

橡胶反作用盘装在由柱塞、座和推杆形成的密闭空间内。由于橡胶是体积不可压缩的柔性材料,故经盘的传动后,推杆从盘得到的力大于柱塞加于盘的力,但推杆的位移却小于柱塞的位移。此时,主缸内的制动液以一定压力流入制动轮缸。与此同时,阀门也在弹簧作用下左移,直至与膜片座上的真空阀接触,封闭通道 A 和 B,使它们隔绝。然后,推杆继续推动柱塞左移到其后端的大气阀座离开阀门一定距离。于是,外界空气经滤环、控制阀腔和通道 B 充入加力气室的后腔,使其中的真空度降低,在加力气室前、后腔之间产生一个压力差。在此过程中,膜片与阀座也不断左移,直到阀门重新与大气阀座接触而达到平衡状态为止。因此,在任何一个平衡状态下,加力气室后腔中的稳定真空度均与踏板行程成递增函数关系,从而体现控制阀的随动作用。

加力气室两腔真空度差值造成的作用力,除一部分用来平衡复位弹簧的力以外,其余部分都作用在反作用盘上。因此,制动主缸推杆所受的力为膜片座和柱塞二者所施作用力之和。另经反作用盘反馈过来的力,使得驾驶员有一定的踏板感。

二、任务实施

1. 伺服制动系主要零部件的检修

1)真空增压器的检验

真空增压器的检验可分为简单试验和仪表试验。

(1)简单试验。

简单试验包括制动踏板高度试验、控制阀检验及膜片行程的检验。

①制动踏板高度试验。

起动发动机,并使其怠速运转。此时,踩下制动踏板,并测出制动踏板距地板的高度。然后,将发动机熄火,连续几次踩制动踏板,使真空度降为零,此时再踩下制动踏板,并测出制动踏板距地板的距离。正常情况下,后一次测得的距离应小于前一次,若两次距离相等,说明真空增压器不起作用。

②控制阀检验。

起动发动机,不踏下制动踏板,将一团棉丝置于增压器空气滤清器口处,此时,棉丝不应被吸入;若棉丝被吸入,说明空气阀漏气。踏下制动踏板,棉丝应被吸入;若棉丝不被吸入,或者吸力过小,说明空气阀开度过小,或者助力器膜片破损。

③伺服气室膜片行程检查。

发动机不工作且不踩下制动踏板时,取下伺服气室加油孔橡胶盖,从该孔测出膜片位置。测完后再塞紧橡胶盖。

将发动机起动运转,并踩下制动踏板,取下伺服气室加油孔橡胶盖,再次测出膜片位置,两次测出的位置差,即为膜片行程。若膜片行程过小,说明增压器工作不良;若膜片行程过大,说明制动系统存在泄漏,或者制动间隙过大。

(2)仪表试验。

仪表试验包括气密性试验、油密性试验、单向阀气密性试验和伺服气室气密性试验。

①不工作情况下真空增压器的气密性试验。

将真空表和开关串联于真空罐与伺服气室真空接孔之间。在真空增压器不工作的情况下,打开开关,使真空表达到 66.66kPa 的真空度,然后关闭开关,在 15s 之内,真空表读数应不低于 63.23kPa,若真空度下降过快,则可能存在膜片破裂和空气阀关闭不严的故障。

②油密性试验。

在辅助缸出口处接压力表和开关。首先将开关关闭,使制动主缸至辅助出口之间充满压力油,并将气体从放气螺钉处放净。然后,打开开关,从 A 处充入压力为 11.8kPa 的制动液,关闭开关,10s 内压力表数值不得低于 10.8kPa。否则,表明辅助缸有泄漏。

③单向阀气密性试验。

在发动机进气歧管与单向阀之间装一开关,在单向阀的另一端安装一个带真空表的容器。先打开开关,起动发动机,使密封容器上真空表的真空度达 67kPa。然后,关闭开关,真空表指针下降至 64kPa 的时间不得少于 15s。

④伺服气室的气密性试验。

将伺服气室与控制阀之间的通气管拆下,并把控制阀一侧的管口堵住。打开开关,使真空表指针达 35kPa,然后再将开关关闭。此时,真空泵压力下降到 27kPa 时的时间应不小于 1min,否则,说明膜片密封不严。

2) 真空助力器的试验

(1) 就车检查真空助力器。

将发动机熄火,首先用力踩几次制动踏板,以消除真空助力器中残余的真空度。用适当的力踩住制动踏板,并保持在一定位置,然后起动发动机,使真空系统重新建立起真空,并观察制动踏板。若制动踏板位置有所下降,说明真空助力器正常;若制动踏板位置保持不动,则说明助力器或真空单向阀损坏。

(2) 真空助力器就车真空试验。

①将 T 型管、真空表、软管及卡紧装置连接好。

②起动发动机,急速运转 1min。

③卡紧与进气歧管相连的真空管上的卡紧装置,切断助力器单向阀与进气歧管之间的通路。

④将发动机熄火,观察真空表的变化。如果在规定时间内真空度下降过多,说明助力器膜片或真空阀损坏。

(3) 真空助力单向阀试验。

①拆下与单向阀相连的真空管,将手动真空泵软管与单向阀真空源接口相连。

②扳动手动真空泵手柄,给单向阀加上 50.80~67.70kPa 的真空度,在正常情况下,真空应保持稳定。如果真空泵指示表上显示出真空度下降,则表明单向阀损坏。

三、评价与反馈

1. 自我评价

(1) 通过本学习任务的学习,你是否已经知道以下问题:

①真空增压器的构造及工作原理是什么?

②真空助力器的构造及工作原理是什么?

③伺服制动系主要零部件检修内容有哪些?如何检修?

(2) 实训操作完成情况如何?

(3) 通过本学习任务的学习,你认为自己的知识和技能还有哪些需要加强?

学生签名:_____ _____年___月___日

2. 小组评价（表11-6）

小组评价表　　　　　　　　　表11-6

序号	评价项目	是否达到要求	记　　录
1	着装是否符合要求		
2	是否能合理规范使用仪器和设备		
3	是否按照安全和规范流程操作		
4	是否遵守实训场地的规章制度		
5	是否能保持实训场地、工具设备整洁		
6	是否具有团队协作精神		

参与评价的学生签名：＿＿＿＿＿＿＿　　　＿＿＿年＿＿＿月＿＿＿日

3. 教师评价

教师签名：＿＿＿＿＿＿＿　　　＿＿＿年＿＿＿月＿＿＿日

四、技能考核标准（表11-7）

技能考核标准表　　　　　　　　　表11-7

序号	检修项目	检修内容	评价标准	配分	得分
1	作业安全/6S	安全文明否决	出现安全事故终止此项目抽查，成绩记零分	20	
		职业素养/6S	1. 着装不规范每处扣3分，扣完为止 2. 作业中没有及时清洁、整理工量具、清扫场地，每次扣2分，扣完为止 3. 垃圾未分类回收，每次扣1分 4. 竣工后未清理考核场地，扣2分 5. 出现工具设备损伤、身体擦伤或碰伤等，每次扣2分，扣完为止 6. 不服从考官、出言不逊，每次扣3分		
2	发动机起动准备	检查机油液位、冷却液液位、制动液液位、喷洗液液位	每项2分，扣完为止	5	
3	制动踏板的检查及调整、真空助力器的检查	检查制动踏板响应灵敏性、松动、异常噪声	每项2分，扣完为止	5	
		用直尺测量制动踏板高度	测量方法或结果错误扣完	5	
		用直尺测量制动踏板自由行程	1. 直尺测量位置不对扣5分 2. 没有释放真空就测量扣5分	10	

续上表

序号	检修项目	检修内容	评价标准	配分	得分
3	制动踏板的检查及调整、真空助力器的检查	用直尺测量制动踏板行程余量	1. 直尺测量位置不对扣5分 2. 没有发车急速运转就测量扣5分 3. 没有松开驻车制动器手柄测量扣5分 4. 制动踏板没有踩到底扣5分	15	
		调整制动踏板	1. 调整部位不正确扣5分 2. 调整方向错误扣5分 3. 调整后没有检查制动灯开关扣5分	15	
		检查真空助力器的工作状况、气密性、真空性	每项5分,扣完为止	15	
4	工单填写	确认检测步骤完成情况及检修结果填写	工单填写情况酌情扣分	10	
			总分	100	

学习任务4　驻车制动装置构造与检修

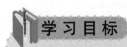

☞ **知识目标**

能叙述各种驻车制动器的构造及工作原理。

☞ **技能目标**

能查阅维修资料,借助常用及专用工具,对驻车制动器进行检查和调整。

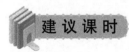

2课时。

一、理论知识准备

驻车制动器(又称手制动器)的功用是:使停驶的汽车驻留原地不动,便于在坡道上起步;行车制动器失效后临时使用或配合行车制动器进行紧急制动。

驻车制动器安装位置可分为中央制动式和车轮制动式两种。前者的制动器安装在变速器或分动器的后面,制动力矩作用在传动轴上;后者与车轮制动器共用一个制动器总成,只是传动机构是相互独立的。按制动器结构形式的特点可分为:鼓式、盘式、带式和弹簧作用式驻车制动器。由于鼓式制动器可采用高制动效能的自动增力式制动器,且其外廓尺寸小,易于调整,防泥沙性能好,停车后没有制动热负荷,因而得到广泛应用。

1. 中央制动器

图 11-31 所示为汽车驻车制动器的结构,该制动器为中央制动、鼓式、简单非平衡式驻车制动器。

1)制动器的结构

制动鼓通过螺栓与变速器输出轴的凸缘盘紧固在一起,制动底板固定在变速器输出轴轴承盖上,两制动蹄通过偏心支承销支承在制动底板上,上端装有滚轮,在复位弹簧的作用下滚轮紧靠在凸轮的两侧,凸轮轴支承在制动底板的上部,轴外端与摆臂连接,摆臂的另一端与穿过压紧弹簧的拉杆相连,拉杆再通过摇臂、传动杆与驻车制动杆相连。驻车制动杆上连有棘爪,驻车制动器工作时,棘爪嵌入齿扇上的棘齿内,起锁止作用。解除制动时,需按下驻车制动杆上的按钮使棘爪脱离棘齿,才能扳动驻车制动杆。

2)制动器的工作情况

驻车制动时,将驻车制动杆上端向后拉动,则制动杆的下端向前摆动,传动杆带动摇臂顺时针转动,拉杆则带动摆臂顺时针转动,凸轮轴亦顺时针转动,凸轮则使两制动蹄以支承销为支点向外张开,压靠到制动鼓上,产生制动作用。当制动杆拉到制动位置时,棘爪嵌入齿扇上的棘齿内,起锁止作用。

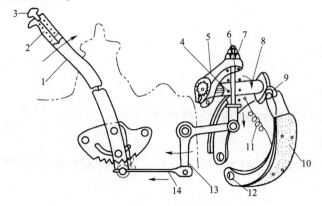

图 11-31 汽车驻车制动器
1-驻车制动杆;2-拉杆弹簧;3-按钮;4-压紧弹簧;5-摆臂;6-拉杆;7-调整螺母;8-凸轮轴;9-滚轮;10-制动蹄;11-复位弹簧;12-偏心支承销;13-摇臂;14-传动杆

解除制动时,按下驻车制动杆上的按钮使棘爪脱离棘齿,向前推动制动杆,则传动杆、拉杆、凸轮轴按逆时针方向转动,制动蹄在复位弹簧的作用下复位,制动蹄与制动鼓间恢复制动间隙,制动解除。

2. 带驻车制动的鼓式车轮制动器

图 11-32 所示为轿车的后轮制动器,它兼作驻车制动器,属简单非平衡式制动器。制动蹄采用浮式支承,制动蹄的上、下支承面均加工成弧面,下端支靠在固定于制动底板上的支承板上。驻车制动采用机械传动装置。驻车制动杠杆上端用平头销与后制动蹄连接,其中上部卡入驻车制动推杆右端的切槽中,作为中间支点,下端与拉绳连接。前、后制动蹄的腹

板卡在驻车制动推杆两端的切槽中,推杆内弹簧左端钩在推杆的左弯舌上,右端钩在后制动蹄的腹板上,推杆外弹簧的左端钩在前制动蹄的腹板上,而右端则钩在推杆的右弯舌上。

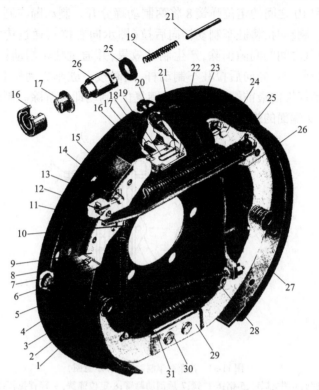

图 11-32　轿车后轮制动器

1-限位弹簧座;2-限位弹簧;3-限位销钉;4-制动底板;5-摩擦片;6-调节齿板拉簧;7-密封堵塞;8-铆钉;9-制动蹄腹板;10-调节齿板;11-驻车制动推杆;12-驻车制动推杆内弹簧;13-调节支承板;14-铆钉;15-前制动蹄;16-密封罩;17-支座座;18-轮缸壳体;19-活塞复位弹簧;20-放气螺钉;21-支承杆;22-皮圈;23-活塞;24-平头销;25-驻车制动推杆外弹簧;26-驻车制动杠杆;27-后制动蹄;28-制动蹄复位弹簧;29-限位板;30-平头销;31-支承板

驻车制动时,须将驾驶室中的驻车制动杆拉到制动位置,经一系列杠杆和拉索传动,将驻车制动杠杆的下端向前拉,使之绕上端支点(平头销)顺时针转动。制动杠杆在转动过程中,其中间支点推动制动杠杆左移,将前制动蹄推向制动鼓,到前制动蹄压靠到制动鼓上之后,推杆停止运动,则制动杠杆的中间支点成为其继续转动的新支点。于是,制动杠杆的上端右移,使后制动蹄压靠到制动鼓上,施以驻车制动。此时,由于棘爪的单向作用,棘爪便与棘爪齿板啮合,驻车制动杆不能反转,整个驻车机械制动杆系能可靠地被锁定在制动位置。

解除制动时,须先将驻车制动杆提起少许再压;按压驻车制动杆端头的按钮,棘爪压杆使棘爪离开棘爪齿板。然后将驻车制动杆向下推到解除制动位置,随后放松驻车制动杆端按钮。与此同时,杆在绕包在拉索外的弹簧作用下复位,复位弹簧将两蹄拉拢。推杆内、外弹簧除可将两蹄拉回到原始位置之外,还可以防止制动推杆在工作时窜动,碰撞制动蹄而发出噪声。

这种以车轮制动器为驻车制动器的驻车制动系统可用于应急制动。上海桑塔纳轿车后轮制动器的结构与上述类似。

3. 带驻车制动的盘式车轮制动器

图 11-33 所示为汽车中央驻车制动器工作示意图。不制动时,驻车制动杆 15 处于最前位置,两制动臂 7 和 10 之间的定位弹簧 8 将两制动蹄分开。制动蹄与制动盘之间有一定的间隙,无制动效果。制动时,将驻车制动杆向后拉(图示向右拉),通过传力结构使两制动臂夹紧,制动蹄、制动盘之间的间隙消除,产生制动效果,并通过驻车制动杆下端的棘爪 13 锁止制动位置。解除制动时,先向后拉驻车制动杆,同时按下驻车制动杆上的按钮,使棘爪脱出,然后将驻车制动杆推向最前端,前、后制动蹄复位,制动即被解除。制动盘与制动蹄之间的间隙可通过拉杆 9 端面的螺母和调整螺钉 4 调整。

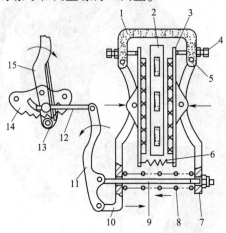

图 11-33 汽车驻车制动器工作示意图

1-支架;2-制动盘;3-制动蹄;4-调整螺钉;5-销;6-拉簧;7-后制动蹄臂;8-定位弹簧;9-蹄臂拉杆;10-前制动蹄臂;11-拉杆臂;12-传动拉杆;13-棘爪;14-齿扇;15-驻车制动杆

二、任务实施

1. 驻车制动器的检查和调整

(1)检查驻车制动杆扳动的正确性。把驻车制动杆一直向上扳,并数出经过的齿数。用 196N 的力向上扳驻车制动杆 4~7 齿(图 11-34)。

(2)若有必要,调整驻车制动器(图 11-35)。

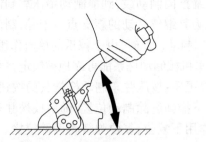 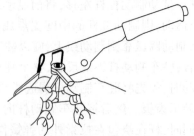

图 11-34 检查驻车制动器　　图 11-35 调整驻车制动器

注意:在调整驻车制动器之前,必须使后制动蹄留有调整间隙。

(1)拆开控制盒。

(2)松开锁紧螺母,转动螺母,使得驻车制动杆的扳动正确。

(3)旋紧锁紧螺母,装好控制盒。

三、评价与反馈

1. 自我评价

(1)通过本学习任务的学习,你是否已经知道以下问题:

①驻车制动器的构造及工作原理是什么?

②驻车制动器进行检查和调整?

(2)实训操作完成情况如何?

(3)通过本学习任务的学习,你认为自己的知识和技能还有哪些需要加强?

学生签名:＿＿＿＿＿ ＿＿＿＿年＿＿月＿＿日

2. 小组评价(表11-8)

小组评价表　　　　　　　　　　　　　　　　表11-8

序号	评价项目	是否达到要求	记录
1	着装是否符合要求		
2	是否能合理规范使用仪器和设备		
3	是否按照安全和规范流程操作		
4	是否遵守实训场地的规章制度		
5	是否能保持实训场地、工具设备整洁		
6	是否具有团队协作精神		

参与评价的学生签名:＿＿＿＿＿ ＿＿＿＿年＿＿月＿＿日

3. 教师评价

＿＿＿＿＿＿＿＿＿＿＿＿＿＿＿＿＿＿＿＿＿＿＿＿＿＿＿＿＿＿＿＿＿＿

＿＿＿＿＿＿＿＿＿＿＿＿＿＿＿＿＿＿＿＿＿＿＿＿＿＿＿＿＿＿＿＿＿＿

教师签名:＿＿＿＿＿ ＿＿＿＿年＿＿月＿＿日

四、技能考核标准(表11-9)

技能考核标准表　　　　　　　　　　　　　　　表11-9

序号	检修项目	检修内容	评价标准(每项累计扣分不超过配分)	配分	得分
1	作业安全/6S	安全文明	出现安全事故终止此项目抽查,成绩记零分		
		职业素养/6S	1. 着装不规范每处扣3分,扣完为止 2. 作业中没有及时清洁、整理工量具、清扫场地,每次扣2分,扣完为止 3. 垃圾未分类回收,每次扣1分 4. 竣工后未清理考核场地,扣2分 5. 出现工具设备损伤、身体擦伤或碰伤等,每次扣2分,扣完为止 6. 不服从考官、出言不逊,每次扣3分	20	

续上表

序号	检修项目	检修内容	评价标准（每项累计扣分不超过配分）	配分	得分
2	手册使用	检修前翻至相关页面	检修前未进行维修手册查询每次扣 2 分，扣完为止	5	
3	调整驻车制动	临时安装 2 个轮毂螺母	未安装轮毂螺母扣 5 分	5	
		调整间隙	1. 工具选择错误扣 5 2. 调整方法错误扣 5 分	10	
		检查后轮拖滞	1. 检查方法错误扣 5 分 2. 检查结果错误扣 5 分	10	
		检查驻车制动拉杆行程	1. 检查部位错误扣 5 分 2. 检查结果错误扣 5 分	10	
		调整驻车制动拉杆行程	1. 工具选择错误扣 5 分 2. 调整方法错误扣 5 分	10	
4	复查	检查制动拖滞	1. 检查方法错误扣 5 分 2. 检查结果错误扣 5 分	5	
		检查驻车制动拉杆行程	检查方法错误扣 5 分	5	
		对制动鼓安装进行复查	检查方法错误扣 5 分	5	
		安装后轮	1. 安装方法错误扣 5 分 2. 工具使用错误扣 5 分	10	
5	工单填写	确认检测步骤完成情况及检修结果填写	工单填写情况酌情扣分	5	
		总分		100	

学习任务 5　ABS、ASR 构造与检修

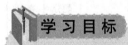

☞ 知识目标

1. 能叙述 ABS 的基本组成、分类；
2. 能叙述 ABS 的控制方案、控制过程和工作特性；
3. 能叙述 ABS 和 ASR 的结构和工作原理。

☞ 技能目标

能查阅维修资料，借助常用及专用工具，能对 ABS 和 ASR 进行检修。

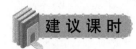

建议课时

6课时。

一、理论知识准备

1. ABS 的基本组成和控制

1) ABS 的基本组成

从前述的分析可知,在制动时通过对制动器的制动力进行适当的控制,控制滑移率 S 在 15%~20% 的范围内,就能获得最佳制动效果,这就是 ABS 系统应起到的作用。

现代 ABS 尽管采用的控制方式、方法以及结构各不相同,但除原有的、传统的常规制动装置外,一般 ABS 都是由传感器、ECU、执行器三大部分组成。其中,传感器主要是指车轮转速传感器、执行器主要是指制动压力调节器,如图 11-36 所示。

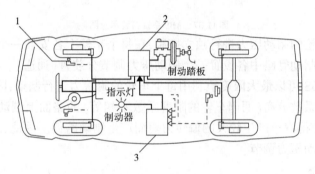

图 11-36　ABS 的组成
1-轮速传感器;2-制动压力调节器;3-ECU

2) ABS 的分类

过去人们常将 ABS 分为两大类,即机械式 ABS 和电子式 ABS。目前广泛使用的是电子控制式 ABS,它把车轮运动状态与路面附着情况紧密联系在一起,并对该运动状态加以及时、准确地调控。这种结构是现代 ABS 技术的主流,具有良好的使用性能。国产或进口的一些轿车普遍采用这种 ABS。

此外,现代 ABS 还有按照生产厂家分类,如博世(BOSCH)ABS、戴维斯(TEVES)ABS、德尔科(DELCO)ABS、本迪克斯(BENDIX)ABS 等。

3) 控制通道的概念及分类

ABS 中,能够独立进行制动压力调节的制动管路称为控制通道。按照控制通道数目的不同,ABS 分为四通道、三通道、双通道和单通道四种形式,而其布置形式却多种多样,如图 11-37所示。

(1) 四通道 ABS。

对应于双制动管路的前、后独立式或交叉式两种布置形式,四通道 ABS 也有两种布置形式,如图 11-37a)、b)所示。

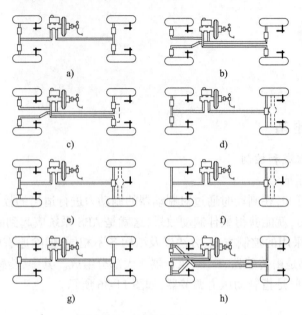

图 11-37 ABS 系统布置示意图

为了对四个车轮的制动压力进行独立控制,在每个车轮上各安装一个转速传感器,并在通往各制动轮缸的制动管路中各设置一个制动压力调节分装置(通道)。

由于四通道 ABS 可以最大限度地利用每个车轮的附着力进行制动,因此,汽车的制动效能最好。但在附着系数分离(两侧车轮的附着系数不相等)的路面上制动时,由于同一轴上的制动力不相等,使得汽车产生较大的偏转力矩而产生制动跑偏。因此,ABS 通常不对四个车轮进行独立的制动压力调节。

(2)三通道 ABS。

四轮 ABS 大多为三通道系统,而三通道系统都是对两前轮的制动压力进行单独控制,对两后轮的制动压力按低选原则一同控制,如图 11-37c)、d)、e)所示。

在按对角布置的双管路制动系统中,虽然在通往四个制动轮缸的制动管路中各设置一个制动压力调节装置,但两个后制动压力调节分装置却是由电子控制装置一同控制的,实际上仍是三通道 ABS。由于三通道 ABS 对两后轮进行一同控制,对于后轮驱动的汽车可以在变速器或主减速器中只设置一个转速传感器来检测两后轮的平均转速。

汽车紧急制动时,会发生很大的轴荷转移(前轴荷增加,后轴荷减小),使得前轮的附着力比后轮的附着力大很多(前置前驱汽车的前轮附着力占汽车总附着力的 70% ~ 80%)。对前轮制动压力进行独立控制,可充分利用两前轮的附着力对汽车进行制动,有利于缩短制动距离,并且汽车的方向稳定性却得到很大改善。

(3)双通道 ABS。

双通道 ABS 在按前、后布置的双管路制动系统的前后制动管路中各设置一个制动压力调节分装置,分别对两前轮和两后轮进行一同控制。两前轮可以根据附着条件进行高选和低选转换,两后轮则按低选原则一同控制,如图 11-37g)、h)所示。

对于后轮驱动的汽车,可以在两前轮和传动系统中各安装一个转速传感器。当在附着系数分离的路面上进行紧急制动时,两前轮的制动力相差很大,为保持汽车的行驶方向,驾驶员会通过转动转向盘使前轮偏转,以求用转向轮产生的横向力与不平衡的制动力相抗衡,保持汽车行驶方向的稳定性。但是在两前轮从附着系数分离路面驶入附着系数均匀路面的瞬间,以前处于低附着系数路面而抱死的前轮的制动力因附着力突然增大而增大,由于驾驶员无法在瞬间将转向轮回正,转向轮上仍然存在的横向力将会使汽车向转向轮偏转方向行驶,这在高速行驶时是一种无法控制的危险状态。

双通道 ABS 多用于制动管路对角布置的汽车上,两前轮独立控制,制动液通过比例阀(P 阀)按一定比例减压后传给对角后轮。

对于采用此控制方式的前轮驱动汽车,如果在紧急制动时离合器没有及时分离,前轮在制动压力较小时就趋于抱死,而此时后轮的制动力还远未达到其附着力的水平,汽车的制动力会显著减小。而对于采用此控制方式的后轮驱动汽车,如果将比例阀调整到正常制动情况下前轮趋于抱死时,后轮的制动力接近其附着力,则紧急制动时由于离合器往往难以及时分离,导致后轮抱死,使汽车丧失方向稳定性。

由于双通道 ABS 难以在方向稳定性、转向操纵能力和制动距离等方面得到兼顾,因此,目前很少采用。

(4) 单通道 ABS。

所有单通道 ABS 都是在前、后布置的双管路制动系统的后制动管路中设置一个制动压力调节装置,对于后轮驱动的汽车,只需在传动系统中安装一个转速传感器,如图 11-37f) 所示。

对于后轮驱动的汽车,可以在两前轮和传动系统中各安装一个转速传感器。当在附着系数分离的路面上进行紧急制动时,两前轮的制动力相差很大,为保持汽车的行驶方向,驾驶员会通过转动转向盘使前轮偏转,以求用转向轮产生的横向力与不平衡的制动力相抗衡,保持汽车行驶方向的稳定性。

在两前轮从附着系数分离路面驶入附着系数均匀路面的瞬间,以前处于低附着系数路面而抱死的前轮的制动力因附着力突然增大而增大,由于驾驶员无法在瞬间将转向轮回正,转向轮上仍然存在的横向力将会使汽车向转向轮偏转方向行驶,这在高速行驶时是一种无法控制的危险状态。

4) ABS 的控制方案

ABS 常见的控制方案有以下几种:

(1) 独立控制。也称单轮控制,是指独立调节各车轮的制动压力。

对车轮实施独立控制的 ABS,对每个车轮的制动力独立调节。这样,在各种道路条件下制动时,每个车轮均处于最佳运动状态,可充分利用路面附着系数,产生最大的制动力,制动距离最短。但当车辆在左、右侧附着系数不同的路面上制动时,两侧车轮的制动力不相等,将产生较大的偏转力矩,会导致车辆跑偏或自动转向,从而破坏操纵性和稳定性。为防止这种现象的发生,对具有这种控制方案的 ABS 的控制过程,需要做一些修正。

(2) 一同控制。是指两个(或两个以上)车轮的制动压力是一同进行调节的,即施加相等的制动压力控制两个车轮的转动。实施一同控制时,同轴的两个车轮可以有各自的转速传感器(也可只设置一个转速传感器),而共用 ABS 的一个控制通道。

对两个车轮实施一同控制时,如果以保证附着力较大的车轮不发生制动抱死为原则进行制动压力调节,称这两个车轮是按高选原则一同控制;如果以保证附着力较小的车轮不发生制动抱死为原则进行制动压力调节,称这两个车轮是按低选原则一同控制。

（3）混合控制。是指上述的各种方式自由组合使用,可形成 ABS 在车辆上的多种控制方案。目前,使用较为广泛的控制方案是:采用对两前轮进行独立控制、对两后轮按低选原则一同控制的四通道四轮防抱死制动系统,其优点是汽车制动稳定性好,方向操纵灵活,有较高的附着系数利用率,特别是弯道行驶时制动性能优越。

5）ABS 的控制过程

图 11-38 所示的控制过程曲线即是 ABS 进行防抱死控制的实例。

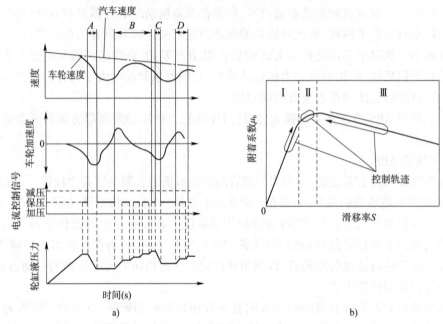

图 11-38　ABS 的控制过程

a）控制特性；b）μ_b—S 曲线上的控制轨迹

踏下制动踏板,当汽车开始制动时,制动系统液压力升高,车轮速度开始下降,降到某一个车轮趋于抱死时,ECU 向相应的电磁阀发出"保压"信号,接着输出"减压"信号,于是车轮制动液压缸内的液压力下降。

减压工况的持续,由 ECU 的控制程序根据车轮转速情况来控制,如图 16-3a）中区域 A 所示。在此之后,电磁阀处于"保压"状态,ECU 根据车轮速度与车轮加速度情况,继续监测此时车轮转速的恢复状况,如果车轮转速提前恢复,ECU 则来回微调控制为"加压""保压"工况,如区域 B 所示。当监测到车轮又趋于抱死时,ECU 发出"减压"信号调压,如区域 C 所示。这样,来回控制车轮制动液压缸的保压、减压、加压过程,以使车辆尽快制动停车。

从图 16-3b）所示的车辆制动过程中车轮附着系数 μ_b 与滑移率 S 的曲线上,也可以了解到系统的控制情况。汽车开始制动后,当车轮运动状态进入到图中的Ⅲ区域时,ECU 通过减压、保压控制,使车轮运动状态回复到Ⅰ区域内。ECU 通过这一控制过程,判断车轮处于何种附着系数路面。当车轮所处的路面附着状况确定后,ECU 就按照高、低附着路面或过渡路面的防抱控制,将车轮滑移率 S 控制在最佳范围内,即图中Ⅱ区域所示的最佳滑移率范围,从而达到 ABS 系统的控制目标。

6) ABS 的工作特性

(1) ABS 只有在车速高于一定值时才起作用,低于此值 ABS 就会自动中止防抱死调节,而回到传统制动系统状态。

(2) 在制动过程中,只有当被控制车轮趋于抱死时,ABS 才会进行防抱死调节;在被控制车轮还没有趋于抱死时,制动过程与传统制动系统的制动过程完全相同。

(3) 当 ABS 参与工作时,驾驶员会感觉制动踏板有回弹行程,而这种动作反馈是正常的。

(4) 在防抱死制动循环中,制动压力调节器内的电磁阀动作,会产生一定的工作噪声。

(5) 具有传统制动系统的车辆紧急制动时,轮胎会在路面上留下清晰的拖印;而 ABS 车辆在紧急制动时,只会留下轻轻的、勉强可以看出的印痕。

(6) ABS 具有故障自诊断功能,能对系统的工作情况进行监测,一旦发现存在影响系统正常工作的故障时,会自动关闭 ABS 功能,并将 ABS 警告灯点亮,向驾驶员报警,同时将汽车的制动功能恢复到传统制动系统状态,以便能够进行常规制动。

(7) 在 ABS 警告灯持续闪亮的情况下进行制动时,应注意控制好制动强度,以免因 ABS 失效而影响行车安全。

2. ASR 的组成和控制

1) ASR 的组成

ASR 的主要由车轮转速传感器、ECU、制动压力调节器,以及发动机副节气门(辅助节气门)执行器与 ASR 制动执行器组成(图 11-39)。此外,还增设了 ASR 选择开关(关闭开关)、ASR 关闭指示灯、ASR 警告灯等。ASR 还同发动机与传动系统的集中电控系统建立通信联系,以共同调节驱动轮的滑转率。同样,ASR 也具有故障自诊断功能。

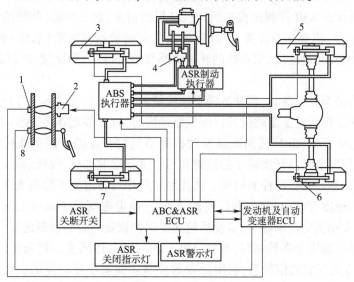

图 11-39 ASR 的组成

1-副节气门位置传感器;2-副节气门执行器;3-右前轮速传感器;4-比例阀与旁通阀;5-右后轮速传感器;6-左后轮速传感器;7-左前轮速传感器;8-主节气门位置传感器

驾驶员通过 ASR 选择开关,可使 ASR 进入等待工作状态或处于关闭(不工作)状态。在 ASR 处于关闭状态时,ASR 关闭指示灯将点亮,以通知驾驶员。

ASR 警告灯的功能是当 ASR 出现故障时,将该灯点亮向驾驶员报警;在对 ASR 进行故障自诊断操作时,利用该灯的闪亮提示功能,可读出 ECU 中储存的故障代码。

2) ASR 的控制方式

ASR 的控制方式可分以下两种:

(1) 发动机输出功率控制。

发动机输出功率控制是最早应用的驱动防滑转控制方式,即控制发动机的输出功率来调节传递到驱动轮上的转矩,从而调节驱动轮的滑转率。可采用的控制方法有:

①节气门开度调节。是指在发动机原节气门的基础上,串联一个副节气门,由系统的执行机构控制其开度。这种方式工作比较平稳,容易与其他控制方式配合使用。

②喷油量的减少或切断控制。

③减少点火提前角的控制。

(2) 驱动轮制动控制。

驱动轮制动控制是在发生滑转的驱动轮上施加制动力矩来控制滑转率。它一般要与调节发动机输出功率的方法结合起来应用,否则,控制过程中就可能发生制动力矩与发动机输出转矩之间出现平衡现象,而导致无意义的功率消耗。这种控制方式响应最迅速,但为了保证制动过程中的乘坐舒适性,制动力不能升高过快。

3) ASR 的控制原理

在驱动控制中,要确定驱动轮的滑转率较为方便和精确。由于非驱动轮近似于自由滚动,根据非驱动轮转速所确定的参考车速就可以认为是实际车速(车身速度),由此通过计算得到的驱动轮的参考滑转率与实际滑转率就比较接近。

图 11-40 所示为 ASR 控制过程实例。ECU 根据前左、前右车轮(非驱动轮)的转速传感器送来的转速信号,推算车身速度,以此速度值为基础设定驱动轮(后轮)的目标控制速度值,并与驱动轮的实际速度(从驱动轮的转速传感器信号得到)做比较,以控制其滑转率在最佳范围内。

在某种湿滑路面上行驶时,驾驶员踩下加速踏板会使主节气门迅速打开,后轮(驱动轮)会迅速加速旋转。当后轮速度超过其目标控制速度时,ECU 发出指令,ASR 制动执行元件中的三位电磁阀通电开启;ECU 还向操纵发动机副节气门开度的步进电动机输送控制信号。这时,要综合进行副节气门开度减小的控制和后轮液压缸的加压、保压、减压控制,以尽快降低后轮速度,使其达到其目标控制速度。当控制过程中后轮速度下降得太多,出现后轮速度低于其目标控制速度时,ECU 将控制后轮的 ABS 三位电磁阀处于减压工况,并加大副节气门的开度,增加发动机的功率输出,以使后轮速度尽快恢复至目标控制速度。

在进行发动机输出功率控制时,有些 ABS/ASR-ECU,还同发动机与传动系统集中控制系统的 ECU 建立交互式通信联系,利用后者的控制功能减小喷油器的喷油量,减小点火提前角,以减小发动机的功率输出。

ABS/ASR-ECU 通过重复进行以上的这种协调控制,可将驱动轮速度保持在目标控制速度值附近,从而达到驱动轮防滑转目的。

4) ASR 的工作特性

各种 ASR 的具体结构和工作过程不尽相同,但一般都具有以下共同的工作特性:

(1) ASR 在进行防滑控制过程中,如果驾驶员踩下制动踏板进行制动,ASR 将会自动退出防滑控制,而不影响汽车的正常制动。

(2) ASR 通常只在一定车速范围内进行防滑控制,当车速达到一定值以后,ASR 会自动退出防滑控制。

(3) ASR 可由驾驶员通过 ASR 选择开关对系统是否进入工作状态进行选择。如果通过 ASR 选择开关关闭了 ASR,则 ASR 关闭指示灯会自动点亮。

(4) ASR 处于关闭状态时,发动机副节气门会自动处于全开位置,此时 ASR 的制动执行元件也不会影响制动系统的正常工作。

(5) ASR 具有故障自诊断功能,当发现有影响系统正常工作的故障时,ASR 会自动关闭,并将 ASR 警告灯点亮,向驾驶员报警。

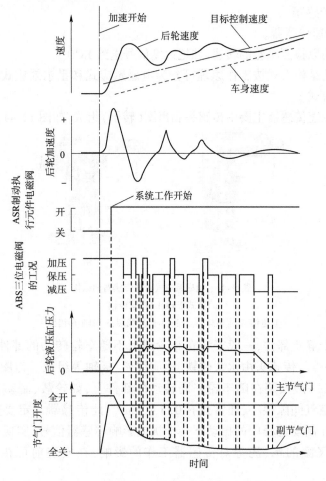

图 11-40　ASR 的控制过程

3. ABS 与 ASR 的比较

1) 不同点

(1) 作用不同。

ABS 的作用是防止汽车制动过程中车轮抱死,将车轮的滑移率控制在理想滑移率附近,以达到缩短制动距离、提高汽车制动时的方向稳定性和转向操纵性,从而大大提高汽车行驶的安全性。

ASR 的作用是防止汽车起步、加速过程中驱动轮打滑,特别是防止汽车在非对称路面或转弯时驱动轮空转。

(2)效果不同。

ABS 是防止制动时车轮抱死在路面上滑移。

ASR 则是防止驱动时车轮在路面上原地不动的滑转。

2)相同点

从控制车轮与路面的滑移率看,ABS 和 ASR 采用了相同的技术。

4.防滑控制系统主要元件的结构及工作原理

1)车轮转速传感器

(1)电磁式转速传感器。

轮速传感器用以检测车轮的转速,并把速度信号送到 ECU。

轮速传感器的结构形式按工作原理可分为电磁感应式和霍尔效应式两种,但目前通常都是采用电磁感应式。

电磁感应式轮速传感器主要由传感头和齿圈(转子)组成,如图 11-41 所示。

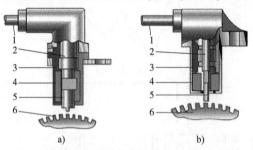

图 11-41 电磁感应式轮速传感器的结构
a)凿式极轴;b)柱式极轴
1-电缆;2-永磁体;3-外壳;4-感应线圈;5-极轴;6-齿圈

传感头是一个静止部件,一般安装在车轮附近不随车轮转动的部件上,如转向节、半轴套管、悬架构件等。传感头由永久磁铁、感应线圈、极轴等组成。齿圈(有的称转子)多为一带齿的圆环,一般安装在随车轮一同转动的部件上,如轮毂、制动盘、半轴等。传感头与齿圈之间的空气间隙很小,通常只有 0.5~1mm。此传感器一定要安装牢固,只有这样才能保证汽车在制动过程中的振动不会干扰或影响传感器信号,实现正确无误的输出。为了避免灰尘与飞溅的水、泥等对传感器工作的影响,在安装前可在传感器上涂覆防锈油。

如图 11-42 所示,传感器的永久磁铁产生一定强度的磁场,齿圈在磁场中旋转时,齿圈齿顶和电极之间的间隙就以一定的速度变化,这样就会使齿圈和电极组成的磁路中的磁阻发生变化。其结果使磁通量周期性增减,在线圈两端产生正比于磁通量增减速度的感应电压。

轮速传感器安装方式有径向安装和轴向安装两种方法,如图 11-43 所示。

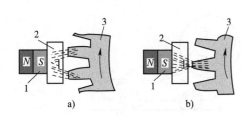 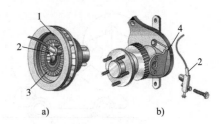

图 11-42　霍尔轮速传感器磁路　　　　　图 11-43　轮速传感器的安装方法
a)霍尔元件磁场较弱;b)霍尔元件磁场较强　　a)轴向安装;b)径向安装
1-磁体;2-霍尔元件;3-齿圈　　　　　　1-制动盘;2-传感器;3-齿圈;4-支架

电磁式转速传感器的缺点在于其输出信号随车速的变化而变化;响应过慢;抗电磁波干扰能力差。

(2)霍尔式转速传感器。

而霍尔式转速传感器就克服上述这些缺点,能保证在很低的速度下都有很强的信号。霍尔式转速传感器是利用霍尔效应的原理制成的。霍尔效应是指在一个矩形半导体薄片上有一电流通过,此时如有一磁场也作用于该半导体材料上,则在垂直于电流方向的半导体两端,会产生一个很小的电压,该电压就称为霍尔电压。当磁性材料制成的传感器转子上的凸齿交替经过永久磁铁的空隙时,就会有一个变化的磁场作用于霍尔元件(半导体材料)上,使霍尔电压产生脉冲信号。根据所产生的脉冲数目即可检测转速。

2)汽车减速度传感器

减速度传感器有光电式、水银式、差动变压器式和半导体式等。

(1)光电式减速度传感器。

光电式减速度传感器的基本结构,如图 11-44a)所示。由两个发光二极管、两个光电三极管、一个透光板和一个信号电路(图中未画)组成。

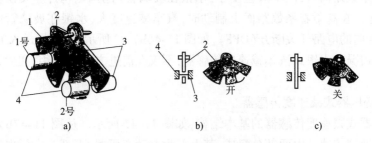

图 11-44　光电式减速度传感器
a)整体结构;b)透光时(开);c)遮光时(关)
1-透光缝;2-透光板;3-发光二极管;4-光电三极管

汽车匀速行驶时,透光板静止不动。当汽车减速度时,透光板则随着减速度的变化沿汽车的纵轴方向摆动,如图 11-45 所示。减速度越大,透光板摆动位置越大,由于透光板的位置不同,允许发光二极管传送到光电三极管的光线不同。

使光电三极管形成开和关两种状态,如图 11-44b)、c)所示。两个发光二极管和两个光电三极管组合作用,可将汽车的减速度区分为四个等级,此信号送入电子控制器就能感知路面附着系数情况。

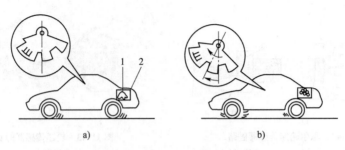

图 11-45 汽车减速时透光板的位置状态
a) 匀速行驶时；b) 减速行驶时
1—透光板；2—减速度传感器

(2) 水银式减速度传感器。

水银式减速度传感器的基本结构如图 11-46a) 所示，由玻璃管和水银组成。

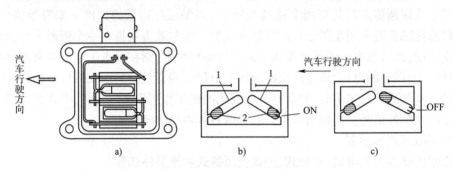

图 11-46 水银式减速度传感器
a) 整体结构；b) 减速度小时；c) 减速度大时
1—玻璃管；2—水银

在低附着系数路面时，汽车减速度小，水银在玻璃管内基本不动，开关在玻璃管内处于接通（ON）状态。在高附着系数路面上制动时，汽车减速度大，水银在玻璃管内靠惯性作用前移，使玻璃管内的电路开关断开（OFF），如图 11-46b)、c) 所示，此信号送入 ECU 就能感知路面附着系数情况。水银式汽车减速度传感器，不仅在前进方向起作用，在后退方向也能送出减速度信号。

(3) 差动变压器式减速度传感器。

差动变压器式减速度传感器的基本结构，如图 11-47 所示。从图 11-47b) 可以看出，差动变压器式减速度传感器由两部分组成，其上部为差动变压器、下部为电子电路。差动变压器主要由一个初级绕组、两个相串联的次级绕组和铁芯组成。直流电经过振荡电路变成交流电压 u_p 加到初级绕组上，因此时穿过铁芯的磁通发生变化，在次级绕组中分别产生电压 u_1 和 u_2。当铁芯在中间位置时，u_1 和 u_2 相等；当铁芯左右移动偏离中间位置时，u_1 和 u_2 不再相等，二者出现一个电压差 u_s，u_s 即是差动变压器的感应电压信号。u_s 的高低与铁芯的位移距离成正比。u_s 信号经过电子电路处理后成为传感器输出信号。

在汽车正常行驶时，差动变压器线圈中的铁芯处于线圈中间位置；当汽车制动减速时，铁芯受惯性力的作用向前移动，使差动变压器内的感应电压信号发生变化。汽车制动时减速度越大，铁芯位移越大，输出电压信号越大。该信号送入 ECU 用来控制 ABS 工作。

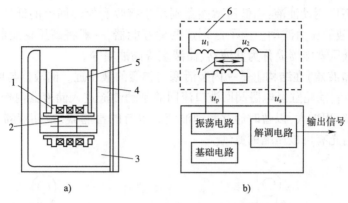

图 11-47 差动变压器式减速度传感器
a)基本结构;b)原理电路
1-线圈;2、7-铁芯;3-变压器油;4-弹簧;5-印刷电路板;6-差动变压器

3) ABS 制动压力调节器

(1) 制动压力调节器。

制动压力调节器是 ABS 中的主要执行器。其作用是接受 ECU 的指令,驱动调节器中的电磁阀动作(或电动机转动等),调节制动系的压力,使之增大、保持或减小,实现制动系压力的控制功能。

① 结构形式。

液压式制动压力调节器主要由电动泵、若干个电磁阀、储液器、蓄能器等元件组成,它串接在制动主缸与制动轮缸之间。

图 11-48 所示是一制动压力调节器的主要结构。电动泵分回液泵和油泵两种。回液泵也称作再循环泵,用于循环调压式制动压力调节器中,多采用柱塞泵,它受 ECU 的控制,由电动机驱动,其作用是在减压过程中将从轮缸流出的制动油液泵回制动主缸。而油泵则用于变容调压式制动压力调节器中,它也受 ECU 的控制,但它与循环调压方式中的回液泵的作用有所不同,主要是用于在控制管路中建立控制油压。

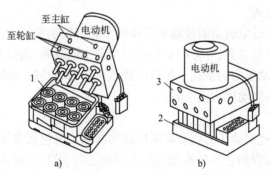

图 11-48 制动压力调节器
a)结构;b)外形
1-电磁阀;2-ECU;3-压力调节器(HCU)

蓄能器根据其储存制动油液的压力范围,分为高压蓄能器和低压蓄能器。高压蓄能器用于储存经电动泵加压后的高压制动油液,并向制动轮缸(循环调压方式)或调压缸(变容

调压方式)供给高压制动油液;而低压蓄能器则用于接收和储存回流的低压制动油液,并可衰减回流制动油液的压力波动。为了区别这两种蓄能器,一般将高压蓄能器简称为蓄能器或储能器,而将低压蓄能器简称为储液器、储液室或储油箱等。

蓄能器(或储液器)在结构上是一内装活塞与弹簧的液压缸。储液器与回液泵的结构如图11-49所示,由制动轮缸经电磁阀回液口流回的制动油液进入储液器内作用于活塞上,并压缩弹簧使储液容积增大,以暂时储存制动油液。也有的蓄能器(或储液器)采用气囊式结构,气囊的气室内充有可被压缩的氮气。

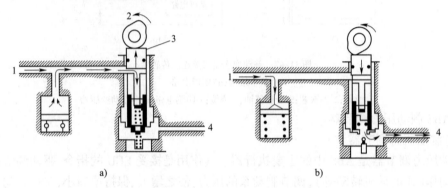

图11-49 储液器与回液泵的结构简图
a)柱塞上行时吸油;b)柱塞下行时泵油
1-接制动轮缸;2-凸轮;3-活塞;4-制动主缸

②调压方式。

ABS的制动压力调节器,可以采用循环调压方式或变容调压方式进行防抱死制动压力调节。

循环调压方式是采用电磁阀来直接调节轮缸的制动压力。它在制动主缸与轮缸之间串联一个电磁阀,通过使制动轮缸中的制动油液流回制动主缸或储液器实现制动压力的减小,又通过使制动主缸或供能装置中的制动油液流入制动轮缸实现制动压力的增大,这种调压方式也称为流通调压方式。

变容调压方式是通过电磁阀的控制来间接调节轮缸的制动压力。它是在汽车原有制动管路上增加一套液压控制装置,并将制动轮缸与制动主缸隔离,通过控制制动管路中容积的增减,来控制轮缸中制动压力的变化。如美国德尔科公司生产的ABSVI制动防抱死系统,就采用了变容调压方式的制动压力调节器。

③工作过程。

在汽车制动时,通过制动压力调节器所形成的制动工况包括常规制动时正常工况(制动无抱死工况)、紧急制动时防止车轮抱死的压力保持工况、减压工况及加压工况4种。

图11-50给出的是ABS系统的液压控制回路。其制动压力调节器采用循环调压方式,对每一个控制通道都设置了1个三位三通电磁阀。该系统共有3个控制通道,因而有3个二位三通电磁阀,ECU按控制电流的大小分3种电流向每个电磁阀通电,可使每个电磁阀有3种工作位置,从而在制动主缸、制动轮缸和回油管路之间建立起液压联系,并使ABS系统实现压力升高、压力保持和压力降低的调节。

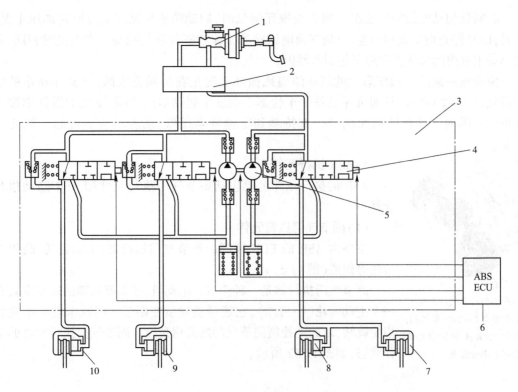

图 11-50 ABS 系统的液压回路

1-制动主缸;2-比例阀与旁通阀;3-ABS 执行器;4-三位三通电磁阀;5-电动泵;6-车轮轮速传感器;7-右后轮制动器;8-左后轮制动器;9-右前轮制动器;10-左前轮制动器

a. 常规制动时正常工况。在常规制动时,车轮均未抱死,ABS 不介入制动压力调控,ECU 不向三位三通电磁阀的电磁线圈供电,这时电磁阀的衔铁在复位弹簧预紧力的作用下而处在图 11-50 所示的最左端位置,使制动液流向制动轮缸(车轮液压缸),实施制动。

b. 紧急制动时的保压工况。当进行紧急制动、ABS 的 ECU 判定某个或某几个车轮正趋于抱死时,系统就进入制动防抱死控制。制动防抱死循环首先进入保压工况,以使车轮充分地进行制动,此时 ECU 向电磁阀通以较小的控制电流(一般为 2～2.5A,约为最大控制电流的一半),衔铁在一定电磁力的作用下克服复位弹簧的弹力运动,即处于图 16-16 所示的中间位置。主缸、轮缸与回油管路之间的油路相互隔断,因而轮缸内的压力保持不变,ECU 再根据车轮的运动状态,判断是否进入下一步控制工况。

c. 紧急制动时的减压工况。在保压工况后,车轮会进入不稳定区域,制动防抱死循环就过渡到减压工况(车轮则在汽车惯性作用下开始加速)。这时,ECU 向电磁阀通以最大控制电流(一般为 5～5.5A),衔铁在较大电磁力作用下,进一步克服弹簧力向上运动而上升到最高位置,即处于图 11-50 所示的右端位置。车轮制动器中的制动油液流回到储油箱。同时,ECU 向回液泵电动机发出通电信号,油泵开始工作,把储油箱中的液压油泵出,形成比制动主缸内的压力要高的油压,该油压把第 1 检验阀(单向阀)向上顶起,制动油液流回到制动主缸内(此时,主缸内的油压经制动踏板与回油泵共同加压形成,并使制动踏板有所回弹),这样车轮制动器内的制动压力迅速下降,避免了车轮抱死的危险。

d. 紧急制动时的加压工况。当车轮抱死解除时,制动防抱死循环就过渡到加压工况。这时,ECU 停止向电磁阀通电,三位三通电磁阀的工作状态又恢复到与正常工况时相同,而把制动主缸内的油压传递到车轮制动器内。

由保压—减压—加压形成的制动防抱死循环工况是在瞬间完成的,其循环动作的频率可达到 3~20 次/s,从而可保证每个车轮都不会发生制动抱死,并将车轮的滑移率控制在最佳范围内。这种防抱死调节一直持续到车速降至很低,或者车轮不再趋于抱死时为止。

4) ASR 执行元件

ASR 的执行元件主要包括副节气门执行元件和 ASR 制动执行元件。

(1) 副节气门执行元件。

主要由 ASR 的 ECU 控制的副节气门执行器、主动齿轮、凸轮轴齿轮等组成(图 11-51)。

副节气门执行器是一种步进式电动机,在其旋转轴的末端安装有一个主动齿轮(小齿轮),它能带动安装在副节气门轴末端的凸轮轴齿轮旋转,以此来控制副节气门的开启角度。副节气门执行元件的工作状态,如图 11-52 所示。

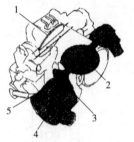

图 11-51 节气门总成
1-主节气门;2-副节气门;3-主动齿轮;4-副节气门执行器;5-凸轮轴齿轮

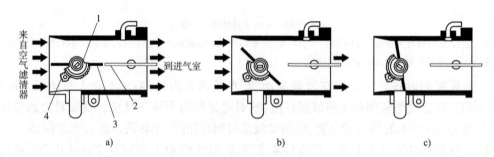

图 11-52 副节气门执行元件的工作状态
a)不运转,副节气门全开;b)半运转,副节气门打开 50%;c)全运转,副节气门全闭
1-凸轮轴齿轮;2-主节气门;3-副节气门;4-主动齿轮

(2) ASR 制动执行元件。

如图 11-53 所示。ASR 制动执行元件包括在比例旁通阀、油泵之间加设的主液压缸切断电磁阀(M/C)、蓄能器切断电磁阀(ACC)、储油箱切断电磁阀(RSV)、ASR 蓄能器、ASR 电动泵(电动供液泵)及压力开关或压力传感器等。

当 ASR 制动执行元件不工作时,M/C 阀、ACC 阀及 RSV 阀均不通电,ACC 阀与 RSV 阀的阀门处于关闭状态,M/S 阀的阀门处于开启状态,制动防滑调节处于关闭状态,而 ABS 的制动防抱死和传统制动系的常规制动均可正常进行。

当 ASR 制动执行元件工作时,ASR 系统的 ECU 向这 3 个电磁阀通电,M/C 阀的阀门关闭,切断主液压缸与后轮制动液压缸的液压通路,ACC 阀与 RSV 阀均开启,制动防滑调节进入工作状态。

单元十一 制动系统构造与检修

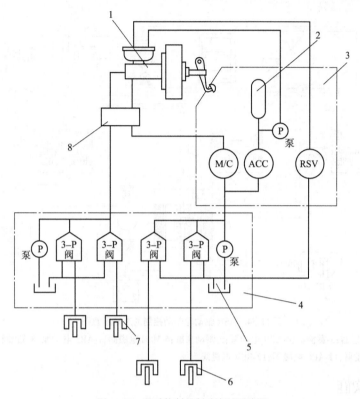

图 11-53 驱动控制的制动液压回路图
1-制动主缸;2-蓄能器;3-ASR 执行元件;4-ABS 执行元件;5-储油箱;6-后轮制动器;7-前轮制动器;8-比例旁通阀

①加压工况。当 ASR 与 ABS 的 ECU 检测到驱动轮开始打滑时,ECU 向 M/C、ACC、RSV 三个电磁阀通电,M/C 阀关闭,ACC 阀、RSV 阀开启,ECU 控制后轮(驱动轮)的 ABS 三位电磁阀进入加压工况,蓄能器经过 ACC 阀向后轮液压缸供给制动油液,以实施制动,从而减小后轮的滑转趋势。

②保压工况。M/C 阀、ACC 阀、RSV 阀继续处于通电状态,而后轮的 ABS 三位电磁阀进入保压工况,暂时保持后轮液压缸内的油压不变,以控制后轮的滑转率在规定范围内。

③减压工况。3 个执行元件继续通电,而后轮的 ABS 三位三通电磁阀进入减压工况,后轮液压缸内的油压经过 ABS 三位三通电磁阀、RSV 阀回流到制动主缸储油箱内,后轮的制动解除,以便在后轮转速过分降低后,又尽快地有所恢复。此时,ABS 的电动泵并不工作。

在图 11-54 中,压力传感器的作用是将蓄能器中的压力信息传送给 ASR 与 ABS 的 ECU,ECU 据此来控制 ASR 电动泵的运转。ASR 电动泵从主缸储油箱中提取制动油液,加压后再送往蓄能器,使蓄能器中的制动油液压力保持在一定范围内,为 ASR 的驱动轮制动控制提供制动能源。

汽车的 ABS 与 ASR 共同构成了汽车的防滑控制系统。现代汽车特别是一些高级轿车采用了集成 ABS 与 ASR 功能于一体的结构,控制系统可共用一个 ECU,以共享 ECU 的硬件与软件资源,这种结构也简称为 ABS/ASR 防滑控制系统。现在这种结构已成为汽车上防滑控制系统的一个发展趋势,目前已有许多高级轿车将 ABS/ASR 防滑控制系统作为标准件或选装件来装备。

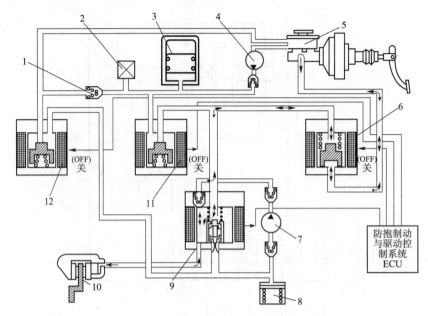

图 11-54　ASR 驱动轮制动控制的工作示意图

1-减压阀；2-压力传感器；3-蓄能器；4-ASR 电动泵；5-制动主缸；6-M/C 电磁阀；7-ABS 电动泵；8-储油箱；9-ABS 三位三通电磁阀；10-后轮制动器；11-ACC 电磁阀；12-RSV 电磁阀

二、任务实施

1. 防滑控制系统的检修

1) 直观检查

直观检查是在 ABS/ASR 出现故障或感觉系统工作不正常时采用的初步目视检查方法，具体常检查以下内容：

(1) 检查驻车制动是否完全释放。

(2) 制动液是否渗漏、制动液液面是否在规定的范围内。

(3) 检查所有 ABS/ASR 的熔断丝、继电器是否完好、插接是否牢固。

(4) 检查 ABS/ASR 的 ECU 连接器（插头和插座）连接是否良好。

(5) 检查有关元器件（轮速传感器、电磁阀体、电动泵、压力警示开关和压力控制开关等）的连接器和导线是否连接良好。

(6) 检查 ABS/ASR 的 ECU、压力调节器等的搭铁线是否接触可靠。

(7) 检查正、负极柱的导线是否连接可靠。

2) 传感器的检测

(1) 传感器的外观检查。

检查车轮转速传感器外观时，应注意以下内容：传感器安装有无松动；传感头和齿圈是否吸有磁性物质和污垢；传感器导线是否破损、老化；插接器是否连接牢固和接触良好，如有锈蚀、脏污，应清除，并涂少量防护剂，然后重新将导线插入连接器，再进行检测。

(2) 传感头与齿圈齿顶端面之间间隙的检查。

传感头与齿圈齿顶端面之间间隙可用无磁性的厚薄规或合适的硬纸片检查。

将齿圈上的一个齿正对着传感器的头部,选择规定厚度的厚薄规或合适的硬纸片,将其放入轮齿与传感器的头部之间,来回拉动厚薄规或硬纸片,其阻力应合适。若阻力较小,说明间隙过大;若阻力较大,说明间隙过小。

(3)传感器电磁线圈及其电路的检测。

使点火开关处于OFF位置,将ABS电子控制单元插接器插头拆下,查出各传感器与电子控制单元连接的相应端子,在相应端子上用万用表电阻挡检测传感器线圈与其连接电路的电阻值是否正常。

若阻值无穷大,表明传感器线圈或连接电路有断路故障;若电阻值很小,表明有短路故障。为了区分故障是在电磁线圈还是在连接电路,应拆下传感器插接器插头,用万用表电阻挡直接测试电磁线圈的阻值。若所测阻值正常,表明传感器连接电路或插接器有故障,应修复或更换。

(4)模拟检查。

为进一步证实传感器是否能产生正常的转速信号,可用示波器检测传感器的信号电压及其波形。其方法是:使车轮离开地面,将示波器测试线接于ABS的ECU插接器插头的被测传感器对应端子上,用手转动被测车轮(传感器装在差速器上的则应挂上前进挡,起动发动机低速运转),观察信号电压及其波形是否与车轮转速相当,以及波形是否残缺变形,以判定传感头或齿圈是否脏污或损坏。

三、评价与反馈

1. 自我评价

(1)通过本学习任务的学习,你是否已经知道以下问题:

①制动系统的功用和要求是什么?

②制动系统有哪些类型?

③鼓式制动器和盘式制动器的结构是什么?

④液压式制动传动装置各部件结构组成是什么?

⑤鼓式制动器和盘式制动器检修内容有哪些?如何检修?

(2)实训操作完成情况如何?

(3)通过本学习任务的学习,你认为自己的知识和技能还有哪些需要加强?

学生签名:_____ _____年___月___日

2. 小组评价(表11-10)

小组评价表 表11-10

序号	评价项目	是否达到要求	记录
1	着装是否符合要求		
2	是否能合理规范使用仪器和设备		
3	是否按照安全和规范流程操作		
4	是否遵守实训场地的规章制度		
5	是否能保持实训场地、工具设备整洁		
6	是否具有团队协作精神		

参与评价的学生签名:_____ _____年___月___日

3. 教师评价

_____

_____

教师签名：_____　_____年___月___日

四、技能考核标准(表11-11)

技能考核标准表　　　　　　　　　　表11-11

序号	检修项目	检修内容	评价标准	配分	得分
1	作业安全/6S	安全文明作业	出现安全事故终止此项目抽查,成绩记零分 1. 着装不规范每处扣3分,扣完为止 2. 作业中没有及时清洁、整理工量具、清扫场地,每次扣2分,扣完为止 3. 垃圾未分类回收,每次扣1分 4. 竣工后未清理考核场地,扣2分 5. 出现工具设备损伤、身体擦伤或碰伤等,每次扣2分,扣完为止 6. 不服从考官、出言不逊,每次扣3分	20	
2	ABS传感器的检测	维修手册使用	查阅维修手册获取规定值不正确,每错一个扣2分（根据工单填写评分）	10	
		传感器的检测	1. 检查方法不正确扣5分 2. 读数错误扣5分 3. 工具选择不正确扣5分	15	
		传感器的外观检查	1. 检查方法不正确扣5分 2. 读数错误扣5分 3. 工具选择不正确扣5分	15	
		传感头与齿圈齿顶端面之间间隙的检查	1. 检查方法不正确扣5分 2. 读数错误扣5分 3. 工具选择不正确扣5分	15	
		模拟检查	1. 检查方法不正确扣5分 2. 读数错误扣5分 3. 工具选择不正确扣5分	15	
3		维修结论	1. 没有零件维修检测结果此项记零分 2. 修理建议不合理扣3分 3. 单次扣完为止,不负分	10	
			总分	100	

思考与练习

(一)填空题

1. 汽车制动防抱死装置的功用是保证汽车在任何路面行进时,自动控制和调整_____,从而得到_____。

2．现代汽车电子控制制动防抱死装置具有_____、_____、_____的优点。
3．车轮纯滚动时,滑移率为_____;车轮纯滑动时,滑移率为_____。滑移率在_____之间时,车轮与地面之间有最大的附着系数。
4．制动防抱死装置由_____、_____和_____等三大部分组成。
5．制动防抱死装置的电控单元接收车轮传感器的_____变化信号,向_____发出_____信号,对制动压力进行调节。
6．制动防抱死装置根据液压调节系统分为_____式和_____式两种;根据控制通道分为_____式和_____式。
7．电动油泵由_____,_____,_____,进、出油阀等零件组成。
8．蓄压器的内部用隔板分成上下两腔,上腔内充有_____,下腔与_____接通。
9．压力开关由_____、_____、_____等零件组成。
10．制动防抱死装置的故障诊断和检查有_____、_____、_____、_____四种方法。
11．波许型液压调节器由_____,_____,_____,_____主、副弹簧_____,_____等组成。
12．本田液压调节器有_____、_____、_____三种工作状态。
13．车轮速度传感器由_____、_____和_____组成。
14．车轮速度传感器的功用是_____车轮速度,并将车轮速度转换成_____传送到_____。
15．制动防抱死装置中三个重要的继电器是_____、_____、_____。
16．车轮速度传感器出现故障,可能是_____脏污,或者_____之间的间隙不符合要求。
17．牵引力控制装置的功用是在汽车_____或_____时,控制车轮不出现_____现象,确保车轮与地面之间有_____和_____。
18．控制牵引力的方法有_____、_____和_____三种。
19．丰田佳美车型制动防抱死装置采用了_____传感器_____通道控制方式。
20．丰田佳美车型制动防抱死装置在车轮正常制动时,电磁阀使系统压力处于_____状态,当车轮有抱死趋势时,电磁阀使系统压力处于_____状态,当车轮继续抱死时,电磁阀使系统压力处于_____状态。
21．上海桑塔纳2000GSI型汽车选装了_____通道控制方式。

(二) 判断题

制动防抱死装置就是使汽车在紧急制动时,防止车轮不完全抱死。　　　　　　(　　)

(三) 简答题

1．简述制动防抱死装置的基本工作原理。
2．ABS的控制方案有哪几种?目前用得较多的控制方案是什么?
3．ABS的工作特性有哪几点?
4．ASR具有哪些功能?
5．ABS的种类有哪些?各有何特点?

单元十二　底盘故障诊断与排除

学习任务　底盘常见故障诊断

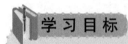

知识目标
1. 能叙述汽车底盘综合故障诊断方法；
2. 能叙述汽车底盘各大系统的常见故障现象、故障原因、故障诊断步骤。

技能目标
1. 能综合运用各种方法对汽车底盘故障进行诊断；
2. 能查阅维修资料，运用常用及专用工具，对底盘各大系统常见故障进行诊断与排除。

49 课时。

一、理论知识准备

1. 汽车底盘常见故障诊断方法

1)"望、闻、问、切"诊断法

"望、闻、问、切"是祖国医学诊断疾病的主要方法，而此方法也同样适用于汽车底盘的诊断。"望、闻、问、切"诊断法也是当前汽车底盘故障诊断中最实用且较为快速、有效的方法之一。汽车诊断和维修人员在看到待维修的汽车后：首先，应查看汽车使用的年限、形式；对于经验丰富的维修工作者，可通过直接观察汽车外观或者是翻转驾驶室查看汽车来判断汽车的使用情况。其次，向车主询问汽车型号、故障部位以及症状、汽车维修与维护记录等等，以便更好地掌握汽车结构和性能。最后，由汽车维修人员凭借自身的经验和所掌握的知识等，对汽车底盘的故障进行有效排查，从而诊断与维修汽车底盘。

2)经验诊断法

经验诊断法须维修人员或驾驶员具备丰富且过硬的维修技术和维护知识。在具体实践过程中,无论是汽车维修人员还是驾驶员,都必须不断学习新的理论知识,并不断强化自身实践能力,以便更好地应对汽车底盘故障。

3)观察法

汽车维修人员依据车主提供的故障信息对汽车底盘进行排查,并仔细观察故障发生情况,从而判断出引发故障的原因,并作出维修对策。此种故障诊断方法在实践中也比较常用,主要是通过直接观察底盘而判断出故障部位并维修。

4)听音诊断法

听音也是维修人员和汽车驾驶员判断底盘有无故障或故障程度的主要方法,听音主要是听汽车发动、使用时的声音;若声音与正常声音不同或掺杂了其他的声响时,可判断是否是底盘故障。通常来说,只有经验比较丰富的维修人员或对自己驾驶的车辆十分熟悉的驾驶员,才能够通过听音诊断出汽车底盘故障。

5)专用仪器法

现代汽车都是由电脑控制工作的,如果哪个电控系统有故障,此电控系统的控制电脑就会存储故障代码,用专用仪器才可以读出相关的故障代码,这样以便于快速、准确地查找故障并进行维修。汽车解码器是专业的汽车维修、汽车检测工具。汽车故障检测器除了提供检测汽车故障代码、清除故障代码、数据流、元件测试、维护灯归零、读电脑版本、基本设定、匹配调整,甚至还提供汽车故障诊断流程和电路资料(比如奔驰、宝马专用检测仪),为汽车维修提供了众多方便。而部分解码器自带了示波器功能,如果熟悉标准波形数据,在与实际波形数据进行对比分析后,可使维修工作更加准确快捷。

2. 离合器常见故障

1)离合器打滑

(1)故障现象。

①当汽车起步时,离合器踏板完全放松后,发动机的动力不能全部输出,造成起步困难。

②汽车在行驶中车速不能随发动机转速提高而迅速提高,即加速性能差。

③汽车重载、爬坡或行驶阻力大时,由于摩擦产生高热而烧毁摩擦片,可嗅到焦臭味。

(2)故障原因。

导致离合器产生打滑的根本原因是:离合器压紧力下降和摩擦片表面技术条件恶化,使摩擦系数降低,从而导致摩擦力矩变小。其具体原因如下:

①离合器踏板自由行程过小,当摩擦片稍有磨损,便使分离轴承经常压在膜片弹簧上,导致压盘处于半分离状态。

②离合器盖与飞轮的固定螺栓松动,膜片弹簧的弹力减弱,或弹簧因高温退火、疲劳、折断等原因而使弹力减小,致使压盘上的压力降低。

③摩擦片磨损过其变薄,铆钉外露;摩擦片表面有油污、老化或烧毁。

④离合器压盘和从动盘变形或磨损变薄。

⑤分离轴承与分离套筒运动不自如。

(3)故障诊断与排除。

诊断方法:将驻车制动拉杆拉紧,换至低速挡,起动发动机后,踏下加速踏板,缓慢抬起离合器踏板,若汽车不能前进而发动机又不熄火,即为离合器打滑。

排除方法：首先检查离合器踏板自由行程，如不符合标准，则故障由此引起；否则，检查液压及机械操纵机构是否有卡滞，若有，则故障由此引起；否则，应检查离合器盖与飞轮的固定螺栓是否松动，若松动，故障由此引起；否则，应检查摩擦片表面是否沾有油污、硬化或铆钉外露等现象，若有，故障由此引起；若摩擦片完好，则应检查压紧弹簧的弹力，若弹力过弱，则故障由此引起；若上述检查均未发现问题，应检查压盘和飞轮摩擦表面的磨损及变形情况，若有伤痕或磨出台阶，或压盘、飞轮翘曲过大，则故障由此引起。

2）离合器分离不彻底

（1）故障现象。

发动机在怠速运转时，离合器踏板完全踏到底，挂挡困难，并有变速器齿轮撞击声；若勉强挂上挡后，不等抬起离合器踏板，汽车就冲撞起动或发动机熄火；行驶时换挡困难，且变速器齿轮有撞击声。

（2）故障原因。

①离合器踏板自由行程过大。

②液压系统中有空气或油量不足有泄漏。

③分离叉支点或分离轴承磨损。

④分离杠杆内端高度不一致或过低、膜片弹簧分离指弹性衰损产生变形或内端磨损。

⑤新换摩擦片过厚或从动盘正反装错。

⑥从动盘毂键槽与变速器第一轴的花键配合过紧或拉毛、锈蚀而发卡。

⑦从动盘铆钉松脱、摩擦片破裂、钢片变形严重。

⑧压紧弹簧弹力不均或个别弹簧折断。

（3）故障诊断与排除。

诊断方法：

①可在发动机起动后脱开离合器，试进行变速器齿轮啮合操作，此时如齿轮发出异响并难以啮合时，可判断为离合器分离不彻底。

②也可将变速器挂入空挡，踏下离合器踏板，一人在下面用螺丝刀拨动从动盘。如果能轻轻拨动，说明离合器能分离；如果拨不动，则说明离合器分离不彻底。

排除方法：首先检查离合器踏板自由行程，若过大则故障由此引起；若不是，检查新换的摩擦片是否过厚，若过厚，则故障由此引起。若不是，检查液压系统是否有泄漏或有空气，对机械操纵机构则应检查钢索及传动杆件是否损坏、卡滞。如有，则故障由此引起。如果上述调整、检查均无效，应将离合器拆卸并分解，检查各部件的技术状况，如有损伤部件则故障由此引起。

3）离合器发抖（接合不平顺）

（1）故障现象。

汽车起步时，离合器接合不平稳产生振抖，严重时会使整个车身发生振抖现象。

（2）故障原因。

①分离杠杆或膜片弹簧分离指内端面高度不一致。

②压紧弹簧弹力不均、衰损、破裂或折断、扭转减振弹簧弹力衰损或弹簧折断。

③从动盘摩擦片接触不平、表面硬化或粘上胶状物、铆钉松动、露头或折断。

④飞轮工作面、压盘或从动盘钢片翘曲变形。

⑤从动盘上花键毂键槽磨损过甚或花键因锈蚀、脏污、滑动不灵活。
⑥发动机前后支架的橡胶老化,固定螺栓松动或飞轮、离合器壳或变速器固定螺钉松动。
⑦变速器第一轴弯曲或与发动机曲轴中心线不同心。
⑧离合器总成与踏板之间的操纵机构连接松动。
(3)故障诊断与排除。

诊断方法:使发动机怠速运转,反复以低速挡或倒车挡缓慢起步,判断离合器接合是否平顺,如车身抖动,即为离合器发抖。当感觉不明显时,可改为陡坡道起步。

排除方法:首先用扳手检查变速器、发动机及飞轮的固定螺栓是否松动,若松动,则故障由此引起。若无松动,则检查离合器总成和踏板之间的液压操纵或机械操纵部件有无松动,若有,则故障由此引起。若无,则拆下离合器总成,检查各部件是否有损伤,如有,则故障由此引起。

4)离合器异响
(1)故障现象。

离合器在接合或分离时,出现不正常的响声。

(2)故障原因。

①离合器踏板没有自由行程,分离杠杆或膜片弹簧分离指内端和分离轴承总是接触。
②离合器踏板复位弹簧过软、折断或脱落。
③分离套筒复位弹簧过软、折断或脱落。
④分离轴承或导向轴承润滑不良、磨损松旷或烧毁卡滞。
⑤从动盘扭转减振弹簧折断后,发生扭转振动时,发出振动声。
⑥从动盘摩擦片裂损、铆钉松动、露头或从动盘毂与变速器输入轴花键磨损严重。
(3)故障诊断与排除。

诊断方法:发动机怠速运转,若在离合器接合时,或踩下离合器踏板少许消除自由行程后,或离合器踏板踩到底过程中,离合器发出不正常响声,则为离合器异响。

排除方法:

①首先检查踏板自由行程是否正确,若不正确,则故障由此引起。若正确,起动发动机进行下一步。

②踩下离合器踏板少许,使分离轴承刚与分离杠杆接触时,若听到"沙、沙、沙"的响声,先加油润滑分离轴承,加油后如响声消失,则为轴承缺油。若加油后响声仍不消失,则是分离轴承损坏。若不是,继续检查。

③改变发动机转速,并反复踩动离合器踏板,若发出"吭"或"咔"的响声,则故障可能是减振弹簧疲劳或断裂、从动盘与花键套铆接松动或是从动盘花键孔与轴配合松旷。若在离合器处于刚接合或刚分离时,发出"咔哒"的碰击声,则故障由摩擦片松动引起;若发出金属刮研声,则故障由铆钉露头引起;若发出连续噪声或间断的碰击声,则故障由分离轴承与分离杠杆内端间隙引起。若不是,继续检查。

④踏板踩到底,发出连续"咔啦、咔啦"声,且分离不彻底时尤为严重,放松踏板后响声消失,则故障由离合器盖驱动窗孔与压盘凸块松旷或传动销与压盘孔配合松旷引起,双片离合器特别容易产生此故障。若不是,继续检查。

⑤当离合器踏板完全抬起时,听到有摩擦碰撞声,一般为分离轴承和膜片弹簧分离指之间间隙太小所致。如分离套筒复位弹簧失效,踏板虽已抬起,但分离轴承没有复位,或踏板复位弹簧失效,当用手将离合器踏板拉起时,声音消失,则证明是踏板复位弹簧失效。

3. 手动变速器常见故障

变速器常见的故障为换挡困难、跳挡、乱挡、异响及漏油等。

1) 换挡困难

(1) 故障现象。

在进行正常变速操作时,变速杆不能挂入挡位,或者勉强挂上挡后又很难摘下来。

(2) 故障原因。

① 变速杆下端磨损或控制杆弯曲。

② 拨叉或拨叉轴磨损、松旷、弯曲。

③ 自锁或互锁弹簧过硬、钢球损伤。

④ 操纵机构中控制连杆机构动作不良。

⑤ 同步器故障(磨损或损坏)。

⑥ 变速器轴弯曲变形或花键损伤。

(3) 故障诊断与排除。

① 诊断方法:首先应确认离合器分离状态正常,然后使发动机怠速运转,踩下离合器踏板,试进行各挡位变换。检查变速杆是否卡滞、沉重等。当用这种方法不易判断时,可进行实车行驶试验。

② 排除方法:

a. 汽车行驶时发生换挡困难现象,首先检查离合器能否分离彻底、操纵机构能否工作。

b. 如上述情况良好,应拆开变速器盖,检查拨叉是否弯曲、拨叉的固定螺栓是否松动、拨叉轴与导向孔是否锈蚀,如有,则故障由此引起。

c. 检查自锁和互锁装置是否卡滞,如有,则故障由此引起。

d. 检查变速器轴花键损伤情况或轴弯曲,如有,则故障由此引起。

e. 检查同步器磨损或损坏情况,如有,则故障由此引起。一般同步器可检查以下几个方面:

同步环与锥体接触状态和制动作用:在锥体上涂齿轮油,再把同步环推上锥体并回转,如环与锥体可紧密接合即为良好。

同步环油槽与锥体的磨损状态:测量同步环推到锥体上后的间隙,如该值与规定值相等即为良好。

同步环与接合套安装面的位置关系是否正确。

2) 变速器跳挡

(1) 故障现象。

汽车在加速、减速或爬坡时,变速杆自动跳回空挡位置。

(2) 故障原因。

① 变速杆没有调整好或变速杆弯曲,远程控制杆机构磨损或调整不良。

② 拨叉轴向自由行程过大或凹槽位置不正确,拨叉凹槽磨损及拨叉磨损、变形。

③自锁钢球磨损或破裂,自锁弹簧弹力不够或折断。

④变速器轴、轴承磨损松旷或轴向间隙过大以及变速器壳松动或与离合器壳没对准,造成轴转动时齿轮啮合不足而发生跳动和轴向窜动。

⑤齿轮或接合套严重磨损,沿齿长方向磨成锥形。

⑥同步器磨损或损坏。

(3)故障诊断。

①诊断方法:车辆行驶时,反复加速、减速,检查在各挡位上变速杆是否容易脱出,如这种方法效果不明显时,可在爬陡坡等条件下以发动机制动进行检查。

②排除方法。

a. 发现某挡跳挡时,仍将操纵杆挂入该挡,将发动机熄火。先检查操纵机构调整是否正确,然后再拆开变速器盖检查齿轮啮合情况和同步器啮合情况。如果啮合情况不好,应检查轴承是否磨损松旷,拨叉是否变形,拨叉与接合套上的叉槽间隙是否过大;如果啮合情况良好,应检查操纵机构锁止情况。如锁止不良,须拆下拨叉轴,检查自锁钢球、弹簧或拨叉轴凹槽情况。

b. 若齿轮啮合和操纵机构均良好,应检查齿轮是否磨成锥形,以及轴是否前后移动。如有,则故障由此引起。否则,故障为变速器壳松动或与离合器壳没对准而引起的跳挡。

3)变速器乱挡

(1)故障现象。

在离合器技术状况正常情况下,变速器同时挂上两个挡或虽能挂上挡,但却不能挂入所需要的挡位,或者挂入后不能退出。

(2)故障原因。

主要为变速操纵机构失效。

①变速杆球头定位销磨损、折断或球孔、球头磨损、松旷。

②拨叉槽互锁销、球磨损严重或漏装。

③变速杆下端工作面或拨叉轴上导块的导槽磨损过度。

(3)故障诊断与排除。

①诊断方法。

车辆行驶时,操纵变速杆进行换挡试验。检查是否有同时挂上两个挡或挂上的挡位不是所需要的挡位时。

②排除方法。

a. 挂需要挡位时,结果挂入别的挡位。检查变速杆摆转角度,若其能任意摆,且能打圈,则为定位销损坏或失效。

b. 当变速杆摆转角正常,仍挂不上或摘不下挡,则多为变速杆下端工作面磨损或导槽磨损,使变速杆下端从导槽中脱去。

c. 若同时挂上两个挡,则为互锁装置磨损或漏装零件。

4)变速器异响

(1)故障现象。

变速器工作时,发出不正常声响,如金属的干摩擦声、不均匀的碰撞声等。

(2)故障原因。

①轴承发响:轴承缺油、磨损松旷、疲劳剥落或轴承滚动体破裂。

②齿轮发响:齿轮磨损严重,齿侧间隙太大,齿面有金属疲劳剥落或个别齿损坏折断等;齿轮制造精度差或齿轮副不匹配,维修中未成对更换相啮合的两齿轮;齿轮与轴或轴上花键配合松旷;安装齿轮的轴弯曲等。

③操纵机构发响:变速器操纵机构各连接处松动,拨叉变形或磨损松旷。

④其他原因发响:变速器缺油,润滑油过稀、过稠或质量变坏;变速器与发动机安装时曲轴与变速器第一轴轴线不同心,或变速器壳体变形;壳体轴承孔修复后,轴心发生变动或使两轴线不同心,变速器壳体前端面与第一、二轴轴心线垂直度或一、二轴与曲轴同轴度超差;变速器内掉入异物或某些紧固螺栓松动。

(3)故障诊断与排除。

①诊断方法:当发动机怠速运转时,使变速杆处于空挡位,检查接合和分离离合器过程中有无异响,如离合器接合时发生异响,离合器分离时异响消失,说明异响发生在变速器。也可进行实车行驶,检查在变速挡位有无异响。此时,应区别驱动时与怠速的异响。

②排除方法:在排除变速器异响时,要根据响声的特点、出现响声的时机和发响的部位判断响声的原因,然后予以排除。

a.发动机怠速运转,变速器空挡时发响,多为常啮合齿轮响。

b.变速器换入某一挡位时,响声明显,应检查该挡齿轮和同步器的磨损及齿轮啮合情况。

c.变速器各挡均有异响,多为基础件、轴、齿轮、花键磨损使形位误差超限。

d.变速器运转时有金属干摩擦声,多为变速器内润滑油有问题,应检查液面高度和油的质量。

e.变速器工作时有周期性撞击声,则为齿轮个别齿损坏。变速器工作时有间断性的异响,可能为变速器内掉入异物所引起。

5)变速器漏油

(1)故障现象。

变速器壳体外围有油泄漏,变速器的齿轮油减少。

(2)故障原因。

①变速器的盖与壳体之间安装松动或者密封垫损坏;

②油封磨损、变形或损伤;通气口堵塞、放油螺塞松动;

③齿轮油过多或齿轮油选用不当,产生过多泡沫;

④变速器壳龟裂或损伤或延伸壳破裂;

⑤车速里程表接头锁紧装置松动或破损。

(3)故障诊断。

①诊断方法:按油迹部位检查油液泄漏原因。

②排除方法。

a.检查调整变速器油量。检查齿轮油质量,如质量不佳,应更换合适的齿轮油。

b.疏通堵塞的通气口,更换损坏的密封垫和油封。

c.更换损坏的变速器壳和延伸壳。

d. 紧固松动的变速器盖、壳螺栓及放油螺塞。
e. 拧紧车速表接头锁紧装置,如果锁紧装置破损,应予以更换。

4. 自动变速器常见故障

1)汽车不能行驶

(1)故障现象。

①换挡手柄置于任一前进挡或倒挡,汽车均不能行驶。

②汽车冷起动后可以行驶一段时间,但自动变速油温度升高后汽车就不能行驶。

(2)故障原因。

①因泄漏而使自动变速器油过少或漏光,从而导致变矩器不能传递动力或变速器换挡执行机构不能正常工作。

②油泵损坏或油泵进油滤网严重堵塞,导致自动变速器主油路不能建立正常油压而使汽车不能行驶。

③换挡手柄与手动阀之间的连接杆或拉索松脱,使得换挡手柄置于前进挡或倒挡时,手动阀仍然在空挡或停车挡位置。

④液压控制系统中的主油路或主油路油压调节器有堵塞,导致变矩器不能传递动力或变速器换挡执行机构不能正常工作。

⑤变速器损坏而不能传递动力。

⑥变矩器损坏而不能传递动力。

(3)故障诊断与排除。

故障诊断可按图12-1所示流程进行。

①检查自动变速器的液面高度。如果液面过低或无油,应检查变速器油底壳、液压油散热器及油管等处有无破损漏油;如果液面正常,进行下一步检查。

②检查自动变速器换挡手柄与手动阀摇臂之间有无松脱。如果有松脱,应予以装复并调整好手柄的位置;如果无松脱,进行下一步检查。

③检查主油路的油压。拆下主油路测压孔上的螺塞,起动发动机。将换挡手柄置于前进挡或倒挡,看测压孔有无液压油流出。

a. 如果测压孔无液压油流出,或虽有油流出但流量很小(油压很低),应打开变速器油底壳,检查油泵的滤网有无堵塞、若滤网无堵塞,则需拆开变速器检查油泵、油压调节器及有关的油路。

b. 如果在冷车起动时有一定的油压,而在温度上升后油压明显下降,则说明是油泵磨损严重,应更换油泵。

c. 如果测压孔有大量油喷出,说明变速器不传递动力不是由于主油路无油压造成的。这时,可拆下变速器油底壳,检查手动阀摇臂轴与摇臂之间是否松脱,若无松脱,则需拆检齿轮变速器。如果齿轮变速器无故障,则需检查或更换液力变矩器。

2)升挡过迟

(1)故障现象。

在汽车行驶中,自动变速器升挡时的车速明显偏高,升挡时发动机的转速也明显高于正常值;需采用提前升挡的操作方法(松开加速踏板)才能使自动变速器升入高挡或超速挡。

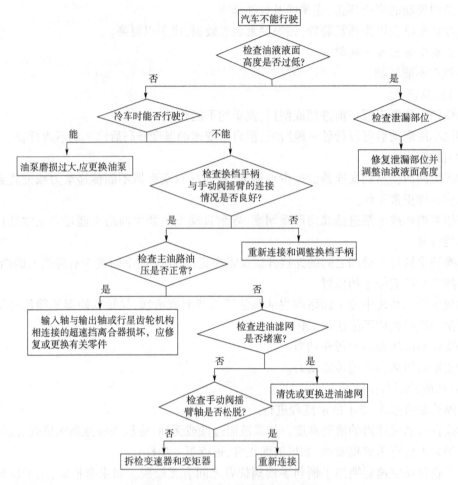

图 12-1 汽车不能行驶故障诊断流程图

(2) 故障原因。

①节气门拉索或节气门位置传感器调整不当。

②调速器存在故障,输出轴上调速器进出油孔密封损坏。

③主油路油压或节气门油压过高。

④强制降挡开关短路。

⑤传感器故障。

(3) 故障诊断与排除。

故障诊断可按图 12-2 所示流程进行。

①检查节气门拉索和节气门位置传感器的调整情况。如果不当,予以调整或更换。

②检测发动机怠速时的主油路油压。如果油压过高,应通过节气门拉索进行调整。若调整后不能使油压降低,则需拆检油压调节阀油压电磁阀及其油路。

③检测速控油压,速控油压应随车速的升高而增大,将不同转速下测得的速控油压与规定值比较,若油压太低,说明速控阀存在故障或速控阀油路存在泄漏。此时,应拆检自动变速器,检查速控阀固定螺钉是否松动、速控油路密封环是否损坏、阀芯是否卡滞或磨损过度。

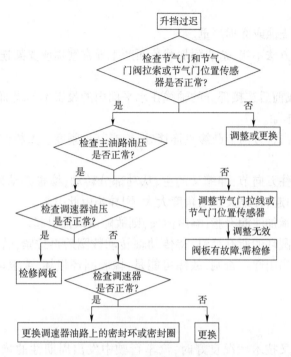

图 12-2　升挡过迟故障诊断流程图

如果速控油压正常，升挡过迟的原因可能是换挡阀工作不良。应拆卸阀体检查，必要时更换。

④若为电子控制自动变速器，还应检查自动变速器电脑与传感器和油压控制电磁阀之间的线路，如果线路均良好，则进行下一步检查。

⑤检查节气门位置传感器、车速传感器和油压电磁阀。如果均为良好，则需更换电脑再试。

5. 万向传动装置常见故障

1）异响

（1）故障现象。

①万向节、传动轴伸缩叉响。

在汽车起步和突然改变车速时，传动轴发出"吭"的响声；在汽车缓行时，发出"咣当、咣当"的响声。

②中间支承松旷。

汽车运行中出现一种连续的"呜呜"响声，车速愈高响声愈大。

（2）故障原因。

①万向节、传动轴伸缩叉响。

a. 万向节凸缘盘连接螺栓松动。

b. 万向节主、从动部分游动角度太大。

c. 万向节轴承、十字轴磨损严重。

d. 万向节、传动轴伸缩叉磨损松旷。

②中间支承松旷。

a. 滚动轴承缺油烧蚀或磨损严重。

b. 中间支承安装方法不当,造成附加载荷而产生异常磨损或支架连接松动。

c. 橡胶圆环损坏。

d. 车架变形,造成前后连接部分的轴线在水平面内的投影不同线而产生异常磨损。

(3) 故障诊断与排除。

①用榔头轻轻敲击各万向节凸缘盘连接处,检查其松紧度。太松旷,则故障由连接螺栓松动引起。

②用双手分别握住万向节,伸缩叉的主、从动部分转动,检查游动角度。万向节游动角度太大,则异响由此引起;伸缩叉游动角度太大,则异响由此引起。

③给中间支承轴承加注润滑脂,响声消失,则故障由缺油引起。

④松开夹紧橡胶圆环的所有螺钉,待传动轴转动数圈后再拧紧,若响声消失,则故障由中间支承安装方法不当引起。否则,故障可能是:橡胶圆环损坏、或滚动轴承技术状况不佳或车架变形等引起。

2) 振动

(1) 故障现象。

在万向节和伸缩叉技术状况良好时,汽车行驶中发出周期性的响声;速度越高响声越大,甚至伴随有车身振动,握转向盘的手感觉麻木。

(2) 故障原因。

①传动轴弯曲或传动轴管凹陷、传动轴上的平衡块脱落。

②传动轴管与万向节叉焊接不正或传动轴未进行过动平衡试验和校准。

③伸缩叉安装错位,造成传动轴两端的万向节叉不在同一平面内,不满足等角速传动条件。

④中间支承吊架固定螺栓松动或万向节凸缘盘连接螺栓松动,使传动轴偏斜。

(3) 故障诊断。

①检查传动轴管是否弯曲或凹陷,如有弯曲或凹陷,则故障由此引起。

②检查传动轴管上的平衡片是否脱落,如脱落,则故障由此引起。

③检查伸缩叉安装是否正确,不正确,则故障由此引起。

④拆下传动轴进行动平衡试验,动不平衡,则故障由此引起。

⑤检查中间支承吊架固定螺栓和万向节凸缘盘连接螺栓是否松动,若有松动,则异响由此引起。

6. 驱动桥常见故障

1) 异响

(1) 故障现象。

驱动桥在运行时发出不正常的响声,可分为驱动时发出异响、滑行时发出异响及转弯行驶时发出异响等。

(2) 故障原因。

①齿轮油油量不足、油质变差,特别是油内有较大金属颗粒。

②驱动桥内轴承损伤、严重磨损松旷或齿轮齿面磨损、点蚀、轮齿变形或折断。

③主减速器齿轮副严重磨损、啮合面调整不当、啮合间隙不符合标准(太大或太小),啮合间隙不均或未成对更换。

④差速器壳与行星齿轮轴配合松动、行星齿轮轴孔与其轴磨损松旷。

⑤半轴齿轮与行星齿轮啮合间隙不符合标准(过大或过小)或半轴齿轮与半轴花键配合松旷。

(3)故障诊断。

①将变速器挂入空挡,架起驱动桥,用手转动驱动桥输入轴凸缘检查其游动角度,若其游动角度过大,则故障由齿轮啮合间隙或半轴花键配合间隙过大引起。

②检查驱动桥内油量、油质、油型号,若不符合要求,则故障由此引起(同时有驱动桥发热现象)。

③驱动桥油量、油品检查正常,则可行车路试进一步检查。

a.汽车挂挡行驶、脱挡滑行均有异响,故障多由主减速器齿轮啮合间隙不当、轮齿变形、齿面技术状况(磨损、点蚀、胶合等)变差或轴承松旷引起。

b.汽车挂挡行驶有异响,脱挡滑行声响减弱或消失。故障由主减速器齿轮轮齿的正面磨损严重或损伤,而齿的反面技术状况良好或齿轮间隙调整不当引起。

c.汽车起步或突然变速时发出"吭"的一声,或汽车缓速时发生"咔啦、咔啦"的撞击声,故障由齿轮啮合间隙过大或半轴齿轮与半轴花键配合间隙过大引起。

d.汽车行驶时发出周期性的金属撞击声,故障由齿轮个别轮齿折断引起。

e.汽车转弯行驶有异响,直线行驶时声响减弱或消失,故障一般由半轴齿轮或行星齿轮的齿面严重磨损、齿面点蚀、轮齿变形或折断、行星齿轮轴磨损等引起。

f.汽车直线行驶和转弯行驶时,均有"吭呲、吭呲"的碰擦声,严重时产生金属撞击声,故障由半轴或套管弯曲变形引起。

g.汽车行驶中异响时有时无,或有时呈周期性变化,则故障一般由齿轮油中有杂物引起。

2)漏油

(1)故障现象。

从驱动桥加油口、放油口螺塞处或油封、各接合面处可见到明显漏油痕迹。

(2)故障原因。

①加油口、放油口螺塞松动或损坏,通气孔堵塞。

②油封磨损、硬化,油封装反,油封与轴颈磨成沟槽。

③接合平面变形、加工粗糙,密封衬垫太薄、硬化或损坏,紧固螺钉松动或损坏。

④桥壳有铸造缺陷或裂纹。

(3)故障诊断。

①检查加油口、放油口螺塞是否松动;密封垫是否损坏;通气孔是否堵塞:若有,则故障由此引起。

②检查油封是否磨损,损坏或装反:若有,则故障由此引起。

③检查桥壳是否有缺陷或裂纹:若有,则故障由此引起。

3)过热

(1)故障现象。

汽车行驶一段里程后,用手探试驱动桥壳中部或主减速器壳,有十分烫手的感觉。

(2) 故障原因。

① 齿轮油变质、油量不足或牌号不符合要求。

② 轴承预紧度过大或齿轮啮合间隙过小;推力垫片与齿轮背隙过小。

③ 油封过紧或各运动副、轴承润滑不良而产生干(或半干)摩擦。

(3) 故障诊断。

① 检查齿轮油液面高度,液面太低,则故障由油量不足引起,应按规定添加齿轮油。

② 若油量充足,则应检查齿轮油规格、黏度或润滑性能,如检查结果不符合要求,则故障由齿轮油变质或牌号不符引起,应排尽原来的齿轮油,冲洗桥壳内部,换上规定型号的润滑油。

③ 手触摸油封处:若过热,则故障由油封过紧或损伤引起,应重新装配或更换油封。

④ 用手触摸轴承处:若过热,则故障由轴承损坏或调整不当引起,应更换损坏的轴承或调整轴承。

⑤ 若不是上述问题,则应检查齿轮啮合间隙。先松开驻车制动器,变速器置于空挡,然后轻轻转动主减速器的凸缘盘,若转动角度太小,则故障由主减速器齿轮啮合间隙太小引起;若转动角度正常,则故障由行星齿轮与半轴齿轮啮合间隙太小或推力垫片与齿轮背隙过小引起。应重新调整上述齿轮啮合间隙。

7. 四轮驱动系统常见故障

四轮驱动系统的常见故障与其他传动系统的部件类似,主要表现为在噪声、振动和传递动力失效。

造成驱动系统振动和噪声的主要原因是万向节所产生的振动和噪声,由于四轮驱动系统中使用的万向节数量较多,比两驱汽车约多一倍,当这些万向节磨损松旷时,更容易造成汽车在行驶中出现振动和噪声。

此外,驱动系统内部零件之间的间隙磨损变大,也会造成汽车产生噪声。这种噪声的特点是,当驾驶员急速踩动加速踏板时,或急速放松加速踏板时,驱动轮系内部会产生很大的响声。在放松加速踏板怠速行驶时,有时也会产生连续的异常响声,这是由于发动机输出转矩变动所引起的敲击声,一般称为浮动噪声。诊断时可根据噪声的特点、出现的部位和时机来判断故障点。

8. 汽车巡航控制系统的常见故障

1) 巡航控制系统不工作

出现巡航控制系统不工作的故障,首先要检查所有的熔断丝,然后目测检查系统有无电气线路连接点脱落、接触端子腐蚀生锈、线路绝缘损坏以及真空管路变形、扭结和泄漏等。如果目测正常,没有不良情况,可参考下列步骤继续检测。

(1) 踩住制动踏板,观察制动灯是否正常发光。如果制动灯不亮且并非灯泡损坏,则检查制动灯开关及与巡航控制系统相关的电路。

(2) 如果车辆装备的是手动变速器,检查离合器开关的工作是否正常。用欧姆表或电压表检测并判断其工作情况。

(3) 检查执行器操纵杆和节气门拉索动作是否正常。

(4) 如果巡航控制系统是气动式的结构,需要检查执行器的单向阀是否良好。断开单向阀和执行器之间的真空管(在执行器侧边的单向阀),在管子的开口端施加 60kPa 的真空,单向阀应能保持住真空,否则需更换单向阀。

(5)检查真空泄放阀工作是否正常。

(6)检测控制开关和相关线路,对照电路图检查线路连接是否正确可靠,对照开关连通图检查开关端子之间的对应关系是否正确。

(7)检测执行器的工作情况。

(8)检测车速传感器的工作情况。

(9)如果所有检测均表明工作正常,但巡航控制系统还不能工作,则需更换电控单元。

2)巡航控制系统控制车速不能稳定

当车辆进入巡航控制状态,并且设置好巡航车速之后,车速却明显忽高忽低,这种现象又称为"游车"。对于无自诊断功能的巡航控制系统,当出现"游车"时需进行以下检查步骤。

(1)检查执行器连杆机构操作是否平稳,有无间隙过大等松旷情况。

(2)检查车速表软轴走向是否适当并检查软轴上有无扭结。

(3)检测伺服机构动作是否正常可靠。

(4)检查车速传感器工作是否正常。

(5)检查真空泄放阀的动作是否正常。

(6)检查所有的电气连接是否正确、可靠。

(7)如果所有检测均表明工作正常,但巡航控制系统还不能工作,需更换电控单元。

3)航控制系统出现间歇性工作

巡航控制系统工作时间歇性动作,通常因电气连接或真空连接松动引起。如果目测检查不能查出故障,进行汽车行驶检测并在出现故障时进行辨别。如果在正常巡航中出现故障,从第(1)步开始;如果在控制键操作时或打转向盘时出现故障,则从第(3)步开始。

(1)如果是气动式执行器,将真空表连接到执行器的入口管处,应该至少有 80kPa 的真空度。

(2)检测执行器的工作是否正常。

(3)利用维修手册中的开关连通性图表和系统原理图检测开关的动作,转动转向盘到最大角度的同时检测开关。

如果转向盘转动时欧姆表的阻值显示呈现增减变化,可能性最大的原因是接触滑环变脏。可以拆下转向盘,清洁滑环与电刷,并在电刷上薄薄地涂一层用介电润滑剂。如果阻值超出技术要求值,则检查开关和搭铁回路。

如果行驶(或道路检测)检测不能识别故障,进行模拟道路试验的同时晃动电气线路、插接器和真空管路、阀体的连接处,以便将故障隐患找出。

4)巡航控制系统故障自诊断

汽车电子巡航控制系统通常都具有较强的故障自诊断功能。在进行故障自诊断测试时,首先应检查巡行(Cruise Main)指示灯是否正常。当巡航控制主开关接通时,巡行指示灯应点亮。

若在巡航控制行驶期间车速传感器或执行器等发生故障,ECU 会执行巡航控制的自动取消(Auto Cancel)功能,并使巡行指示灯闪烁,告诉驾驶员系统出了故障。与此同时,故障内容以故障代码的形式存入存储器。

在进行故障自诊断测试时,均应使系统进入自诊断测试状态。不同的车系、车型,进入自诊断测试的方式也不尽相同,下面以丰田雷克萨斯轿车为例介绍巡航控制系统的故障自诊断测试。

(1)故障代码的读取。

丰田雷克萨斯巡航控制系统故障代码的读取方法如下:

①将点火开关转到"ON"位置。

②用跨接线连按诊断插座(TDCL)的端子 Tc 和 E1。

③从巡行(Cruise Main)指示灯的闪烁读取故障代码。

(2)故障代码及其含义。

丰田雷克萨斯巡航控制系统的8个故障代码如表12-1所示。

表12-1 丰田雷克萨斯巡航控制系统的故障代码及含义

故障代码	Cruise Main 指示灯灯光闪烁图形	诊断结论
—		正常
11		电机电路或安全电磁离合器电路不正常
12		安全电磁离合器电路不正常
13		电机电路或位置传感器电路不正常
21		车速传感器电路不正常
23		汽车实际行驶速度低于设定速度16km/h或更多
31		控制开关电路不正常
32		控制开关电路不正常
34		控制开关电路不正常

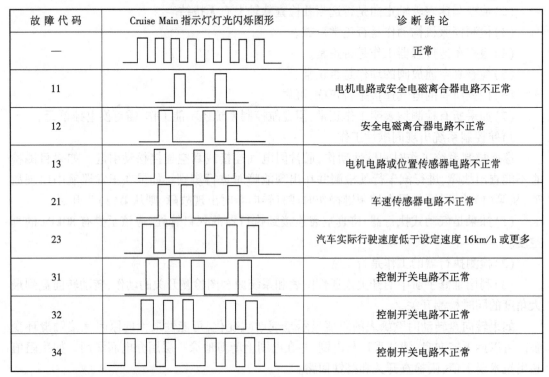

(3)故障代码的清除。

根据故障代码完成检修后,关闭点火开关,拆下DOME熔断丝10s或更长时间,即可清除储存在存储器中的故障代码。之后,再接上熔断丝检查,Cruise Main指示灯应闪烁并显示正常图形。

9.车轮与轮胎常见故障

1)车轮常见故障

车轮常见故障为轮毂轴承过松或过紧。

轮毂轴承过松,会造成车轮摆振及行驶不稳,严重时还能使车轮甩出。此时,可将车轮支起,通过用手横向摇晃车轮,即可诊断出车轮轴承是否松旷。一旦发现轴承松旷,必须立即修理。

轮毂轴承过紧,会造成汽车行驶跑偏。全部轮毂轴承过紧时,会使汽车滑行距离明显下降。轮毂轴承过紧会使汽车经过一段行驶后,轮毂处温度明显上升,有时甚至使润滑脂溶化而容易甩入制动鼓内。将车轮支起后,转动车轮明显感到费力沉重。

2) 轮胎常见故障

发动机使驱动轴转动,从而带动轮胎旋转。这意味着轮胎属于传动系统的一部分。但轮胎还会根据转向盘的运动,改变车辆的运动方向。因此,轮胎也属于转向系统的一部分。此外,由于轮胎也用于支承车重及吸收路面振动,所以,轮胎还是悬架系统的一部分。

基于上述原因,在进行轮胎的故障诊断排除分析时,一定要记住上述三个系统,即轮胎与车轮、转向、悬架之间的关系。同样重要的是,轮胎的使用和维护不良,也可能导致轮胎本身及相关系统的故障。因此,轮胎故障诊断排除分析的第一步,便是检查轮胎。

轮胎的主要故障是轮胎花纹的异常磨损。

通过检查轮胎花纹的异常磨损,可以发现故障的初兆和原因,以便及时排除影响轮胎寿命的不良因素,防止早期磨损和损坏。

轮胎异常磨损,除磨损过快外,还有其他种种特征。轮胎异常磨损除气压过高过低外,主要是底盘技术状况变坏,如前轮定位不良、轮毂轴承松旷、横拉杆球节和主销衬套间隙过大,车轮不平衡,轮辋变形或不配套,车轿或车架变形和钢板弹簧技术状况不良等。轮胎花纹异常磨损的特征与原因,如表 12-2 所示。

轮胎花纹异常磨损的特征与原因　　　　　表 12-2

特　征	原　因	特　性	原　因
胎冠中部磨损	气压过高	胎冠外侧磨损　胎冠内侧磨损	车轮外倾角失准,经常高速转弯,车桥弯曲变形
胎肩过度磨损	气压过低轮胎超载	胎冠呈碟边状磨损	悬架部件和连接车轮的部件(球节、车轮轴承、减振器、弹簧衬套等)磨损、车轮不平衡;经常急加速或急减速
胎冠由外侧向里侧磨损成锯齿形　胎冠由内侧向外侧磨损成锯齿形	前束失准主销衬套或球节松旷	胎冠呈波浪状磨损	

轮胎常见故障的现象原因及诊断如下:

(1) 前轮轮胎偏磨。

①故障现象:轮胎的胎肩磨损、胎冠磨损、轮胎一侧磨损和锯齿状磨损。

②故障原因。

a. 前轮定位及操纵特性失调。

b. 轮胎以极限横向偏离角滚动时最终将导致轮胎偏磨,并伴有纹槽磨凿特征,胎面出现细缝。在路面行驶时间长后,轮胎最终将发生"磨光"效应。

c. 在多弯道路段上高速行驶时,轮胎外胎肩的磨损尤其严重。

d. 外胎肩磨光及外胎花纹的严重磨损可归于高速转弯。因此,驾驶方式不良是这种磨损类型的直接原因。

e. 为使操纵特性达到最佳状态,必须将车轮外倾角调整到规定值。如果轮胎在偏离规定值的条件下运转,势必导致单侧严重磨损。

f. 尤其在车轮定位外倾角失准的情况下,轮胎偏磨尤其严重,同时将加剧轮胎对角线磨蚀。

③排除方法:为避免车轮偏磨,必须使车轮定位角调整正确,停车时不要使车轮碰撞路缘石。适当选择前束,可使前束引起的侧向力与车轮外倾引起的侧向力相互抵消,能避免额外的由轮胎横向滑移而引起的异常磨损。子午线轮胎胎侧软、胎冠硬,主要变形区在胎侧,因此,它的外倾角所产生的侧向力比普通斜交轮胎的小。随子午线轮胎车轮外倾引起的侧向力减弱,因而为了平衡这种侧向力而采用的车轮前束值就可以相应地减少。因此,装用子午线轮胎的汽车,前束值应比普通斜交轮胎的小。载货汽车一般是 0~3mm。

(2) 轮胎胎冠磨损。

①故障现象:此种磨损,常出现在长距离高速行驶的驱动轴上。

②故障原因:高速行驶时,在离心力的作用下,胎面中央的轮胎直径伸长量大于胎肩的伸长量,因此,使胎面中央与地面的磨损加剧。此种磨损在扁平率大的轮胎上尤为明显,不能通过降低气压缓减此种磨损,充气压力不能低于规定值,否则,会影响行车安全。

③排除方法:使驱动车轮适时地与非驱动车轮的轮胎进行换位。

(3) 轮胎吃角磨损。

①故障现象:吃角磨损通常与轮胎周向呈45°角,也称为对角线磨损,大多数情况下,仅有一处对角线磨损,但也可能沿圆周形成多处对角线磨损。

②故障原因:此类磨损的90%发生在前驱动车辆的非驱动轮上,外倾角越大,此种磨损越重。

③排除方法:适当降低轮胎气压,可以减轻此种磨损,两后轮的车轮定位角应保持一致,若发生此种磨损,应将轮胎换位至驱动轮上。

(4) 轮胎锯齿形磨损。

①故障现象:锯齿形磨损是指花纹块形成阶梯形磨损。

②故障原因:轮胎着地时,花纹块不均匀变形是锯齿形磨损的主要原因,非驱动车轮比驱动车轮严重,新轮胎产生锯齿形磨损较多,这是因为花纹块高度越大,弹性变形越大。从行驶方向上看,花纹块前端比后端高。

下列因素均可能导致严重的锯齿形磨损:

整车的车轮定位值偏高;维护时轮胎充气压力不符合规定;粗糙的开式花纹;使用磨损

率低的轮胎,即前轮驱动的车辆,其后轮更易形成锯齿形磨损;驾驶方式不当,如极端转弯。

③排除方法:对于非单一运转方向的轮胎,一旦形成锯齿形磨损,则必须改变轮胎旋转方向。锯齿形磨损及滚动噪声严重的车辆,必须将两轮交叉换位,这可迅速减缓轮胎锯齿形磨损。前轮驱动的车辆,由于前轮磨损相对较严重,因此,车轮换位后的效果更加明显。换位后,轮胎滚动噪声可能略有增大,但行驶 500~1000km 后,滚动噪声即可恢复到正常水平。

对于单一旋转方向的轮胎(子午线轮胎):后轮轮胎锯齿形磨损严重的情况下(前轮驱动车辆居多),则必须将前后轮换位。若某一车桥轮胎外缘锯齿形磨损严重的情况下,则须将两车轮轮胎沿轮辋转动一角度,改变其相对车桥的位置。

轮胎磨损还与底盘技术状况有关,如:轮毂轴承松旷、轮辋变形等,会使汽车行驶中轮胎发生摆动,使轮胎磨损加剧;钢板弹簧过软,轮胎和汽车凸出部分之间的距离减小,当汽车满载又行驶于不平道路时,将使轮胎与挡泥板、车厢或车上其他凸出部分发生摩擦,造成轮胎机械损伤。此外,当制动器调整不当,各轮制动力不均匀或制动拖滞,也造成胎面异常磨损,使轮胎寿命缩短。

10. 普通悬架故障诊断

非独立悬架系统的常见故障是车身倾斜、异响、行驶跑偏和行驶摆振等。

1)车身倾斜

(1)现象。

汽车调整后停放在平坦地面上,车身横向或纵向歪斜,汽车行驶中方向自动跑偏。

(2)原因。

①钢板弹簧、螺旋弹簧断裂。

②弹簧弹力下降。

③弹簧刚度不一致。

④U 形螺栓松动等。

钢板弹簧折断,尤其是主片折断,会因弹力不足等原因,使车身歪斜。前钢板弹簧一侧主片折断时,车身在横向平面内倾斜;后钢板弹簧一侧主片折断时,车身在纵向平面内倾斜。

当某一侧的钢板弹簧由于疲劳导致弹力下降,或者更换的钢板弹簧与原弹簧刚度不一致时会使车身倾斜。钢板弹簧销、衬套和吊耳磨损过量时,会出现车身倾斜、行驶跑偏、行驶摆振、异响等故障现象。U 形螺栓松动或折断(或钢板弹簧第一片折断),会由于车辆移位倾斜,导致汽车跑偏。

2)异响

(1)现象。

在行驶过程中,特别是道路颠簸、突然制动、转弯时从悬架部位发出噪声。

(2)原因。

①减振器漏油,油量不足。

②活塞与缸筒磨损,配合松旷。

③连接部位脱落。

④铰链点磨损、老化或损坏。

⑤弹簧折断等。

3)行驶跑偏和行驶摆振

(1)现象。

①异响,尤其在不平路面上转弯时。

②车身倾斜,汽车在转弯时车身过度倾斜等。

③前轮定位参数改变。

④轮胎异常磨损。

⑤车辆摆振及行驶不稳。

(2)原因。

①螺旋弹簧弹力不足。

②稳定杆变形。

③上、下摆臂变形。

④各铰接点磨损、松旷。

当汽车产生上述现象时,应对悬架系统进行仔细检查,发现故障部位及原因。

11. 机械转向系常见故障

1)转向沉重

汽车在行驶中驾驶员向左、向右转动转向盘时,感到沉重费力,无回正感;当汽车低速转弯行驶和掉头时,转动转向盘感到超乎正常的沉重,甚至打不动。

(1)原因。

①转向器轴承装配过紧。

②传动副啮合间隙过小。

③横、直拉杆球头销装配过紧或接头缺油。

④转向节主销与衬套配合过紧。

⑤转向轴或柱管弯曲,互相摩擦或卡住。

⑥转向装置润滑不良。

⑦前束调整不当。

(2)故障诊断。

①拆下转向臂,转动转向盘,如感觉沉重则应调整轴承紧度和传动副啮合间隙。若松紧不均或有卡住现象,则应拆下转向轴检查传动副及轴承有无损坏,转向轴与柱管有无摩擦或卡住现象,必要时进行修理或更换。

②转动转向盘时,如感到轻松,则故障在传动机构,应顶起前轴,并用手左、右扳动前轮。如过紧,应检查转向节主销与衬套,推力轴承和直、横拉杆球头销配合是否过紧,润滑是否良好,必要时进行调整和润滑。

③若上述情况均正常良好,则应检查前轴和车架是否变形、前束是否符合标准,必要时调整前束。

2)转向不稳

(1)原因。

①转向器轴承过松。

②传动副啮合间隙过大。

③横、直拉杆球头销磨损严重。
④转向节主销与衬套磨损严重,配合间隙过大。
⑤前轮毂轴承松旷。
⑥前轴弯曲。
⑦车架和轮辋变形。
⑧前束过大。
(2)故障诊断。
①一人转动转向盘,另一人在车下查看传动机构,如转向盘转了许多而转向臂并不转动,则故障在转向器;如转向臂转动了许多而前轮并不偏转,则故障在传动机构。
②如果故障在转向器,应检查传动副啮合间隙,必要时进行调整。
③如果故障在传动机构,应检查转向臂和直、横拉杆各球头销是否松旷,必要时进行调整。
④经检查上述情况良好,则应架起前轴并用手推动车轮,检查转向节主销与衬套,前轮毂轴承是否松旷,必要时进行调整或修理。
⑤转向盘经过上述检查、调整后仍不稳定,应检查前轴和车架以及轮辋是否变形,前束是否符合标准规定,必要时进行调整或修理。

3)单边转向不足
(1)原因。
①转向摇臂在转向摇臂轴上装配位置不合适。
②有一边前轮转向角限位螺钉过长。
③直拉杆弯曲变形。
④前钢板弹簧骑马螺栓松动或中心螺栓折断。
⑤中心不对称的前钢板弹簧前后装反。
(2)故障诊断。
①若汽车转向原来良好,由于行驶中的碰撞而造成转弯半径一边大一边小时,应检查直拉杆、前轴、前钢板弹簧有无变形和中心螺栓折断现象。
②若在维修后出现单边转向不足,可架起前桥,先检查转向摇臂是否装配正确。可将转向盘向一边转到尽头,再回到另一尽头,记住转向盘转动的总圈数,然后检查转向摇臂的位置,即在总转动圈数之半时前轮是否在居中的位置。倘若位置不对,应拆下转向摇臂另行安装。若摇臂位置始终不能使前轮对中,则应检查直拉杆有无弯曲变形。若转向角不等仅是受到转向限位螺钉不同长度的影响,则应调整限位螺钉。
③对于中心不对称的前钢板弹簧,则应检查是否有装反现象。

4)转向盘自由转动量过大
汽车保持直线行驶位置或静止不动时,转向盘左、右转动的游动角度过大。
(1)原因。
①转向器内主、从动啮合部位间隙过大或主、从动部位轴承松旷。
②转向盘与转向轴连接部位松旷。
③转向垂臂与转向垂臂轴连接松旷。
④直、横拉杆球头连接部位松旷。

⑤直、横拉杆臂与转向节连接松旷。
⑥转向节主销与衬套磨损后松旷。
⑦车轮轮毂轴承间隙过大。
(2)故障诊断。
①更换轴承或调整轴承紧度。
②更换球头。
③调整转向器齿轮啮合间隙或更换损坏的齿轮。

5)车轮回正不良
(1)原因。
①转向车轮轮胎气压不足。
②前轮定位失准。
③转向器齿轮调整不良或损坏。
(2)故障诊断。
①按标准充气。
②检查调整前轮定位。
③调整转向器或更换损坏的齿轮。

12. 动力转向系常见故障
液压动力转向系实际上是机械转向器加液压助力器。转向系故障前面已叙述,因此,动力转向系的故障,就是指常见液压传动部分的泄漏、渗进空气、油泵工作不良、操纵阀失效等引起的转向沉重、跑偏等。

1)转向沉重
(1)原因。
①油箱缺油或油液高度不足或滤清器堵塞。
②回路中有空气。
③油泵磨损,内部泄漏严重,或驱动带打滑。
④安全阀泄漏,弹簧太软或调整不当。
⑤动力缸或分配阀密封圈损坏。
⑥各油管接头泄漏。
(2)故障诊断。
①检查油泵传动带是否打滑或其他驱动形式的齿轮传动等有无损坏。
②检查转向器、分配阀、油泵、动力缸、各油管接头等有无渗漏。
③从油箱检查油质及液面高度。若发现油中有泡沫时,可能是油路中有空气。此时,可架起前桥或拆下直拉杆,起动发动机怠速运转,反复将转向盘从一个尽头转到另一个尽头,使动力缸在全行程往复运动,逐步排除油路中的空气。最后加添油液至规定高度。
④检查油泵、安全阀、动力缸是否良好。接上与规定油压相适应的压力表和开关。打开开关,转动转向盘到尽头,起动发动机低速运转。这时,若油压表读数达不到该车型规定压力值,且在逐步关闭开关时,油压也不提高,说明油泵有故障或安全阀未调整好。若油压表读数达到规定值,在逐步关闭开关时压力有所提高,说明油泵良好,故障在动力缸

或分配阀。

2）汽车直线行驶时，转向盘发飘或跑偏

（1）原因。

①控制阀复位弹簧损坏或太软，难以克服转向器逆传动阻力，使滑阀不能及时复位。

②因油液脏污使滑阀运动受到阻滞。

③由于滑阀与阀体台阶位置偏移使滑阀不在中间位置。

④流量控制阀卡住使供油泵油量过大或油压管道布置不合理，导致油压系统管道节流损失过大，使动力缸左、右腔压力差过大。

（2）故障诊断。

①应当检查油液是否脏污，新车或大修后的车辆不认真执行走合维护的换油规定，往往使油液脏污。

②对于使用较久的车辆，则可能是流量控制阀或分配阀反作用弹簧失效所致，可在不起动发动机的情况下，转动转向盘，凭手感判断滑阀是否开启运动自如。若有怀疑，一般应拆装检查。

3）左、右转向轻重不同

（1）原因。

①分配阀的滑阀偏离中间位置，或虽在中间位置但与阀体台肩的缝隙大小不一致。

②滑阀内有脏物阻滞，使左右移动时阻力不一样。

③调整螺母调整不当。

（2）故障诊断。

这种故障多系油液脏污所致，应换新油。如果油液良好，对可调式分配阀，应将调整螺母重新调整，或拆开分配阀检查缝隙台肩是否有毛刺，滑阀位置是否居中等。

4）快转向时转向盘感到沉重

（1）原因。

①油泵传动带打滑。

②流量控制阀弹簧过软。

③安全阀、流量控制阀泄漏严重。

④油泵磨损过甚。

⑤油泵选型不对，使供油不足。

（2）故障诊断与排除。

这种故障多系供油量不足所致。因此，除应先检查传动带有无打滑，油箱存油是否符合规定外，可以顶起前桥，接上压力表及开关，进行快慢转向试验。同时，变更发动机转速进行试验，根据压力变化作出诊断。

5）转向时有噪声

（1）原因。

①油箱中液面过低，油泵在工作时容易吸进空气。

②油路中存有空气或油泵传动带过松。

③滤油器滤网堵塞，或因其破裂造成油管堵塞。

④各管路接头。
⑤油泵损坏或磨损严重。
(2)故障诊断。
①检查油箱液面高度,若缺油液,应加注液压油至标准高度。
②检查油泵传动带是否打滑。必要时调整传动带紧度。
③查看油液中有无泡沫,若有泡沫,应查找漏气处,排除动力转向装置中的空气。
④转向器有损坏或磨损严重,应更换转向器齿轮。

13. 电控动力转向系统故障诊断

1)转向无助力的故障原因

①控制系统线束插接件接触不良。
②系统熔断丝烧断。
③继电器损坏。
④控制器、电机或传感器坏。
⑤油泵故障。
⑥管路漏油。
⑦电磁阀故障。

2)左、右助力轻重不一样的故障原因

①传感器中位输出电压调整有偏差。
②控制器、电机或传感器坏。

3)系统刚开始工作时,转向盘出现两边摆动

①电机助力反方向。
②控制器或传感器坏。

4)转向变沉重的故障原因

①电池亏电。
②电机损坏(功率降低)。
③轮胎(前)气压不足。
④油泵故障。
⑤管路漏油。
⑥旁通流量控制阀、分流阀、电磁阀故障。

5)车在使用过程中感觉左右晃得特别厉害的故障原因

左、右摆臂,球头磨损厉害,造成松旷量很大。

6)行车过程中有跑偏现象的故障原因

①本车自身跑偏:建议做四轮定位。
②传感器跑偏:建议调整传感器参数,做四轮定位。
③由于方向机受到严重撞击或坑道撞击,造成传感器跑偏。
④左、右摆臂,球头磨损厉害,造成松旷量很大。

7)左、右转动转向盘时有部分位置发卡情况的故障原因

①下连接轴安装靠下,触及方向机。

②方向机老化、竖轴被锈蚀或方向机内部结构磨损。
③压力轴承、球头磨损或损坏,左、右悬架受力不同。
④下轴安装角度与上方向管柱配合不好。
8)系统工作有噪声的故障原因
①电机损坏。
②下转向轴总成或机械转向总成间隙太大。
③下转向轴总成或电动管柱总成安装不牢固(过坑洼有异响)。
④系统中空气。

14. 制动系统常见故障
1)制动失效
(1)故障现象。
汽车在行驶中使用制动时不能减速,连续踏下制动踏板时各车轮不起制动作用。
(2)故障原因。
①制动主缸内无制动液或缺少制动液。
②制动主缸内皮碗破损或踏翻。
③制动油管破裂或接头漏油。
④某机械连接部位脱开。
(3)故障诊断。
①连续踩下制动踏板不升高,同时感到无阻力,应先检查主缸是否缺油,再检查油管和接头有无破损之处,如有应修理或更换。
②若无漏油之处,应检查各机械连接部位有无脱开,如有应修复。
③若主缸推杆防尘套处严重漏油,大多是主缸皮碗严重损坏或踏翻所致;若车轮制动鼓边缘有大量油液,则是轮缸皮碗损坏或顶翻所致。

2)制动反应迟缓
(1)故障现象。
汽车行驶中,将制动踏板踩到底后不能立即停车,制动减速度小、制动距离长。
(2)故障原因。
①制动主缸油液不足或变质、主缸阀门损坏。活塞与缸壁磨损严重,配合松旷;补偿孔和旁通孔堵塞。
②制动鼓磨损失圆、过薄变形或有沟槽;制动摩擦片有油污、硬化或铆钉外露;制动鼓与制动蹄摩擦片接触面积过小;制动间隙过大。
③制动管路中渗入空气,油路不畅通,制动液变质。
(3)故障诊断。
①制动踏板位置踩下很低,制动效果差;连续数次踩下制动踏板后,踏板高度才渐升起,并有弹性感。这主要是管路中有空气,应予排除。
②踩下制动踏板,位置高度正常,但制动效果差。这大多是车轮制动鼓失圆,制动蹄接触不良、硬化、油污或铆钉外露等因素所致,应予以检修排除。
③连续踩下制动踏板,踏板位置能升高,但不能保持,有下沉感觉。这说明制动系统中

有漏油处或主缸关闭不严,应检修。

④连续踩下制动踏板,制动踏板位置高度升高,制动效果好转。这可能是制动踏板自由行程太大,或制动间隙过大,或主缸回油阀关闭不严所致。应调整制动踏板自由行程或制动间隙,必要时检查主缸回油阀,若有损坏应更换。

⑤连续数次踩制动踏板,制动踏板位置不能升高。这一般是制动主缸补偿孔或旁通孔堵塞所致,应检查疏通;或油液质量差,易受热蒸发导致严重亏缺。

3)制动跑偏

(1)故障现象。

汽车制动时,左、右车轮制动力不等或制动生效时间不一致,导致汽车向制动力较大或制动作用较早一侧行驶的现象,紧急制动时出现扎头或甩尾现象。

(2)故障原因。

①左、右车轮制动间隙大小不一致;或接触面积相差太大;或摩擦片材料、质量不一样。

②左、右制动鼓内径相差过多;或复位弹簧拉力相差太大;或轮胎气压高低不一样。

③个别车轮摩擦片有油污、硬化或铆钉外露;或轮缸内活塞运动不灵活,皮碗发胀或油管堵塞;或制动鼓失圆,单边管路凹瘪或有气阻。

④车架变形;前轴外移;前、后轴不平行;两前钢板弹簧弹力不一样。

(3)故障诊断。

①汽车行驶中制动,汽车向左偏斜,即为右轮制动性能差;反之,则为左轮制动性能差。

②制动停车后,查看轮胎在路面上的拖印情况,拖印短或没有拖印的车轮,即为制动有故障的车轮。

③查出有故障的车轮后,先检查该车轮制动管路是否漏油,轮胎气压是否充足,如果正常,检查制动间隙是否合乎规定,不符时予以调整;与此同时,排除轮缸里的空气。若仍无效,应拆下制动鼓,按原因逐一检查各件,特别是制动鼓的尺寸和精度等。

④经上述检修后,若各车轮拖印基本符合要求,但制动仍跑偏,则故障不在制动系统,应检查车架或前轴的技术状况;如果出现忽左忽右的跑偏现象,则应检查是否有前束或直、横拉杆球头销是否松旷。

4)制动拖滞

(1)故障现象。

在行车制动中,当抬起制动踏板时,全部或个别车轮仍有制动作用,致使车辆起步困难,行驶阻力大,制动鼓发热。

(2)故障原因。

①制动踏板没有自由行程或复位弹簧过软、折断。

②制动踏板轴锈滞、发卡而复位困难。

③主缸皮碗、皮圈发胀,活塞变形或被污物粘住。

④主缸活塞复位弹簧过软或折断。

⑤制动间隙过小;制动蹄复位弹簧过软、失效,制动蹄在支承销上不能自由转动。

⑥制动轮缸皮碗胀大,活塞变形或被污物粘住。

⑦制动管路凹瘪、堵塞,导致回油不畅。

⑧制动油液太脏、黏度太大,回油困难。

(3) 故障诊断。

①汽车行驶一段路程后,用手抚摸各制动鼓,若全部发热,说明故障在制动主缸;若个别车轮发热,则故障在该车轮制动轮缸。

②若故障在制动主缸,应先检查制动踏板自由行程。如果无自由行程,一般为主缸推杆与活塞的间隙过小或没有间隙,应调整。如果自由行程符合标准,则应拆下主缸储油室加油螺塞,踩下制动踏板慢慢复位,看其回油状况。若不回油,则为回油孔堵塞;若回油缓慢,则为皮碗、皮圈发胀或复位弹簧无力;或是油液太脏、黏度太大。此时,应检查油液清洁度。若油液清洁、黏度适当,则应检查主缸,同时检查制动踏板复位弹簧是否良好无损,必要时进行修理或更换。

③若故障在制动轮缸,可顶起有故障的车轮,旋松制动轮缸放气螺钉,如果制动液随之急速喷出,车轮也立即旋转自如,说明管路堵塞,轮缸不能回油,此时应疏通油管。如果旋转车轮仍有拖滞,可检查制动间隙和复位弹簧,若正常,应拆检制动轮缸,必要时应更换活塞、皮碗。

5) 真空增压装置增压后高压油压力不足

(1) 故障现象。

当踩下制动踏板时感到轻松,反作用力不大,制动效果差,没有制动拖印,旋开任何一个车轮的放气螺塞,喷出来的制动油液不足(出油冲劲不大)。

(2) 故障原因。

①辅助缸皮碗发胀变形或磨损过甚,失去密封作用。

②辅助缸活塞出油单向阀座产生锈蚀、麻点过大而密封不严。

③辅助缸活塞磨损过甚,配合松旷,或活塞运动有卡滞。

④制动主缸连接处漏油,或油道有阻塞。

⑤加力推杆双口密封圈损坏,低压油被吸入真空腔。

(3) 故障诊断。

①首先要检查制动主缸和各连接管接头有无漏油处,有则维修。

②起动发动机,使其怠速运转。然后踩下制动踏板,旋松辅助缸放气螺塞,观察出油情况,如出油冲劲不大又无气泡,表明辅助缸活塞出油阀与座不密封,或阀与座不严,导致高压油压力不足,应及时排除。

③拆下增压器真空连接管,用一软导线通入加力气室的前腔,拉出软导线,如有油迹,表明加力推杆油封不密封。

④踩下制动踏板,如旋松辅助缸放气螺塞也不出油,表明增压缸的油路有堵塞。

6) 制动噪声

(1) 现象。

汽车制动时发出"吭、吭"的噪声。

(2) 故障原因和排除方法。

①制动蹄摩擦片磨损超过极限,制动蹄或铆钉直接与制动鼓(制动盘)接触。制动蹄摩擦片松动或复位弹簧折断。应更换不合格的制动零件。

②制动盘或制动鼓破裂、磨出沟痕。应更换制动盘或制动鼓。

③摩擦片硬化或破裂。应打磨或更换摩擦片。
④制动蹄弯曲、变形或破碎。应更换损伤的制动蹄。
⑤制动盘表面铁锈过多。应清洁制动盘周围铁锈。
⑥制动卡钳有毛刺或生锈。应清洁制动钳上的毛刺或铁锈。

7) 制动踏板脉动

行车制动时,制动踏板产生周期性跳动的现象称制动踏板脉动。脉动使脚部产生不适,这与制动力不足和制动跑偏有关。

主要原因是制动盘摆动、制动鼓偏心过大或制动底板摆动,此时应区别情况分别对待,在检测分析后决定对策。

8) 制动油液泄漏

泄漏的部位有:管路连接处泄漏、油管破漏、制动主缸泄漏、轮缸处泄漏,另外密封件如皮碗破损等,也会造成泄漏。

二、任务实施

1. 基本检查

(1) 检查手制动是否完全释放。
(2) 检查制动液是否渗漏,制动液面是否在规定的范围内。
(3) 检查所有 ABS/ASR 系统的保险丝、继电器是否完好,插接是否牢固。
(4) 检查 ABS 的 ECU 连接器(插头和插座)连接是否良好。
(5) 检查有关元器件(轮速传感器、电磁阀体、电动泵、压力警示开关和压力控制开关等)的连接器和导线是否连接良好。
(6) 检查 ABSECU、压力调节器等的接地(搭铁)线是否接触可靠。
(7) 检查蓄电池电压是否在规定范围内,正、负极柱的导线是否连接可靠。

2. 故障诊断

(1) 打开点火钥匙至 ACC,检查 ABS 灯点亮和熄灭情况。
(2) 正确连接诊断仪,使用手持测试仪读取故障码。

三、评价与反馈

1. 自我评价

(1) 通过本学习任务的学习,你是否已经知道以下问题:
①汽车底盘综合故障诊断方法有哪些?
②离合器常见故障、手动变速器常见故障现象、故障原因、故障诊断方法是什么?
③自动变速器、万向传动装置常见故障现象、故障原因、故障诊断方法是什么?
④四轮驱动系统、汽车巡航控制系统常见故障现象、故障原因、故障诊断方法是什么?
⑤车轮与轮胎、普通悬架故障常见故障现象、故障原因、故障诊断方法是什么?
⑥机械转向系统、动力转向系统、电控动力转向系统常见故障现象、故障原因、故障诊断方法是什么?
⑦制动系常见故障现象、故障原因、故障诊断方法是什么?

(2)实训操作完成情况如何？

(3)通过本学习任务的学习,你认为自己的知识和技能还有哪些需要加强？

学生签名:_____ _____年___月___日

2. 小组评价(表12-3)

小 组 评 价 表 表12-3

序号	评价项目	是否达到要求	记 录
1	着装是否符合要求		
2	是否能合理规范使用仪器和设备		
3	是否按照安全和规范流程操作		
4	是否遵守实训场地的规章制度		
5	是否能保持实训场地、工具设备整洁		
6	是否具有团队协作精神		

参与评价的学生签名:_____ _____年___月___日

3. 教师评价

_____
_____

教师签名:_____ _____年___月___日

四、技能考核标准(表12-4)

技能考核标准表 表12-4

序号	检修内容	评价标准	配分	得分
1	安全文明	出现安全事故终止此项目抽查,成绩记零分	20	
	职业素养/6S	1. 着装不规范每处扣3分,扣完为止 2. 作业中没有及时清洁、整理工量具、清扫场地,每次扣2分,扣完为止 3. 垃圾未分类回收,每次扣1分 4. 竣工后未清理考核场地,扣2分 5. 出现工具设备损伤、身体擦伤或碰伤等,每次扣2分,扣完为止 6. 不服从考官、出言不逊,每次扣3分		
2	检测仪器选用合理	未合理选用酌情扣分	2.5	
	检测仪器使用规范	未合理使用酌情扣分	2.5	
3	故障现象确认	不进行故障确认,扣5分,确认方法不正确扣3分	5	
4	故障诊断流程图绘制	1. 流程图框架结构不正确扣5分 2. 故障诊断流程不正确,每处扣3分 3. 故障分析不正确,每处扣3分 4. 可能故障原因未列出,每个扣3分	30	

续上表

序号	检修内容	评价标准	配分	得分
5	1. 直观检查	检查驻车制动器手柄是否完全释放	3	
		检查制动液是否渗漏、制动液面是否在规定的范围内	3	
		检查所有 ABS/ASR 的熔断丝、继电器是否完好、插接是否牢固	3	
		检查 ABS 的 ECU 连接器（插头和插座）连接是否良好	2	
		检查有关元器件（轮速传感器、电磁阀体、电动泵、压力警示开关和压力控制开关等）的连接器和导线是否连接良好	3	
		检查 ABS-ECU、压力调节器等的搭铁线是否接触可靠	3	
		检查蓄电池电压是否在规定范围内,正、负极柱的导线是否连接可靠	3	
	2. 故障代码的读取与清除	打开点火开关,检查 ABS 警告灯是否亮约 3s	3	
		能准确找到诊断接口并将检测仪器与其连接	3	
		正确启动检测仪器并进入正确的检测车型及项目	2	
		能正确使用检测仪器进行 ABS 系统故障代码的读取	2	
		1. 没有记录并使用手册分析故障代码扣 2 分 2. 不会使用万用表找故障部位 2 分 3. 不会使用检测仪器进行 ABS 故障代码的清除扣 2 分	2	
6	确认检测步骤完成情况及检修结果填写	工单填写情况酌情扣分	5	
		总分	100	

思考与练习

（一）填空题

1. 离合器在使用中经常出现的故障有：_____、_____、_____和_____等。
2. 离合器分离不开会造成变速时_____和_____,并从变速器内发出齿轮撞击声。
3. 离合器发抖实际是压盘与_____、_____之间接触不平顺。
4. 车辆起步时,如_____放松过快或_____踏下不够,都会造成发动机熄火。
5. 离合器踏板自由行程过大会造成离合器_____,自由行程过小又会引起离合器_____,甚至起步困难。
6. 变速器在使用中常见的故障有_____、_____、_____、_____等,其中_____常发生在汽车高速行驶时。
7. 转向系和前桥常见的故障有:转向_____、操纵_____、单边转向_____和行驶_____。
8. 汽车行驶中,左、右转弯时轻重不同,若是动力转向故障,多是由于_____所致,应更换_____。

(二)选择题
1. 离合器踏板踩到底,离合器从动盘没有完全与主动盘分离,离合器处于半接合状态,这种现象称为离合器( )。
   A. 打滑　　　　　　B. 分离不彻底　　　　　　C. 发响
2. 乱挡的主要原因是变速器( )造成的。
   A. 操纵机构失效　　B. 齿轮传动机构失效　　　C. 离合器分离不彻底
3. 上坡时后桥发响,则为齿轮啮合间( )。
   A. 过小　　　　　　B. 过大　　　　　　　　　C. 过大或过小
4. 下列会造成行驶跑偏的是( )。
   A. 左右轮胎气压不一致　　　　　　　　　　　B. 前轮定位不准
   C. 转向节臂变形　　　　　　　　　　　　　　D. 转向节主销松旷
5. 汽车在运行中,特别是空挡滑行时,变速器内有"咯咯"响声,挂挡瞬间也伴有"咯咯"的声响,挂挡困难,这主要是由于( )造成的。
   A. 齿轮磨损过剩　　B. 变速器第一轴弯曲　　　C. 同步器散架

(三)判断题
1. 离合器踏板完全抬起,起步仍困难,是离合器分离不彻底造成的。　　　(　　)
2. 变速器跳挡多发生在直接挡或超速挡上。　　　　　　　　　　　　　　(　　)
3. 乱挡的主要原因是由于变速器齿轮啮合间隙过大所致。　　　　　　　　(　　)
4. 变速器互锁装置失效,容易造成变速器乱挡。　　　　　　　　　　　　(　　)

参 考 文 献

［1］马才伏.汽车底盘构造［M］.北京:北京大学出版社,2009.
［2］刘智婷.汽车底盘故障维修［M］.北京:机械工业出版社,2012.
［3］曹永军.汽车构造［M］.吉林:吉林大学出版社,2017.
［4］张芳玲.汽车底盘构造与维修［M］.哈尔滨:哈尔滨工业大学出版社,2013.
［5］张建俊.汽车检测与故障诊断技术［M］.北京:机械工业出版社,1999.
［6］扬海泉.汽车故障诊断与检测技术［M］.北京:人民交通出版社,2004.
［7］王正旭.汽车自动变速器构造与检修［M］.北京:人民交通出版社,2012.
［8］沈锦.汽车底盘技术与维修［M］.北京:机械工业出版社,2017.